다시 보는
상표법

다시 보는
상표법

유료 키워드 검색
마케팅에서의
상표사용과 상표권 침해

목성호 지음

한국학술정보

서 문

일상생활 속에서 우리들은 수많은 상표를 만나며 살고 있다. 우리가 사용하는 상품에 붙어 있는 상표를 만나고 있을 뿐 아니라 신문, TV, 라디오, 스마트폰, 컴퓨터 등의 광고를 통해서도 새로운 상표를 만나고 있다. 우리가 상품이나 서비스를 구매하기 위해 의식적으로 상표를 접하기도 하지만 우리가 알지 못하는 사이에 상표를 접하기도 한다. 우리는 오프라인 세상 및 온라인 세상에서 넘쳐나는 상표 속에 살아가고 있다고 해도 과언이 아니다.

이러한 환경 속에서 마케팅 전문가들은 브랜드 마케팅의 중요성을 강조한다. 자신의 상품과 타인의 상품을 차별시키기 위해서는 상표 내지 브랜드를 홍보하여야 할 뿐 아니라, 단순 홍보를 넘어서 브랜드 전략을 통해 브랜드 자산을 축적하여야 한다고 강조한다.

여기서 많은 의문이 생긴다. 상표법에 의해 상표권을 보호하는 '목적'이 무엇인가? 소비자들이 상표권자의 상표와 다른 상표를 헷갈려 하는 것을 막기 위한 것인가 아니면 상표권자가 브랜드 자산을 축적하고자 투입한 노력과 투자를 보호하기 위한 것인가? 상표권 침해가 되기 위해서는 상품 시장에서 상표가 수행하는 다양한 기능 중 어떤 기능에 장애가 발생되어야 하는가? 어느 정도의 기능 장애가 발생하여야 상표권 침해로 볼 수 있는가? 상표권의 보호 때문에 경쟁업자나 일반인은 상표가 포함되어 있는 표현은 전혀 사용할 수 없는가?

이 책의 목적은 이러한 의문들에 대한 답을 유료키워드 검색 마케팅이라고 하는 온라인 마케팅 상에서의 상표사용을 사례로 하여 찾아보고자 하는 것이다. 구글 Adwords와 같은 유료키워드 검색 마케팅은 검색엔진 이용자들이 검색창에 키워드를 입력하면 검색엔진들로부터 키워드를 구매한 광고주들의 광고가 검색엔진결과화면(Search Engine Result Page: SERP)상에 나타나게 하는 온라인 마케팅 방법의 일종이다. 키워드를 구매한 광고주들의 광고는 일반적으로 검색엔진결과화면의 상단이나 오른쪽에 나타난다. 각 광고가 나타나는 순서는 i) 광고주들이 키워드에 대한 대가로 지불하고자 하는 최대 입찰금액 및 ii) 광고의 품질 등과 같은 요인에 의해 결정된다. 이러한 유료키워드 검색 마케팅은 다른 마케팅 방법보다 광고주들이 소비자들에게 접근하는 데 비용적으로 효과적이어서 광고주들은 유료키워드 검색 마케팅을 브랜드 마케팅과 결합시키고 있다. 즉, 광고주들은 상표와 동일한 키워드를 구매하여 광고에서 사용하고 있다.

유료키워드 검색 마케팅에서의 상표사용은 상표권자, 광고주, 검색엔진, 소비자 간에 상표법적 긴장관계를 형성해왔다. 자신들의 광고가 유료키워드 검색결과의 상단에 나타나게 하기 위해 다른 광고주들과 마찬가지로 검색엔진에게 대가를 지불하여야 하는 상표권자들은 상표권자들의 상표를 키워드 등으로 사용하는 광고주 또는 검색엔진을 상대로 상표권 침해(혼동가능성으로 인한 침해 또는 희석가능성으로 인한 침해)를 주장하였다. 이에 대해 광고주와 검색엔진은 i) 상품시장에서의 경쟁을 위해 상표권자의 상표를 자신들도 사용할 이익이 있다는 점, ii) 이러한 상표사용으로 소비자들의 합리적인 구매결정에 자신들이 기여한다는 점, iii) 표현의 자유의 일환으로 상표를 표현할 자유가 있다는 점 등을 내세우면서 상표권을 침해하지 않았다고 반박하였다. 이러한 긴장관계는 인터넷의 광범위한 효과로 인해 전 세계에 걸쳐 퍼져가고 있다. 유료키워드 검색 마케팅 사건들은 대서양 양쪽(both sides of the Atlantic)인 북미와 유럽, 또한 아시아에서도 법원의 판단대상이 되어 왔다.

이처럼 상표권자, 광고주, 검색엔진 간에 발생되어온 전 세계적인 긴장관계는 상표보호의 근간에 도전하는 것이었지만, 각각 다른 법역에 속하는 법원들은 구체적인 사실맥락에 대한 평가, 관련 법률 해석 등에서의 차이 때문에 유료키워드 검색 마케팅에서의 상표보호범위에 대해 다양한 입장을 보여 왔다. 유사사실에 대한 법원들의 평가가 달랐을 뿐 아니라 본질적으로 매우 유사한 법률 규정들에 대한 해석도 달라 결론에 있어서 큰 차이가 있었다. 예를 들면, 유료키워드 검색 마케팅에서의 상표사용에 관한 연방대법원 판결이 없는 미국의 경우, 연방법원들은 동일한 상표법(랜험법)을 이러한 상표사용에 적용함에 있어서 다양한 접근방법을 취하여 왔다.

학자들도 다양한 해석 경로를 따르고 있다. 상표권자의 이익을 보호하는 입장, 경쟁자들의 이익을 보호하는 입장, 경쟁자가 아닌 제3자를 보호하는 입장 등 다양한 입장을 취하고 있다. 다양한 해석으로 인해서 상품시장에서 상표법이라는 錘는 상표권자의 이익 보호로부터 경쟁자들의 이익 보호까지 나아가 제3사용자의 이익 보호까지 크게 흔들리고 있다. 錘가 멈추어 설 수 있는 평형위치(equilibrium position)가 존재하지 않는 듯한 느낌을 준다. 표현의 자유라는 가치를 추가적으로 고려하면 평형상태를 찾는 것은 더욱 까다롭고 어려워보이기만 한다.

본인은 상표법 등 해석에 있어서 큰 차이가 발생하는 원인이 3가지라고 생각한다. 첫째, 현재 인정되고 있는 '상표보호의 목적'이 길잡이로서의 역할을 제대로 해오지 못했다는 점이다. 둘째, 상품시장에서 일어나고 있는 모든 상표기능이 상표법상 보호되어야만 하는 기능이라고 볼 수 없음에도 불구하고 상표기능을 보호받을 수 있는 기능과 그렇지 않은 기능으로 구분하지 않고 있다는 점이다. 셋째, 표현의 자유를 제한하는 데는 원칙이 있지만, 그 제한원칙이 상표법의 해석 방향을 제시하는 데 핵심적인 역할을 수행하지 못하였다는 점이다.

이러한 원인을 기초로 상표법과 구체적 사안의 해석 도구로 '공정하고 효율적인 경쟁(상표법의 목적) – 경쟁친화적 상표기능(보호받을 수 있는 상표기능) – 표현의 자유 제한(표현의 자유와의 조화) – 구체적인 사례 분석 – 공정하고 효율적인 경쟁(상표보호의 효과)'으로 연결되는 '상표법 적용상의 선순환 사이클(a virtuous cycle in the application of trade mark law)'을 제시하고자 한다. 일관성 있는 법률 해석을 통해 상표보호가 공정하고 효율적인 경쟁에 기여하고 상표권자, 광고주, 검색엔진, 소비자 간의 균형에 도달할 수 있기 위해서는 유료키워드 검색 마케팅에서의 상표보호를 '상표법 적용상의 선순환 사이클'에 따라 분석할 필요가 있다고 생각한다.

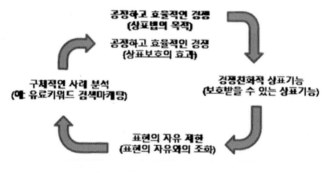

<그림 1> 상표법 적용상의 선순환 사이클

선순환 사이클의 출발점은 '상표보호의 궁극적인 목적이 공정하고 효율적인 경쟁이어야 한다'는 점이다. '공정하고 효율적인 경쟁'하에서는 보호받을 가치가 있는 경쟁친화적 상표기능만이 상표법에 의해 보호되어야 하기 때문에, 상표보호의 궁극적인 목적은 '보호받을 수 없는 상표기능과 보호받을 수 있는 상표기능을 구분'하는 다음 단계로 이어진다. 이 단계에서 '경쟁친화적 상표기능 보호'에 기초하여 상표권 침해로 인한 상표사용자의 법적 책임(이하 "상표책임"이라고 줄인다) 유무를 판단하여 보면, 경쟁친화적인 상표기능의 보호는 한편으로는 상품시장에서의 경쟁에 초점을 맞추고, 다른 한편으로는 브랜드 이미지 보호를 그 보호범위에 포함시키면서 상표책임 유무 판단에 있어서 균형(balancing)과 견제균형(counterbalancing)의 작용을 한다.

선순환 사이클의 그다음 단계인 표현의 자유 제한 단계로 넘어가면 '경쟁친화적 상표기능 보호를 통한 공정하고 효율적인 경쟁 증진'을 목적으로 하는 상표보호는 표현의 자유 가치와 공존할 수 있다는 점을 알 수 있다. 표현의 자유 제한 기준 관점, 즉 표현의 자유를 제한하려면 제한 목적이 실질적(substantial)이거나 강력(compelling)하여야 한다는 등의 기준에서 보면, 경쟁친화적 상표 기능에 대한 손상 정도에 따라 상표보호의 목적은 실질적이거나 강력할 수 있다. 즉, 손상가능성이 있으면 실질적이고 명확한 손상가능성이 있으면 강력하다. 여기서 표현의 자유 제한 기준은 직접적으로 상표권 침해 요건 내지 상표책임 요건(상표권 침해로 인하여 상표사용자가 법적 책임을 부담하는 요건이 상표책임 요건이기 때문에 상표권 침해 요건과 상표책임 요건은 사실상 동일하다)의 해석에 영향을 미치는데 상표사용이 상업적 표현인지 비상업적 표현인지 여부에 따라 해석이 달라진다.

마지막으로, 경쟁친화적 상표기능과 표현의 자유 제한 기준 양자를 기초로 한 상표책임 요건 및 예외에 대한 해석이 구체적 상황에 적용되는 단계에서 선순환 사이클이 끝마치게 된다. 이러한 구체적 상황에서 상표보호는 공정하고 효율적인 경쟁을 증진시킬 수 있을 것이다. 동시에 상표보호는 한편으로는 상표권자, 제3사용자, 소비자 간의 균형에, 다른 한편으로는 상표보호와 표현의 자유 가치 간의 균형에 도달할 수 있을 것이다. 또 다른 구체적 상황에서 공정하고 효율적인 경쟁을 증진시키고자 하는 시도는 선순환 사이클을 나선형으로 변모시키면서 또 다른 순환을 시작하게 할 것이다.

이 책은 총 7장으로 구성되어 있다.

제1장에서는 유료키워드 검색 마케팅과 관련된 기본 문제로서 유료키워드 검색 마케팅의 작동 원리와 특징을 검토한다. 여기서는 유료키워드 검색 마케팅에서의 상표사용이 가지는 특성 때문에 유사한 온라인 마케팅 사건에 대한 법원의 결정들과 유사한 오프라인 마케팅으로의 비유가 광고주들과 검색엔진들의 책임을 판단함에 있어서 제한적인 역할만을 수행할 수밖에 없다는 것을 보여주고자 한다.

제2장에서는 '상표법 적용상의 선순환 사이클'의 첫 번째 단계인 상표보호의 목적과 두 번째 단계인 경쟁친화적 상표기능에 대해 살펴본다. 제2장에서는 첫째, 왜 공정하고 효율적인 경쟁이 상표보호의 궁극적인 목적이어야 하는지를 보여주고, 둘째, 공정하고 효율적인 경쟁의 관점에서 정보 기능 및 차별 기능을 보호받을 수 있는 기능으로 제안하고자 한다.

제3장에서는 제4장에서의 논의에 앞서 유료키워드 검색 마케팅에 관한 미국 연방법원, 유럽연합사법재판소, 우리나라 법원의 관련 판례를 비교 분석한다. 이를 통해 유료키워드 검색 마케팅에서의 상표사용이 제기하는, 상표보호 근간에 관한 의문에 대해 법원들이 충분히 답하지 못하고 있

다는 것을 보여주고자 한다.

제4장에서는 '상표법 적용상의 선순환 사이클'의 두 번째 단계와 관련하여 경쟁친화적 상표기능 관점에서의 상표법 해석과 그에 따른 유료키워드 검색 마케팅에서의 광고주들과 검색엔진들의 직접적인 상표책임을 검토한다. 제4장에서는 상표사용이론(a trade mark use theory)에 반대하면서, 혼동 또는 희석에 기초한 직접적 상표책임은 상표의 경쟁친화적 기능이 손상될 가능성이 있는 경우로 한정되어야 한다고 주장하고자 한다. 구체적으로 말하자면 혼동가능성은 상표권자가 사용자 상품의 품질 또는 브랜드 이미지를 통제한다고 소비자들이 오인하는 경우에만 발생할 수 있고, 희석가능성은 제3자가 유명상표를 사용함으로써 유명상표가 상품시장에서 차지하는 상품품질과 브랜드 이미지의 강한 위치가 손상을 입을 가능성이 높을 때 발생한다고 주장하고자 한다. 한편 공정사용과 같은 예외는 혼동가능성 등의 요건과는 별도로 독립적으로 판단하여야 한다고 생각한다.

제5장에서는 '상표법 적용상의 선순환 사이클'의 세 번째 단계로, 표현의 자유하에서의 상업적 표현의 보호, 상업적 표현과 비상업적 표현 간의 구분, 표현의 자유 제한 기준, 상표법과 표현의 자유 간의 관계를 검토한다. 여기서는 상표보호의 목적을 경쟁친화적 상표기능 보호를 통한 공정하고 효율적인 경쟁의 증진이라고 해석하는 한, 상표법에 의한 무단사용 금지는 표현의 자유 제한 기준과 부합할 수 있다는 것을 보여주고자 한다.

제6장에서는 '상표법 적용상의 선순환 사이클'의 세 번째 단계와 관련하여, 제5장에서의 검토를 기초로 제4장에서 제시한 법률해석을 재평가하고, 비상업적 맥락에서 상표가 사용된 경우, 즉 비상업적 표현으로 상표가 사용된 경우에 관한 법률해석을 추가적으로 검토한다. 이를 통해 제3자가 비상업적 맥락에서 상표를 사용하여 그 상표사용이 비상업적 표현이라고 간주되는 경우, 제3자의 상표사용이 금지되기 위해서는 혼동가능성과 희석가능성이 명백한 혼동가능성과 희석가능성을 의미하는 것으로 해석되어야 한다고 제안하고자 한다. 또한 제6장에서 이러한 해석들을 사용하여 표현의 자유 관점에서 광고주들과 검색엔진들의 직접적 상표책임을 다시 분석하고자 한다.

제7장은 '상표법 적용상의 선순환 사이클'의 마지막 단계에 해당하는 것으로, 유료키워드 검색 마케팅에서의 상표사용에 관한 종합적인 결론을 내리고, 다수의 구체적인 제안들을 함께 제시한다.

이 책은 영국 퀸메리 런던대학교에서 본인이 작성한 박사학위 논문을 수정하고 보완한 것으로서 종전의 상표법 해석 일반에 관한 서적과는 몇 가지 측면에서 다르다.

첫째, 이 책은 상표법 해석에 관한 다수설의 입장을 보여주기보다는 새로운 해석이 가능하다는 것을 보여주는 데 초점을 맞추고 있다. 사회적·경제적 환경이 변화함에 따라 상표법의 해석에도 변화가 있어야 한다. 기술 등의 발전으로 상품의 차별은 점점 어려워지고 경쟁은 더욱 치열해지고 있는 상황에서, 상표를 통한 차별화의 중요성이 높아지고 있다. 기업들은 자신들의 상품이 가지고 있는 시장에서의 위치와 이미지를 상표를 통해 확보하고자 하고, 경쟁자들은 상표를 통해 상대방 상품의 위치와 이미지를 파악하며, 소비자들은 상표를 통해 상품과 브랜드 이미지를 구입한다. 이러한 상황의 변화에도 불구하고 상표는 출처표시라고만 말하는 것은 사회적 변화를 따라잡지 못하는 해석이다. 브랜드 이미지가 소비자의 마음속에 중요하게 자리 잡고 있는데도 브랜드 이미지는 상표법의 보호 대상이 아니라고 고집할 것도 아니다.

둘째, 상표법의 기반을 형성하는 상표법의 목적과 표현의 자유의 제한 측면에서 상표권 침해 요건과 예외 규정을 재해석하고자 노력하였다. 비록 사회적·경제적 환경이 변화하고 있어서 새로운 해석이 필요하기는 하지만, 그렇다고 상표법의 목적과 표현의 자유 제한에 관한 기준이 바뀌는 것은 아니다. 오히려 상표법의 근간이 되는 상표법의 목적과 표현의 자유 제한에 관한 기준을 다시 한 번 살펴봄으로써 새로운 환경변화에 대응되는 해석을 찾아낼 필요가 있다. 종전의 서적들 중에도 상표법의 목적에 기반하여 상표권의 침해 요건 등을 해석한 서적이 있지만 상표사용, 혼동가능성, 희석가능성, 공정사용 전반을 상표법의 목적에 기초하여 해석한 서적은 거의 없다. 또한 표현의 자유 제한이라는 측면에서 침해 요건 등을 검토한 서적은 찾아보기 힘들다.

셋째, 미국 연방법원, 유럽연합사법재판소와 유럽인권재판소, 우리나라의 대법원과 헌법재판소 판례를 비교 분석함으로써 다양한 관점을 접할 수 있도록 하였다. 각국의 상표법은 세부적인 내용에 있어서 차이가 있기는 하지만, 그 근간이 되는 상표법의 목적이나 표현의 자유 제한에 있어서 큰 차이가 있다고 보기는 어렵다. 그럼에도 각국의 법원들이 취하는 입장에는 상당한 차이가 있다. 다른 법역에서의 판례에 대한 이해는 한 국가에서의 법률 해석이 절대적이지 않을 수도 있다는 것을 보여준다.

이 책을 발간하면서 독창적인 생각을 항상 강조하였던 퀸메리 런던대학교의 Spyros Maniatis 교수에게 감사의 마음을 전하고 싶다. 또한 늘 응원해주셨던 부모님께도 감사하다고 말씀드리고 싶다. 마지막으로 함께 고민해주고 원고를 다듬어준 아내 박미영 특허심판원 심판관에게 사랑과 감사의 마음을 전한다.

❑ Contents

제4장 유료키워드 검색 마케팅에서의 직접책임 / 129

■■■ 제1장

유료키워드 검색 마케팅의 작동원리 및 특징

이 장에서는 유료키워드 검색 마케팅(paid search marketing)이 어떻게 운영되고 다른 마케팅과 차별되는 점이 무엇인지 살펴보고자 한다. 또한 유료키워드 검색 마케팅에서 상표가 어떻게 활용되는지를 검토하고, 이러한 상표사용을 오프라인 마케팅에서의 상표사용과 비교하고자 한다.

1. 작동원리

통상적으로 웹페이지 형태로 저장된 범세계통신망(world wide web)상의 정보는 인터넷 브라우저를 통해서 접근할 수 있다.[1] 인터넷 브라우저에 웹사이트의 IP 주소(Internet Protocol addresses)나 도메인이름을 입력하면, 인터넷 이용자들은 그 사이트에 도달해서 쉽게 정보를 수집할 수 있다. 특히 이미 시장에서 자리를 잡은 브랜드의 경우에는, 웹사이트 방문자의 절반 이상이 웹 주소나 북마크를 통해 해당 사이트에 직접 접속하고 있다.[2]

그러나 인터넷 이용자들이 해당 IP 주소나 도메인이름을 알지 못하는 경우에는 필요한 정보를 얻을 수 없다. 검색엔진은 이러한 상황에서 검색자들이 정보를 발견할 수 있게 해준다. 검색엔진은 키워드를 검색엔진의 검색창에 입력하고 '검색' 단추를 클릭함으로써 범세계통신망을 검색하여 정보를 찾도록 디자인된 컴퓨터 프로그램이다.[3] 키워드 입력에 상응하여, 검색엔진은 통상적으로 자연검색결과(natural results)와 유료키워드 검색결과(paid results) 두 가지 유형의 관련 정보로 검색결과화면에서 답한다.

유기적 검색결과 또는 알고리즘 검색결과(organic or algorithmic results)라고도 불리는 자연검색결과는 "[검색엔진들의] 복잡한 알고리즘에 따라 관련성과 대중성 순서로" 표시된다.[4] 관련성은

---

[1] Rosetta Stone Ltd. v. Google Inc., 730 F. Supp.2d 531, 536 (E. D. Va. 2010).

[2] Dave Chaffey and others, *Internet marketing: strategy, implementation and practice* (Dave Chaffey ed, 4th edn, Pearson Education 2009) 511.

[3] 이 책에서 검색엔진은(a search engine) 검색엔진제공자(a search engine provider)를 의미하는 것으로도 사용되었다.

[4] Eric Enge and others, *The Art of SEO* (O'reilly 2009) 26.

"검색에 응답된 문서의 내용이 사용자들의 의도와 용어에 부합하는 정도"를 의미하고, 검색용어가 "다수 [나타나고], 작품의 제목 또는 중요한 헤드라인이나 부제에 나타나거나, 관련 페이지로부터 페이지 링크가 연결되고 관련 앵커텍스트를 사용하면" 상승할 수 있다.[5] 대중성은 "사용자의 질문에 부합하는 특정 문서의 인용을 통하여 측정되는 상대적 중요성"과 관련되고, 사용자의 용어에 부합하는 문서가 다른 문서들에서 인용되면 올라갈 수 있다.[6] 검색엔진들의 알고리즘은 이러한 관련성과 대중성을 자동으로 결정한다.

자연검색결과와 더불어 유료키워드 검색결과 내지 스폰서 검색결과가 검색엔진결과화면의 상단 또는 오른쪽에 나타난다. 자연검색결과와 마찬가지로, 유료키워드 검색결과는 검색엔진의 사용자들이 검색창에 검색용어를 입력하였을 때 보여진다.[7] 그럼에도 불구하고 광고주들은 검색엔진들에게 유료키워드 검색결과에 대한 대가를 지불한다. 광고주들의 최대 입찰금액, 광고품질과 같은 기타 요소들이 화면상에 나타나는 유료키워드 검색결과 목록의 순위를 정하기 때문이다.

유료키워드 검색 마케팅은 유료키워드 검색결과와 관련된 검색엔진 마케팅의 일종이다. 광고주들이 관련 상품이나 정보를 찾는 고객들을 대상으로 자신의 상품을 홍보할 수 있기 때문에 유료키워드 검색 마케팅은 선호되는 방법이다. 전통적인 광고에 비하여, 사용자들이 관련 키워드를 검색창에 입력한 때에만 광고가 보여지기 때문에 광고주들은 이해관계 있는 소비자들로 광고의 초점을 맞출 수 있다.[8]

구글 Adwords, 야후! Search Marketing, 빙 Search Advertising, 네이버[9] 클릭 초이스와 같은 유료키워드 검색 마케팅 또는 페이퍼클릭 마케팅(pay-per-click marketing)에서, 검색엔진들은 광고주들에게 광고를 촉발시키는 키워드를 판매하고, 광고주들은 키워드와 자신들의 광고가 검색엔진 사용자들의 키워드 입력에 상응하여 나타나도록 할 권리를 구매한다.[10] 또한 검색엔진들은 광고주들의 최대 입찰가격과 기타 관련 요소들에 상응하도록 유료키워드 검색결과 목록상의 광고 위치를 판매하고 광고주들은 이를 구매한다.[11] 일부 검색엔진들은 광고주들에게 자신들의 제안도구를 통해 키워드를 추천한다. 광고주들은 사용자들이 유료키워드 검색결과를 클릭할 때마다 검색엔진들에

---

[5] Id. at 32.

[6] Id.

[7] 구글의 에드센스(Google Adsense)와 같은 문맥광고(contextual advertising)도 유료키워드 검색 마케팅으로 분류될 수 있지만, 주요 모델은 구글 에드워드(Google Adwords)와 같은 클릭당 광고료 지불 마케팅(pay-per-click marketing)이다. See Chaffey and others, supra note 2, at 517.

[8] Chaffey and others, supra note 2, at 519.

[9] 네이버는 우리나라의 대표적인 포털 사이트로 1999년 개시되었다.

[10] Rosetta Stone Ltd. v. Google, Inc., 2012 WL 1155143, 2 (C.A.4(Va.)).

[11] 예를 들면, 구글 에드워드에서 품질점수는 광고의 위치에 영향을 미친다. See Interflora Inc and Interflora British Unit v. Marks and Spencer Plc and Flowers Direct Online Limited [2013] E.T.M.R. 35, 724.

게 대금을 지불한다.[12] 사용자들은 유료키워드 검색결과보다 자연검색결과를 더 많이 클릭하기는 하지만, 많은 사용자들이 자연검색결과와 유료키워드 검색결과를 함께 클릭하고, 검색엔진들은 주로 키워드 판매를 통해 자신들의 수익을 얻는다.[13]

유료키워드 검색 마케팅을 사용하고자 하는 광고주들은 보통 3단계를 거친다. 첫 번째 단계는 검색엔진들의 추천을 참고하여 키워드를 선택하는 것이다. 두 번째 단계는 광고주들이 자신들의 광고가 클릭될 때마다 지불하고자 하는 최대 금액과 1일 예산을 결정하는 것이다. 구글이나 야후 등에서는, 광고주들은 자신들의 광고가 보여지기를 희망하는 지역을 선택할 수도 있다. 세 번째 단계는 제목, 홍보문구, 광고주 웹사이트의 URL로 구성되는 광고를 작성하는 것이다.

검색엔진 사용자들이 키워드를 입력하면, 키워드는 관련 유료키워드 검색결과가 스폰서 결과, 스폰서 링크 또는 광고 등의 제목하에 자연검색결과의 위 또는 오른쪽에 나타나도록 촉발시킨다. 또는 일부 검색엔진들은 자연검색결과의 아래 또는 그 중간에서 유료키워드 검색결과를 보여준다. 제목 및 엷은 색조의 사각형 배경 등에 의해 유료키워드 검색결과는 자연검색결과와 구분되는 듯 하지만, 유료키워드 검색결과가 자연검색결과와 색, 글자체, 글자크기에서 유사하여 양자의 구분이 명확하지는 않다.[14] 사각형 배경의 색깔도 자연검색결과의 흰색 배경과 쉽게 구분될 정도로 뚜렷하지 않고, 유료키워드 검색결과라는 것을 보여주는 제목도 눈에 띌 정도로 크지 않다.

이러한 유료키워드 검색결과는 그 자체가 키워드와의 정확한 관계를 보여주지는 않는다. 다만, 검색창에 입력된 키워드가 유료키워드 검색결과가 나타난 때에도 검색창에 여전히 남아 있어 모든 유료키워드 검색결과가 키워드와 연결된다는 것을 암시할 뿐이다. 일부 검색엔진들은 유료키워드 검색결과의 상단에 광고가 키워드와 '관련된 광고(ads related to)'라고 나타냄으로써, 유료키워드 검색결과가 키워드와 연결된다는 것을 암시하기도 한다.

유료키워드 검색 마케팅에서, 검색엔진의 목적이 항상 광고주들의 목적과 합치하는 것은 아니다. 검색엔진들은 사용자들이 가장 관련성 높은 정보를 다른 검색엔진들의 웹사이트에서보다 자신들의 웹사이트에서 더 빠르고 쉽게 찾을 수 있도록 함으로써 더 많은 검색엔진 사용자들의 관심을 끌 필요가 있다.[15] 이는 검색엔진들이 유료키워드 검색결과뿐 아니라 자연검색결과에도 투자하도록 만든다.

검색엔진들과 달리, 광고주는 보다 많은 사용자들이 자신의 광고를 클릭할 때 수익을 높일 수

---

[12] *Rosetta Stone* 2012 WL 1155143 at 2.

[13] Chaffey and others, supra note 2, at 507; Enge and others, supra note 4, at 2.

[14] Rosetta Stone Ltd. v. Google, Inc., 730 F.Supp.2d 531, 537 (E.D.Va. 2010).

[15] Brad Geddes, *Advanced Google AdWords* (Wiley 2010) 15.

있다. 따라서 광고주는 소비자의 관심을 끄는 데 필요한 것이라면 무엇이든지 자신의 광고에 포함시키고자 할 것이다.[16]

2. 특징

도메인이름, 메타태그, 팝업 및 배너광고와 비교하여, 유료키워드 검색 마케팅은 고유의 특성을 가지고 있다. 따라서 유료키워드 검색 마케팅에서 광고주와 검색엔진의 책임을 평가할 때 도메인이름 등 관련 판례에서와는 구분되는 논리적 사고를 하여야 한다.

1) 유료키워드 검색 마케팅과 도메인이름

도메인이름은 온라인 마케팅 목적상 중요하다. 좋은 도메인이름은 판매자와 상품에 관한 정보를 간결하고 쉽게 전달함으로써 소비자들의 관심을 끌 수 있다. 인터넷 이용자들은 도메인이름을 인터넷 브라우저의 주소창에 입력하기만 하면, 자신들이 찾는 정보를 포함하고 있는 웹사이트에 쉽게 접근할 수 있다.

도메인이름은 유료키워드 검색 마케팅에서 사용된 키워드와 매우 유사한 것처럼 보인다. 첫째, 광고주들은 도메인이름과 키워드를 '구매'할 수 있다. 둘째, 인터넷 브라우저의 주소창 또는 검색엔진의 검색창에 입력된 도메인이름 또는 키워드에 상응하여 관련정보가 나타난다. 셋째, 광고주들은 도메인이름이 발생시키는 웹사이트의 내용과 키워드가 발생시키는 광고의 문안을 작성한다. 넷째, 상표는 도메인이름과 키워드 양자 모두에 사용될 수 있다.

그럼에도 불구하고 중요한 차이가 있다. 첫째, 동일한 도메인이름은 다른 주체가 소유할 수 없는 반면, 동일한 키워드는 1 이상의 광고주에게 판매될 수 있다. 그 결과, 인터넷 이용자들이 동일한 키워드를 입력할 때 다른 광고주들의 많은 광고가 동일 화면에 나타날 수 있다. 둘째, 도메인이름이 발생시키는 광고주들의 웹사이트와 대조적으로, 키워드로 인한 검색결과화면은 동일하지 않은 개인이나 법인에 속하는 다양한 표현들로 구성된다. 셋째, 도메인이름은 직접적으로 사용자들을 광고주들의 웹사이트로 인도하지만, 키워드는 이러한 웹사이트를 촉발시키지 않고 광고가 나타나게 할 뿐이다. 따라서 광고주 웹사이트의 내용은 키워드와 직접적으로 연계되어 있지 않다.

---

[16] Id. at 16.

2) 유료키워드 검색 마케팅과 메타태그

메타태그는 웹사이트의 내용을 서술하기 위한 단어나 구문으로 구성된, 보이지 않는 코드이다.[17] 그들 중 가장 중요한 것은 서술 및 키워드 메타태그(description and keyword metatags)이다.[18] 서술 메타태그는 웹사이트의 내용에 관한 정보를 보여주는데, 검색엔진들은 종종 검색결과에서 웹사이트의 내용을 설명하기 위해 서술 메타태그의 내용을 사용한다.[19] 키워드 메타태그는 몇 개의 단어로 웹사이트의 내용을 요약하기 위해[20] 또는 웹사이트 소유자들이 자신들의 웹사이트에 연결시키고자 하는 일련의 키워드를 포함시키기 위해[21] 사용된다.

유료키워드 검색 마케팅에서의 키워드 사용은 메타태그가 자연검색결과를 촉발시킨다는 점에서 메타태그 사용과 유사하다. 인터넷 이용자들이 검색용어로 키워드를 검색창에 입력하면, 상응하는 키워드(소프트웨어 프로그램에 포함되어 있는 키워드)는 유료키워드 검색결과를 촉발시키고, 상응하는 메타태그는 자연검색결과가 나타나도록 한다. 자연검색결과의 글자체, 글자 크기, 색은 유료키워드 검색결과의 것과 거의 동일하다. 도메인이름과 대조적으로, 메타태그와 키워드 양자 모두 광고주들의 웹사이트와 직접적으로 연결되지 않는다. 이용자들이 자연검색결과나 유료키워드 검색결과상의 링크를 클릭한 때에만 웹사이트로 연결될 수 있다.

그러나 키워드 사용과 메타태그 사용이 항상 유사한 것은 아니다. 구글과 같은 검색엔진들은 키워드 메타태그를 검색결과 순위를 정하는 요소로 사용하고 있지 않고, 서술 메타태그도 자연검색결과의 순위에 영향을 미치지 않는다.[22] 이러한 의미에서 메타태그는 키워드와 매우 다르다. 메타태그는 키워드보다 훨씬 적게 광고표시 순서에 영향을 미친다.[23]

또한 검색엔진들은 광고주들이 자연검색결과에서 자신들 광고의 위치를 개선하기 위해 사용하는 메타태그 사용에 대해 관여하지 않는다.[24] 검색엔진들은 광고주들에게 메타태그를 판매하지 않고, 광고주들은 메타태그의 대가로 검색엔진들에게 어떠한 금액도 지불하지 않는다. 자신의 자연

---

[17] Brookfield Commc'ns, Inc. v. West Coast Entm't Corp., 174 F.3d 1036, 1045 (9th Cir.1999).

[18] Id.

[19] Enge and others, supra note 4, at 38; Chaffey and others, supra note 2, at 514.

[20] *Brookfield Commc'ns*, 174 F.3d at 1045; Chaffey and others, supra note 2, at 514.

[21] Enge and others, supra note 4, at 37.

[22] Id. at 37-38; Chaffey and others, supra note 2, at 514-515.

[23] Thomas McCarthy, 4 McCarthy on Trademarks and Unfair Competition § 25:69 (4th ed.) ("구글의 검색 알고리즘에 따르면, 웹사이트의 순위는 주로 그 웹사이트를 링크하거나 가리키는 다른 웹사이트의 수에 의존한다"고 언급); *see also* Standard Process, Inc. v. Banks, 554 F. Supp. 2d 866, 871 (E.D. Wis. 2008).

[24] Misha Gregory Macaw, Google, Inc. v. American Blind & Wallpaper Factory, Inc.: A Justification for the Use of Trademarks as Keywords to Trigger Paid Advertising Placements in Internet Search Engine Results, 32 Rutgers Computer & Tech. L. J. 1, 44 (2005).

검색결과 위치를 높이고자 하는 광고주들이 검색엔진적정화 서비스 회사(search engine optimisation service companies)에 메타태그 사용 등을 포함하는 적정화 절차에 대한 대가로 금액을 지불하는 경우가 있을 뿐이다. 반면 검색엔진들은 '웹사이트 내용과 무관한 메타태그'에 의해 영향을 받지 않고 가장 관련성 높은 정보를 자연검색결과를 통해 검색엔진 이용자들에게 돌려주고자 한다. 신속하고 용이하게 관련 정보를 자연검색결과를 통해 제공하지 못하면 이용자 수가 감소하고[25] 따라서 키워드 판매를 통한 수익이 감소하는 결과를 초래할 수 있기 때문(광고주들은 이용자들이 많은 다른 검색엔진을 활용하여 유료키워드 검색 마케팅을 하려고 할 것이기 때문)이다.

3) 유료키워드 검색 마케팅과 팝업 및 배너광고

팝업 및 배너광고의 작동원리는 유료키워드 검색 마케팅의 작동원리와 매우 유사하다. 팝업 및 배너광고에서 광고는 전형적으로 키워드 입력 결과로 나타나고, 광고주들은 검색엔진 제공자들에게 광고표시에 대한 대가를 지불한다.

차이점들도 존재한다. 첫째, 일부의 경우 검색엔진들은 특정 키워드를 팝업 또는 배너광고 광고주들에게 판매하지 않고,[26] 팝업 또는 배너광고는 무작위로 나타나거나 컴퓨터 이용자들이 검색하는 상품에 상응하여 나타난다. 광고주들은 때때로 키워드가 아니라 팝업 또는 배너광고를 위한 공간에 대해 대가를 지불하고, 때때로 한 묶음의 키워드를 구매한다.[27]

둘째, 소비자들은 유료키워드 검색결과보다 팝업 및 배너광고를 광고로 더 용이하게 인식할 수 있다. 팝업광고는 통상 화면 중간에 별도의 검색결과화면상에 나타나서, 이용자들이 방문하고 있는 웹사이트 내용의 표시를 방해한다. 배너광고는 동일한 검색결과화면에 나타나지만 일반적으로 검색결과와는 다른 글자체, 글자크기, 색으로 보이고, 이미지나 애니메이션을 포함한다.[28]

셋째, 팝업광고는 다른 광고의 전시를 방해하기 때문에 유료키워드 검색결과보다 혼동이나 희석을 초래할 가능성이 더 높다. 즉, 팝업광고는 "상표권자 웹페이지 위에 공격적으로 광고를 덮어씌우는 것"과 관련된다는 점에서 유료키워드 검색결과보다 침해요소가 강하다.[29] 팝업광고는 인터넷 이용자들이 컴퓨터 화면에서 정보를 읽는 것과 상표권자가 자신들의 광고를 표시하는 것을 방해

---

[25] Id.

[26] J. G. Wentworth, S. S. C. Ltd. v. Settlement Funding LLC, 2007 WL 30115, 5 (E. D. Pa. 2007) (WhenU.com 계열 사건들은 "구체화된 키워드의 구매를 포함"하고 있지 않다고 판단).

[27] Playboy Enterprises, Inc. v. Netscape Communications, Inc., 354 F.3d 1020 (9th Cir. 2004).

[28] Macaw, supra note 24, at 45.

[29] Merck & Co., Inc. v. Mediplan Health Consulting, 431 F. Supp.2d 425, 427 (S. D. N. Y. 2006).

할 수 있다. 따라서 예를 들어, 팝업광고가 상표권자의 광고를 대체하여 상표권자의 광고로 인지되면, 혼동가능성을 발생시킬 수 있을 것이다.

3. 유료키워드 검색 마케팅상에서의 상표활용

1) 광고주의 마케팅 및 검색엔진의 상표정책

(1) 브랜드 마케팅의 장점 및 검색엔진의 상표정책

광고주들은 온라인 마케팅과 브랜드 마케팅 양자로부터 이익을 얻기 위해 유료키워드 검색 마케팅에서 상표를 사용하는 데 적극적이다. 유료키워드 검색 마케팅을 상표의 기능과 결합시킴으로써 이를 최대로 이용할 수 있기 때문이다. 일부 학자들은 이러한 마케팅에서 사용되는 상표가 광고주들과 잠재적 소비자들 간의 연계를 위한 '정보 수단'으로서만 사용된다고 주장한다.[30] 그러나 상표인 키워드는 소비자의 마음속에 상표와 광고 간의 연관성도 만든다. 보다 구체적으로 말하자면 키워드는 소비자들로 하여금 상표권자의 상표와 광고에서 언급된 광고주의 상품이나 상표를 연결 지어 생각하도록 할 수 있다. 연계의 강도(the strength of the connection)는 광고문안에 달려있다. 이러한 맥락에서, 일부 마케팅 학자들은 마음에 인상을 남기는 것(branding)을 유료키워드 검색 마케팅의 하나의 장점으로 간주하면서, 유료키워드 검색 마케팅의 경우 검색엔진 이용자들이 광고를 클릭하지 않는 경우에도 브랜딩 효과가 있다고 주장한다.[31]

한편 검색엔진들은 법원이 불법이라고 판단하지 않는 한 키워드로서의 상표사용을 허용할 것이다. 상표와 관련된 광고를 표시하지 않고는, 검색엔진들은 특정 상표를 찾지만 인터넷 주소나 도메인이름을 알지 못하는 이용자들을 만족시킬 수 없을 것이기 때문이다. 또한 광고가 표시되기 전까지는, 검색엔진들은 인터넷상에서 상표의 불법적인 사용을 걸러내지 못하기 때문이다. 불법적인 상표사용을 걸러낼 권한이 없다는 것은 별론으로 하더라도, 소요 예산으로 인해 불법적인 상표사용을 걸러내는 데 한계가 있기 때문이다.

결국 광고주들의 마케팅 이익이라는 요인과 더불어 검색엔진들의 상표정책(trade mark policies:

---

[30] Stacey L. Dogan, Trademark Remedies and Online Intermediaries, 14 Lewis & Clark L. Rev. 467, 473 (2010).

[31] Chaffey and others, supra note 2, at 519 ("실험결과들은 클릭당 광고료 지불 마케팅에는 사용자들이 광고를 클릭하지 않아도 브랜딩 효과가 있다는 것을 보여 주고" "이는 상품의 출시나 주요 캠페인에 있어 유용할 수 있다"고 언급).

검색엔진이 제공하는 광고서비스 등에서 서비스 이용자가 지켜야 하는 상표사용기준으로서 각 검색엔진이 규정하고 있다)은 광고주들이 상표를 키워드로 사용할 수 있게 한다.

(2) 검색엔진 상표정책의 변화

검색엔진들은 상표가 키워드로 구매될 수 있는지 여부 또는 상표가 광고문안에 포함될 수 있는지 여부에 대한 자신들의 상표정책을 가지고 있는데, 이러한 정책은 국가에 따라 차이가 있고, 판례 또는 시장환경 변화에 따라 발전하고 있다.

2004년 이전에는, 구글은 상표권자의 청구가 있는 경우 광고주들이 키워드로서의 상표에 입찰하는 것과 이를 광고에 사용하는 것을 모두 금지하였다.[32] 그러나 2004년 구글은 미국과 캐나다에서의 상표정책을 완화하여 광고주들이 키워드로 상표를 취득하는 것을 허용하였다.[33] 이후 구글은 점진적으로 다른 나라에서의 상표정책도 미국과 캐나다에서의 상표정책과 일치시켜 왔다. 즉, 영국과 아일랜드에서의 상표정책은 2008년에,[34] 다른 유럽 국가에서는 2010년에,[35] 우리나라에서는 2013년에[36] 조정하였다. 한편 2009년 구글은 미국에서의 상표정책을 다시 조정하여, 광고주들이 일정 조건하에 광고의 일부로 상표를 사용할 수 있도록 하였고,[37] 2010년에는 동일한 상표정책을 캐나다, 영국, 아일랜드까지 확대하였다.[38]

구글의 현행 상표정책에 의하면, "광고문안에서 통상적인 의미로 용어를 서술적으로 사용하거나" 또는 "그 광고가 상표인 용어에 상응하는 상품 또는 서비스와 관련된 것이 아니면", 제3자의 광고는 상표인 용어를 광고문안에 포함시킬 수 있다.[39] 미국, 캐나다, 영국, 아일랜드에서는 광고주들이 i) 상표가 부착된 진정한 상품을 재판매하거나, ii) 부속품, 대체부품, 호환품을 판매하거나, iii) 상표상품(trademarked products)에 관한 정보를 광고의 랜딩페이지에서 제공하는 경우, 광고주들은 자신들의 광고에 상표를 사용할 수 있다.[40] 구글의 유럽연합 및 유럽자유무역연합(EFTA) 상표

---

[32] Rosetta Stone Ltd. v. Google, Inc., 2012 WL 1155143, 2 (C.A.4(Va.)).

[33] Id.

[34] Interflora Inc and Interflora British Unit v. Marks and Spencer Plc and Flowers Direct Online Limited [2013] E.T.M.R. 35, 725-726.

[35] Update to Canadian, UK and Ireland ad text trademark policy <http://adwords.blogspot.co.uk/ 2010/08/update-to-canadian-uk-and-ireland-ad.html> accessed 5 December 2013.

[36] 2013년 4월 23일, 구글은 중국, 홍콩, 마카오, 대만, 호주, 뉴질랜드, 우리나라, 브라질에서의 상표정책을 변경하여 키워드로서의 상표선택을 허용하였다. See Updates to AdWords trademark policy <https://support.google.com/ adwordspolicy/ answer/ 177578> accessed 5 December 2013.

[37] *Rosetta Stone*, 2012 WL 1155143 at 3.

[38] Update to Canadian, UK and Ireland ad text trademark policy, supra note 35.

[39] AdWords Trademark Policy <https://support.google.com/adwordspolicy/answer/6118?hl=en &ref_topic=16316> accessed 5 December 2013.

[40] Id.

정책에 따르면, 키워드와 광고문안이 결합하여 혼동을 일으키지 않는 한 경쟁상품(광고주가 판매하는 상품과 경쟁관계에 있는 상품)에 관한 자신들의 광고에도 상표를 사용할 수 있다.[41]

구글이 "호의로(as a courtesy)" 간주하고 있는,[42] '통지 및 제거 시스템(notice and takedown system)'은 이러한 상표정책에 상응한다. 미국과 우리나라를 포함한 대부분의 국가에서, 구글은 상표권자의 불만제기가 있으면 광고문안에 있는 상표사용만을 조사한다.[43] 조사결과에 따라, 구글은 "광고문안 안에 있는 상표의 사용을 제한할 수 있다."[44] 그러나 유럽연합과 유럽자유무역연합 지역에서는, 구글은 제한된 범위에서 광고문안과 결합된 키워드가 광고상품의 출처에 대해 혼동을 일으키는지 여부를 조사한다.[45]

야후와 빙도 자신들의 상표정책을 조정해왔다. 2011년 3월 이들은 미국과 캐나다에서의 상표정책을 변경하여, 불만제기가 있으면 광고문안에서의 상표사용에 대하여만 조사할 수 있게 하였다.[46] 그러나 "광고주들은 자신들의 광고가 다른 사람들의 상표 또는 기타 지식재산권을 침해하지 않도록 할 책임을 부담한다"고 강조하였다.[47] 야후와 빙의 수정된 상표정책은 광고문안에서의 공정한 상표사용을 허용한다. 즉, 진정상품 재판매자의 사용, 상표상품에 대한 정보웹사이트에서의 사용, 辭典적 맥락에서의 사용, 독립연구에 의해 지지되는 비교광고에서의 사용 등을 허용한다.[48]

반면에 영국, 아일랜드, 프랑스, 이탈리아에서는, "취득 또는 사용이 제3자의 상표를 침해하거나 달리 위법하거나 또는 제3자의 권리를 침해하면" 광고주들이 키워드로 상표를 취득할 수 없거나, 광고에서 상표를 사용할 수 없다.[49] 반면 진실되고 합법적인 상표사용은 허용될 수 있다.[50] 이러한 국가들에서, 야후와 빙은 광고문안에서의 상표사용에 관해서만 조사하지 않고, 상표를 키워드로 선택한 것에 관해서도 조사한다.[51]

구글, 야후, 빙과 달리 우리나라의 대표 검색엔진인 네이버는 유료키워드 검색 마케팅에서의 상표사용에 관한 기초적 가이드라인만을 제시한다. 이에 따르면 네이버는 광고주가 국내에서 널리

---

[41] Id.

[42] Help for trademark owners <https://support.google.com/adwordspolicy/answer/2562124> accessed 5 December 2013 ("광고주들은 자신들의 광고를 촉발시키기 위해 선택한 키워드들과 이러한 광고에 사용하기 위해 선택한 문구에 대해 책임을 부담한다"고 언급).

[43] AdWords Trademark Policy, supra note 39.

[44] Id.

[45] Id.

[46] Editorial FAQs <http://advertising.microsoft.com/small-business/support-center/search-advertising/editorial-faq> accessed 14 July 2012.

[47] Intellectual Property Guidelines <http://advertise.bingads.microsoft.com/en-us/editorial-intellectual-property-guidelines> accessed 5 December 2013.

[48] Id.

[49] Id. 동일한 정책이 호주, 뉴질랜드, 홍콩, 싱가포르, 인도네시아, 브라질에도 적용된다.

[50] Id.

[51] Id.

인식된 타인의 상표 또는 서비스표와 동일 또는 유사한 표지를 사용하여 타인의 상품 또는 영업과 혼동을 발생시키는 웹사이트를 광고하는 것을 금지한다.[52] 또한 상표권자의 요청에 의해 광고의 제목에 상표를 사용하는 것을 제한할 수 있다.[53]

검색엔진의 상표정책은 유료키워드 검색 마케팅에서의 상표책임에 관한 자신들의 입장을 보여 준다.

첫째, 검색엔진들은 '광고주들'이 키워드로서 또는 광고에서의 상표사용에 대해 책임을 부담한다고 강조한다. 즉, 검색엔진들은 상표권자들이 광고주들을 직접적으로 접촉해야 한다고 권고할 뿐이고, 그 사용에 대해 검색엔진 자신들도 책임이 있다고는 생각하지 않는다.

둘째, 상표사용이 공정한지 여부를 검색엔진이 판단함에 있어서 '광고주들의 웹사이트 내용'이 중요한 역할을 한다. 검색엔진들은 광고에 사용된 상표만을 기초로 공정성을 판단하지는 않는다. 예를 들어, 광고의 랜딩페이지가 미국에서의 진정상품 재판매에 관한 것이면, 구글은 광고문안에서의 상표사용을 허용한다.[54] 야후와 빙도 유사한 입장을 취하고 있다.[55]

셋째, 검색엔진들의 상표정책은 각 법역에서의 법원의 입장들과 직접적으로 관련되어 있다. 또한 이는 각국 법원들의 입장이 얼마나 다양한지도 보여준다.

2) 유사 경우와의 비교분석

(1) 상품배치(Product Placement)

팝업광고 또는 유료키워드 검색 마케팅에서의 상표사용은 종종 오프라인 영업(bricks-and-mortar businesses)에서의 상품배치에 비유된다. 일부 학자들은 팝업광고에 상표를 사용하는 검색엔진이 '경쟁상품을 동일 또는 인접한 선반에 배치하는 슈퍼마켓 관리자'와 유사하다고 생각한다.[56] 다른 학자들은 '광고주들의 키워드로서의 상표사용'을 '일반의약품 생산자가 자신의 약을 선반에서 브랜드 약 옆에 배치하는 것'과 동일시하고, '검색엔진의 사용'을 '약국의 배치 승인'과 동일시한다.[57] 미국 법원들도 팝업광고와 유료키워드 검색 마케팅을 상품배치에 비유하였다. 1-800 Contacts 사건

---

[52] 사이트등록기준 <http://searchad.naver.com/AIIS20/AIIS2004_ A01.nbp> accessed 5 December 2013.

[53] 광고문안작성기준 <http://searchad.naver.com/AIIS20/AIIS2004_ A01.nbp> accessed 5 December 2013.

[54] AdWords Trademark Policy, supra note 39.

[55] Intellectual Property Guidelines, supra note 47.

[56] Uli Widmaier, Use, Liability, and the Structure of Trademark Law, 33 Hofstra L. Rev. 603, 684-685 (2004).

[57] Stacey L. Dogan and Mark A. Lemley, Trademarks and Consumer Search Costs on the Internet, 41 Hous. L. Rev. 777, 810 (2004) (일반 의약품 사용자와 약국 모두 책임을 부담하지 않는다고 주장).

에서, 미국 제2연방항소법원은 팝업광고에서의 검색엔진의 상표사용에 '약국 비유(a drug store analogy)'를 사용하였다.[58] Rescuecom 사건에서는 동 법원은 유료키워드 검색 마케팅을 상품배치에 비유하면서, 구글의 사용은 소비자 혼동가능성을 발생시키지 않는 "해롭지 않은 상품배치(benign product placement)"와 동일시될 수는 없을 것이라고 강조하였다.[59]

유료키워드 검색 마케팅의 특성이 상품배치의 특성과 유사해서, 이러한 비유는 쉽게 이해된다. 첫째, 실제 영업에서 상품배치계획에 따라 '관련상품'들을 함께 진열하듯이, 모든 유료키워드 검색 결과는 사용자들이 입력한 상표인 용어와 '관련'된다. 둘째, 유명상표를 부착한 상품 옆에 놓인 일반제품(generic products)이 유명상표의 명성으로 이익을 얻을 수 있듯이, 키워드로 사용된 유명상표가 촉발시키는 유료광고는 유명상표 상품을 찾는 인터넷 이용자의 관심을 끌 수 있다. 셋째, 상품배치와 유료키워드 검색 마케팅은 소비자들에게 유명상표 상품에 대한 대안을 제공할 수 있다. 소비자들은 동종이지만 다른 상표를 보유하여 유명상표 상품보다 값싼 상품에 관한 정보를 얻을 수 있다.

그럼에도 불구하고 상품배치 비유를 근거로, 상표인 키워드가 촉발시킨 광고가 항상 용인될 수 있다는 결론을 낼 수는 없다. 이러한 결론은 상품배치의 다양성과 유료키워드 검색 마케팅에서 상표사용이 갖고 있는 특성을 간과하는 것이다.[60]

첫째, 모든 상품배치가 합법적인 것은 아니다. 인접 상품에 명확하게 라벨이 붙어 있지 않은 경우, 소비자들은 상품의 출처가 상표권자라고 오인할 수 있다. 예를 들면, 브랜드 진통제 바로 옆에 놓인 상표가 없는 일반 진통제는 출처에 대한 혼동을 발생시킬 수 있을 것이다. Rescuecom 사건에서, 제2연방항소법원은 "싸구려 상품 공급상이 소매상에게 대가를 지불하고 상품진열과 상품배달을 조정하여, 유명브랜드상품을 취득하고자 하는 소비자들이 자신들이 찾고 있는 브랜드상품을 받았다고 믿으면서 싸구려 상품을 받도록 하면, 상품배치라는 명분을 주장할 수 있다는 이유만으로 이러한 관행이 책임을 피할 것이라고 믿을 만한 이유를 찾을 수 없다"고 판시하였다.[61]

둘째, 상품배치에서는 소비자의 관심을 끄는 데 경쟁상품과 유명상품(brand-name products) 간의 거리가 중요한 반면, 유료키워드 검색 마케팅에서 관심을 끄는 주요 요소는 유료키워드 검색결과 목록상의 광고순서이다. 또한 상표권자의 광고순서도 최대 입찰 가격에 영향을 받기 때문에, 유료키워드 검색 마케팅은 상표권자의 광고가 항상 검색결과화면에서 다른 광고 상단에 나타난다는

---

58) 1-800 Contacts, Inc. v. WhenU.com, Inc., 414 F.3d 400, 409 (2d Cir. 2005).

59) Rescuecom Corp. v. Google, Inc., 562 F. 3d 123, 130 (2d Cir. 2009).

60) Graeme Dinwoodie and Mark Janis, Confusion over Use: Contextualism in Trademark Law, 92 Iowa L. Rev. 1597, 1637 (2007) ("상표사용이론가들은 오프라인에서의 상표사용에 비유함으로써 복잡성을 제거한다"고 주장).

61) *Rescuecom*, 562 F. 3d at 130.

것을 보장하지 않는다.[62]

셋째, 상품배치에서의 맥락과 상황은 유료키워드 검색 마케팅에서보다 제3자의 상품과 상표 간의 긴밀한 관계를 보여줄 가능성이 낮다. 상품이 상표 관련성 순위에 따라 전시되지 않는 슈퍼마켓이나 약국에서, 소비자들은 통상 인접 상품 또는 상표와 유명상표 간에 일종의 관계가 있다고 믿지는 않을 것이다. 그러나 유료키워드 검색 마케팅에서, 맥락과 상황은 광고주들의 상품 또는 상표와 상표인 키워드 간에 연계가 있다고 제시하는 것으로 해석될 수 있다. 즉, i) 관련 정보를 찾기 위해 상표인 용어를 검색창에 입력하는 것은 검색엔진 사용자들이다. ii) 유료키워드 검색결과를 촉발시키는 상표인 검색용어와의 관련성에 따라, 자연검색결과는 유료키워드 검색결과의 하단, 상단 또는 왼쪽에 나타난다. iii) 상표인 검색용어는 검색결과가 나타난 후에도 검색창에 여전히 남아 있다. iv) 조금 다른 배경색상과 유료키워드 검색결과의 제목에도 불구하고, 유료키워드 검색결과의 형식은 자연검색결과의 형식과 매우 유사하다.

넷째, 상품배치에 대한 비유는 주로 '검색엔진들'의 키워드로서의 상표사용에 관련된다. 이러한 비유는 인접상품이 상표를 부착하고 있는지 여부나 인접상품이 소비자 혼동을 일으킬 수 있는 광고를 포함하고 있는지 여부를 다루지 않는다는 점에서, 상표권자와 광고주들 간에도 유료키워드 검색 마케팅 분쟁이 발생한다는 사실을 충분히 감안하지 않는다. 따라서 광고주들의 상표사용은 상품배치로 충분히 설명될 수 없다. 광고주들의 키워드로서의 상표사용에는 그 이상의 무엇인가가 있다. 즉, 광고주들은 자신들의 광고가 검색결과화면에서 나타나도록 하기 위해 키워드로서 상표를 구매하고, 소비자 혼동을 초래할 수도 있는 광고문안을 작성한다.

(2) 자수로고(Embroidered Logos)의 판매

검색엔진들의 키워드로서의 상표판매는 다른 사람의 상표를 복제한 자수로고의 판매에 비유될 수 있다. 양자 모두 판매자들이 자신들의 판매에 대해 상표권자의 허락을 이미 받았다는 인상을 줄 수 있다. 또한 양자 모두의 경우, 판매자들은 구매자들이 키워드나 자수로고를 어떻게 사용할 것인지는 알 수 없어도 구매자들이 이들을 사용할 것이라는 것은 예상할 수 있다.

이러한 사실들로 인해 자수로고의 판매가 상표권을 침해하듯이, 검색엔진들이 상표인 키워드 판매로 상표침해책임을 부담할 수 있다는 결론에 이를 수 있다. 소비자 혼동이 상표권자의 허락에

---

[62] Rescuecom Corp. v. Google, Inc., 562 F. 3d 123, 131 (2d Cir. 2009) (혼동가능성에 관하여 Rescuecom은 "검색을 한 사람이 Rescuecom의 검색에 상응하여 가장 위에 나타난 다른 브랜드 이름을 보면, 그 사람은 나타난 다른 이름이 검색을 통해 찾는 브랜드 이름과 연관된 것으로 오인할 가능성이 높고, 구글이 표시에 의해 사실을 적절히 알리지 않았기 때문에 이것이 검색에 가장 관련성 높은 응답이 아니라고 의심하지 않을 것이다"라고 주장하였다).

관한 혼동 또는 상표권자 신용의 유용을 포함하는 것으로 해석되면, 자수로고의 판매는 판매자들의 상표책임을 초래할 수 있을 것이다. 마찬가지로 검색엔진들의 키워드 판매는 소비자 혼동을 일으키고 그 결과 검색엔진은 책임을 부담한다고 이해될 수 있을 것이다.

그러나 검색엔진들은 광고에 즉각적으로 사용될 수 있는 상표 이미지 파일을 판매하는 것은 아니다. 이들은 실제로 i) 광고지면, ii) 유료키워드 검색결과 목록에서의 광고순위, iii) 상표인 키워드와 광고 간의 연계를 판매한다. 또한 검색엔진들은 동일한 키워드를 1 이상의 광고주에게 판매함으로써, 다양한 상품에 대한 다양한 광고에 동일한 키워드를 연계시킨다. 그러므로 예를 들면, 자수로고의 판매자들은 구매자들이 자수로고를 모자나 의류 등에 사용할 것이라고 예상할 수 있지만, 검색엔진들은 광고주들이 상표권자의 '상품과 관련하여' 상표를 사용할 것인지 사용한다면 어떻게 사용할 것인지를 예상할 수 없다.

(3) 신문광고

유료키워드 검색 마케팅은 신문광고와 더 유사하다고 할 것이다. 첫째, 검색엔진들과 신문사들의 핵심 역할은 이용자들이나 독자들에게 정보를 제공하는 것이다. 신문은 뉴스, 시사평론, 기타 정보를 포함하고 있으며, 가장 중요한 정보를 1면에 게재한다. 검색엔진들은 자신들의 알고리즘에 따라 이용자들이 찾는 검색용어와 관련성이 높은 순서로 자연검색결과를 검색결과화면에 보여준다. 신문이나 검색엔진서비스 이용자의 관심을 끄는 것은 광고가 아니라 정보나 자연검색결과이다. 따라서 신문사들과 검색엔진들은 정보 또는 자연검색결과의 품질을 높이기 위해 노력할 것이다.

둘째, 광고의 위치는 광고주들이 광고를 위해 얼마나 지불하거나 지불할 예정인지에 상응한다. 신문사들은 독자들이 보다 용이하게 접근하고 인지할 수 있는 광고에 더 높은 가격을 매긴다. 광고주들이 더 많은 금액을 지불하면, 광고는 지면을 더 차지하거나 1면처럼 눈에 잘 띄는 위치에 놓일 수 있다. 마찬가지로 유료키워드 마케팅에서 유료키워드 검색목록상 앞선 위치에 광고가 놓이기 위해서는, 광고주들이 최대 입찰가격을 더 높이 제시하여야 한다. 최대 입찰가격을 높임으로써 광고주들은 자신들의 광고가 소비자들의 눈에 더 잘 띄게 할 수 있다.

셋째, 신문광고와 유료키워드 검색 마케팅에서 광고문안을 작성하는 것은 통상적으로 광고주들이다. 신문사와 검색엔진은 광고를 작성하지 않는다. 광고문안을 판매하지도 않는다. 따라서 광고문안에 관한 한, 신문사도 검색엔진도 광고에 책임을 부담하지 않는다.

넷째, 신문광고와 유료키워드 검색 마케팅에서는 표현의 자유도 쟁점사항이 될 수 있다. 광고주들은 자신들의 광고가 표현의 자유에 의해 보호된다고 주장할 수 있으며, 신문사들과 검색엔진들도 자신의 광고지면 레이아웃(advertising layouts)에 대해 표현의 자유를 주장할 수 있다.

이러한 많은 유사성에도 불구하고, 유료키워드 검색 마케팅에는 신문광고에 없는 고유한 상황이 있다. 첫째, 인터넷 이용자들이 검색용어를 검색창에 입력할 때만 상표인 키워드가 광고를 나타나게 한다. 둘째, 자연검색결과와 유료키워드 검색결과는 동일한 키워드 입력에 상응하여 동일한 검색결과화면상에 나타난다. 셋째, 검색엔진들은 자연검색결과를 무료로 제공하며 유료키워드 검색결과에서 오는 수익이 검색엔진들의 성공여부를 결정한다. 이는 검색엔진들로 하여금 유료키워드 검색 마케팅 시스템을 어떻게 설계할 것인지에 대해서도 주목하게 할 것이다. 그 결과 자연검색결과와 유료키워드 검색결과 간의 명확한 구분이 자신들의 수입에 도움이 되지 않는 한, 검색엔진들은 다른 색상으로 명확하게 광고를 표시하는 등 이용자들이 양자를 구분할 수 있게 하려고 노력하지 않을 것이다.

결국 각종 비유들은 유료키워드 검색 마케팅에서의 복잡한 상황들에 대한 이해를 돕기 위해서만 사용되어야 한다. 유료키워드 검색 마케팅이 상품배치와 공통점이 많다는 사실이 광고주들과 검색엔진들이 양 상황에서 책임을 부담하지 않는다는 결론으로 이어져서는 안 된다. 반대로 키워드로서의 상표판매와 자수로고의 판매 간의 유사점들이 자동적으로 검색엔진들의 상표책임으로 이어져서도 안 된다. 또한 신문광고에 관한 법원의 결정은 유료키워드 검색 마케팅에서의 법원의 결정과 동일할 수 없다.

3) 유료키워드 검색 마케팅상 상표사용의 특징

유료키워드 검색 마케팅 자체가 다른 온라인 마케팅과 구분되는 고유의 작동원리를 가지고 있기 때문에, 유료키워드 검색 마케팅에서의 상표사용은 고유의 특성을 가지고 있다. 또한 브랜드 마케팅과 키워드 마케팅의 결합으로 복잡한 상표사용 상황이 발생한다.

첫째, 검색엔진들은 광고주들에게 상표를 판매하거나 이에 대한 사용권을 설정하지 않는다. 검색엔진들이 팔고 광고주들이 구매하는 것은 i) 광고지면, ii) 유료키워드 검색결과 목록에서의 광고순위, iii) 상표인 키워드와 광고 간의 연계이다. 상표인 키워드 그 자체는 상품의 출처나 후원관계를 나타내기 위한 것을 목적으로 하지 않는다. 따라서 검색엔진들의 광고주들에 대한 키워드로서의 상표판매는 실제로는 상표의 판매가 아니기 때문에, 유료키워드 검색 마케팅에서 혼동가능성이나 희석가능성을 발생시키는 광고주들의 상표사용을 검색엔진들이 허용하거나 정당화하는 것으로 해석될 수 없다. 또한 동일한 이유로 키워드로서의 상표판매 자체가 광고주들이 소비자를 혼동시키거나 상표를 희석시킬 수 있는 방식으로 상표를 사용할 것이라는 것을 알거나 알 이유가 있다는 결론으로 연결될 수 없다.

둘째, 키워드 또는 광고문안에서 사용된 표장은 유료키워드 검색 마케팅에서 활용된 유일한 표장이 아니다. 동일한 상표가 검색결과화면 다른 곳에서도 나타나고, 기타 상표도 검색결과화면에 나타난다. 컴퓨터 이용자들이 검색창에 입력한 후 검색창에 그대로 남아 있는 상표와 검색엔진이 자신의 서비스 출처를 표시하기 위하여 사용하는 서비스표가 그 대표적인 예다. 또한 광고주들의 상표 등이 검색결과화면에 표시되는 광고에 포함될 수도 있다.

셋째, 상표들은 유료키워드 검색 마케팅의 각각 다른 단계에서 활용된다. 상표인 키워드를 매매하는 단계에서는, 일부 검색엔진들이 자신들의 키워드 제안도구를 통하여 키워드로서 상표를 추천한다. 이러한 추천을 고려하여, 광고주들은 검색엔진들로부터 상표를 키워드로 선택하고 구매하며, 검색엔진들은 상표인 키워드를 판매한다. 매매의 결과로 검색엔진들의 소프트웨어 프로그램에 상표가 포함된다. 검색엔진 이용자들이 상표를 검색용어로 검색창에 입력하는 단계에서는, 소프트웨어 프로그램 내부에 포함된 상표들이 관련 광고가 검색결과화면에 나타나도록 촉발시킨다. 상표들은 광고문안에 포함될 수도 포함되지 않을 수도 있지만, 이용자가 검색창에 입력한 상표들은 여전히 검색창에 남아 있다. 검색엔진들의 서비스표도 이 단계에서 나타난다.

넷째, 유료키워드 검색 마케팅에서 활용된 상표들은 인터넷 이용자들이 인지할 수 있는 것과 그렇지 않은 것으로 분류될 수 있다. 이러한 분류의 유용성은 인지할 수 있는 상표들만이 이용자들에게 영향을 미칠 수 있다는 점이다. 인터넷 이용자들은 키워드 매매에 관여하지 않기 때문에, 상표인 키워드가 검색엔진과 광고주들 간에 거래된다는 것을 인지할 수 없다. 반면 검색창에 남아 있는 상표들, 검색엔진들의 서비스표, 광고에 포함된 상표들은 소비자들이 볼 수 있고 인지할 수 있다. 키워드로서의 내부적 상표사용은 보이지 않음에도 불구하고 인지할 수 있는 사용으로 구분될 수 있는데, 그 이유는 이용자들이 상표인 검색용어가 광고를 촉발시킨다는 사실에 기초하여 내부적 사용을 인식할 수 있기 때문이다.

다섯째, 일부 표현과 상황은 광고주에게 귀속되는 반면, 다른 표현과 상황은 검색엔진에게 귀속된다. 상표인 키워드의 구매와 광고문안 작성은 광고주에 의해 이루어진다. 따라서 상표인 키워드와 광고문안 간의 연계를 만드는 것은 광고주이다. 반면에 상표인 키워드를 제안도구를 통하여 추천하는 것, 키워드의 판매, 유료키워드 검색결과의 제목, 위치, 글꼴, 글자크기, 색상은 검색엔진에게 귀속된다. 광고주와 검색엔진 모두 내부적으로 상표를 사용하고, 상표와 광고표시 간의 링크를 만든다.

여섯째, 상표인 키워드가 촉발시키는 결과물은 광고주들의 웹사이트가 아니라 광고주들의 광고이다. 웹사이트에 대한 링크는 광고에 포함될 뿐이다. 인터넷 이용자들은 자신들이 링크를 클릭하기 전까지는 웹사이트의 내용을 볼 수 없다.

마지막으로, 논란의 소지가 있기는 하지만 검색엔진들이 유료키워드 검색결과와 자연검색결과를 구분하고자 하는 노력은 충분하다고 보여지지 않는다. 검색엔진들은 유료키워드 검색결과를 다른 글꼴, 글자크기, 색상 등으로 강조하는 방법 등을 통하여 보다 명확하게 유료키워드 검색결과와 자연검색결과를 구분할 수 있다. 불충분한 구분 그 자체로 소비자들이 출처에 대하여 오인하지는 않지만, 유료키워드 검색결과의 순서가 상표 관련성에 상응한다고 오인할 수는 있을 것이다.

상표책임을 판단함에 있어서, 앞에서 서술한 맥락과 상황이 직접적으로 영향을 미치든지 간접적으로 기여하든지 상관없이, 적어도 이러한 맥락 등을 간과하여서는 안 된다.

4. 결론

도메인이름이나 메타태그도 유료키워드 검색 마케팅에서의 키워드처럼 인터넷 이용자들이 효율적으로 온라인 정보에 접하게 하지만, 유료키워드 검색 마케팅에서 사용되는 키워드는 도메인이름이나 메타태그와는 구별된다. 따라서 도메인이름이나 메타태그에 사용된 상표에 관한 법원의 판결은 유료키워드 검색 마케팅에서의 광고주나 검색엔진의 상표책임 향방을 결정짓지 못한다. 법원의 판결은 참고자료에 불과할 뿐이다. 팝업광고나 배너광고에 관한 법원의 판결도 마찬가지이다.

또한 검색엔진의 상표정책상의 변화가 상표분쟁을 일으킨 것은 아니다. 오히려 검색엔진들이 법원의 판결이나 시장의 변화에 자신들의 상표정책을 맞추어 왔다.

나아가 상표를 키워드로 사용하는 것은 상품배치(product placement), 자수로고의 판매(sale of embroidered logos) 또는 신문광고에 비유될 수 있다. 이러한 비유는 가능한 해결수단을 제안하거나 키워드로의 상표사용에 대한 이해를 도울 것이다. 그렇지만 동일한 논리적 사고를 키워드로의 상표사용에 적용하는 것은 유료키워드 검색 마케팅의 특성을 무시할 수 있다.

유료키워드 검색 마케팅에서의 상표의 사용에는 그 고유의 맥락과 상황이 있다. i) 검색엔진과 광고주는 실제로 상표를 매매하지 않는다. ii) 1개 이상의 상표가 각각 다른 단계에서 사용되었고, 상표의 사용 일부는 인터넷 이용자들이 인식할 수 없다. iii) 어떤 표현들과 맥락들은 광고주와 관련된 것이고, 다른 표현들과 맥락들은 검색엔진과 관련된 것이다. iv) 모든 맥락과 상황들이 유료 키워드 검색 마케팅에서의 상표책임을 결정하는 데 고려되는 것은 아니다. v) 인터넷 이용자들이 상표로 사용된 키워드와 광고 간에 강한 연관성이 있다고 믿도록 잘못 유도할 만한 맥락들이 있다.

　　이러한 특수성 때문에 유료키워드 검색 마케팅에서 상표보호의 적정범위가 어디인지 파악하기 어렵다. 그렇지만 본인은 '상표 적용상의 선순환 사이클(a virtuous cycle in the application of trade mark law)'을 통하여 유료키워드 검색 마케팅에서의 직접책임을 평가하면, 적절한 보호범위를 찾을 수 있다고 생각한다. 이러한 방식에 의해 직접책임을 평가한다면, 한편으로는 상표권자, 광고주, 검색엔진 및 소비자 간의 균형을, 다른 한편으로는 상표보호와 표현의 자유 가치 간의 균형을 이룰 수 있다.

■■■ 제2장

상표법의 목적 및 상표의 기능

1. 상표법의 목적

2. 상표의 기능

3. 결론

관련 당사자들 간의 균형 및 상표보호와 표현의 자유 간의 균형을 찾기 위한 촉매제로서, 이 장에서는 상표보호를 정당화하는 동시에 제한할 수 있는 상표법의 목적이 무엇인지 알아보고자 한다. 먼저 현재 주로 거론되는 상표법 목적의 한계를 검토하고, '공정하고 효율적인 경쟁'을 궁극적인 목적으로 제안하고자 한다. 그 후 이러한 목적 달성을 위한 수단을 검토하면서, 경쟁친화적인 상표기능의 개념과 그 기능의 보호를 다루고자 한다. 이러한 두 종류의 접근방법들은 유료키워드 검색 마케팅에서의 직접적인 상표책임을 평가하기 위한 기초가 된다. 이 접근방법들은 상표법에 의한 표현의 자유 제한(the restriction of free speech by trade mark law)과도 관련된다.

1. 상표법의 목적

1) 상표법의 능동적 접근 및 경쟁

상표법이 '상품시장에서 소비자 인식이나 생산자 신용(producer goodwill)이 어떤 의미로 변화되든지 간에 소비자 인식이나 생산자 신용을 보호'해야만 하는 것인지 '소비자가 쇼핑하는 방법, 생산자가 판매하는 방법, 나아가 경제가 어떻게 기능해야 하는지를 만들고자 노력'해야 하는지는 상표법에 대한 수동적 또는 능동적인 관점과 관련된다.[63] 수동적인 접근방법을 따른다면, 경쟁자 또는 시장 그 자체에 대한 고려 없이 소비자의 혼동방지 또는 신용보호를 상표법의 목적으로 간주하면 충분하다. 그러나 능동적인 접근방법은 '상표법이 무엇을 위해서 보호되는지', 즉 궁극적인 상표법의 목적이 무엇인지 제시하여야 한다.

본인은 상표법이 능동적으로 기능하여야 한다고 생각한다. 상표법은 모든 종류의 소비자 혼동을

---

[63] Graeme B. Dinwoodie, Trademarks and Territory: Detaching Trademark Law from the Nation-State, 41 Hous. L. Rev. 885, 889-890, 961-963 (2004); Graeme B. Dinwoodie, Trademark Law and Social Norms, 3-5 (2007) available at http://www.oiprc.ox.ac.uk/papers/EJWP0207.pdf; Dinwoodie and Janis, supra note 60, at 1604-1605.

방지하지도 않고 모든 종류의 생산자 신용을 보호하지도 않기 때문이다. 혼동가능성이 있어도 제3자의 사용이 정당하면 그 사용은 상표권 침해에 해당하지 않는다. 상표 희석화에 의한 상표권 침해도 마찬가지다.

이런 점에서 보면 상표법은 상표권자와 경쟁자들이 적절히 상표를 사용하고, 소비자들이 이러한 사용에서 이익을 얻을 수 있는 시스템을 구축하는 데 기여해왔고, 상표법의 이러한 역할은 계속되어야 한다. 한걸음 더 나아가 상표법은 상표법의 적용과 발전에 있어서도 지향해야 할 방향을 안내할 수 있어야 한다.[64] 방향 안내는 상표법을 구체적인 사안에 적용함에 있어서 법원이 담당해야 할 역할이기도 하다.[65]

역사적으로 미국에서 상표의 보호가 직접적인 경쟁적 사용으로 한정되어 있었을 때는(직접적 경쟁관계가 없으면 부적법한 영업 전환이 없다는 입장), 상표법과 법원의 결정은 등대로서의 기능을 하였다. 상표보호의 목적은 부적법한 영업 전환(illegitimate diversion of business)으로부터 생산자를 보호하는 것이었고, 상표법은 부정경쟁방지법의 일부로 여겨졌다.[66] 그 결과 모든 관련 당사자들의 이해관계 간 균형이 유지되었다. 예를 들면, Borden Ice Cream Co. 사건에서 미국 제7연방항소법원은 Borden's Condensed Milk Company와 Borden Ice Cream Company가 경쟁관계에 있지 않으므로 Borden's Condensed Milk Company는 Borden Ice Cream Company가 'Borden'을 회사 이름으로 사용하는 것을 금지할 수 없다고 판시하였다. 이 결정은 상표법이 전통적으로 소비자보다는 생산자를 보호하고자 하였다는 주장을 지지하는 근거로 제시된 바 있다.[67] 그러나 본인은 이 결정이 '상표법 목적 그 자체가 상표보호 범위를 한정 지을 수 있다'는 것도 보여주는 증거라고 생각한다.

상표가 경쟁 상품시장의 맥락에서만 보호되었던 때에는 자연권 이론을 기초로 하는 상표법의 목적(신용의 보호)조차도 상표권자, 소비자 및 경쟁자 간 이해관계의 균형을 이룰 수 있었다. 상표보호의 '지리적 및 상품시장상의 한계'와의 공존을 위하여, 자연권 이론하에서 권리로서 보호된 재산이 '상표 그 자체'에서 '그 상표가 상징하는 신용(goodwill)'으로 변경되었지만,[68] 상표법의 목적-신용의 보호-은 상표보호를 위한 논리적 기초를 제공하였을 뿐 아니라 그 제한을 위한 근거도 제공하였다. Tea Rose 밀가루 생산자와 경쟁상품인 Tea Rose 밀가루 판매상 간의 분쟁인 Hanover Star Milling Co. v. Metcalf 사건과 지리적으로 떨어져 있는 시장에서 팔리는 밀가루 생산자 간의

---

64) Stacey L. Dogan and Mark A. Lemley, The Merchandising Right: Fragile Theory or Fait Accompli?, 54 Emory L. J. 461, 488 (2005) ("판촉(merchandising)은 법률이 현재의 소비자 기대에 응답하기보다는 열망하는 목표를 정하면서 규범 제정자로 작용하여야 하는 경우"라고 주장).

65) Dogan and Lemley, supra note 57, at 784 (인터넷상에서의 상표사용에 관하여 규범 제정자로서 법원의 역할이 중요하다는 것을 강조).

66) Mark P. McKenna, The Normative Foundations of Trademark Law, 82 Notre Dame L. Rev. 1839, 1860 (2007).

67) Id. at 1870.

68) Robert G. Bone, Hunting Goodwill: A History of the Concept of Goodwill in Trademark Law, 86 B. U. L. Rev. 547, 568 (2006).

분쟁인 Allen & Wheeler Co. v. Hanover Star Milling Co. 사건에서, 미연방대법원은 앞의 사건에서는 금지명령을 인정하였지만, 뒤의 사건에서는 금지명령을 부인하였다. 법원은 "상표는 신용을 위한 보호만으로 여겨지고, 현재의 영업과 관련된 경우를 제외하고는 재산의 대상이 아니다"라는 점과 "상표 그 자체는 배지를 달 상품이 없고 상품을 제공할 거래자가 없는 시장으로 이동할 수 없다"는 점을 근거로 제시하였다.[69]

그러나 상표보호가 경쟁 상품시장을 넘어서 관련 상품시장(related product market) 더 나아가 동떨어진 상품시장(distant product market)으로 점진적으로 확대됨에 따라, 부정 경쟁 방지의 초점이 '경쟁'에서 '불공정(unfairness)'으로 이동되었다.[70] 경쟁시장에 기반을 두었던 '신용(goodwill)'이라는 개념과 '혼동가능성(likelihood of confusion)'은 보다 많은 의미를 포함하기 위해 확대되기 시작했다.[71] 그 결과 과거 상표보호의 경계를 정해주었던 '경쟁'은 그 이전과 동일한 역할을 할 수 없었다.

1905년 미국 연방 상표법[72]은 상표가 사용된 상품의 서술적 특성과 실질적으로 같은 특성(substantially the same descriptive properties)을 보유한 비경쟁 상품에 제3자가 상표를 사용하는 것에 대하여도 상표를 보호하도록 규정하였다. 이 규정을 근거로, 제3연방항소법원은 Rosenberg 사건에서 남자의 모자(hats)와 앞에 챙이 달린 모자(caps)는 남자의 정장(suits) 및 오버코트(overcoats)와 같은 서술적 특성이 있다고 판시하였다.[73]

1905년 상표법 규정에도 불구하고, 일부 법원은 관련 비경쟁 상품(related, non-competing goods)에 관한 제3자 사용에 대하여도 상표를 보호하는 '관련 상품 이론(related goods theory)'을 받아들였다. Aunt Jemima 사건에서 제2연방항소법원은 출처혼동과 Aunt Jemima Mills Company의 명성과 광고라는 이익을 사용자가 가져갈 가능성을 이유로 하여, 시럽에 대한 상표사용은 Aunt Jemima Mills Company의 팬케이크 반죽에 관한 상표를 침해했다고 결정하였다.[74]

게다가 후원관계 혼동(sponsorship confusion)과 희석(dilution)의 도입은 상표법에서 경쟁이 담당하는 역할을 더욱 축소시켰다. 1946년 랜험법의 통과에 따라, 서술적 특성이 다른 상품에 관한 혼동가능성이 상표권 침해로 연결될 수는 있었지만, 모든 법원이 후원관계 혼동을 지지하지는 않았

---

69) Hanover Star Milling Co. v. Metcalf, 240 U. S. 403, 414-416 (1916).

70) Vogue Co. v. Thompson-Hudson Co., 300 F. 509 (6th Cir. 1924) ("'경쟁'이라는 단어에 대한 집착이 없고", "형평에의 호소는 불공정에 보다 강하게 의존한다"고 판결).

71) Bone, supra note 68, at 574.

72) Act of Feb. 20, 1905, 33 Stat. 724, *repealed by* Trademark (Lanham) Act of 1946 § 46(a), 60 Stat. 427, 444.

73) Rosenberg Bros. & Co. v. Elliott, 7 F.2d 962, 966 (3d Cir. 1925).

74) Aunt Jemima Mills Co. v. Rigney & Co., 247 F. 407, 409-410 (2d Cir. 1917).

다.[75] 그렇지만 1962년 개정안에서 의회는 랜험법 제32조(1)에서 "그러한 상품 또는 서비스의 근원 또는 출처에 관한 구매자(purchasers as to the source or origin of such goods or services)"의 혼동가능성이 있어야 한다는 요건을 삭제하였고,[76] 1989년 개정안은 동법 제43조(a)(1)(A)에 후원관계 혼동을 포함시켰다.[77] 그 결과 비경쟁 상품시장에서 출처, 후원관계 또는 제휴관계에 관한 혼동을 발생시킬 수 있는 상표의 사용은 침해에 해당할 수 있게 되었다. 1947년 매사추세츠 주에서 시작된 미국 州에서의 희석화 방지 규정과 연방 희석화 방지법 또한 혼동가능성이 없는 경우에도 비경쟁 상품시장에서의 상표의 사용을 금지한다.

넓은 개념의 혼동가능성과 상표 희석은 유럽에서도 인정된다. 유럽상표지침(the EU Trade Mark Directive)과 공동체 상표규정(the Community Trade Mark Regulation)은 혼동가능성이 표지와 상표 간의 연계가능성(likelihood of association)을 포함한다고 규정하고 있다.[78] 또한 상표 희석은 침해에 해당하고 거절결정과 무효의 사유이기도 하다. 심지어 불공정한 이익의 취득이 지침과 규정에서 희석의 한 유형으로 인정된다.

우리나라법도 확대된 개념의 혼동가능성과 희석을 인정한다.[79] 랜험법, 유럽상표지침 및 공동체 상표규정과 달리, 우리나라 상표법은 연계가능성이 혼동가능성에 포함되는지 명확하게 규정하고 있지 않지만, 우리나라 대법원은 이러한 종류의 혼동을 인정하고 있다. 은행업에 관한 서비스표 사건에서, 대법원은 혼동가능성을 저명상표의 저명도와 명성에 편승하여 수요자를 유인할 수 있을 정도의 경업관계 내지 경제적 유연관계의 존재에 관한 혼동가능성이라고 해석하고 있다.[80] 우리나라에서의 희석화 방지도 랜험법, 유럽상표지침 및 공동체 상표규정의 희석화 방지와 차별된다. 거절결정, 이의신청 및 무효심판의 사유로서의 희석행위는 불공정한 이익의 취득을 포함하지만, 우리나라에서 유명한 상표일 것을 요구하지 않는다. 우리나라 상표법 제7조 제1항 제10호에서는 "수요자 간에 현저하게 인식되어 있는 타인의 상품이나 영업과 혼동을 일으키게 하거나 그 식별력 또는 명성을 손상시킬 염려가 있는 상표"는 상표등록을 받을 수 없도록 규정하고 있다. 또한 제7조 제1항 제12호는 "국내 또는 외국의 수요자 간에 특정인의 상품을 표시하는 것이라고 인식되어 있

---

[75] HMH Pub. Co., Inc. v. Brincat, 504 F.2d 713, 716, n.7 (9th Cir. 1974).

[76] Id.

[77] McCarthy, supra note 23, § 24:6.

[78] Canon 사건에서 연계가능성을 침해자와 상표권자 간의 경제적 연계(an economic link) 존재에 대한 인식으로 서술하고 있다. See Canon Kabushiki Kaisha v. Metro-Goldwyn-Mayer Inc. (C-39/97) [1999] 1 C.M.L.R. 77, 97-98.

[79] 정상조・박준석, 『지적재산권법』, 홍문사, 제2판, 홍문사, 2011, 571면.

[80] 대법원 1991.2.12. 선고 90후1376 판결(그러나 대법원은 은행이 수산물의 생산 또는 판매업을 영위한다는 것은 극히 이례에 속하는 일이기 때문에, 지정상품 간에 서로 경업관계 내지 경제적 유연관계가 있다고 할 수 없어 저명서비스표와 유사한 표장을 그 지정상품인 미역, 다시마, 해태 등에 사용하더라도 수요자로 하여금 저명서비스표권자의 영업과 오인, 혼동을 일으킬 우려는 없다고 판시하였다) 이는 희석 개념이 공식적으로 도입되기 이전에 혼동에 대한 희석화 근거일 수 있었다.

는 상표(지리적 표시를 제외한다)와 동일 또는 유사한 상표로서 부당한 이익을 얻으려 하거나 그 특정인에게 손해를 가하려고 하는 등 부정한 목적을 가지고 사용하는 상표"는 상표등록을 받을 수 없다고 규정하고 있다. 제7조 제1항 제12호도 우리나라 상표법에서 희석화 방지 규정으로 간주된다.[81] 제23조 제1항 제1호, 제25조 제1항 및 제71조 제1항 제1호에서는 이러한 상표가 거절결정, 이의신청 및 무효심판의 사유가 된다고 규정하고 있다. 대조적으로 우리나라 부정경쟁방지법에서는 식별력 약화(blurring)에 의한 희석행위와 명성손상(tarnishment)에 의한 희석행위만을 부정경쟁행위로 금지하고 있다.

2) 현재의 상표법의 목적 및 그 한계

(1) 미국, 유럽연합 및 우리나라에서의 상표보호의 목적

상표보호가 확대됨에 따라, 미국 상표법의 목적은 상표권자의 신용보호와 출처 및 후원관계 혼동가능성의 방지로 여겨졌다.[82] 일반 의약품 제조업자의 간접책임이 주된 쟁점이었던 Inwood 사건의 판결 각주에서, 미국 연방대법원은 랜험법이 i) 상표권자가 에너지, 시간, 돈을 투자한 '상표권자의 신용'과 ii) 경쟁관계에 있는 생산자의 '상품을 식별하는 소비자의 능력'을 보호한다고 언급하였다.[83] Park 'N Fly 사건에서도, 연방대법원은 "상표권자에게 영업신용을 보장하고, 경쟁관계에 있는 생산자를 식별하는 소비자의 능력을 보호하기 위하여" 랜험법이 상표를 미국 전역에 걸쳐 보호한다고 주장하였다.[84] 또한 Two Pesos 사건에서도, 트레이드 드레스 보호가 랜험법의 목적에 기여한다고 인정하면서, Park 'N Fly 사건에서와 유사한 주장을 하였다.[85]

한편 시카고학파가 도입한 '상표보호에 대한 경제적 분석'은 상표이론을 보다 설득력 있게 설명하였으며,[86] 이들이 주장한 검색비용이론은 학문적 논의에서 압도적 우세를 유지하여 왔다.[87] 검색비용이론에 따르면, 상표법은 소비자와 생산자 양자 모두를 지향하고 있지만, 소비자 인식(consumer perception)에 초점을 두고 있다. 상표보호는 소비자의 정보검색 비용을 줄여주고 그 결

---

[81] 정상조·박준석, 앞의 책, 572면.

[82] J. Thomas McCarthy, 1 McCarthy on Trademarks and Unfair Competition §2:2 (4th ed.) ("상표법은 소비자를 상거래 심벌에 대한 기만과 혼동으로부터 보호하고, 원고의 침해된 상표를 재산권으로서 보호하기 위한 것"이라고 주장).

[83] Inwood Laboratories, Inc. v. Ives Laboratories, Inc., 456 U. S. 844, n. 14 (1982).

[84] Park 'N Fly, Inc. v. Dollar Park & Fly, 469 U. S. 189, 198 (1985).

[85] Two Pesos, Inc. v. Taco Cabana, Inc., 505 U. S. 763, 774 (1992).

[86] Michael S. Mireles, Jr., Towards Recognizing and Reconciling the Multiplicity of Values and Interests in Trademark Law, 44 Ind. L. Rev. 427, 440 (2011).

[87] Jeremy N. Sheff, Biasing Brands, 32 Cardozo L. Rev. 1245, 1249 (2011).

과 시장 효율성을 높인다는 것이다. 즉, 소비자보다 상품의 품질에 대하여 더 많은 정보를 가지고 있는 생산자는 상표를 통하여 품질에 관한 정보를 전달하고, 소비자는 구입하고자 하는 상품을 검색하기 위하여 상대적으로 적은 시간과 노력을 사용한다.[88]

검색 비용의 감소를 설명하기 위하여, 검색비용이론은 상표가 부착된 상품의 생산자가 상품의 품질을 유지한다는 것을 전제로 한다.[89] 상품 품질의 유지를 전제로 하기 때문에, 소비자는 보다 낮은 비용으로 상품과 다른 상품을 구분할 수 있고, 상표권자는 강한 상표를 개발하는 데 돈과 노력을 투자할 유인을 가지게 된다.[90]

몇몇 미국 법원은 랜험법의 목적을 설명함에 있어 검색비용이론을 받아들였다. Qualitex 사건에서 미국 연방대법원은 "상표법은 …… 소비자가 쇼핑을 하고 구매결정을 하는 비용을 감소시킨다. 왜냐하면 잠재적 소비자에게 이 물품-이 상표를 부착한 물품-이 과거에 그 또는 그녀가 좋아했던 (또는 싫어했던) 유사 상표가 부착된 다른 상품과 동일한 생산자가 만들었다는 것을 상표법이 빠르고 쉽게 확신시켜 주고", "동시에 상표법은 모방 경쟁자가 아닌 생산자가 바람직한 상품과 연계된 금전적이고 명성과 관련된 보상(the financial, reputation-related rewards)을 수확할 것이라고 생산자에게 확신시키고 …… 이에 의해 고품질 상품의 생산을 장려하는 데 기여한다"고 판시하였다.[91] Dastar[92]나 Ty[93] 등 다른 사건에서도 유사하게 언급하였다.

유럽연합의 경우 서로 다른 유럽국가의 상표제도가 유럽상표지침에 의해 조화를 이루게 되었고, 공동체상표규정에 의해 공동체 전역에 걸친 새로운 상표권이 도입되었다. 유럽상표지침과 공동체 상표규정은 국내 장벽이 없는 공동시장을 가능하게 하고 지원하는 제도를 제공하는 것이 목적이다. 그럼에도 불구하고 상표가 어떻게 그리고 왜 보호되어야 하는지에 관한 명확한 논의가 없었다. 다만 유럽연합사법재판소(the CJEU: the Court of Justice of European Union)에 의해 발전된 접근방법인 '상표법이 상표의 기능을 보호하여야 한다'는 원칙을 채택하였을 뿐이다.

유럽상표지침에 의한 유럽 상표법 조화 이전에 결정된 Hag II 사건에서,[94] 유럽연합사법재판소는 상표의 보호범위를 결정함에 있어서 상품의 출처를 표시하는 본질적 기능의 중요성을 강조하였고, 상품의 자유로운 유통(free circulation of goods)에 많은 비중을 두었던 Hag I에서의 종전 결정

---

88) Id. at 1250.

89) William M. Landes and Richard A. Posner, *The Economic Structure of Intellectual Property Law* (Harvard University Press 2003) 167.

90) Id. at 167-168.

91) Qualitex Co. v. Jacobson Prods. Co., 514 U. S. 159, 163-164 (1995).

92) Dastar Corporation v. Twentieth Century Fox Film Corporation, et al., 539 U. S. 23, 34 (2003).

93) Ty Inc. v. Perryman, 306 F.3d 509, 510 (7th Cir. 2002).

94) Cnl-Sucal NV SA v. Hag GF AG (C-10/89) [1990] 3 C.M.L.R. 571.

을 번복하였다.[95] 유럽연합사법재판소는 상표권이 왜곡되지 않은 경쟁 시스템의 본질적인 요소에 해당하고, "소비자 또는 최종 사용자에게 그가 혼동가능성 없이 다른 출처의 다른 상품과 특정 상품을 식별할 수 있게 함으로써 상표가 표시된 상품의 출처 동일성을 보장해주는" 상표의 본질적 기능은 상표권의 효과를 설정함에 있어서 고려되어야 한다고 판시하였다.[96] 유럽상표지침의 시행 이후 Philips 사건에서, 유럽연합사법재판소는 유럽상표지침 서문(recital) 제10조를 근거로 상표보호의 목적은 특히(in particular) 상표를 출처표시로서 보호하는 것이라고 판단하였다.[97]

유럽연합에서 상표법 목적으로서 보호되는 상표기능들은 단지 상품의 출처를 표시하는 본질적 기능에 국한되지 않는다. 상품의 품질보증 기능, 의사소통(communication), 투자(investment), 광고(advertising) 기능과 같은 다른 기능들도 포함한다.[98] Interflora 사건에서 유럽연합사법재판소가 언급하였듯이, 유럽연합 의회-'특히(in particular)'라는 용어를 유럽상표지침 서문 제10조와 공동체상표규정 서문 제7조에서 사용함으로써-와 법원-Arsenal Football Club 사건에서의 판단 이후 '상표의 기능들(functions of the trade mark)'이라는 용어를 사용함으로써-은 상표의 출처표시 기능이 제3자에 의한 손해로부터 보호해야 할 유일한 상표의 기능인 것은 아니라고 명시하여 왔다.[99]

우리나라에서는 상표법에 목적 조항이 도입되기 전, 상표제도의 목적에 관하여 대법원의 입장에 변화가 있었다. 1960년 무궁화 사건에서 대법원은 상표제도의 목적은 "상품과의 관계를 保持케 함으로써 상표의 오인과 상품의 혼동으로 인하여 발생될 부정경쟁을 방지하여 당해 상품의 거래자 및 수요자가 피몽할 불측의 손해를 예방"하는 것이고 상품과 상표의 유사여부는 상표 제도의 목적을 감안하여 결정하여야 한다고 판시하였다.[100] 반면에 1970년 판결에서는 신용 보호가 또 다른 상표법의 목적으로 추가되었다. 대법원은 "상표와 상품과의 관계를 유지케 함으로써 상표의 오인 내지 상품의 혼동으로 인하여 발생될 부정경쟁을 방지하고 그 혼동으로 피해를 입는 상표권자의 영업상의 신용을 보전함과 아울러 그 상품의 거래자와 수요자를 보호"하는 것을 상표 제도의 목적으로 간주하였다.[101]

상표법의 목적은 1973년 개정[102] 시 법에 규정됨으로써 명확해졌는데, 목적 규정에 상표권자의

---

95) Van Zuylen Freres v. Hag A.G. (C-192/73) [1974] 2 C.M.L.R. 127 ("출처가 동일한 동일 표장이 1 회원국가에 존재한다는 이유만으로, 다른 회원국가에서 상표를 합법적으로 부착하고 있는 상품에 대한 거래를 1 회원국가에서 금지하는 것은, 공동시장 내에서의 상품의 자유로운 유통을 정하고 있는 규정과 병존하지 않는다"고 결론).

96) *Cnl-Sucal NV SA*, [1990] 3 C.M.L.R. at 607-608.

97) Philips Electronics NV v. Remington Consumer Products Ltd (C-299/99) [2002] E.T.M.R. 81, 964 ("지침 서문 제10조에서 언급된 바와 같이, 상표법이 부여한 보호의 목적은 특히(*inter alia*) 상표를 출처표시로 보장하는 것이라는 점으로부터 시작한다는 점을 상기하여야 한다"고 결정).

98) L'Oréal SA v. Bellure NV (C-487/07) [2009] E.T.M.R. 55, 1034.

99) Interflora Inc v. Marks & Spencer Plc (C-323/09) [2012] E.T.M.R. 1, 38.

100) 대법원 1960.11.17. 선고 4292특상4 판결.

101) 대법원 1970.9.17. 선고 70후16 판결.

이익은 포함시키고 부정경쟁 방지는 제외되었다. 또한 '상표사용자의 업무상의 신용유지를 도모하여 산업발전에 이바지함'을 목적 조항에 포함시켰다. 상표법 제1조에 따르면, 상표법은 상표사용자의 업무상 신용 유지를 보장하여 산업 발전에 기여하는 동시에 소비자의 이익을 보호하는 것을 목적으로 한다.[103] 그 이후 우리나라 대법원은 대부분의 사건에서 부정경쟁 방지를 상표법의 목적으로 간주하지 않았고, 상표제도는 상표사용자의 업무상의 신용유지와 소비자의 이익을 보호하는 것을 목적으로 한다고 명시하고 있다.[104] 그러나 일부 사건에서는 부정경쟁 방지[105] 또는 유통질서 유지[106]를 추가적인 상표법의 목적으로 언급하였다.

(2) 현재의 상표법 목적의 부적합성

현실 세계에서 상표권자와 소비자의 이익이 항상 일치하지는 않기 때문에,[107] 신용보호와 소비자 혼동 방지라는 미국에서의 이중 목적은 상표보호를 정당화하는 데 한계가 있다. 상표권자는 제3자 사용이 경쟁 상품시장 또는 비경쟁 상품시장에서 이루어졌는지 상관없이 어떠한 유형의 무단 사용도 방지하고자 한다. 반면에 로고가 적힌 상품을 소비자가 구입하는 이유가 로고가 전하는 이미지에 대한 선호 때문인 경우에는, 설사 상표권자의 상품이 아니라 하더라도 소비자는 자신이 혼동을 하고 있다고 생각하지도 않고 손해를 입었다고 생각하지 않을 수 있다. 이러한 현실은 자수로고 패치판매에 관한 미국의 사건에서 확인할 수 있다. 예를 들면, 하키팀의 심벌이 수놓아져 있는 패치를 스포츠용품 상점을 통하여 판매하는 것에 관한 Boston Professional Hockey Association 사건에서, 혼동의 방지는 제3자의 사용을 금지하기에 충분하지 않았다. 즉, 연방지방법원은 스포츠팬이 자수로고가 하키 리그, 그 소속팀 또는 이들의 사용권자들에 의해 제작된 것으로 여기지 않을 것이라는 이유로 혼동가능성을 인정하지 않았다.[108] 그러나 제5연방항소법원은 Dallas Cap社가 상표를 정확히 복제하였고 '일반인들이 복제본을 팀의 상표와 동일시할 것이라는 것을 알면서' 일반

---

102) 개정법은 1974년 1월 1일 발효되었다.

103) 우리나라 상표법 제1조.

104) 대법원 2008.7.24. 선고 2006다40461, 40478 판결; 대법원 2007.2.22. 선고 2005다39099.

105) 대법원 1984.9.25. 선고 83후65 판결.

106) 대법원 1996.7.30. 선고 95후1821 판결(Rolens 사건).

107) Glynn S. Lunney, Jr., Trademarks and the Internet: The United States' Experience, 97 Trademark Rep. 931, 932 (2007) ("상표권자와 소비자 모두 출처에 관한 중요한 소비자 혼동을 방지할 이익을 공유하는 반면, 다른 유형의 혼동과 경쟁이라는 쟁점사항에 있어서는 이들의 이익이 뚜렷이 갈라진다"고 언급); see also HMH Pub. Co., Inc. v. Brincat, 504 F.2d 713, 716 (9th Cir. 1974) ("상표침해는 특히 법의 복잡한 영역이다. 그 특징은 이론적 혼동, 모순되는 결과, 사법적 장황함 등이다. 이러한 어려움의 근원은 각 사건이 어느 정도 충돌하는 3가지 구분되는 목적을 얻고자 하는 노력과 관련된다(Trademark infringement is a peculiarly complex area of the law. Its hallmarks are doctrinal confusion, conflicting results, and judicial prolixity. The source of this difficulty is that each case involves an effort to achieve three distinct objectives which, to a degree, are in conflict)"고 언급).

108) Boston Professional Hockey Assoc. v. Dallas Cap & Emblem Mfg., Inc., 510 F.2d 1004, 1012 (5th Cir. 1975).

인들에게 상표를 판매하였다는 것을 근거로, 혼동가능성을 인정하였다. 다시 말하자면 전통적 의미에서의 혼동가능성을 발견할 수 없었던 법원은 상표가 로고 판매의 촉발장치(triggering mechanism)인 경우 혼동이 로고 자체 제조업자의 출처에 관한 것일 필요가 없다고 강조함으로써 상표권자의 이익에서 혼동가능성의 의미를 찾은 것이다.[109]

게다가 혼동가능성이 요구되지 않는 희석행위 사건에서는, 신용의 보호만이 희석화 방지를 위한 근거를 제공할 수 있다. Playboy v. Welles 사건에서 제9연방항소법원은, 코코아 생산자가 자신의 핫초코에 Rolls Royce라는 상표를 사용하면, 코코아 생산자는 i) 자동차 회사의 Rolls Royce 상표에 대한 투자(investment)와 ii) 상표를 고급자동차로 연결시키는 소비자 연상(consumer association) 양자를 자본으로 활용하는 것이라고 주장하였다.[110] 따라서 법원은 "상표권자의 상품을 식별시켜 주는 상표의 능력"을 약화시킴으로써 코코아 생산자가 Rolls Royce社에 손해를 입힐 것이라고 보았다.[111] Thane 사건에서는 제9연방항소법원은 상표침해법의 목적은 반드시 "상표권자가 그들의 상표와 연관된 신용에서 이익을 얻을 수 있도록 하고, 소비자가 경쟁적인 생산자를 식별할 수 있도록" 하는 것인 반면,[112] 희석화 방지법은 "후발 사용자가 유명상표가 수년에 걸쳐 개발해온 신용과 긍정적인 연상을 유용하거나 왜곡하는 것을 방지하는 것"에 주안점이 있다고 판시하였다.[113]

이중 목적의 또 다른 단점은 '혼동가능성'과 '신용'이라는 개념이 다른 상위가치에 의해 제한되지 않는 이상 쉽게 확대될 수 있어서 보호의 적정한계를 결정할 수 없다는 점이다. 일부 사안의 경우, 혼동이라는 개념이 심지어 신용의 유용(the misappropriation of goodwill)에 상응하는 것으로 해석되었다. University of Georgia Athletic Association 사건에서 피고는 University of Georgia의 불독 마스코트와 유사한 상표를 "Battlin' Bulldog Beer"를 판매하기 위해 사용하였다. 이 사건에서 미국 제11연방항소법원은 피고의 의도와 상표 간의 디자인 유사성만을 근거로 혼동가능성을 인정하였다. 법원은 "혼동은 원고의 상품과의 피고의 불공정한 경쟁으로부터 나오는 것이 아니라 원고의 상표에 體化되어 있는 원고의 명성과 신용을 피고가 유용한 것으로부터 나온다"고 말하였다.[114] Smack 사건에서는 제5연방항소법원도 '특히 압도적인 상표의 유사성'과 '대학교들의 명성으로부

---

[109] Id.

[110] Playboy Enterprises, Inc. v. Welles, 279 F.3d 796, 805 (9th Cir. 2002).

[111] Id. at 805-806.

[112] Thane International, Inc. v. Trek Bicycle Corp., 305 F.3d 894, 901 (9th Cir. 2002).

[113] Id. at 909 ("preventing junior users from appropriating or distorting the goodwill and positive associations that a famous mark has developed over the years").

[114] Univ. of Ga. Athletic Ass'n v. Laite, 756 F.2d 1535, 1543, 1547 (11th Cir.1985) ("the confusion stems not from the defendant's unfair competition with the plaintiff's *products,* but from the defendant's misuse of the plaintiff's reputation and good will as embodied in the plaintiff's mark").

터 이익을 얻으려고 하는 피고의 의도'를 이유로, Smack이 대학교들의 색상배합(colour schemes)과 T셔츠에 있는 표시(indicia)를 사용하는 것은 출처, 제휴관계 또는 후원관계에 관한 혼동가능성을 일으켰다고 판단했다.[115] 이처럼 혼동이라는 개념은 너무 광범해서 상표보호의 범위를 한정 지을 수 없다.

신용보호의 범위 또한 유연하고 광범하다. 먼저 '유용(misappropriation)'이라는 관념과 결합된 '신용(goodwill)'이라는 개념은 상표의 보호범위를 더욱 광범위하게 만든다.[116] Macnaghten경이 영국 사건인 Muller & Co's Margarine에서 주장하였듯이, 신용(goodwill)은 "서술하기는 매우 쉽지만 (very easy to describe)" "정의하기는 매우 어렵다(very difficult to define)."[117] 일부 학자들은 신용이 '어느 상품 또는 생산자로 되돌아가고 구매결정을 반복하는 소비자의 경향',[118] 또는 '상품에 대한 소비자의 긍정적인 감정'이라고 주장한다.[119] 다른 학자들은 우호적인 명성(favourable reputation) 또는 영업의 가치(the value of a business)라고 신용을 정의한다.[120]

신용은 상표가 사용된 상품을 넘어서는 개념으로 보다 넓게 해석되기도 한다. Bone 교수는 '브랜드를 판매하는 회사를 향한 긍정적인 인상들(positive impressions towards a firm that sells a brand)'을 "기업 신용(firm goodwill)"이라고 칭하고, '상표 자체에 부여된 함축된 의미(positive connotation that attaches to the mark itself)'를 "고유 신용(inherent goodwill)"이라고 칭하였다.[121]

'신용'이라는 개념뿐 아니라, 신용의 '보호'라는 개념 또한 '신용에 대한 손상(harm to goodwill) 방지' 및 '신용의 유용(the misappropriation of goodwill) 방지'라는 두 가지 의미를 포함할 수 있다.[122] 신용의 보호가 '신용의 유용 방지'로 해석되면, 상표보호의 범위는 실제 발생하였거나 발생 가능성이 높은 손해와 상관없이, 신용 그 자체에 무임승차하는 것을 방지하는 것도 포함하는 것으로 확대될 수 있다. Promatek 사건을 예로 들면, 미국 제7연방항소법원은 메타태그로 상표를 사용한 것에 대해 최초관심혼동(initial interest confusion)을 인정하기 위해 신용의 유용을 강조하였다. 즉, 제7연방항소법원은 "중요한 것은 혼동의 기간이 아니라 Promatek 신용의 유용"이라고 판시하

---

[115] Bd. of Supervisors for La. State Univ. Agric. & Mech. Coll. v. Smack Apparel Co., 550 F.3d 465, 484 (5th Cir. 2008).

[116] Eric Goldman, Deregulating Relevancy in Internet Trademark Law, 54 Emory L. J. 507, 554 (2005) ("수많은 정의들로, 신용유용이론은(the goodwill misappropriation doctrine) 희망하는 어떠한 결론에도 도달할 수 있는 유연성을 법원들에게 제공한다"고 주장).

[117] Inland Revenue Comrs v. Muller & Co's Margarine Ltd [1901] AC 217, 223.

[118] McCarthy, supra note 82, § 2:18 ("구매자들이 새로운 신상품을 보러 상점을 돌아다니기보다는 과거에 인정된 상품 또는 서비스에 계속 매달릴 것이라는 것은 심리적인 사실"이라고 언급하면서, 신용을 '구매자 탄력(buyer momentum)' 또는 '구매습관에 대한 법적 경제적 인식 (the legal and economic recognition of buying habits)'이라고 정의).

[119] Goldman, supra note 116, at 558.

[120] Bone, supra note 68, at 583-584.

[121] Id. at 551-552.

[122] Id. at 592 (신용에 대한 손상(injury to goodwill)을 신용유용(appropriation of goodwill)과 구분).

였다.[123] 이러한 다양하고 유연한 개념들 때문에 신용보호라는 관점에서는 상표보호의 한계를 정할 수 없다.

반면 검색비용이론은 제3자로부터의 상표보호를 일관되게 정당화할 수 있다. 상표는 소비자가 구매하고자 하는 상품을 찾는 비용을 줄여주고,[124] 경쟁 상품시장에서 상품출처에 대한 혼동은 검색비용을 높인다. 이 이론은 후원관계 또는 제휴관계에 관한 혼동과 희석행위를 방지하는 근거도 제공한다. 상표의 사용이 소비자로 하여금 상표권자가 사용자를 후원한다고 믿도록 잘못 인도한 경우, 검색비용이 증가하므로 그 사용은 중단되어야만 한다.[125] 희석행위는 "약화 또는 손상에 의한 희석행위가 소비자로 하여금 유명상표와 그 권리자를 연계하는 것을 어느 정도 더 어렵게 한다"는 점 또는 "소비자가 브랜드를 상품 또는 상품의 특성과 연결시키는 데 보다 많은 실수를 하도록 하고 제대로 된 연결을 하는 데 소요되는 시간을 증가시킨다"는 점에서 검색비용을 증가시킨다.[126]

그럼에도 불구하고 검색비용이론은 i) 검색비용에 대한 소비자 인식(consumer perception)에 초점이 있다는 점과[127] ii) 검색비용은 양적인 특성을 가지고 있다는 점 때문에 상표의 보호범위를 적절히 획정하는 데에 한계가 있다. 첫째로, 상표보호가 '소비자 관점'에서 상표로 인한 검색비용 감소가 있는지를 대상으로 하고 있기 때문에, 상표보호 여부가 검색비용의 증가여부에 관한 소비자 인식에 의존한다. 그러나 소비자 인식은 법원의 결정에 의해 영향을 받을 수 있다. 예를 들면, 과거 판결을 이유로 소비자가 Coca-Cola라는 문구가 있는 T셔츠의 제조사는 상표권자로부터 사용권 설정을 받아야 한다고 믿고 있지만 그 제조사가 회사의 허락 없이 그 문구를 사용하고 있는 경우, 그 문구의 사용은 검색비용을 증가시킬 수 있다. 반대로 법원의 결정이 소비자로 하여금 Coca-Cola 문구를 T셔츠의 디자인으로 인식하게 한 경우에는, 그 문구의 사용은 검색비용 문제를 일으키지 않는다. 검색비용에 관한 소비자 인식은 법원의 결정에 의해 영향을 받고, 이러한 인식에 기초하여, 상표의 보호범위는 흔들릴 수 있다.

둘째로, 검색비용이론은 생산자가 일관된 상품품질을 유지한다고 가정하고 있기는 하지만, 어떠한 유형의 소비자 혼동이나 희석행위가 검색비용을 증가시킬 수 있는지 명확하지 않다. 검색비용

---

[123] Promatek Indus., Ltd. v. Equitrac Corp., 300 F.3d 808, 812-813 (7th Cir. 2002).

[124] Landes and Posner, supra note 89, at 174.

[125] Mireles, supra note 86, at 485 ("소비자검색비용이론은 이러한 상황에서의 침해 인정을 지지한다"고 주장).

[126] Dogan and Lemley, supra note 64, at 493; Daniel Klerman, Trademark Dilution, Search Costs, and Naked Licensing, 74 Fordham L. Rev. 1759, 1770 (2006) ("식별력 약화와 마찬가지로 명성손상은 소비자들로 하여금 브랜드를 상품 및 상품특성과 연결하는 데 더 많은 오류를 범하도록 하고, 올바른 연결에 소요되는 시간을 증가시킨다"고 언급).

[127] Mireles, supra note 86, at 440 ("[검색비용이론은] 주로 상표권자의 통제하에 있는 소비자 인식을 기초로 하고 있기 때문에 상표법에 유의미한 한계를 제공하지 못한다"고 주장).

증가가 소량의 시간과 에너지를 포함할 수 있다는 것을 감안하면, 검색비용이론하에 상표보호 범위가 불균형적으로 확대될 수 있다. 총체적인 비용증가를 무시할 수 없다는 이유 때문에, 상표를 출처, 상품의 특성 또는 브랜드 이미지와 제대로 연결시키기 위해 소요되는 단지 몇 초가 상표책임을 불러일으킬 수 있는 것처럼 보인다. 단지 '보다 골똘히 생각하는 것'뿐인 것이 상표책임을 초래할 수 있다. 콩자루로 채워진 동물인형인 유명한 Beanie Babies의 제조사와 콩자루로 채워진 중고 동물인형(Ty사의 Beanie Babies 포함)의 인터넷 판매자 간의 사건인 Ty에서, Posner 판사는 식별력 약화에 의한 희석 결과 "소비자는 그 이름을 상점의 이름으로 인식하기 위하여 보다 골똘히 생각하여야소위 보다 높은 상상 비용을 발생- 할 것"이라고 말하였다.[128] 그렇지만 검색비용이론은 유명하지 않은 상표의 사용과 같이 유사한 비용을 발생시키는 다른 상표의 사용이 희석행위 책임에서 제외되는 이유를 설명할 수 없다.[129] 비록 유명하지 않은 상표라도 제3자가 동일한 상표를 사용하면, 유명상표와 마찬가지로 상표권자의 상표와 상품을 연결하는 데 골똘히 생각하게 만들 것이지만, 유명하지 않은 상표에 대해서는 희석행위 책임을 인정하지 않고 있는 것이 미국 연방상표법과 우리나라 부정경쟁방지법 등의 입장이다.

셋째, 검색비용이론은 또한 제3사용자가 비경쟁 상품시장에서 사용하고 있는 상표를 사용하지 않음으로써 발생되는 소비자의 증가된 정보 검색비용을 고려하지 않는다. 출처나 후원관계에 관한 혼동이 없는 한, 제3자의 사용은 비경쟁 상품시장에서 검색비용을 감소시킨다. 따라서 희석에 기초한 책임은 비경쟁 상품시장에서의 증가된 검색비용보다 적은 경쟁 상품시장에서의 감소된 비용(비경쟁 상품시장에서의 증가된 검색비용 > 경쟁 상품시장에서의 감소된 비용 = 비용증가)을 초래할 수 있다. 예를 들면, 커피 브랜드인 맥심을 자동차에 사용하는 경우, 자동차 소비자는 맥심이라는 상표를 통해 자신이 구매하고자 하는 자동차를 낮은 비용으로 찾을 수 있다. 반면에 커피 소비자는 맥심이라는 상표와 커피를 연계하는 데 시간이 조금 더 걸릴 수 있다. 이 경우 자동차 시장에서의 검색비용 감소와 커피 시장에서의 검색비용 증가를 비교하면, 검색비용 감소효과가 더 클 수 있다는 것이다. 만약 희석책임을 물어서 자동차에 대한 맥심 상표의 사용을 금지하면, 자동차 시장에서의 검색비용 증가가 커피 시장에서의 검색비용 감소를 능가할 수 있다.

유럽연합에서 상표보호의 목적으로 간주되는 상표기능의 보호 또한 보호범위에 합리적인 한계를 설정할 수 없다. 경쟁을 상위목표로 고려하지 않는 한 상표기능들의 의미와 범위가 확정적이지

---

[128] Ty Inc. v. Perryman, 306 F.3d 509, 511 (7th Cir. 2002) ("([c]onsumers will have to think harder-incur as it were a higher imagination cost-to recognize the name as the name of the store").

[129] Rebecca Tushnet, Gone in Sixty MilliSeconds: Trademark Law and Cognitive Science, 86 Tex. L. Rev. 507, 546-552 (2008); Barton Beebe, The Continuing Debacle of U. S. Antidilution Law: Evidence from the First Year of Trademark Dilution Revision Act Case Law, 24 Santa Clara Computer & High Tech. L. J. 449, 464 (2007-2008).

않아서, 상표보호는 쉽게 다른 생산자의 이해관계에 영향을 줄 수 있는 사용을 포함하는 것으로 확대될 수 있다. 상표보호의 목적은 '상표는 상표법에 의해 왜 보호되는가'라는 질문에 대한 대답인 반면, 상표의 기능은 '상표가 무엇을 수행하는가'라는 질문에 대한 응답일 뿐이다.

우리나라 상표법상의 이중 목적도 랜험법에서처럼 상표보호 범위를 획정하는 데 어려움이 있지만, 우리나라 대법원은 상표사용이론(the trade mark use doctrine)의 입장과 유사한 입장을 취함으로써 상표보호범위의 한계를 정하고자 한다. 그러나 여전히 상표로서의 사용(use as a trade mark)의 범위에 관한 문제가 있다. 쌍학 디자인 상표에 관한 전용사용권을 보유하고 있는 가구 제조사와 동일한 디자인을 침대에 사용한 다른 가구 생산자들 간의 분쟁인 쌍학 디자인 침대 사건에서, 특허법원은 그 디자인이 상표로서 사용되었다고 판결하였다. 그 논거는 "등록상표를 일반수요자와 거래자의 시선을 끌기 쉬운 침대 제품의 머리판에 새겨서 사용"하였기 때문에 그 의장(디자인)의 사용은 침대의 출처를 표시하는 동시에 침대를 장식하기 위해 사용되었다는 것이다.[130] 그러나 대법원은 그 의장(디자인)은 출처표시를 위해서는 사용되지 않고 단지 순수하게 장식적 목적으로만 사용되었다고 판시하면서, 특허법원의 결정을 파기환송하였다. 대법원이 제시한 이유는, 다른 가구 제조사들도 동일한 의장(디자인)이 있는 침대를 제조·판매하였고 가구 제조사들이 의장(디자인)을 상표로 사용한 경우가 매우 드물기 때문에 그 결과 일반 수요자와 거래자는 그 의장(디자인)을 출처표시로 인식하지 않을 것이라는 것이다.[131] 대조적으로 우리나라 대법원은 받침접시 사건에서 받침접시에 있는 의장(디자인)은 그 접시의 출처를 표시하기 위한 것이고 장식용으로 사용된 것이 아니므로 상표로서의 사용에 해당한다고 판결하였다.[132]

3) 상표법의 목적과 경쟁

(1) 상표법의 성질

미국 연방대법원이 Hanover Star Milling Co. 사건[133]에서 언급하였듯이, 상표법은 부정경쟁방지법(unfair competition law)의 일부이다. 심지어 상표보호가 비경쟁 상품시장에서의 상표사용(이하 '비경쟁적 사용'으로 줄인다)으로 확대된 후에도, 상표법은 여전히 부정경쟁방지법의 한 부분

---

[130] 특허법원 2003.7.25. 선고 2003허1109 판결.

[131] 대법원 2004.10.28. 선고 2003후2027 판결.

[132] 대법원 2009.5.14. 선고 2009후665 판결.

[133] Hanover Star Milling Co. v. Metcalf, 240 U. S. 403, 413 (1916).

(subset)으로 간주되어 왔고, 상표침해는 부정경쟁행위의 일종으로 여겨져 왔다. 랜험법 제45조(Section 45)는 부정경쟁으로부터 사람들을 보호하는 것을 그 법 취지의 하나로 포함시키고 있다. 연방대법원을 포함한 미국 법원도 상표침해를 부정경쟁행위의 한 유형으로 보고 있다.[134] 우리나라 대법원은 최소한 한 판결에서 상표법 목적 중 하나가 부정경쟁방지라고 판시하였다.[135]

미국 연방대법원은 "상표 희석행위 금지는 보통법 발전의 산물이 아니고, 소비자를 보호함에 있어서의 이익이 동기를 제공한 것도 아니다"라고 인정해왔다.[136] 그러나 본인은 희석도 부정경쟁의 유형으로 간주될 수 있다고 생각한다. 유럽연합사법재판소는 유럽연합에서 침해적 사용에 해당하는 제3자의 희석행위 유형인 불공정한 이익의 취득(the taking of unfair advantage)을 부정경쟁행위의 하나로 여기는 것처럼 보인다. L'Oréal 사건에서, 유럽연합사법재판소는 광고주의 상품이 비교광고(comparative advertising)에 로레알 상품의 모조품(imitations)인 것으로 표시된 경우 광고주의 이익은 부정경쟁(unfair competition)의 결과이므로 불공정 이익이라고 판단하였다.[137] 또한 우리나라의 경우 식별력 약화(blurring) 및 손상(tarnishment)에 의한 희석은 부정경쟁방지법 제2조 제1호 다목에 부정경쟁행위로 규정되어 있다.

(2) 상표보호의 경쟁친화적 특성

일부 학자들은 상표보호가 반경쟁적(anti-competitive)이라고 주장하는 반면 다른 학자들은 경쟁친화적(pro-competitive)이라고 주장한다. 상표보호는 "효율적이고 바람직스러운 경쟁시장의 발전을 촉진시키기도 하고 해를 입힐 수도 있다(both advance and disserve the development of an efficient and desirably competitive market)"는 의견도 있다.[138] 본인은 상표보호는 경쟁친화적일 수도 반경쟁적일 수도 있지만, '기본적으로 경쟁친화적(basically pro-competitive)'이라고 생각한다. 반경쟁적 행위는 상표가 보호된다는 사실이 아니라 상표가 지나치게 넓게 보호된다는 사실로 발생될 수 있기 때문이다. 지나치게 강한 상표의 보호는 상품시장에 신규로 진입하는 자에게는 장애물이 되어 소비자 선택의 기회를 줄일 수 있다.

상표보호제도는 완전 경쟁시장의 조건을 충족시키는 데 기여한다는 점에서 경쟁을 촉진시킨다.

---

134) Moseley v. V Secret Catalogue, Inc., 537 U. S. 418, 428 (2003); General Motors Corp. v. Keystone Automotive Industries, Inc., 453 F.3d 351, 353 (6th Cir. 2006); Utah Lighthouse Ministry v. Foundation for Apologetic Information and Research, 527 F.3d 1045, 1050 (10th Cir. 2008).

135) 대법원 1984.9.25. 선고 83후65 판결.

136) Moseley, 537 U. S. at 429.

137) L'Oréal SA v. Bellure NV (C-487/07) [2009] E.T.M.R. 55, 1037.

138) Glynn S. Lunney, Jr., Trademark Monopolies, 48 Emory L. J. 367, 370-371 (1999).

경쟁이 사회적 복지를 증진시킨다는 믿음은 완전 경쟁이라는 이상적 모델을 전제로 한다.[139] 완전 경쟁시장의 조건은 i) 시장에 다수의 판매자와 구매자가 존재하고, ii) 판매자가 제공하는 상품은 대부분 동일하며, iii) 시장 진입과 퇴출이 자유롭고, iv) 판매자와 구매자가 높은 수준의 정보를 보유하고 있는 것이다.[140] 그러나 대다수의 현실 시장은 완전 경쟁시장 조건의 하나 또는 그 이상을 만족시키지 못한다.[141] 판매자들은 이익을 극대화하기 위하여 자신들의 상품과 다른 사람들의 상품을 차별하고자 노력한다.[142] 소비자들은 완전한 정보를 가지고 있지 않고, 판매자와 소비자 간의 정보는 비대칭적이다.[143] 이러한 상황에서 상표는 '정보의 비대칭성' 문제를 치유하고, 판매자가 상품의 품질과 브랜드 이미지를 가지고 경쟁하는 것을 가능하게 하며, 시장으로의 자유로운 신규 진입을 조장하여, 효율적이고 공정한 경쟁을 촉진시킨다.[144]

우선 상표는 상품품질과 브랜드 이미지 수준에 관한 정보를 전달하고 경쟁상품을 구별하는 데 기여함으로써 판매자와 소비자 간의 정보 비대칭을 감소시키는 데 중추적인 역할을 수행한다. 비대칭적 정보는 저품질 상품이 고품질 상품을 驅逐하는 경향이 있는 '레몬시장(markets for lemons)'을 만든다.[145] 즉, 상대적으로 정보가 적은 소비자들은 나쁜 품질과 좋은 품질의 상품 차이를 구분할 수 없기 때문에, 판매자들은 좋은 품질의 상품과 동일한 가격에 나쁜 품질의 상품을 판매한다.[146] 그러나 상표는 소비자가 상품품질에 관해 보다 정확한 정보를 얻도록 하여,[147] 소비자가 저품질 상품을 구입하지 않음으로써 판매자를 벌하거나 또는 반복적으로 구매함으로써 판매자에게 보상을 줄 수 있도록 한다. 상표를 통하여 얻은 정보를 바탕으로 소비자가 판매자를 벌주거나 보상해주기 때문에, 판매자는 자신의 상표를 사용하여 공정하게 경쟁할 수 있다. 더구나 검색비용이론이 주장하듯이, 소비자는 적은 비용으로 정보를 얻을 수 있다.

둘째, 판매자는 상표에 상품품질 및 브랜드 이미지에 관한 정보를 담을 수 있기 때문에 상표보호는 판매자에게 상품품질 및 브랜드 이미지를 기초로 효율적으로 경쟁할 유인을 제공한다. 상표 없이는, 소비자에게 상품품질에 관한 정보를 알리는 것이 거의 불가능하다. 특히 시장에 많은 판매

---

[139] Hannes Rosler, The Rationale for European Trade Mark Protection, E.I.P.R. 100, 104 (2007).

[140] N. Gregory Mankiw and Mark P. Taylor, *Economics* (2nd edn, Cengage Learning 2011) 288-289.

[141] Id. at 356.

[142] Nicholas S. Economides, The Economics of Trademarks, 78 Trademark Rep. 523, 527 (1988) ("기업들이 이익을 극대화하고자 하는 환경에서는 기업들이 동일하지 않은 상품을 생산하고자 하는 경향이 자연스럽다"고 주장).

[143] Id. at 526.

[144] McCarthy, supra note 82, § 2:13 ("상품출처와 품질의 인식이 경쟁의 요체"라고 주장).

[145] George Akerlof, The Market for 'Lemons': Quality, Certainty and the Market Mechanism, 84 Q. J. Econ. 489-490 (1970).

[146] Id.

[147] Id. at 499-500 (품질보증, 브랜드 이름, 호텔이나 레스토랑 체인과 같은 체인, 사용권 설정, 증명은 정보 비대칭으로 인한 "품질 불확실성 효과에 대응하기 위한 제도"라고 주장).

자가 있으면, 그 판매자는 관련 정보를 간신히 전달할 수 있을 뿐이다. 이러한 상황에서, 판매자는 상품품질에 투자할 필요성이 없다.

또한 판매자는 상표로 추가적인 가치를 상품에 부가시킬 수도 있다. 일부 학자들은 상표권자가 "우월한 광고전략(superior advertising techniques)"을 사용하여 소비자의 "가격 무감각적인(price-insensitive)" 브랜드 충성심(brand loyalty)을 일으킴으로써 보다 높은 초과 이윤(higher rents)'을 얻는다고 주장한다.[148] 그러나 브랜드 이미지는 상표권자의 투자 및 소비자 인식이 발생시킨 상표상품의 신규 부가가치로 볼 수 있고, 그 상품을 구입한 소비자는 상품의 품질과 브랜드 이미지가 제공하는 효용성을 누릴 수 있다.[149] 상표는 상품의 품질과 브랜드 이미지 수준을 표시하면서, 판매자가 자신의 상품과 다른 상품을 '상당히 낮은 비용으로' 차별화하는 것도 가능하게 한다.

셋째, 상표가 만들어낸 '인위적인 상품차별(artificial product differentiation)'이 하나의 상품시장을 상표권자가 가격을 조작하는 몇 개의 하부시장으로 나눈다는 주장[150]이 있지만, 상표보호는 신규사업자가 '상품' 시장에 진입하여 기존 사업자와 경쟁하는 것을 방해하지 않는다. 상품에 관한 동일 또는 유사한 상표의 사용만이 금지된다.[151] 오히려 신규회사는 기존회사들의 상품품질과 브랜드 이미지 수준을 그 회사들의 상표를 통하여 파악함으로써 보다 용이하게 시장에 진입할 수 있다. 신규회사는 기존 사업자들의 위치에 대한 이해를 바탕으로 자신의 마케팅전략을 개발할 수 있다. 자신의 상품이 경쟁력을 갖도록 하기 위하여 시장에서의 상품품질 위치와 가격을 전략적으로 결정할 수 있다. 또한 자신의 고유 상표를 사용하여 효율적으로 자신의 시장에서의 위치에 대한 정보를 제공하고 자신의 상품과 기존회사의 상품을 차별할 수 있다.[152] 소비자 또한 신규회사의 출현을 보다 쉽게 알 수 있다. 보다 용이한 시장 접근은 더욱 치열한 가격경쟁을 발생시킬 것이다.[153]

검색비용이론의 옹호자 중 일부 또한 상표법의 궁극적인 목적이 검색비용의 감소가 아니라고 주장한다. 즉, 궁극적 목적은 "경쟁시장의 기능을 촉진시키는 것(to facilitate the functioning of a competitive marketplace)"이라고 주장한다.[154] 상표법은 소비자가 원하는 상품을 저렴하고 빠르게

---

[148] J. Shahar Dillbary, Getting the Word Out: The Informational Function of Trademarks, 41 Ariz. St. L. J. 991, 997-998 (2009) (이러한 주장에 반대) ; Jill Ann Ealy, Utilitarianism and Trademark Protection, 19 J. Contemp. Legal Issues 14, 18-19 (2010) (이러한 주장과 반대하는 주장을 언급).

[149] Economides, supra note 142, at 533.

[150] Ealy, supra note 148, at 18-19.

[151] Ariel Katz, Making Sense of Nonsense: Intellectual Property, Antitrust, and Market Power, 49 Ariz. L. Rev. 837, n. 199 (2007).

[152] William P. Kratzke, Normative Economic Analysis of Trademark Law, 21 Mem. St. U. L. Rev. 199, 218 (1991) (광고는 신규사업자들이 소비자들의 관심을 끌 수 있는 유일한 수단이고, 상품 차별화는 신규자가 시장에 진입하는 것을 허용함으로써 경쟁을 촉진시킨다고 주장).

[153] Id. at 217 (신규 진입이라는 자극뿐 아니라 새로운 경쟁자의 진입 가능성도 시장 밖의 다른 기업들이 상대적으로 낮은 가격으로 상품을 판매할 수 있다고 생각하지 않도록 자신들의 한계비용을 감소하도록 노력하게 한다고 주장).

찾아낼 수 있도록 함으로써 시장경쟁을 증진시킨다고 한다.[155] 이들은 소비자가 품질정보에 기초해 더 나은 구매결정을 할 것이고 그 결과 소비자의 효용이 높아질 것이라고 주장한다. 이러한 소비자의 구매결정은 제조사에게 인센티브를 제공하여 보다 질 높은 상품이나 서비스를 생산토록 할 것이다.[156]

(3) 판례법상 상표보호의 경쟁친화적 특성

다수의 법원도 상표보호의 경쟁친화적 특성을 주장하였다. 미국 연방대법원은 Inwood 사건에서 "상표침해는 경쟁을 저해한다"고 주장하였고,[157] 다른 사건에서 상표보호는 경쟁을 촉진한다고 반복하여 언급하였다. Park 'N Fly 사건에서 연방대법원은 "상표가 바람직스럽게 경쟁과 상품품질 유지를 장려하기 때문에, 의회는 건전한 공공정책상 상표가 전국적으로 주어질 수 있는 가장 큰 보호를 받아야 한다고 결정하였으며",[158] "상표가 생산자에게 좋은 명성이라는 이익을 보장함으로써 경쟁과 품질 유지를 장려하기 때문에 상표의 전국적인 보호는 바람직하다고 의회가 결론지었다"[159]고 언급하였다. San Francisco Arts & Athletics 사건과 Two Pesos 사건에서 연방대법원은 Park 'N Fly 판결을 인용하면서 상표가 경쟁을 촉진시킨다고 반복하였다.[160]

상표법의 목적을 검색비용이론에 기초하여 언급한 사건에 있어서도, 미국 연방대법원은 상표법이 경쟁을 강화시킨다고 주장하였다. Qualitex 사건에서 연방대법원은 상표법은 경쟁을 촉진하고자 하는 것이라고 언급하였고,[161] 프레스 패드(press pad)에 관하여 제2차적 의미(단어 원래의 의미를 제1차적 의미라고 칭하고, 원래의 의미 외에 출처표시 등으로의 의미를 갖게 된 경우 그 의미를 제2차적 의미라고 한다. 사용에 의한 식별력이라고도 칭한다)를 획득한 초록·황금색은 랜험법상 보호될 수 있다고 판시하였다.[162]

---

[154] Dogan and Lemley, supra note 64, at 467 ("소비자검색비용의 감소와 신용투자의 장려가 상표제도의 중요한 중간단계 목적인 반면, 이러한 목적 어느 것도 최종목적 그 자체는 아니다"라고 언급).

[155] Id. at 481.

[156] Id. at 467.

[157] Inwood Laboratories, Inc. v. Ives Laboratories, Inc., 456 U. S. 844, n. 14 (1982).

[158] Park 'N Fly, Inc. v. Dollar Park & Fly, 469 U. S. 189, 193 (1985) ("[b]ecause trademarks desirably promote competition and the maintenance of product quality, Congress determined that a sound public policy requires that trademarks should receive nationally the greatest protection that can be given them").

[159] Id. at 198 ("[n]ational protection of trademarks is desirable, Congress concluded, because trademarks foster competition and the maintenance of quality by securing to the producer the benefits of good reputation").

[160] San Francisco Arts & Athletics, Inc. v. United States Olympic Committee and International Olympic Committee, 483 U. S. 522, 531 (1987); Two Pesos, Inc. v. Taco Cabana, Inc., 505 U. S. 763, 774 (1992).

[161] Qualitex Co. v. Jacobson Prods. Co., 514 U. S. 159, 164 (1995).

[162] Id. at 166.

일부 미국 연방법원은 상표의 출처표시 기능 때문에 상표보호는 효과적인 경쟁을 얻고자 하는 수단이라고 구체적으로 명시하였다. 'Second Chance'라고 불리는 'Chanel No. 5' 향수 복제품에 관한 Chanel 사건에서, 제9연방항소법원은 "상품 식별을 위한 수단 없이는 정보에 기반한 소비자 선택, 나아가 의미 있는 품질경쟁은 존재할 수 없을 것이다"라고 말하였다.[163] 그러나 동 법원은 "출처표시 이외의 상표가치에 대한 보호는 공익에 대한 보상이 거의 없는 심각한 반경쟁적 결과를 초래할 것"이라고 경고하였다.[164]

한편 유럽연합사법재판소는 상표보호가 경쟁의 주요 요소라고 반복적으로 말하였다. Hag II[165] 사건과 Arsenal Football Club[166] 사건에서의 유럽연합사법재판소 판결에 의하면, '왜곡 없는 경쟁시스템(the undistorted competition system)'에서는 기업들이 상품의 품질로 고객을 끌어당기고 유지하여야만 하고 이러한 고객의 유인과 유지도 "그 상품이 구별될 수 있도록 하는 식별력 있는 표지(distinctive signs allowing them to be identified)"에 의해서만 할 수 있는데, 상표권은 이 '왜곡되지 않은 경쟁시스템의 본질적 요소(an essential element of)'에 해당한다.

더구나 유럽연합사법재판소는 왜곡 없는 경쟁시스템을 상표보호 및 그 한계를 정당화시키는 사유로 언급하였다. Libertel 사건에서 유럽연합사법재판소는 왜곡 없는 경쟁시스템 관점에서 상표권과 권한(trade mark rights and powers)이 고려되어야 한다고 결정하였다.[167] 또한 유럽연합사법재판소는 Interflora 사건에서 비록 상표권이 왜곡 없는 경쟁시스템의 본질적 요소이기는 하지만 상표보호가 경쟁에 내재되어 있는 관행들로부터 상표권자를 보호하고자 하는 것은 아니라고 주장하였다.[168]

우리나라 대법원은 일관되게 상표권의 행사가 상표법의 목적이나 기능에서 벗어나서 공정한 경쟁질서와 상거래질서를 방해하는 경우에는 상표권의 남용에 해당하여 상표등록에도 불구하고 허용될 수 없다고 판시하고 있다. 선 마이크로시스템 사건에서 대법원은 피고의 상표권 행사는 공정한 경쟁질서와 상거래질서를 어지럽혀서 상표권 남용에 해당한다고 판결하였다.[169] 그 첫째 논거는 피고가 상표등록출원 이전에 이미 원고가 소프트웨어 프로그램에 그 상표를 사용할 것을 알고 있었다는 점이었다. 둘째 논거는 피고가 이 사건 등록상표를 사용한 영업을 한 적이 없고 그와 같

---

163) Smith v. Chanel, Inc., 402 F.2d 562, 566 (9th Cir. 1968).

164) Id. at 566-567.

165) Cnl-Sucal NV SA v. Hag GF AG (C-10/89) [1990] 3 C.M.L.R. 571, 607-608.

166) Arsenal Football Club Plc v. Matthew Reed (C-206/01) [2003] E.T.M.R. 19, 237.

167) Libertel Groep BV v. Benelux-Merkenbureau (C-104/01) [2005] 2 C.M.L.R. 45, 1126.

168) Interflora Inc v. Marks & Spencer Plc (C-323/09) [2012] E.T.M.R. 1, 40-41.

169) 대법원 2008.7.24. 선고 2006다40461 판결.

은 영업을 할 것으로 보이지도 않는다는 점이었다. 셋째 논거는 원고가 이 사건 등록상표와 동일한 표장을 계속하여 사용하여 왔지만 피고가 처음에는 문제로 삼지 않고 있다가 원고의 영업이 활발해졌을 때 상당한 돈을 양도대가로 요구하면서 침해를 주장하였다는 점이었다.[170]

(4) 경쟁의 상표법으로의 내재화

앞에서 논의되었듯이 상표보호는 경쟁친화적 성격을 보유하고 있다.[171] 그럼에도 불구하고 상표권의 남용(abuse)이나 기능장애(malfunction)에서 발생될 수 있는 반경쟁적 결과를 방지하기 위하여 '경쟁'이라는 개념에 따라 상표보호를 제한하는 것이 필요하다. 경쟁이라는 개념은 상표권자의 이익 외에 경쟁자, 소비자, 심지어 시장 그 자체의 이익도 감안하기 때문에 상표보호를 제한할 수 있다. 이와 같은 경쟁에 기초한 접근방법(competition approach)은 이미 상표법에 내재되어 있다.[172]

a) 기능성(Functionality) 및 상표보호의 대상

기능적 특성에 배타적 권리를 인정하지 않는 기능성 이론(functionality doctrine)은 상표법에 포함되어, 경쟁 측면에서 상표보호의 한계를 정하는 데 중요한 역할을 한다.

미국의 경우 랜험법에 기능성 이론이 도입되기 이전에도 미국 연방대법원은 기능성을 보호 요건으로 간주하였고,[173] 상표보호 여부와 그 범위를 결정할 때 경쟁을 고려하였다. Qualitex 사건에서 연방대법원은 기능성 이론에 의하면 "상품의 특성이 상품의 용도나 목적에 필수적이거나 상품의 비용이나 품질에 영향을 미치는 경우" 그 특성을 상표로 보호하는 것은 "경쟁자들을 명성과 무관한 상당히 불리한 처지(a significant non-reputation-related disadvantage)에 놓이게 할 것"이라고 판시하였다.[174] 연방대법원은 더 나아가 프레스 패드에 사용된 초록-황금색은 프레스 패드에 기능적이지 않았고 상징으로 작용하였으며, 제2차적 의미를 획득함으로써 패드의 출처를 표시하였기 때문에 보호될 것이라고 결정했다.[175] 반면에 Traffix 사건에서는 연방대법원은 이중 스프링 디자

---

170) Id.

171) Spyros Maniatis and Dimitris Botis, *Trade Marks in Europe: A Practical Jurisprudence* (2nd edn, Sweet & Maxwell 2010) 819 ("유럽연합사법재판소의 판례법에 따르면, 상표를 포함한 지식재산권의 존재 그 자체가 반경쟁적인 것은 아니다"라고 주장).

172) Id. ("경쟁에 관한 많은 고려사항이 상표법에 내재화되어 있다"고 주장); *see also* Rebecca Tushnet, Trademark Law as Commercial Speech Regulation, 58 S. C. L. Rev. 737, 743-44 (2007) (기술적 공정사용과 같은 이론들은 "수정헌법 제1조 규범을 시행하기 위한 것이기보다는 소비자 보호를 자유경쟁과 균형을 이루게 하기 위하여 존재한다"고 의견 제시).

173) Qualitex Co. v. Jacobson Prods. Co., 514 U. S. 159, 166 (1995) (Qualitex 사건 담당 법원이 인용한 McCarthy 교수에 따르면, "단어 또는 심벌의 상표로서의 자격요건"은 4부분으로 구성된다. (1) "심벌"일 것, (2) "표장으로서의 사용"일 것, (3) "판매자의 상품을 다른 사람에 의해 만들어지거나 판매된 상품과 식별하고 구분하기 위해서"일 것, (4) 그러나 "기능적"이어서는 안 될 것).

174) Id. at 165.

인이 있는 표지판용 스탠드(sign stand)에 대한 트레이드 드레스 보호를 거절하였는데, 그 논거는 이중 스프링 디자인은 "풍력에 저항하는 고유의 유용한 메커니즘"[176]을 제공하여서 기능적이라는 것이었다. 연방대법원에 따르면 트레이드 드레스에 대한 보호는 경쟁을 촉진하지만, "기능적 특성의 배타적 사용은 경쟁자들을 명성과 무관하지만 현저히 불리한 처지에 놓이게 할 것"이라는 것이다.[177] 기능성은 일방 당사자 거절이유, 이의신청 및 등록취소 이유, 다툴 수 없는 등록상표에 대한 법적 방어수단으로서 1988년 랜험법에 포함되었으며,[178] 1989년 개정안 제43조(a)에서 비기능성에 대한 입증책임을 미등록 트레이드 드레스 보호를 주장하는 원고가 부담하도록 하였다.[179]

유럽연합 사건에서 기능성 개념은 경쟁을 기초로 한 "보다 넓은 해석 툴"[180]을 제공하였다. 즉, 기능성 개념은 유럽상표지침 제3조(1)(e)(ii) 및 공동체상표규정 제7조(1)(e)(ii)에 한하지 않고, 상표의 대상과 식별력에도 영향을 미쳐 왔다.[181]

제3조(1)(e)(ii)의 기능성과 관련하여, 유럽연합사법재판소는 경쟁이라는 관점에서 '상표로서의 형상'의 보호범위를 결정하였다. 3헤드 회전식 전기면도기(a three-headed rotary electric shaver)에 관한 Philips 사건에서, 유럽연합사법재판소는 제3조(1)(e)(ii)의 규정취지가 경쟁자들이 동일한 기술적 해결수단이나 특성을 가지고 있는 상품을 자유롭게 제조 또는 판매할 수 있도록 하기 위하여, 형상의 필수적인 특성이 기술적 기능을 수행하는 경우 그 형상이 등록되는 것을 막는 것이라고 판시하였다.[182] 유럽연합사법재판소는 형상의 필수적 특성이 오로지 기술적인 것이라고 여겨지는 경우에는 동일한 기술적 기능을 수행하는 다른 형상들의 존재는 등록을 거절하는 데 있어서 중요하지 않다고 추가적으로 판시하였다.[183] 유럽연합사법재판소는 Lego 사건에서 공동체상표규정 제7조(1)(e)(ii)의 취지도 "상품의 기술적 해결수단 또는 기능적 특성에 관하여 기업에게 독점권을 부여하는 상표법을 방지하고자 하는 것"이라고 판단하였다.[184]

기능성 개념은 상표등록출원의 대상이 유럽상표지침 제2조상의 '표지(a sign)'에 해당하는지 여

---

175) Id. at 166.

176) Traffix Devices, Inc. v. Marketing Displays, Inc., 532 U. S. 23, 33 (2001).

177) Id. at 32.

178) McCarthy, supra note 82, § 7:63.

179) 제43조(a)(3)의 규정에 따르면, "주 등록부에 등록되지 않은 트레이드 드레스에 대한 본 법에 의한 트레이드 드레스 침해에 관한 민사소송에서, 트레이드 드레스 보호를 언급한 자가 보호받고자 하는 것이 기능적이지 않다는 것을 증명할 부담을 진다."

180) Vlotina Liakatou and Spyros Maniatis, Lego-building a European concept of functionality, E.I.P.R. 653, 653 (2010) ("기능성이라는 개념도 넓은 해석 틀을 제공해 왔다"고 주장).

181) Maniatis and Botis, supra note 171, at 73.

182) Philips Electronics NV v. Remington Consumer Products Ltd (C-299/99) [2002] E.T.M.R. 81, 972.

183) Id. at 973.

184) Lego Juris A/S v. Office for Harmonisation in the Internal Market, Mega Brands, Inc. (C-48/09 P) [2010] E.T.M.R. 63, 1153.

부를 결정하는 데도 기여한다. 먼지봉투가 없는 진공청소기의 투명 수집통의 상표등록출원에 관한 Dyson 사건에서, 유럽연합사법재판소는 Advocate General Léger와 달리 상표등록출원의 대상이 '기능적 특성'이라고 말하지는 않았지만, 생각할 수 있는 모든 투명 수집통 형상은 단지 "상품의 단순한 성질"에 불과하여 제2조에 의한 '표지(a sign)'가 아니라고 결정하였다.[185] 다만 유럽연합사법재판소는 상표의 대상이 구체적이지 않은 경우 그 대상은 제2조의 목적과 대조적으로 경쟁자가 어떠한 종류의 투명 수집통이든 그 수집통이 있는 진공청소기를 판매할 수 없도록 함으로써 상표권자에게 '부당한 경쟁적 우위'를 부여할 것이라는 것을 근거로 들었다.[186]

또한 기능성 개념은 유럽상표지침 제2조에 의한 '시각적 표현요건(the graphical representation requirement)'의 해석에도 영향을 미쳤다.[187] 파란색과 노란색을 상표로 출원한 Heldelberger 사건에서, 유럽연합사법재판소는 통상 '멋을 내거나 장식할 목적으로 사용되는 상품의 단순 특성'인 색채와 색채의 조합은 i) "사용 맥락상 색채 또는 색채의 조합이 실제로 표지에 해당하고", ii) "상표등록출원이 사전에 결정되고 통일된 방식으로 해당 색채를 연상시키는 체계적인 배열을 포함"[188] 하고 있다는 것이 인정되는 경우에만, 상표에 해당할 수 있다고 결정하였다. 정확하고 지속적인 시각적 표현이 없이는 상표의 출처표시로서의 기능은 보장될 수 없을 것이라는 것이다.[189]

식별력도 상표의 기능적 특성과 연계된다. 오렌지색 그 자체의 공동체상표 등록출원에 관한 KWS 사건에서, 제1심 법원(the Court of First Instance)은 소비자들이 색 그 자체를(a colour per se) 곧바로 출처표시로 인식하지는 않는다고 명시하였다.[190] 이를 근거로 제1심 법원은 농업, 원예업, 임업 상품에 관하여는 이 분야에서의 색채의 일반적 용도 때문에 오렌지색이 식별력이 없다고 판결하였다.[191] 또한 제7류 및 제11류에 속하는 처리 장치(treatment installations)에 관하여, 제1심 법원은 관련 일반인이 오렌지색을 기계의 마감재로 여길 것이므로 오렌지색에는 식별력이 없다고 결정하였다.[192] 유럽연합사법재판소는 제1심 법원의 결정을 지지하였다.[193]

우리나라 상표법도 기능성에 관한 규정을 포함하고 있다. 상표법 제7조 제1항 제13호에 의하면,

---

185) Dyson Ltd v. Registrar of Trade Marks (C-321/03) [2007] Bus. L. R. 787, 811-812.

186) Id. at 811.

187) Maniatis and Botis, supra note 171, at 73 ("기능성에 대한 고려사항은 시각적 표시 및 식별력 요건 양자에 관한 판례법에 영향을 미쳐왔다"고 언급).

188) Heidelberger Bauchemie GmbH (C-49/02) [2004] E.T.M.R. 99, 1314-1315 ("the application for registration includes a systematic arrangement associating the colours concerned in a predetermined and uniform way").

189) Id. at 1313.

190) KWS Saat AG v. Office for Harmonisation in the Internal Market (C-447/02 P) [2007] IP & T 314, 320.

191) Id.

192) Id. at 321.

193) Id. at 345-346.

상표등록을 받으려는 상품 또는 그 상품의 포장의 기능을 확보하는 데 불가결한(서비스업의 경우에는 그 이용과 목적에 불가결한 경우를 말한다) 입체적 형상, 색채, 색채의 조합, 소리 또는 냄새만으로 된 상표에 대하여는 상표등록을 거절할 수 있다. 우리나라 상표심사기준에서는 심사관이 표지가 상표법 제7조 제1항 제13호에 의한 '상표'에 해당하는지 여부를 결정함에 있어서 '경쟁'을 고려하여야 한다고 규정하고 있다.

b) 식별력

상표법상 경쟁개념이 내재화되어 있는 또 다른 사례는 식별력에 관한 것이다. 미국 법원, 유럽연합사법재판소 및 우리나라 법원은 경쟁이익(competitive interests)을 감안하여 상표의 식별력 유무를 판단해왔다. 미국 제1연방항소법원은 Boston Duck Tours 사건에서 자동차 또는 피자와 같은 보통명칭이 상표로 보호받는 경우 경쟁업자와 소비자의 이익에 손해를 가할 수 있으므로 상표로 보호받을 수 없다고 명시하였다.[194] 경쟁업자는 자신의 상품을 홍보하기 위해 보통명칭을 사용할 수 없게 되고, 소비자는 높은 가격에 상표권자로부터 상품을 구입하거나 다른 상품을 찾기 위해 추가적인 시간과 노력을 소모할 것이라는 판단이다.[195] 유사한 맥락에서 미국 제7연방항소법원은 상표가 보통 명칭화된 경우 상표권의 행사는 경쟁업자가 소비자에게 자신의 상품이 상표권자의 상품과 동일하다고 알리는 것을 막거나 사실상 경업자가 말을 할 수 없게 만듦으로써 경쟁을 해칠 수 있다고 Ty 사건에서 판시하였다.[196]

유럽연합사법재판소는 식별력에 관한 Libertel 사건에서 "다른 거래자들의 색채 이용가능성을 부당하게 제한하지 않아야 한다는 일반이익(general interest)을 색채의 잠재적 식별력을 평가함에 있어서 고려하여야 한다"고 결정하였다.[197] 동 재판소는 상표와 관련하여 등록되는 상품의 수(다수의 상품, 특정 상품 또는 특정 그룹의 상품인지)는 색채의 식별력과 "그 상표의 등록이 다른 영업자들의 색채 이용가능성을 부당하게 제한하지 않아야 한다는 일반이익에 반하는지 여부"[198]를 평가하는 것에 관련된다고 추가적으로 언급하였다.

우리나라 대법원도 SANDUNIT 사건에서 기술적 표장의 필요성을 언급하면서, 기술적 표장은 통상 상품의 유통과정에서 누구라도 이를 사용할 필요가 있고 그 사용을 원하기 때문에 상표로 등

---

194) Boston Duck Tours v. Super Duck Tours, 531 F.3d 1, 14 (1st Cir. 2008).

195) Id.

196) Ty Inc. v. Perryman, 306 F.3d 509, 513 (7th Cir. 2002).

197) Libertel Groep BV v. Benelux-Merkenbureau (C-104/01) [2005] 2 C.M.L.R. 45, 1128.

198) Id. at 1129 ("whether its registration would run counter to the general interest in not unduly limiting the availability of colours for the other operators").

록될 수 없다고 명시하였다.[199] 대법원은 블록쌓기(장난감) 도매업 및 블록쌓기(장난감) 소매업 등을 지정서비스업으로 하는 입체적 형상 사건에서도, 기술적 표장에 관한 상표법 제6조 제1항 제3호의 취지는 기술적 표장이 자타 상품을 식별하는 기능을 상실하는 경우가 많을 뿐만 아니라, "설령 상품 식별의 기능이 있는 경우라 하더라도 상품 거래상 누구에게나 필요한 표시이므로 어느 특정인에게만 독점적으로 사용시킨다는 것은 공익상으로 타당하지 아니 하다는 데에 있다"고 판시하였다.[200]

특히 미국 법원에 있어서, 경쟁은 트레이드 드레스의 식별력에 제2차적 의미가 필요한지를 결정하는 데 영향을 미쳐 왔다. Two Pesos 사건에서 미국 연방대법원은 경쟁을 근거로 제2차적 의미는 기술적이지 않은 트레이드 드레스(a non-descriptive trade dress)의 식별력에 필요한 요건이 아니라고 결정하였고, 제2차적 의미라는 요건을 요구하는 경우 트레이드 드레스 창안자(an originator of the trade dress)의 경쟁적 지위에 부정적으로 영향을 미칠 것이라고 판시하였다.[201] 대법원의 판단에 의하면, 기술적이지 않은 트레이드 드레스에 대한 보호를 제2차적 의미를 획득할 때까지 부인하면 다른 경쟁업자가 트레이드 드레스를 다른 시장에서 유용하는 것을 허용하고, 창안자가 이러한 시장으로 사업을 확장하여 경쟁하는 것을 막게 된다는 것이다.[202] 반면에 연방대법원은 Wal-Mart 사건에서 경쟁을 근거로 미등록 상품 디자인 트레이드 드레스 보호에 제2차적 의미를 요구하였는데, 그 이유는 i) 상품 디자인은 거의 항상 출처표시로 기능하지 않으며, ii) 시장 신규진입자에 대하여 원래 식별력 있는 디자인이라는 이유로 제소 위협을 한다면 "상품 디자인이 보통 기여하는 실용주의적이고 미적인 목적과 관련한(with regard to the utilitarian and esthetic purposes that product design ordinarily serves)"[203] 경쟁이익을 소비자로부터 빼앗아갈 것이라는 것이다.

c) 혼동

Anheuser-Busch 사건에서[204] '경쟁'은 혼동가능성에 관한 미국 법원 결정의 근거였다. Venture Marketing은 버드와이저(Budweiser)의 라벨과 언어 외적인 부분(모양, 배치 등)에서는 극히 유사하지만 언어에는 실질적인 차이가 있는 디자인의 T셔츠를 Myrtle Beach의 기념품으로 제조하였고,

---

[199] 대법원 2006.4.14. 선고 2004후2246 판결 (SANDUNIT 사건).

[200] 대법원 2014.10.15. 선고 2012후3800 판결.

[201] Two Pesos, Inc. v. Taco Cabana, Inc., 505 U. S. 763, 774 (1992).

[202] Id. at 775.

[203] Wal-Mart Stores, Inc. v. Samara Brothers, Inc., 529 U. S. 205, 212-214 (2000).

[204] Anheuser-Busch, Inc. v. L & L Wings, Inc., 962 F.2d 316 (4th Cir. 1992).

L & L Wings를 통하여 홍보하였다.[205] Anheuser-Busch社는 혼동에 기초한 상표침해를 주장하면서, 기념품 T셔츠를 판매한 것에 대하여 피고에게 소를 제기하였다. Anheuser-Busch社는 T셔츠 디자인이 등록된 버드와이저 맥주 상표와 혼동을 초래할 정도로 유사하다고 주장하였다(참고로 Anheuser-Busch社는 일련의 T셔츠와 다른 의류에 버드와이저 상표를 사용하였다).[206] 제4연방항소법원은 "상표가 쉽게 구별될 수 있다"는 사실에도 불구하고 상표가 강한 상표인 정도(the strength of trade marks), 상품의 유사성, 판로(sales outlets) 및 광고와 같은 외부적 요소를 근거로 혼동가능성을 인정하는 것은 '유사 상품을 식별하게 할 수 있는 상표의 사용을 금지'시킴으로써 경쟁을 저해한다는 점을 근거로 혼동가능성을 부인하였다.[207]

또한 일부 미국 법원은 최초관심혼동의 존재를 인정함에 있어서도 경쟁이익을 고려한다. Gibson 기타 사건에서 'Les Paul' 싱글 컷어웨이 기타(single cutaway guitar) 형상에 대한 상표권자인 Gibson 社는 Gibson社의 2차원 상표와 유사한 형상의 기타를 제조하는 Paul Reed Smith Guitars('PRS')를 상대로 상표침해소송을 제기하였다.[208] Gibson社는 기타 상점에서 멀리 떨어져 서 있는 소비자가 기타의 형상 때문에 PRS 기타를 Gibson 기타로 혼동할 가능성이 높고 최초관심혼동이 있다고 주장하였다.[209] 이러한 주장에 대하여 제6연방항소법원은 "상품 형상 그 자체가 상표로 사용되는 경우, [최초관심혼동] 이론은 창고형 대형상점(a warehouse store)의 통로 먼 끝에서 볼 때 상표로 사용된 형상과 어느 정도 유사하게 보일 수 있는 *비유사* 상품을 경쟁자가 생산하는 것도 금지할 수 있을 것"이라고 결론지었다.[210]

더구나 법원들은 역혼동(reverse confusion)에 관한 의견의 근거로 경쟁 개념을 사용하였다. Baff 사건에서 미국 제2연방항소법원은 상표법의 목적이 "상품의 출처에 관한 혼동으로부터 일반인이 자유롭도록 유지하는 동시에 공정한 경쟁을 보장함으로써 상표에 있어서의 상표권자의 이익을 보호하는 것"이라고 강조하면서, 역혼동에 기초한 상표보호가 없으면 "큰 기업이 처벌 없이(with impunity) 작은 기업의 선행 상표를 침해"할 수 있기 때문에 역혼동을 이유로 소송을 제기할 수 있는 것이라고 인정하였다.[211]

---

205) Id. at 317-319.

206) Id.

207) Id. at 320.

208) Gibson Guitar Corp. v. Paul Reed Smith Guitars, LP, 423 F.3d 539, 543-544 (6th Cir. 2005).

209) Id. at 552.

210) Id.

211) Banff v. Federated Department Stores, 841 F.2d 486, 490-491 (2d Cir. 1988).

d) 희석

경쟁은 희석 사건에서 상표보호 범위를 획정하는 데도 기여하였다. Times Mirror Magazines 사건에서 제3연방항소법원은 'The Sporting News'라는 상표가 틈새시장에서 유명하여 그 시장에서 희석행위로부터 보호받을 자격이 있다고 판시하였다.[212] 그러나 Barry 판사는 반대 의견을 제시하면서 '유명성 요건(the threshold fame requirement)'은 "자유 경쟁과 재산권 간의 적절한 균형" 유지 관점에서 결정되어야만 하고, 'The Sporting News'라는 제목의 주간 간행물 발행자인 Times Mirror 社는 'The Sporting News'가 유명하다는 것을 입증하지도 않았고 입증할 수도 없었다고 주장하였다.[213]

유럽사법재판소는 제3의 희석행위 유형인 '불공정한 이익의 취득'의 범위를 제한하기 위하여 경쟁이라는 개념을 활용하였다. 즉, Interflora 사건에 대한 결정에서 유럽연합사법재판소는 '불공정한 이익의 취득'의 범위를 제한하기 위하여, 유럽상표지침 제5조(2)[214] 및 공동체상표규정 제9조(1)(c) 규정상의 '정당한 사유(due cause)' 해석에 '공정한 경쟁(fair competition)'이라는 개념을 도입하였다.[215] 유럽연합사법재판소 결정에 따르면, 모조품을 제공하지 않고 또한 다른 유형의 희석을 초래하거나 상표기능에 부정적인 영향을 일으키지도 않으면서 상표권자 상품의 대체품을 제시하는 키워드 광고는 "대체로 공정한 경쟁의 범주에 속하고" 따라서 정당한 사유가 있는 이익의 취득이다.[216]

e) 상표권의 제한

상표권의 제한에 있어서도 경쟁이익이라는 개념이 내재화되어 있다. 미국 제6연방항소법원은 Herman Miller 사건[217]과 Hensley 사건[218]에서 공정사용(a fair use)과 관련하여, 상표권자는 기술적 상표(descriptive trade marks)가 새로운 상표적 의미를 갖게 될 때만 배타적 권리를 획득할 수 있고, 다른 사람들은 "자유로운 경쟁을 위하여" 자신들의 상품을 설명할 때는 "기술적 상표의 원래 제1

---

[212] Times Mirror Magazines, Inc. v. Las Vegas Sports News, L.L.C., 212 F.3d 157, 165 (3d Cir. 2000).

[213] Id. at 170.

[214] Any Member State may also provide that the proprietor shall be entitled to prevent all third parties not having his consent from using in the course of trade any sign which is identical with, or similar to, the trade mark in relation to goods or services which are not similar to those for which the trade mark is registered, where the latter has a reputation in the Member State and where use of that sign without due cause takes unfair advantage of, or is detrimental to, the distinctive character or the repute of the trade mark.

[215] Andrew Bailey, Trade Mark Functions and Protection for Marks with a Reputation, Journal of Intellectual Property Law & Practice, 2013 Vol.8 No.11, 874 (2013).

[216] Interflora Inc v. Marks & Spencer Plc (C-323/09) [2012] E.T.M.R. 1, 46 (internal quotation marks omitted).

[217] Herman Miller, Inc. v. Palazzetti Imports and Exports, Inc., 270 F.3d 298, 319 (6th Cir. 2001).

[218] Hensley Mfg. v. ProPride, Inc., 579 F.3d 603, 612 (6th Cir. 2009).

차적 의미(the original, descriptive primary meaning)"를 항상 사용할 수 있다고 판시하였다.

지명식 공정사용(nominative fair use)도 경쟁에 관련되는 것으로 해석된다. Toyota 사건에서 이러한 해석을 발견할 수 있는데, 제9연방항소법원의 Kozinski 판사는 '지명식 공정사용 이론이 표현의 자유와 경쟁에 대한 손상을 방지하기 위해 고안'되었다고 동 사건에서 판시하였다.[219) Kozinski 판사의 주장에 따르면 "도메인이름에 있어서의 지명식 사용에 대한 전면 금지(wholesale prohibition of nominative use in domain names)"는 다른 상인이 상품의 성질을 소비자에게 알리는 것을 막고 소비자가 상품에 관한 정보를 받는 것을 금지할 것이며,[220) 이러한 결과는 "경쟁과 소비자에게 해를 끼치고" 상표권자만이 관련 시장을 강하게 통제할 수 있게 할 것이라는 것이다.[221)

유럽연합사법재판소의 판결에서도 경쟁 측면에서 상표권의 효력을 제한하는 내용을 볼 수 있다. Adidas II 사건에서 유럽연합사법재판소는 일반적 이용가능성(general availability) 요건, 즉 특정 표지를 부당하게 제한하지 않아야 한다는 일반이익은 '상표권의 범위'를 결정하는 데는 고려될 수 없지만 유럽상표지침 제6조(1)(b)에서 정의된 '상표의 효과 제한'이 적용되는 한 고려될 수 있다고 판시하면서, 경쟁이 유럽상표지침 제6조(1)(b)에 의한 결정에서 중요한 요소라는 것을 명확히 하였다.[222)

우리나라의 대법원도 상표권의 효력 제한에 관한 상표법 제51조를 해석함에 있어서 '누구라도 자유롭게 사용하게 할 필요'라는 표현을 통해 경쟁의 중요성을 언급하고 있다. 태남 스포렉스 사건에서 대법원은 "상품의 보통명칭을 보통의 방법으로 사용하는 방법으로 표시한 표장만으로 된 상표의 효력을 제한한 것은 상품의 보통명칭은 특정 종류의 상품의 명칭으로서 일반적으로 사용되는 것이므로 본질적으로 자타상품의 식별력이 없어 특정인에게 이를 독점사용하게 하는 것은 부적당하고 누구라도 자유롭게 사용하게 할 필요가 있으므로, 이러한 표장에 관하여는 특정인이 비록 상표등록을 받았다 하더라도 이를 보통으로 사용하는 방법으로 표시하는 것에는 상표권의 효력이 미치지 않도록 함에 그 취지"가 있다고 판시하였다.[223)

f) 최초 판매 또는 소진원칙(The First Sale or Exhaustion Rule)

미국의 경우 Sebastian Intern 사건에서 경쟁은 최초 판매 원칙의 정당화 사유로도 제시되었다.

---

219) Toyota Motor Sales, U.S.A., Inc. v. Tabari, 610 F.3d 1171, 1180 (9th Cir. 2010).

220) Id.

221) Id.

222) Adidas AG and another v. Marca Mode CV and others (C-102/07) [2008] Bus. L.R. 1791, 1814-1815.

223) 대법원 2005.10.14. 선고 2005도5358 판결.

제9연방항소법원은 동 사건에 대한 결정에서 최초 판매 이론이 한편으로는 "상표법의 정당한 목적에 기여"하고 다른 한편으로는 "생산자가 자신의 상품에 대한 재판매를 통제할 수 있는 권한을 제한함으로써 경쟁영역을 유지한다"고 주장하였다.[224]

유럽연합사법재판소도 Viking Gas 사건[225]에서 '경쟁'을 감안하여 유럽상표지침 제7조(상표권의 소진)를 해석하였다. 입체상표인 가스통에 대한 전용사용권자인 Kosan Gas는 합성 경량 가스통에 넣은 가스를 생산하고 판매하였다.[226] Viking Gas는 Kosan Gas의 합성 가스통에 자신의 가스를 다시 채우는 방식으로 가스를 판매하였고, 이에 Kosan Gas는 Viking Gas를 상대로 상표침해소송을 제기하였다.[227] 유럽연합사법재판소는 상표권자가 상표권을 근거로 다른 상인들이 가스통을 다시 채우는 방법으로 가스를 판매하는 것을 금지하는 것은 가스 충전 시장에서 부당하게 경쟁을 감소시키고 나아가 그 시장이 폐쇄되는 결과를 초래할 것이라고 명시하였다.[228] 또한 유럽연합사법재판소의 결정에 따르면, 그러한 금지는 가스 공급자를 자유롭게 선택하고자 하는 소비자에게 가스통에 대한 최초 지불액을 포기하도록 강요할 것이다.[229] 이러한 이유 때문에 유럽연합사법재판소는 가스통의 판매가 관련 상표권을 소진시키고 가스통을 자유롭게 사용할 권리를 구매자에게 이전시켰다고 판결하였다.[230] 또한 유럽상표지침 제7조(2)에 따른 '정당한 사유(legitimate reasons)'를 해석함에 있어서 "그 분야 관행" 특히 "다른 상인이 가스통을 충전하는 것에 소비자가 익숙한지 여부"를 감안하여야 한다고 언급하였다.[231]

4) 상표법의 목적: 공정하고 효율적인 경쟁

앞에서 언급한 바와 같이 상표권자의 신용보호와 소비자 혼동방지라는 상표법의 이중 목적은 한계가 있다. 신용보호와 혼동방지라는 개념은 상위개념에 의해 제한되지 않는 한 그 범위가 확대될 가능성이 높기 때문에, 상표권을 확대하고자 하는 상표권자의 요구와 쉽게 맞물릴 수 있다. 그 결과 이중 목적은 상표권을 보호하는 근거를 제시할 수는 있지만 상표권의 보호범위를 제한하는

---

[224] Sebastian Intern., Inc. v. Longs Drug Stores Corp., 53 F.3d 1073, 1075 (9th Cir. 1995) (The first sale doctrine "serves the legitimate purposes of trademark law" on the one hand and "preserves an area for competition by limiting the producer's power to control the resale of its product" on the other).

[225] Viking Gas A/S v. Kosan Gas A/S (C46/10) [2011] E.T.M.R. 58.

[226] Id. at 1133-1134.

[227] Id.

[228] Id. at 1139.

[229] Id.

[230] Id.

[231] Id. at 1140.

역할을 할 수 없다. 상표권을 확대하고자 하는 상표권자의 요구는 이중 목적 중 혼동방지로는 설명할 수 없는 희석책임도 도입하게 하는데, 희석책임에서는 이중 목적이 상표권 보호의 근거조차도 제시하지 못한다.

이중 목적에 비하여 시카고 학파의 '검색비용이론'은 혼동책임과 희석책임 양자 모두에 대해 상표권을 보호하는 근거를 합리적으로 설명해준다. 그러나 이 이론 역시 한계가 있다. 첫째, 검색비용이론은 '소비자 관점'에서 상표로 인한 검색비용 증가가 있을 때 상표책임이 있다고 보지만, 소비자의 관점은 이전의 법원 판결에 의해 영향을 받을 수 있다. 둘째, 아주 적은 소량의 검색비용이 증가하는 경우에도 검색비용의 증가가 있을 수 있어서, 혼동책임뿐 아니라 희석책임에 대해서도 그 한계를 획정해줄 수 없다. 검색비용이론에 의하면 상품 판매자와 상표권자 사이에 무언가 알 수는 없지만 조금의 연계 고리가 있다고 혼동하는 경우에도 검색비용이 증가할 수 있고, 상표권자를 떠올리기 위해 조금만 신경 써도 검색비용이 증가할 수 있다. 셋째, 검색비용이론은 제3사용자가 상표권자의 상품시장과 무관한 비경쟁 상품시장에서 감소시키는 검색비용을 고려하지 않는다. 레스토랑 이름으로 로렉스를 사용한 경우, 로렉스 시계를 생각해내는 데에 검색비용 증가가 조금 있었을지도 레스토랑업계에서는 로렉스라는 이름을 통해 레스토랑을 생각하는 데 검색비용 감소가 많을 수 있다.

유럽연합사법재판소가 인정하고 있는 상표보호의 목적인 상표기능의 보호도 보호받을 수 있는 상표기능과 그렇지 않은 상표기능을 구분하지 않는 이상, 상표보호의 범위가 계속 확대될 수 있다.

현재 인정되는 상표보호의 목적에 한계가 있다면, 과연 상표보호의 목적 내지 상표법의 목적은 무엇이어야 하는가? 본인은 공정하고 효율적인 경쟁이 상표보호의 궁극적인 목적이어야 한다고 생각한다.

첫째, 상표법은 부정경쟁방지법의 일부로서 '공정한 경쟁' 촉진을 목적으로 한다. 둘째, 상표는 상품품질과 브랜드 이미지에 관한 효율적인 정보전달을 통하여 '공정하면서도 효율적인 경쟁'이 가능하도록 해준다. 셋째, 각국 법원들도 상표의 경쟁친화적 성격에 대해 언급하고 있다. 넷째, '경쟁'이라는 개념은 이미 상표법 내에 내재화되어, 상표보호의 근거로서 작용하는 동시에 상표보호의 범위를 제한하는 역할도 수행하고 있다. 따라서 상표보호의 목적은 '공정하고 효율적인 경쟁'의 촉진이라고 할 것이며, 이 중에서 '경쟁'은 상표보호의 기초인 동시에 상표보호의 범위를 제한하는 역할도 담당한다. 즉, 경쟁은 한편으로는 공정성과 효율성의 기반으로서 상표보호의 범위를 정하면서 다른 한편으로는 상표보호의 범위를 제한한다. '경쟁'이 없는 독점 상태에서는 공정성과 효율성이 중요한 의미를 갖기 어렵기 때문이다.

그렇다면 경쟁, 공정성, 효율성의 구체적 의미와 역할은 무엇인가?

첫째, 상표보호를 위한 정당화 사유는 경쟁이어야 한다. 경제학적 관점에서 경쟁은 동적인 과정으로 이해되기도 하고 정적인 상태로 이해되기도 한다. 즉, 경쟁은 '수익 증대 등을 위한 생산자들 간의 대항(rivalry)'을 의미하기도 하고 "소비자가 선택을 할 수 있도록 하는 경쟁 생산자가 있는 상황"[232]을 의미하기도 한다. 공급자가 한 명인 독점의 경우 소비자의 선택권이 없기 때문에 경쟁이 없다.[233] 경쟁이 없으면 상표권자가 자신이 생산 또는 판매하는 상품의 품질과 브랜드 이미지에 관한 정보를 소비자에게 효율적으로 전달함으로써 자신의 상품을 다른 경쟁자의 상품과 차별화시킬 필요가 없다는 점에서 상표가 반드시 있어야 하는 것은 아니다.[234]

이러한 관점에서 보면, 상표의 제3자 사용이 부당하게 상표의 기능에 장애를 일으키는 경우, 실제로 경쟁업자의 수가 줄지 않더라도 합리적인 소비자 선택이 왜곡되거나 감소되는 결과가 초래될 것이다.[235] 제3자 사용이 금지되지 않는 한, 상표는 상표권자가 생산 또는 판매하는 상품의 '품질 및 브랜드 이미지가 시장에서 차지하는 위치'를 거의 식별시킬 수 없고, 소비자는 상표가 전달하는 정보를 기초로 상표권자의 상품을 선택할 수 없다. 소비자가 "심벌에 의해 살고(live by symbols)" "심벌에 의해 구매(purchase goods by them)"[236]한다는 사실을 감안하면, 이러한 제3자 사용은 '소비자 선택에 필수적인 식별 가능한 상표의 수'를 정당한 이유 없이 감소시킨다. 따라서 부당하게 경쟁을 감소시키는 이러한 사용은 상표법으로 금지하여야 한다.

경쟁은 상표보호를 정당화하는 동시에 상표보호의 범위를 제한하여야 한다. 즉, 상표법의 적용을 통한 상표보호가 독점이나 과점을 초래하여서는 안 된다. 상표보호의 확대는 자칫 잘못하면 경쟁자가 상품의 특성에 관한 정보를 전달하는 것을 막을 수 있다. 심지어 신규 사업자가 자신들의 상품을 홍보하는 것을 거의 불가능하게 함으로써 신규 사업자가 자유롭게 시장에 진입하는 것을 사실상 금지할 수 있다. 이러한 상표보호는 상표법이 보호하여야 하는 범위 밖이다. 강하게 표현하자면 상표법이 보호하여서는 안 되는 영역이다.

둘째, 상표보호는 경쟁 시스템에서의 공정성을 지향하여야 한다. 보다 정확하게 말하자면 상표

---

[232] Mankiw and Taylor, supra note 140, at 288 ("a situation where there are rivals in production who allow the consumer to make a choice").

[233] Id.

[234] Jessica Litman, Breakfast with Batman: The Public Interest in the Advertising Age, 108 Yale L. J. 1717, 1735 (1999) ("랄프 브라운이 우리에게 상기시킨 점은, 상거래 심벌법의 규정을 창안함에 있어서, 무엇보다 경쟁에 관해 예의주시할 필요가 있고", "그러나 경쟁은 상표 심벌에 대한 보호의 근저에 있는 근거의 기초이며" "다른 상품의 생산자들이 소비자들의 달러를 위해 상호 경쟁하도록 장려하기를 원하지 않으면, 우리는 상거래 심벌을 보호할 필요가 정말 없다는 점"이라고 주장) 그러나 이는 독점시장에서 상표를 보호할 필요가 없다는 것을 의미하지는 않는데, 비경쟁적 상품시장에서의 제3자 사용으로 이 상표가 침해될 수 있기 때문이다.

[235] 상품 브랜드 이미지에 기초한 소비자 선택도 소비자에게 효용성을 줄 수 있기 때문에 이성적(rational)이라고 생각한다.

[236] Mishawaka Rubber & Woolen Mfg. Co. v. S. S. Kresge Co., 316 U. S. 203, 205 (1942) ("우리가 심벌로 먹고 살아간다는 것이 사실이면, 심벌로 상품을 구매하는 것도 사실이다[i]f it is true that we live by symbols, it is no less true that we purchase goods by them)"라고 언급).

보호는 경쟁시장에서 '상표의 공정사용'을 지향하여야 한다. 모든 판매자에게 자신들의 상표를 개발하고 사용할 동등한 기회를 부여함으로써, 상표보호는 판매자가 상품품질과 기타 가치에 기초하여 상품시장에서 경쟁할 수 있도록 하여야 한다. 공정한 상표사용이 방해받지 않고 유지되는 한, 소비자들은 자신들의 효용성을 최대화하는 방향으로 효율적으로 상품을 식별하고 선택할 수 있다. 따라서 상표권자의 경쟁적 위치가 경쟁업자의 불공정한 상표사용 때문이 아니라 경쟁업자 상품의 가격, 품질 또는 기타 가치에 의해 약화되는 경우에는, 상표법이 개입해서는 안 된다. 상표법은 상표의 불공정한 사용만을 금지하여야 한다.

이와 관련하여 제3자의 상표사용이 상표권자의 이익을 해하여 불공정한 사용인 것처럼 보이는 경우에도 항상 경쟁을 해치는 것은 아니다. 예를 들어, 제3자의 상품시장인 비경쟁 상품시장에서 제3자가 상표권자의 상표를 사용하는 것은 상표권자와 상표사용자인 제3자 간 일종의 관계가 있는 것으로 혼동을 일으킬 수 있고 상표권자의 신용에 무임승차한 것이라서 불공정하다고 간주될 수 있다. 그러나 구체적으로 살펴보면 이러한 상표사용은 상표권자가 진입한 적도 없고 진입할 계획도 없는 제3자의 상품시장(비경쟁 상품시장)에서 '제3자의 경쟁자'의 이익에 반하여 제3자의 이익을 강화시킨다. 반면에 제3자의 상표사용이 상표권자의 상품시장에서는 상표권자의 경쟁력을 손상시킬 수도 있고 손상시키지 않을 수도 있다.

셋째, 상표보호는 '효율적'인 경쟁을 목표로 하여야 하는데, 상표보호를 통한 경쟁의 효율성은 '상표권자'와 '소비자' 양 측면에서 발생한다. 기본적으로, 상표권자는 상표를 보호받음으로써 '효율적으로' 상품의 품질과 브랜드 이미지의 위치를 나타내고 자신의 상품과 타인의 상품을 차별시킬 수 있다. 한편 검색비용이론이 주장하듯이, 소비자도 그들이 원하는 상품에 대한 검색비용을 절감할 수 있다. 이러한 의미에서 효율적인 경쟁은 상표보호를 정당화시킬 수 있다. 부수적으로 상품시장에서의 경쟁업자도 신속하고 효율적으로 상표권자 상품의 품질과 브랜드 이미지를 파악할 수 있다.

주의하여야 할 점은 경쟁의 효율성은 상표권자의 비용이나 소비자 검색비용의 감소만을 의미하는 것으로 이해해서는 안 된다는 것이다. 효율성은 경쟁 시스템을 전제로 하여야 한다. 하나의 시장 또는 심지어 모든 시장에 하나의 상표만이 있는 것은 상표권자의 비용이나 소비자 검색비용 측면에서 많은 상표가 있는 것보다 효율적이지만, 이것이 상표보호의 목적은 아니다.

또한 효율적인 경쟁은 상표보호범위의 한계를 정할 수도 있다. 경쟁업자가 상표보호의 결과 보통명칭을 사용할 수 없으면, 소비자는 그들이 원하는 상품을 효율적으로 찾을 수 없을 것이다. 경쟁 상품시장에서의 이러한 비효율은 피해야 한다. 그러나 비효율성을 발생시키는 상표사용이라고 하여 모두 금지되어야 하는 것은 아니다. 심각한 비효율성을 발생시키고 경쟁을 해칠 수 있는 불공정한 사용만(only unfair use, which could cause material inefficiency and harm competition)이 금지되어야 한다. 제3자가 상표권자의 상품과 경쟁관계가 없는 상품에 상표권자의 상표를 사용하면 상표권자의 광고비용이 증가되거나 소비자가 상품을 상표권자의 상표와 연계시키는 데 보다 많은 시간을 사용하게 되어 효율성을 떨어뜨릴 수 있다. 그러나 이 경우, 소비자는 상표가 전달하는 정보에 기초하여 여전히 합리적인 결정을 할 수 있기 때문에 이러한 사용을 항상 막을 필요는 없다.

상표보호 목적으로서의 공정하고 효율적인 경쟁은 상표의 기능과 밀접히 관련된다. 본인은 공정하고 효율적인 경쟁을 '상표' 보호의 궁극적인 목적이라고 주장하기 때문에 양자의 밀접한 관계는 지극히 당연하다. 사적인 약정을 통한 시장 분리와 카르텔은 상표와 연계되지 않을 수 있으며, 상표의 사용과 연관되지 않은 부정경쟁행위는 상표법의 관심대상이 아니다. 상표법은 '상표권자 상표의 기능'에 영향을 미치는 '상표의 사용'에 의해 발생한 분쟁에 개입한다. 그렇다고 어떠한 상표 기능에 대한 어떠한 손상이든 상표보호로 연결된다는 것은 아니다. 보호받을 만한 상표기능은 다음에서 논의될 것이다.

게다가 공정하고 효율적인 경쟁은 상표권자 시장 및 제3사용자 시장 모두에 관련된다. 양 시장은 동일(identical)할 수도, 경쟁적(competing)일 수도, 비경쟁적이지만 관련될(non-competing but related)수도, 비경쟁적이고 상호 관련이 없을 수도(non-competing and unrelated with each other) 있다. 특히 비경쟁적 사용에 대한 상표보호에 대한 이해는 상표권자의 상표가 자신들의 시장에서만 그 기능을 수행하는지 비경쟁적 상품시장에서도 그 기능을 수행하는지에 달려 있다. 이와 관련하여서는 다음에서 언급하고자 한다.

2. 상표의 기능

1) 공정하고 효율적인 경쟁과 상표의 기능

상표보호가 어떻게 공정하고 효율적인 경쟁을 증진시키는지는 소비자 혼동방지, 신용보호 또는 검색비용 감소로는 쉽게 설명되지 않는다. 소비자 혼동방지는 '경쟁'보다는 '공정성'이나 '적절한 영업행위'[237]와 관련되기 때문에 다른 개념의 도움 없이는 상표보호가 경쟁에 미치는 영향을 명확

---

[237] Chad J. Doellinger, A New Theory of Trademarks, 111 Penn St. L. Rev. 823 (2007) (적절한 영업행위를 "진실성(integrity)"이라고 칭하면서,

하게 설명할 수 없다. 다시 말하자면 상표의 불공정한 사용이 소비자 혼동을 발생시키기는 하지만, 모든 종류의 소비자 혼동이 공정하고 효율적인 경쟁에 해를 입히는 것은 아니다. 상표권자와 사용자 간 일종의 관계에 관한 소비자 혼동은 소비자의 합리적인 선택에 필수적인 '상표권자 상품시장과 사용자 상품시장에서의 제대로 식별 가능한 상표의 수'에 영향을 미칠 수 없을 것이다. 예를 들어, 상표권자의 상표와 제3자의 상표가 거의 동일하여 제3자가 자신의 상품인 컴퓨터에 상표를 사용할 수 있도록 상표권자로부터 허락을 받았다고 소비자가 오인하였지만 상표권자의 상품인 신발과 제3자의 상품인 컴퓨터가 전혀 상관없는 상품인 경우, 컴퓨터 시장과 신발 시장에서 식별 가능한 상표의 수에는 영향이 없다. 더구나 소비자의 혼동가능성을 요건으로 하지 않는 희석책임의 경우에는, 혼동 방지라는 개념을 매개로 하여 '경쟁 시스템에 대한 희석행위 방지의 효과'를 명확히 설명할 수 없다.

신용(goodwill)은 주로 상표권자에만 관련되는 개념이어서 경쟁업자와 소비자의 이해관계를 감안하는 데 한계가 있고, '신용의 보호'는 '신용의 유용'으로 해석될 수 있어, '신용의 보호'도 경쟁에 대한 영향을 명확히 설명하기에는 적합하지 않다. 신용에 대한 손해 또는 신용에 대한 통제의 상실은 이것이 '상표권자 시장에서의 경쟁자들과 소비자들의 이익'에 어떻게 영향을 미치는지를 설명할 수 없다. 또한 신용의 유용은 불공정한 사용과 유사하고, 신용의 유용이 항상 경쟁을 손상시키지도 않는다. 신용의 보호는 경쟁이라는 개념과는 거리가 있다.

검색비용이론은 '경쟁', '공정성' 및 '경쟁에서의 효율성'보다는 '소비자의 검색비용 감소라는 의미에서의 효율성'을 강조한다. 이러한 검색비용이론의 관점에서 보면, 가장 효율적인 시장은 소비자가 최소의 비용으로 상품의 품질을 파악할 수 있는 독점시장일 수 있다.[238] 그러나 상품시장에 한 개 기업만이 존재하고 하나의 상표만이 존재하는 독점시장은 경쟁과는 거리가 멀다. 경쟁이 전혀 없고, 소비자의 합리적 선택이라는 것도 있을 수 없다. 검색비용이론에서는 독점시장이 바람직하다는 것은 아니며, 경쟁시장에서 상표를 통해 소비자의 검색비용을 감소시키는 결과 시장의 효율성을 통해 경쟁을 촉진할 수 있다고 주장할 수 있을 것이다. 그러나 이러한 설명도 결국 검색비용 감소가 경쟁에 어떠한 영향을 미치는지 충분히 설명하지는 못한다. 따라서 검색비용이론은 검색비용과 경쟁 간의 연계를 설명하는 데 한계가 있다.

반면에 '상표의 기능'에 기초하여서는 상표기능의 특성 때문에 제3자의 상표사용이 공정하고 효율적인 경쟁에 미치는 영향을 설명할 수 있다: 공정하고 효율적인 경쟁이라는 개념과 마찬가지로

진실성이 상표법의 핵심이라고 주장).

[238] Mark P. McKenna, A Consumer Decision-making Theory of Trademark Law, 98 Va. L. Rev. 67, 86 (2012) ("경쟁을 제거하면, 소비자 검색비용은 감소될 것"이고, "어느 누구도 검색비용을 근거로 한 독점을 옹호하지 않는다"고 주장).

상표의 기능은 상표권자의 이익뿐 아니라 경쟁자와 소비자의 이익에도 관계되기 때문이다. 상표의 기능은 현재의 경쟁자들이 그들의 마케팅 전략을 결정할 수 있도록 하고 신규자가 시장에 진입할지 말지를 결정할 수 있도록 한다. 또한 소비자가 자신의 선호를 결정하고 구매하는 것도 도와준다. 그러나 모든 상표기능이 공정하고 효율적인 경쟁을 촉진시키는 것은 아니다. 공정하고 효율적인 경쟁을 촉진시키기 때문에 상표법에 의해 보호를 받을 만한(또는 받아야 하는) 상표기능이 있지만, 그렇지 않은 상표기능도 있다.

2) 현재의 논의

현재 상표의 기능으로 논의되는 것으로는 출처표시 기능, 출처식별 기능, 품질보증 기능, 광고 기능, 투자 기능 및 의사소통 기능 등이 있다.

(1) 출처표시 기능(Source Indicating Function)

상표가 상품의 출처표시 역할을 한다는 것에는 의견이 일치한다. 20세기 초 미국 연방대법원이 명확하게 언급하였듯이, "근본적인 본연의 상표기능은 상표가 부착되어 있는 상품의 출처 또는 소유관계를 확인하여 주는 것이다."[239]

전통적인 출처표시 기능에 따르면 출처는 '실제(actual and physical)' 출처를 의미하였다. 따라서 양도인 또는 사용권 허락자가 모든 영업을 양도하지 않으면 상품의 '실제(actual and physical)' 출처가 아닌 다른 사람이 상표를 사용할 수 있기 때문에, 상표권의 양도나 사용권 설정은 허용될 수 없었다.[240]

그러나 상품의 대량생산, 사용권 설정의 등장, 배급업자의 출현 등과 같이 상거래가 변화함에 따라 '출처'라는 개념은 '단일의 그러나 익명의 출처(a single, though anonymous source)'라는 의미를 갖게 되었다.[241] 변모된 출처표시 기능에 의하면 상표는 상품이 '동일하지만 익명일 수 있는 출처에서 비롯'되었다는 것 또는 상품이 '동일한 상표를 사용하고 있는 다른 상품과 동일한 경로(channel)를 통하여 소비자에게 도달'하였다는 것을 보여준다.[242] 구체적으로 누가 상품을 제조했

---

[239] Hanover Star Milling Co. v. Metcalf, 240 U. S. 403, 412 (1916) ("the primary and proper function of a trademark is to identify the origin or ownership of the article to which it is fixed").

[240] MacMahan Pharmacal Co. v. Denver Chemical Mfg. Co., 113 F. 468 (8th Cir. 1901).

[241] Shredded Wheat Co. v. Humphrey Cornell Co., 250 F. 960 (2d Cir. 1918).

[242] Frank Schechter, The Rational Basis of Trademark Protection, 40 Harv. L. Rev. 813, 816 (1927).

느지 또는 생산했는지는 전혀 중요하지 않다.[243]

출처표시 기능에 대해서는 각국의 많은 법원이 언급하여 왔다. 미국의 경우 제9연방항소법원은 Smith v. Chanel 사건에서 "경쟁력 있는 자유 경제를 선호하는 공공정책에 기초한 이유들 때문에 일반적으로 법적 보호를 상표의 출처표시 기능에 한정"하여 왔다고 명시하였다.[244] New Kids on the Block v. News Am. Publ'g Inc. 사건에서는 제9연방항소법원은 출처표시 기능을 '상표의 목적'으로 간주하였고,[245] 다른 연방법원들도 이 결정을 인용하였다.[246]

유럽연합사법재판소는 일관되게 "출처의 동일성을 보장하는 것(to guarantee the identity of origin)"이 상표의 본질적 기능에 해당한다고 강조하였다.[247] 그 예로서, 영국의 유명 축구 클럽인 ARSENAL의 상표와 동일한 로고가 부착된 스카프를 Matthew Reed라는 소매상이 축구클럽 ARSENAL의 공식상품은 아니라고 광고하면서 판매한 사건에서, 유럽사법재판소는 "왜곡 없는 경쟁 시스템에서는 상품이나 서비스의 품질로 고객의 관심을 끌고 고객을 유지할 수 있어야 하는데, 이는 기업의 동일성을 확인해줄 수 있는 표지에 의해서만 가능하다"고 판시하면서, "이러한 맥락에서 볼 때 상표의 본질적인 기능은 상품 또는 서비스의 소비자나 최종 사용자가 혼동 가능성 없이 출처가 다른 상품과 서비스를 식별할 수 있도록 함으로써 표장이 부착된 상품 또는 서비스의 출처의 동일성을 그 소비자나 최종 사용자에게 보장하여 주는 것"이라고 강조하였다.[248]

우리나라 대법원도 출처표시 기능을 본질적 기능이라고 인정하면서, 상표법의 목적, 상표의 사용, 상표권의 침해 등과 연계시키고 있다. 원격조정기의 내부회로기판 위에 표시된 SONY 표장의 상표권 침해 여부 판단에 관한 사건에서 대법원은 상표법의 목적이 "상표의 출처 식별 및 품질 보증의 기능을 보호함으로써 당해 상표의 사용에 의하여 축조된 상표권자의 기업신뢰이익을 보호하고 유통질서를 유지하며 수요자의 이익도 보호하는 것"이라고 판시하였다.[249] 또한 후지필름 사건

---

[243] Marlene B. Hanson, Protecting Trademark Good Will: The case for a Federal Standard of Misappropriation, 81 Trademark Rep. 480, 483 (1991) ("누가 상품을 제조하거나 생산하는지 등과 같은 실제의 출처식별은 필요하지 않지만, 상표는 소비자로 하여금 동일한 표장을 가진 모든 상품들이 하나의 출처에서 나온다고 기대하게 하는 메커니즘을 보여준다"고 설명).

[244] Smith v. Chanel, Inc., 402 F.2d 562, 566 (9th Cir. 1968) ("generally confined legal protection to the trademark's source identification function for reasons grounded in the public policy favoring a free, competitive economy").

[245] New Kids on the Block v. News Am. Publ'g Inc., 971 F.2d 302, 308 (9th Cir. 1992).

[246] Century 21 Real Estate Corp. v. Lendingtree, Inc., 425 F.3d 211, 220 (3d Cir. 2005); International Stamp Art, Inc. v. U. S. Postal Service, 456 F.3d 1270, 1277 (11th Cir. 2006).

[247] Hoffmann-la Roche v. Centrafarm Vertriebsgesellschaft Pharmazeutischer Erzeugnisse mbH (C-102/77) [1978] 3 C.M.L.R. 217, 241; Centrafarm BV v. American Home Products Corporation (C-3/78) [1979] 1 C.M.L.R. 326, 343; Cnl-Sucal NV SA v. Hag GF AG (C-10/89) [1990] 3 C.M.L.R. 571, 608; Arsenal Football Club Plc v. Matthew Reed (C-206/01) [2003] E.T.M.R. 19, 237-238; Adidas AG and another v. Marca Mode CV and others (C-102/07) [2008] Bus. L. R. 1791, 1813; Google France v. Louis Vuitton Malletier (Joined Cases C-236/08, C-237/08 and C-238/08) [2010] E.T.M.R. 30, 554.

[248] Arsenal Football Club Plc v. Matthew Reed (C-206/01) [2003] E.T.M.R. 19, 237-238.

[249] 대법원 2005.6.10. 선고 2005도1637 판결(SONY 사건).

에서는 출처표시 기능에 연계하여 상표사용의 개념을 파악하면서 "타인의 등록상표를 이용한 경우라고 하더라도 그것이 상표의 본질적인 기능이라고 할 수 있는 출처표시를 위한 것이 아니어서 상표의 사용으로 인식될 수 없는 경우에는 등록상표의 상표권을 침해한 행위로 볼 수 없다"고 판시하였다.[250] 버버리 사건에서는 상품출처표시 기능과 품질보증 기능이 주된 기능인 것을 감안할 때, 병행수입업자가 적극적으로 상표권자의 상표를 사용하여 광고·선전행위를 하더라도 상표의 기능을 훼손할 우려가 없고 국내 일반 수요자들에게 상품의 출처나 품질에 관하여 오인·혼동을 불러일으킬 가능성도 없다면, 이러한 행위는 실질적으로 상표권 침해의 위법성이 있다고 볼 수 없다고 판시하였다.[251]

(2) 출처식별 기능(Source Distinguishing Function)

상표는 상품의 출처를 확인시켜 그 출처를 다른 출처들과 식별하여 준다.[252] 이 기능은 때때로 광의의 출처표시 기능에 포함되는 것으로 설명된다.

미국 제4연방항소법원은 Retail Services 사건에서 상표가 출원인의 상품을 다른 사람들의 상품과 식별하고 상품의 출처를 확인시키는 전통적인 상표기능을 수행하지 않는 한 상표는 보호받을 수 없다고 언급하여, 출처식별 기능이 전통적인 상표기능의 하나라고 분명히 하고 있다.[253] 또한 동 사건에서 상표의 식별력이 없다는 것은 상표가 전통적인 상표기능인 출처표시 기능과 출처식별 기능을 수행하지 않는 것을 의미한다고 간접적으로 언급하였다.[254]

유럽연합사법재판소는 출처표시 기능과 출처식별 기능을 상호 밀접히 연계된 기능으로 이해하고 있다. 그 예로 Arsenal Football Club Plc v. Matthew Reed 사건에서와 마찬가지로 Philips Electronics NV v. Remington Consumer Products Ltd. 사건에서도 유럽연합사법재판소는 '상품의 소비자가 혼동 가능성 없이 출처가 다른 상품을 식별할 수 있도록 함으로써' 상품출처의 동일성을 그 소비자에게 보장하는 것이 상표의 본질적 기능이라고 판시하였다.[255] 또한 식별력이 상표등록요건 중 하나인 것처럼 사용에 의한 식별력도 상표등록출원의 지정상품이 특정 기업이 출처인 것으로 확인시켜 주고 그 상품과 다른 기업의 상품을 구분하는 역할을 하여야 한다고 말하였다.[256]

---

250) 대법원 2003.4.11. 선고 2002도3445 판결(후지필름 사건).

251) 대법원 2002.9.24. 선고 99다42322 판결.

252) McCarthy, supra note 82, §3:1.

253) Retail Services, Inc. v. Freebies Publishing, 364 F.3d 535, 538 (4th Cir. 2004) (citing Two Pesos, Inc. v. Taco Cabana, Inc., 505 U.S. 763, 768, 112 S.Ct. 2753, 120 L.Ed.2d 615 (1992)).

254) Id.

255) Philips Electronics NV v. Remington Consumer Products Ltd (C-299/99) [2002] E.T.M.R. 81, 964.

우리나라 대법원도 출처식별 기능을 상표의 주요 기능으로 보고 있으며, 출처식별 기능 관점에서 식별력을 판단하고 있다. Black Coffee(진한 커피) 사건의 예를 보면, 대법원은 "음반의 제명이 일반 수요자에게 상품의 출처를 표시하고 자기의 업무에 관계된 상품과 타인의 업무에 관계된 상품을 구별하는 표지로서 인식되는 때에는, 그 음반의 제명은 단순히 창작물의 내용을 표시하는 명칭에 머무르지 않고 자타상품의 식별표지로서 기능한다"고 판시하였다.[257] 반면 대법원은 Circle 사건에서는 CIRCLE SURROUND AUTOMOTIVE로 구성된 출원상표 중 "'SURROUND'와 'AUTOMOTIVE' 부분은 그 자체로는 모두 식별력이 없거나 미약하고 독립하여 자타상품의 식별 기능을 하는 구성부분인 요부가 될 수 없[다]"고 판시하여 식별력과 자타상품의 식별기능을 별개로 보고 있다.[258] 또한 대법원 판례 중에는 출처표시 기능과 출처식별 기능을 포괄하는 "자타상품의 출처표시"라는 표현을 사용하면서[259] 자타상품의 출처표시라는 표현을 식별력 유무[260]나 상표 사용 해당 여부[261]와 연계하는 판례도 다수 있다.

(3) 품질보증 기능(Quality Guaranteeing Function)

출처표시 기능의 확장된 기능으로서, 상표가 상품의 품질을 보증한다는 새로운 개념의 상표기능이 Schechter 등에 의해 1930년대부터 부각되었다.[262] Schechter는 그의 저명 논문에서 상표의 진정한 기능은 "상품이 만족스럽다고 확인해주고 그 결과 소비자가 추가적으로 구매하도록 자극하는 것"이라고 주장하였다.[263] Isaacs는 상표의 의미가 시간, 장소, 상품에 따라 다르다고 전제하면서, 상표가 갖는 의미로 i) 상표는 상품이 표준 품질을 가지고 있거나 보이지 않는 흠이 없다고 보증한다는 점과 ii) 상표는 상품이 특정 품질을 가지고 있다고 암시한다는 점을 들었다.[264]

---

256) Id. at 965.

257) 대법원 2007.1.25. 선고 2005다67223 판결(Black Coffee 사건). 유사 취지의 판결로는 대법원 1984.10.10. 선고 82후51 판결(Foamglas 사건), 대법원 1992.11.27. 선고 92후384 판결(주간만화 사건), 대법원 1994.10.14. 선고 94후1138 판결(스파클 사건), 대법원 1994.12.2. 선고 94도1947 판결(완구 형태 사건), 대법원 2001.4.10. 선고 98도2250 판결(크린랩 사건), 대법원 2001.4.24. 선고 2000후2149 판결(관족법 사건), 대법원 2003.5.30. 선고 2003다16269 판결(무세미 사건), 대법원 2012.12.20. 선고 2010후2339 전원합의체 판결(위치상표 사건) 등이 있다.

258) 대법원 2008.10.9. 선고 2008후1470 판결(Circle 사건).

259) 대법원 2012. 5.24. 선고 2010후3073 판결(VSP 사건); 대법원 2013.2.14. 선고 2011도13441 판결(버버리 사건); 대법원 2013.3.14. 선고 2010도15512 판결; 대법원 2013.3.28. 선고 2010다58261 판결(포트메리온 사건); 대법원 2015.6.11. 선고 2013다15029 판결(몬테소리 사건).

260) 대법원 2005.8.25. 선고 2003후2614 판결(PROVITA 사건); 대법원 2005.11.25. 선고 2005후810 판결(장미도형 사건); 대법원 2015.6.11. 선고 2013다15029 판결(몬테소리 사건).

261) 대법원 2000. 12.26. 선고 98도2743 판결; 대법원 2008.7.10. 선고 2006후2295 판결(반사원단제품 상표 사건); 대법원 2009.5.14. 선고 2009후665 판결(받침접시 디자인 사건); 대법원 2012.1.27. 선고 2011후3025 판결(VICTORIA'S SECRET 사건); 대법원 2012.1.27. 선고 2010도2535 판결; 대법원 2012. 5.24. 선고 2010후3073 판결(VSP 사건); 대법원 2013.2.14. 선고 2011도13441 판결(버버리 사건); 대법원 2013.3.14. 선고 2010도15512 판결; 대법원 2013.3.28. 선고 2010다58261 판결(포트메리온 사건).

262) McCarthy, supra note 82, §3:10.

263) Schechter, supra note 242, at 817 ("to identify a product as satisfactory and thereby to stimulate further purchases by the consuming public").

264) Isaacs, Traffic in Trade Symbols, 44 Harv. L. Rev. 1210, 1220 (1931).

그러나 품질보증 기능이 '상표가 상품의 품질을 법적으로 보증할 수 있다'는 것을 의미하는 것은 아니다.[265] 상표는 상품품질의 일관된 수준을 표시할 수 있을 뿐이다. 이러한 이유로 품질보증 기능은 때때로 '품질표시 기능(the function of indicating quality)'으로 불린다.[266] 그러나 상표는 상품품질 수준의 일관성을 보여줄 뿐 아니라, "상품이 최소한 상품에 대해 책임을 지는 상표권자의 보호(방패) 아래 판매될 수 있는 상품으로 출시된다"[267]는 것을 나타낸다. 물론 상품의 품질이 변하였다고 하여 상표권자가 그 상품에 대한 상표권을 당연히 상실한다는 의미는 아니다.[268] 다만 상표권자가 고의로 품질이 낮은 유사상품에 등록상표를 사용하여 소비자가 상품의 품질을 오인하는 경우에는 상표등록이 취소될 수 있다.[269]

각국의 법원들은 공통적으로 품질보증 기능을 인정해왔다. 미국의 경우 제2연방항소법원은 El Greco Leather Products Co. 사건에서 "권리자의 상표 하에 제조되거나 판매되는 상품의 품질을 통제할 권리"를 "랜험법이 부여한 가장 값지고 중요한 보호 중의 하나"라고 평가하였다.[270] Nitro Leisure Products 사건에서는 Newman 판사가 그의 반대 의견에서 "출처 이론은 제조 출처뿐 아니라 상표를 부착한 상품의 품질 표준의 출처를 포함하는 것으로 확대되어 왔고", "상표는 주로 상품 또는 서비스에 대한 단일의 품질 통제 출처를 표시하기 위해서 기능한다"고 언급하였다.[271]

유럽연합사법재판소도 '상표가 상품의 품질에 책임을 지는 기업이 통제한다는 점을 표시한다'는 측면에서 상표의 품질보증 기능을 인정하고 있다. 그 예로, Emanuel 사건에서 유럽연합사법재판소는 '상표가 그 상표를 부착한 모든 상품은 그 상품의 품질에 대해 책임을 지는 단일 기업의 통제 하에 생산되거나 공급되어 왔다고 소비자에게 확신시켜야만, 경쟁 시스템에서 본질적인 역할을 수행할 수 있다'고 명시하였다.[272]

우리나라 대법원 또한 상표법이 품질보증 기능을 보호한다고 일관되게 언급하고 있다.[273] 타인의 등록상표가 인쇄된 트럼프 카드의 뒷면에 특수염료로 무늬와 숫자를 인쇄하여 색약보정용 콘

---

265) McCarthy, supra note 82, §3:10 ("이를 보증기능으로 표시하는 것은 어느 정도 오인을 초래하는데, 상표가 엄격한 법적 의미에서 보증이나 품질보증서가 아니기 때문"이라고 주장).

266) Id.

267) S.P. Ladas, Trademark Licensing and the Antitrust Law, 63 TMR 245, 248 (1973) ("at least that the goods are issued as vendible goods under the aegis of the proprietor of the trademark who thus assumes responsibility for them").

268) Louis Altman & Malla Pollack, 3 Callmann on Unfair Competition, Trademarks & Monopolies §17:3 (4th Ed.).

269) 우리나라 상표법 제73조 제1항 제2호 참조.

270) El Greco Leather Products Co. v. Shoe World, Inc., 806 F.2d 392, 395 (2d Cir. 1986).

271) Nitro Leisure Products, L.L.C. v. Acushnet Co., 341 F.3d 1356, 1367 (Fed. Cir. 2003).

272) Elizabeth Florence Emanuel v. Continental Shelf 128 Ltd (C-259/04) [2006] E.T.M.R. 56, 773; see also Philips Electronics NV v. Remington Consumer Products Ltd (C-299/99) [2002] E.T.M.R. 81, 964.

273) 대법원 1995.9.26. 선고 94도2196 판결(상표권 승계인의 피해인 지위 승계 사건); 대법원 1996.7.30. 선고 95후1821 판결(Rolens 사건); 대법원 2002.9.24. 선고 99다42322 판결(병행수입 버버리 사건); 대법원 2009.10.15. 선고 2009도3929 판결(트럼프 재판매 사건); 대법원 2012.4.26. 선고 2011도17524 판결(그림물감 재판매 사건).

택트렌즈를 착용하여야 이러한 무늬와 숫자를 식별할 수 있도록 트럼프 카드를 제조하여 다시 판매한 사건에서, 대법원은 상표가 표시된 상품이 동일성을 유지할 수 없을 정도로 가공 또는 수선된 경우에는, 가공이나 수선행위는 새로운 상품을 생산하는 것과 마찬가지여서, 새로 생성된 제품에 종전 상품에 표시된 상표를 그대로 유지하게 되면 상품의 출처표시 기능이나 품질보증 기능을 해친다고 언급하였다.[274] 그러나 동 사건의 경우 대법원은 i) 육안으로는 그 무늬와 숫자를 식별하기 불가능하여 트럼프가 그 본래의 용도대로 사용될 수 있다는 점, ii) 트럼프 카드를 다시 사용·양도 또는 판매하는 경우에도 이를 알고서 취득하는 수요자는 그 원래 상품의 출처를 혼동할 염려가 없다는 점, iii) 이를 모르고 취득하는 수요자들도 상표권자가 제조한 그대로의 상품을 취득한 것으로 인식하여 그 본래의 기능에 따라 사용하게 될 것이라는 점 등을 근거로 이 사건 카드 제조·판매행위가 상표의 출처표시 기능이나 품질보증 기능을 침해하였다고 하기 어렵다고 판단하였다.[275] 반면 대법원은 등록상표 'SUPER TEMPERA'가 표시된 그림물감을 수입하여 그 물감을 소량으로 나누어 새로운 용기에 담는 방식으로 포장한 후 'SUPER TEMPERA'라는 상표를 부착하여 판매한 사건에서는, "비록 그 내용물이 상표권자 등의 제품이라 하더라도 상품의 출처표시 기능이나 품질보증 기능을 해칠 염려가 있으므로" 상표권자의 권리를 침해한 것이라고 판시하였다.[276]

(4) 광고 기능(Advertising Function)

광고 기능은 광고 수단으로서의 기능을 말한다. 즉, 광고 기능은 '소비자가 원하는 것 또는 소비자가 원하는 것으로 믿도록 유도된 것(what they want, or what they have been led to believe they want)'을 소비자가 선택하도록 자극할 수 있는 상표의 능력을 말하는데, 상표는 판매자가 소비자 충성을 증진시킬 수 있는 가장 효과적인 수단으로 여겨진다.[277] Schechter는 "오늘날 상표는 단지 신용의 상징이 아니라 종종 신용을 창출하는 가장 효과적인 동인"이라고 주장하면서 이 기능을 인정하였다.[278] 일부 학자들은 상표가 "광고와 구매 사이의 다리(a bridge between advertising and purchase)" 또는 "설득 매체(the vehicle of persuasion)"로서의 역할을 한다는 점에서 광고 기능을 '설득 기능(the persuasion function)'이라고 칭한다.[279] 이 기능은 상표의 출처 및 품질에 관한 含意가

---

[274] 대법원 2009.10.15. 선고 2009도3929 판결(트럼프 재판매 사건).

[275] Id. (수요자의 혼동가능성은 재판매된 트럼프 카드의 출처 등에 대한 혼동가능성이어야 하므로, '트럼프 카드를 다시 사용·양도 또는 판매하는 경우에도 이를 알고서 취득하는 수요자는 그 원래 상품의 출처를 혼동할 염려가 없다'는 점은 근거로 보기 어렵다).

[276] 대법원 2012.4.26. 선고 2011도17524 판결(그림물감 재판매 사건).

[277] Hanson, supra note 243, at 485.

[278] Schechter, supra note 242, at 819 ("[T]oday the trademark is not merely a symbol of good will but often the most effective agent for the creation of good will").

누적된 결과로 볼 수 있다.[280)

미국의 Frankfurter 판사는 Mishawaka 사건에서 "상표보호는 심벌의 심리적 기능을 법이 인식하는 것"이며, "다른 사람이 상표권자가 창출한 상업적 매력(the commercial magnetism)을 침해하면, 상표권자는 법률적 보상을 받을 수 있다"고 인정하였다.[281) 다른 많은 미국 법원들도 Mishawaka 사건 판결을 인용하면서, 광고 기능을 인정하였다. 미국 제9연방항소법원은 Avery Dennison Corp. 사건에서 희석과 관련하여 "심벌의 심리적 기능"을 언급하였으며,[282) 미국 제5연방항소법원은 1998년 Elvis Presley Enterprises 사건에서 혼동가능성과 관련하여 동일한 표현을 사용하였다.[283) 그러나 2003년 Sport Supply Group 사건에서 제5연방항소법원은 다른 견해를 표명하면서, "텍사스법 및 연방법 하에서 상표는 특정 상품을 식별시키는 정도까지만 상표법에 의해 보호되고, 소비자를 유혹하여 상품을 구매토록 하는 정도까지는 보호되지 않는다"고 판시하였다.[284) 상표법이 광고를 상표의 주요 기능으로 보면, 임의선택 표장(an arbitrary mark)보다 기술적 표장(a descriptive mark)을 더 많이 보호하여야 한다는 판단이었다.[285)

유럽연합사법재판소도 L'Oréal 사건에서 광고 기능이 유럽상표지침 제5조(1)에 의해 보호된다고 분명하게 언급하였다.[286) Interflora 사건에서도 유럽연합사법재판소는 광고 기능의 보호를 언급하였다. 유럽연합사법재판소는 상표가 종종 "광고 목적으로 …… 사용되는 상업적 전략 수단"으로 활용되며, 그 상표는 이러한 한도 내에서 광고 기능을 수행한다고 말하였다.[287)

반면에 우리나라에서는 상표가 광고 기능을 수행하는지에 관한 구체적인 법원의 결정이 아직 없다. 다만 상표법 제2조 제1항 제7호에서 상표의 사용행위 중 하나로 '광고에 상표를 표시하고 전시 또는 반포하는 행위'를 포함시키고 있다는 것을 근거로 상표법이 상표의 광고기능을 전제로 하고 있다는 학자들의 견해가 있다.[288)

---

279) Ralph S. Brown, Jr., Advertising and the Public Interest: Legal Protection of Trade Symbols, 57 Yale L. J. 1165, 1189 (1948).

280) Spyros Maniatis, A Consumer Trade Mark: Protection Based on Origin and Quality, E.I.P.R. 406, 408 (1993) ("[A] cumulative result of the origin and quality connotations of trade marks").

281) Mishawaka Rubber & Woolen Mfg. Co. v. S. S. Kresge Co., 316 U.S. 203, 205 (1942) ("The protection of trade-marks is the law's recognition of the psychological function of symbols").

282) Avery Dennison Corp. v. Sumpton, 189 F.3d 868, 873 (9th Cir. 1999).

283) Elvis Presley Enterprises, Inc. v. Capece, 141 F.3d 188, 197-198 (5th Cir. 1998).

284) Sport Supply Group, Inc. v. Columbia Cas. Co., 335 F.3d 453, n.12 (5th Cir. 2003).

285) Id.

286) L'Oréal SA v. Bellure NV (C-487/07) [2009] E.T.M.R. 55, 1034.

287) Interflora Inc v. Marks & Spencer Plc (C-323/09) [2012] E.T.M.R. 1, 38.

288) 정상조·박준석, 앞의 책, 520면.

(5) 기타 기능: 투자 및 의사소통 기능

소비자들이 상품의 상표권자가 누구인지 추적할 수 있도록 함으로써 상표권자가 상품품질에 투자하도록 인센티브를 제공하는 상표의 기능이 투자 기능이다. 소비자들이 누구의 상품인지 또는 동일한 회사의 상품인지 알 수 없으면 상품의 품질이 소비자들의 상품 구매에 영향을 미치는 데에 한계가 있을 것이다. 그러나 상표로 인해 소비자들은 상품의 품질이 나쁘면 동일한 상표가 부착된 상품을 다시는 구매하지 않을 것이고, 상품의 품질이 우수하면 동일한 상표가 부착된 상품을 다시 구매할 것이기 때문에, 상표권자인 생산자 등은 상품품질에 투자를 할 것이다. 이러한 상표의 기능을 투자 기능이라고 부른다. 학자들은 상품품질에 대한 투자에 초점을 맞추어 투자 기능을 '품질 장려 기능(the quality encouragement function)'으로 칭하기도 한다.[289]

미국 법원은 다수의 사건에서 상표의 투자 기능을 언급하였다. Boston Duck Tours 사건에서 제1 연방항소법원은 "소비자들이 선택 시 상표에 많은 의존을 하기 때문에 업체들은 실망한 소비자들을 잃지 않도록 상품품질을 유지할 유인이 있다"고 적시하였다.[290] 유럽연합사법재판소도 Interflora 사건에서 상표가 "소비자들을 유혹하고 그들의 충성심을 유지할 수 있는 명성을 획득하고 보존하기 위해서" 사용되는 때 투자 기능이 발생된다고 말하였다.[291] 우리나라에서 투자 기능은 상표법의 목적 중 하나로만 다루어졌다.

상표는 의사소통 수단으로서도 사용될 수 있는데, 이러한 기능을 의사소통 기능이라고 부른다. 유럽연합사법재판소는 투자 및 의사소통 기능 양자 모두를 인정한다. L'Oréal 사건에서 유럽연합사법재판소는 보호되는 상표의 기능이 상표의 본질적 기능만이 아니라 상품 또는 서비스의 품질보증 기능, 의사소통 기능, 투자 기능 및 광고 기능을 포함한다고 결론지었다.[292] 그러나 재판소는 Interflora 사건에서 투자 기능이 "광고 기능과 겹칠 수 있다"고 인정하였다.[293]

의사소통 기능과 다른 기능들과의 관계는 명확하지 않다. L'Oréal 사건에서 Advocate General Jääskinen은 이러한 관계에 대해 각주에서 의문을 던지면서, 다양한 기능들 간에 존재하는 개념적 관계, 특히 실제로 일부(또는 전부) 기능이 본질적 기능에 포함되는 것으로 볼 수 있는지 여부에 관하여 합의가 이루어지지 않았다고 의견을 피력했다.[294] 그는 "[의사소통] 기능의 요소들은 상당

---

289) McCarthy, supra note 82, §2:4.

290) Boston Duck Tours v. Super Duck Tours, 531 F.3d 1, 12 (1st Cir. 2008) ("Because consumers rely heavily on trademarks when making choices, businesses also have an incentive to maintain product quality, lest they lose disappointed consumers").

291) *Interflora*, [2012] E.T.M.R. 1 at 41.

292) *L'Oréal SA* [2009] E.T.M.R. 55 at 1034.

293) *Interflora*, [2012] E.T.M.R. 1 at 41.

294) L'Oréal SA v. eBay International AG (C-324/09) [2011] E.T.M.R. 52, n. 20.

부분 출처, 식별, 광고 및 투자 기능에 포함된다"고 제안하였다.[295]

3) '보호되는 상표기능'의 경쟁 관련 한계

상표의 기능들은 그 범위가 경쟁에 의해 경계선이 정해질 때만 경쟁친화적인 것이고, '공정하고 효율적인 경쟁'이라는 상표법 목적의 관점에서는 이러한 기능들만이 보호되어야 한다. 그러나 현재 인정되는 기능은 경쟁이라는 개념과 정확히 합치하지는 않는다. 즉, 현재 인정되는 기능 모두가 경쟁친화적이라고 보기는 어렵다.

첫째, 보호되는 상표의 기능과 경쟁 간의 '관계'가 명확하지 않다. 각각 다른 法域에 속해 있는 법원들은 상표의 기능과 경쟁 간의 '관계'를 상이하게 이해하고 있다. 미국 법원들은 일부 사건에서 출처표시 및 출처식별 기능은 경쟁을 제고하는 데 필요하지만 광고 기능은 반경쟁적이라고 보았다. 즉, Smith 사건에서 제9연방항소법원은 출처표시 기능의 경쟁친화적 성질을 인정하면서, 상표권자의 '상품을 식별하는 수단으로서의' 상표를 보호하는 것은 소비자들에게 만족스러운 상품을 식별해낼 수 있는 수단을 제공하고 생산자들에게는 반복적인 구매를 통한 인센티브를 제공함으로써 복잡하고 비인간적인 시장(a complex and impersonal marketplace)에서 '효과적인 경쟁'이 가능하게 한다고 판시하였다.[296] 동 법원은 상표의 출처식별 기능이 없으면 "정보에 기초한 소비자 선택 나아가 품질에 있어서 의미 있는 경쟁은 존재할 수 없다"고 덧붙였다.[297] 제8연방항소법원도 Calvin Klein Cosmetics 사건에서 Lenox가 Calvin Klein 등록상표 OBSESSION을 비교광고에서 사용한 것에 혼동가능성이 없다고 결정하면서, 경쟁에서의 출처식별 기능의 중요성을 강조하였다.[298] "모방기업은 자신이 진품에 상응하는 상품을 생산하였고 일반인들이 모방상품을 구입함으로써 낮은 가격을 통한 이익을 얻을 수 있다고 믿는다는 점을 일반인들에게 진실되게 알릴 권한이 있다"고 동 법원은 언급하였다.[299] 다른 미국 법원들도 출처표시 및 출처식별 기능은 램험법의 법제사를 감안할 때 경쟁에서 비롯되었다고 인정하면서[300] 미국 상원의 보고서를 인용하였다.[301]

---

[295] Id. at n. 58.

[296] Smith v. Chanel, Inc., 402 F.2d 562, 566 (9th Cir. 1968).

[297] Id.

[298] Calvin Klein Cosmetics Corp. v. Lenox Laboratories, Inc., 815 F.2d 500, 503-504 (8th Cir. 1987).

[299] Id. at 504.

[300] Truck Equipment Service Co. v. Fruehauf Corp., 536 F.2d 1210, 1215 (8th Cir. 1976); Rotoworks Intern. Ltd. v. Grassworks USA, LLC, 504 F.Supp.2d 453, 462 (W. D. Arkansas 2007).

[301] Senate Report No. 1333, 1946 U. S. Code Cong. Serv., p.1275. ("상표는 구매자로 하여금 하나의 상품을 다른 상품과 구분할 수 있게 함으로써 경쟁상품 간의 선택을 가능하게 하기 때문에 정말로 경쟁의 진수이다. 상표는 우수성이 만들어 내는 상품명이라는 이익을 생산자에게 보장해 줌으로써 품질 유지를 장려한다. 그러므로 상표를 보호하는 것은, 일반인을 기만으로부터 보호하고, 공정한 경쟁을 조성하며, 명성

반면에 미국 제9연방항소법원은 Smith 사건에서 광고 기능이 소비자가 상품의 품질이나 가격이 아니라 "경제적으로 비합리적인 요소(economically irrational elements)"에 의해 상품을 선택하도록 하고, 그 결과 상표권자는 품질이나 가격 경쟁에 영향을 받지 않으며, 따라서 "경쟁 시스템이 이용 가능한 자원을 효율적으로 배분하는 기능을 수행하지 못한다"고 판시하였다.[302] 또한 동 연방항소법원은 널리 알려진 상표가 가지고 있는 '경제적으로는 무관한 매력'이 새로운 경쟁자가 시장에 진입함에 있어 장벽으로 작용한다고 말하였다.[303] 그러나 다른 법원들은 광고 기능과 밀접히 연관되어 있는 희석이 당사자 간의 경쟁과 상관없이 발생될 수 있다고 언급하고 있을 뿐이다.[304]

유럽연합사법재판소는 상표기능과 경쟁 시스템 간의 관계에 대해 다소 다른 입장을 취하고 있다. 유럽연합사법재판소의 판결에 따르면 왜곡 없는 경쟁 시스템에서 모든 상표기능이 비롯된 것으로 보인다. 출처표시 및 출처식별 기능은 - 소비자가 혼동가능성 없이 상품을 식별할 수 있도록 함으로써 상품 출처의 동일성을 보증하는 기능 - 식별력 있는 표지만이 생산자가 상품의 품질로 경쟁할 수 있게 하기 때문에 본질적 기능에 해당한다.[305] 품질보증 기능도 왜곡 없는 경쟁 시스템에서의 '본질적 상표기능의 전제'라는 점에서 경쟁으로부터 나온다고 볼 수 있다.[306] 의사소통, 투자 및 광고 기능들에 관하여는 유럽연합사법재판소가 경쟁과의 관계를 충분히 검토하고 있지는 않다. 그렇지만 유럽연합사법재판소는 상표권을 왜곡 없는 경쟁 시스템의 본질적 요소로 간주하는 동시에 상표의 의사소통, 투자 및 광고 기능들도 상표법에 의해 보호되어야 한다고 인정하고 있다.[307] 이러한 다소 순환적인 입장은 의사소통, 투자 및 광고 기능들도 경쟁에서 비롯되었다는 것을 인정하는 것으로 보인다.

우리나라의 경우 출처표시, 출처식별 및 품질보증 기능들은 경쟁을 '유지'시키는 기능으로 해석되고 있지만, 다른 기능들과 경쟁과의 관계에 관한 법원 결정은 없다. Rolens 사건에서 대법원은 상표법이 한편으로는 상표의 출처식별 및 품질보증 기능을 보호하여 상표권자의 기업신뢰이익을 보호하고 유통질서를 유지하며, 다른 한편으로는 수요자가 상품출처의 동일성을 식별하게 하여 수

과 신용이라는 이익이 이를 만들어 낸 자로부터 이를 만들지 않은 자에게 전환되는 것을 방지함으로써 업계에 이러한 이익을 보장하여 주는 것이다"라고 언급).

[302] Smith v. Chanel, Inc., 402 F.2d 562, 567 (9th Cir. 1968).

[303] Id. ("[T]he economically irrelevant appeal of highly publicized trademarks is thought to constitute a barrier to the entry of new competition into the market").

[304] Moseley v. V Secret Catalogue, Inc., 537 U. S. 418, 429 (2003); Avery Dennison Corp. v. Sumpton, 189 F.3d 868, 873 (9th Cir. 1999); Nabisco, Inc. v. PF Brands, Inc., 191 F.3d 208, 219 (2d Cir. 1999); Louis Vuitton Malletier S. A. v. Haute Diggity Dog, LLC, 507 F.3d 252, 264-265 (4th Cir. 2007); Starbucks Corp. v. Wolfe's Borough Coffee, Inc., 588 F.3d 97, 105 (2d Cir. 2009); Tiffany (NJ) Inc. v. eBay Inc., 600 F.3d 93, 111 (2d Cir. 2010).

[305] Arsenal Football Club Plc v. Matthew Reed (C-206/01) [2003] E.T.M.R. 19, 237.

[306] Id.

[307] Id. at 237-238; L'Oréal SA v. Bellure NV (C-487/07) [2009] E.T.M.R. 55, 1034.

요자가 요구하는 일정한 품질의 상품 구입을 가능하게 함으로써 수요자의 이익을 보호하려고 한다고 판시하였다.[308] 동 판결은 출처식별 기능과 품질보증 기능이 유통질서, 즉 경쟁 시스템을 유지시킨다고 보는 대표적 사례라 할 것이다.

요약하면 법원들은 출처표시, 출처식별 및 품질보증 기능들에 대해 동일한 입장을 취하고 있는데, 이러한 기능들이 경쟁을 촉진시킨다고 인정하고 있는 것이다. 그러나 광고 기능과 같은 다른 기능들의 경우, 미국의 일부 법원들은 반경쟁적이라고 보는 반면 유럽연합사법재판소는 간접적으로 경쟁과 연결되어 있다고 인정하고 있다.

둘째, 일부 기능들의 '의미가 매우 불분명'하여 이러한 기능들과 경쟁 간의 정확한 관계를 설정하는 것이 어렵다. 출처표시 기능은 '동일하지만 익명인 출처' 또는 '후원관계'를 표시하는 기능으로 설명되고 있다. 그러나 이러한 표현들은 명확하게 그 의미를 알기 어렵다. 상표권이 제3자에게 양도되는 상황을 감안하면 '동일하지만 익명인 출처'라는 정의는 무엇이 동일한 것인지를 충분히 설명하지 못한다. 예를 들어, 기아 자동차가 현대 자동차에 합병되면서 기아라는 상표가 현대자동차로 양도된 경우, 기아라는 상표는 여전히 사용되지만 생산자는 기아자동차에서 현대자동차로 바뀌었다. 이 경우 상표는 생산자가 종전과 동일하다는 것을 나타낼 수 없다.

또한 '후원관계'는 상표권자와 사용자 간의 일정 종류의 관계 내지 미약한 관계를 포함하는 것으로 확대될 수 있다. 그 결과 소비자들이 상표권자가 제3사용자의 지분 일부를 소유하고 있다고 믿지만 상표권자가 그 사용자가 생산하는 상품의 품질을 통제한다고는 생각하지 않는 경우에도, 제3사용자는 사용으로 인한 책임을 부담할 수 있다. 이는 사용자의 경쟁이익을 부당하게 감소시킬 수 있을 것이다.

'출처'의 정의와 '후원관계'의 범위 등으로 인한 의미의 불명확성은 출처식별 기능의 경우에도 동일하게 발생된다.

광고 기능 및 의사소통 기능의 의미도 불분명하다. 이러한 불분명한 의미들에 대한 이해를 기초로 상표보호를 '상표권자의 광고 또는 의사소통 수단으로서의 상표의 사용을 방해할 수 있는 모든 상표사용에 대한 보호'로 이해하면 상표보호가 오히려 불공정한 경쟁을 초래할 수 있을 것이다. 상표권자의 광고비용을 일부 증가시킨다는 점을 근거로 제3자의 상표사용을 금지하고 상표권자의 상표를 보호하면, 상표권자는 경쟁적 우위를 차지할 수 있는 반면 제3자는 정당한 경쟁을 위한 경우에도 상표권자의 상표를 사용할 수 없기 때문이다. 이런 이유로 유럽연합사법재판소는 광고 및 의사소통 기능의 범위를 제한한다. 유럽연합사법재판소는 Parfums Christian Dior 사건에서 재판매

---

[308] 대법원 1996.7.30. 선고 95후1821 판결(Rolens 사건). 유사한 판례로는 대법원 2005.6.10. 선고 2005도1637 판결(SONY 사건).

자의 광고가 "재판매자의 거래 영역에서 관습적"인 광고인 경우 광고 기능은 손상되지 않는다고 판단하였다.309) Interflora 사건에서도 유럽연합사법재판소는 상표권자를 보호하기 위해 경쟁 차원에서 허용되어 온 관행을 금지하는 것이 상표보호의 목적이 아니라는 점을 근거로, 제3자의 상표사용이 상표권자로 하여금 광고를 강화하게 한다는 단순 사실은 상표의 광고 기능에 부정적으로 영향을 미치는 않는다고 결정하였다.310)

셋째, 심지어 '상표기능들 간의 관계', 특히 출처표시 및 출처식별 기능과 품질보증 기능 간의 관계도 명확하지 않다. 일부 미국 법원들은 출처 또는 후원관계의 표시를 품질 일관성에 관한 정보의 표시로 해석해왔다. 예를 들어, 미국 제7연방항소법원은 Gorenstein 사건에서 상표는 소비자에게 상품의 동일성을 확인시켜 주고, 동일성은 i) "일관성"과 ii) "상품 또는 서비스는 실제로 일관된 품질, 즉 실제로 동일한 상품 또는 서비스라는 것을 확실하게 해야 할 상관관계가 있는 의무(a correlative duty)"를 의미한다고 판단하였다.311) TMT North America 사건에서도 제7연방항소법원은, 상품품질에 관한 정보를 전달하는 상표의 기능에 상표의 사회에 대한 유용성이 있고, 상표법은 원래 상표권자의 명성이 아니라 이러한 정보를 보호한다고 주장하였다.312)

제7연방항소법원이 '일관된 품질 보증'에 상대적으로 보다 더 많은 의미를 부여한 최근 사건도 있다. XMH 사건에서 제7연방항소법원은 "판매자가 품질에 관한 통지 없이 자신의 브랜드 품질을 낮추면, 상표의 품질 계속성에 대한 보증이 더 이상 진실하지 않기 때문에 상표는 기만적이게 된다"고 언급하였다.313) 동 법원은 상표권자의 동의 없이 사용권자가 사용권을 설정하는 것이 금지되는 것도 동일한 이유라고 언급하였다.314)

유럽연합사법재판소는 Emanuel 사건을 포함한 많은 사건에서, 상표가 왜곡 없는 경쟁 시스템에서 출처표시로서의 기능을 수행하기 위해서는 "그 상표를 부착하고 있는 모든 상품 또는 서비스가 품질에 대해 책임을 부담하는 단일 기업의 통제하에 제조 또는 공급되었다는 것을 상표가 보증하여야 한다"고 명시하여 품질보증 기능을 출처표시 기능의 전제로 설명하고 있다.315) L'Oréal 사건

---

309) Parfums Christian Dior SA and Another v. Evora BV (C-337/95) [1998] E.T.M.R. 26, 27-28.

310) Interflora Inc v. Marks & Spencer Plc (C-323/09) [2012] E.T.M.R. 1, 40-41.

311) Gorenstein Enterprises, Inc. v. Quality Care-USA, Inc., 874 F.2d 431, 435 (7th Cir.1989) ("consistency and a correlative duty to make sure that the good or service really is of consistent quality, i.e., really is the same good or service").

312) TMT North America, Inc. v. Magic Touch GmbH, 124 F.3d 876, 886 (7th Cir. 1997).

313) In re XMH Corp., 647 F.3d 690, 695-696 (7th Cir. 2011) ("If without notice the seller reduces the quality of his brand, the trademark becomes deceptive because its assurance of continuity of quality is no longer truthful").

314) Id.

315) Elizabeth Florence Emanuel v. Continental Shelf 128 Ltd (C-259/04) [2006] E.T.M.R. 56, 773; see also Arsenal Football Club Plc v. Matthew Reed (C-206/01) [2003] E.T.M.R. 19, 237; Alcon Inc v. Office for Harmonisation in the Internal Market (C-412/05 P) [2007] E.T.M.R. 68, 1098; Celine Sarl v. Celine SA (C-17/06) [2007] E.T.M.R. 80, 1338; Copad SA v. Christian Dior Couture SA and others (C-59/08) [2009] Bus. L. R. 1571, 1586-1587.

등에서도 유럽연합사법재판소는 '품질보증 기능에 대한 손해'가 '출처표시에 대한 부정적 영향'이라고 간주하면서, 출처표시 기능은 "지정상품이 품질에 대해 책임을 부담하는 단일 기업의 통제하에 제공되었다는 것을 보증하는 상표의 본질적 기능이 상표에 대해 인정되지 않는다는 점에서" 손해를 입는다고 말하였다.[316]

같은 맥락에서 미국의 일부 법원들은 상표가 상품품질로 상품을 차별화하는 데 도움을 준다고 강조하였다. 리퍼브 제품인(Refurbished) 골프공에 대한 상표사용에 관한 Nitro Leisure Products 사건에서 연방순회항소법원은 "고객이 기대하는 특성(the expected characteristics)을 가진 상품을 받는한, 그리고 상표권자가 축적한 신용(goodwill)이 낮은 품질과 동일시되어 손상(erode)되지 않는 한, 진실된 상표사용이 다른 사람들을 부유하게 하더라도 랜험법은 그러한 사용을 막지 않는다"고 판시하였다.[317]

한편 '품질 일관성'의 의미에 대하여 제2연방항소법원은 El Greco Leather Products 사건에서 이를 '품질 통제의 유지'로 해석하면서, 실제 품질은 중요하지 않다고 판시하였다.[318] 네이키드 라이선스 사건(a naked license case)인 Eva's Bridal Ltd. 사건에서 제7연방항소법원도 일관된 품질에 대한 '통제'의 중요성을 강조하였다.[319]

앞에서 언급한 법원의 판결과 달리 출처표시 및 식별 기능과 품질보증 기능 간의 긴밀한 관계를 부인하는 법원의 판결도 있다. 판촉상품(merchandising) 사건에서 일부 미국 연방법원은 상표권자가 상품의 품질을 통제하였다는 것을 소비자가 믿지 않았을지라도, 출처 또는 후원관계에 관한 혼동가능성이 있다고 인정했다.[320] 예를 들면, 대학교들의 색상 배합(colour schemes)과 표시(indicia)를 셔츠에 사용한 Smack 사건에서 소비자들이 자신들이 구매한 셔츠가 대학교의 공식 후원 제품인지를 신경 쓰지 않는다는 Smack의 주장에 대하여, 미국 제5연방항소법원은 소비자들이 제품이 공식 후원 제품이라고 믿을 가능성은 소비자들이 공식 후원 제품인지를 신경 쓰는 것과는 별개의 문제라고 판시하면서 소비자 혼동가능성을 인정하였다.[321] 대학교 등에 대한 충성심을 보여주기 위해 셔츠를 구매하기 때문에 셔츠의 품질이 대학교 등의 통제를 받는지는 중요하지 않은 소비자들도 Smack이 판매한 셔츠를 대학교의 공식 후원 제품으로 오인할 수 있다는 것이다.

---

[316] L'Oréal SA v. eBay International AG (C-324/09) [2011] E.T.M.R. 52, 1032.

[317] Nitro Leisure Products, L.L.C. v. Acushnet Co., 341 F.3d 1356, 1362 (Fed. Cir. 2003).

[318] El Greco Leather Products Co. v. Shoe World, Inc., 806 F.2d 392, 395 (2d Cir. 1986).

[319] Eva's Bridal Ltd. and Said Ghusein v. Halanick Enterprised, Inc., and Nayef Ghusein, 639 F. 3d 788, 791 (7th Cir. 2011).

[320] Boston Professional Hockey Assoc. v. Dallas Cap & Emblem Mfg., Inc., 510 F.2d 1004, 1012 (5th Cir. 1975); Univ. of Ga. Athletic Ass'n v. Laite, 756 F.2d 1535, 1543, 1547 (11th Cir.1985); Bd. of Supervisors for La. State Univ. Agric. & Mech. Coll. v. Smack Apparel Co., 550 F.3d 465, 484 (5th Cir. 2008).

[321] Bd. of Supervisors for La. State Univ. Agric. & Mech. Coll. v. Smack Apparel Co., 550 F.3d 465, 484-485 (5th Cir. 2008).

넷째, 제3자가 비경쟁 상품에 상표를 사용한 경우 '상표기능이 상표권자 시장에서 보호되는지 아니면 제3사용자 시장에서 보호되는지' 알기 어렵다. 기본적으로 상표권자의 상표는 상표권자의 상품시장에서 기능한다. 상표는 '상표권자' 상품의 출처 또는 후원관계를 표시하고 '상표권자 시장에서의 소비자'로 하여금 상표권자의 상품과 다른 사람들의 상품을 식별할 수 있게 하며 상표권자 상품의 품질을 보증한다. 상표는 상표권자의 상품을 광고하기 위해 사용되고 상표권자가 돈과 노력을 자신의 상품에 투자하도록 인센티브를 부여한다.

그러나 일부 법원에 의하면 상표권자가 진입한 적도 없고 상표출원을 통해 진입의사를 명확히 보인 적도 없는 비경쟁 상품시장에서도 상표가 그 기능을 수행할 수 있는 것처럼 보인다. 신용의 유용을 근거로 상표침해를 인정한 판결들이 그 일례이다. 이러한 판결들은 상표권자 시장에 대한 어떠한 영향도 논의하지 않고, 사용자 행위의 '불공정성(unfairness)'에 더 많은 초점을 맞춘다. Universal City Studios 사건에서 원고들은 음식물 쓰레기 처리기에 관해서는 자신들의 상표인 'Jaws One', 'Jaws Two', 'Jaws Power'를 등록받은 적도 없었고 사용권 설정을 한 적도 없었다. 사실 원고들은 자신들의 브랜드 이미지를 유지하기 위해서 쓰레기봉투에 대한 사용권을 허락하지 않았다.[322] 그러나 제7연방항소법원 소속 지방법원은 피고가 음식물 쓰레기 처리기에 대해 상표를 사용한 것에 대해, 혼동가능성과 일리노이州법 상의 희석화 금지법을 근거로 그 사용을 금지하였다.[323] 동 지방법원은 혼동가능성을 결정함에 있어서 자신의 이익을 위해 원고의 상표를 활용 (capitalize on plaintiffs' marks)하고자 했다는 피고의 의도를 강조하였다.[324]

결론적으로 '공정하고 효율적인 경쟁'과 '보호받을 수 있는 상표기능' 간의 관계를 설명하기 위해서, 상표기능들은 법원에 의해 경쟁친화적이라고 간주되는 본질적 기능들에 초점을 맞추어 재분류될 필요가 있다. 나아가 공정하고 효율적인 경쟁이라는 측면에서 상표기능들의 의미와 범위가 정의되고 한정되어야 한다. 또한 상표권자의 상표가 상표권자 시장을 넘어서 기능하는지 여부가 명확해져야 한다.

---

[322] Universal City Studios, Inc. v. Montgomery Ward & Co., 1980 WL 30333, 1-3 (N. D. Ill. 1980).

[323] Id. at 7-9.

[324] Id.

4) 보호받을 수 있는 상표기능

(1) 정보 기능 및 차별 기능의 경쟁친화성

오인을 초래하지 않는 진실된 정보는 소비자들이 자유롭고 이성적으로 판단하는 데 있어서 필수불가결하다. 이와 관련하여 상표는 두 종류의 중요한 정보를 소비자의 합리적 결정을 위해 전달할 수 있다. 하나는 상표권자 상품의 출처, 품질, 브랜드 이미지에 관한 정보이고, 또 다른 하나는 출처, 품질, 브랜드 이미지에 있어 다른 상품과의 차별성에 관한 정보이다. 전자의 정보는 대체적으로 현재 인정되는 상품 출처표시 기능 및 품질보증 기능에 상응하고, 후자의 정보는 출처식별 기능에 상응한다. 법원들이 명확하게 경쟁친화적이라고 보지는 않는 광고 기능 및 투자 기능도 앞에서 언급한 두 종류의 정보와 관련된다. 의사소통 기능 역시 상표가 해당 정보를 소비자들에게 전달한다는 의미에서 그들에 관련된다. 이러한 두 가지 유형의 정보에 따르면, 상표기능들도 크게 두 종류로 분류할 수 있다. 즉, 상표 내적인 정보 기능(the intra-trade mark information function)과 상표 간의 차별 기능(the inter-trade mark differentiation function)이다.

정보 기능 및 차별 기능은 공정하고 효율적인 경쟁에 본질적인 기능이어서 상표법에 의해 보호받을 수 있다고 보아야 한다.[325] 첫째, 상표는 간결하게 출처, 품질, 브랜드 이미지에 관한 정보를 전달하고 이러한 출처 등을 다른 상품의 출처 등과 쉽게 차별시킴으로써 정보에 기초한 소비자 선택을 방해하는 '소비자의 불충분한 정보'를 보완한다. 소비자는 상표를 통해 보다 저렴한 비용으로 자신이 원하는 상품을 검색할 수 있고,[326] 상표의 정보 기능 및 차별 기능을 통하여 시장에서 상품의 품질을 신뢰[327]할 수 있다. 소비자는 출처 또는 품질에 관한 정보가 자신이 원하는 상품을 알려주기 때문에 또는 상표가 가지고 있는 브랜드 이미지를 누리기 위하여 특정 상품을 선호하거나 구매할 것이다.

둘째, 상표권자는 상표의 정보 기능 및 차별 기능으로 인해 다른 생산자 또는 판매자와 보다 효율적으로 경쟁할 수 있다. 상표권자는 자신의 상표를 시장에서 위치시키고 그 위치에 대한 정보를 전달함으로써 효과적인 마케팅 전략을 세울 수 있다. 또한 이러한 기능들은 상표권자가 '경쟁적으

---

325) Litman, supra note 234, at 1735 ("우리가 얻고자 노력하는 것이 경쟁의 촉진이라면, 전통적인 상표 규정은 그 목적에 잘 맞고", "기만적이지 않고 유용한 정보를 주며, 출처를 표시하는 상거래 심벌의 기능은 '구매자들이 특정 브랜드의 상품을 원한다'는 광고에 의해 설득된 구매자들이 특정브랜드의 상품을 구매한다는 것을 자신할 수 있게 하며", "그 광고의 제공자는 자신의 상품을 찾도록 자신이 설득한 고객들이 속아서 어느 경쟁 브랜드를 구매하지는 않을 것이라고 확신할 것이다"라고 언급).

326) George J. Stigler, The Economics of Information, 69 J. Pol. Econ. 213, 224 (1961) ("명성은 품질의 일관성을 표시하는 단어이고, 명성은 검색 비용을 줄이기 때문에 가격을 결정하거나 (별금을 발생시킨다)"고 주장).

327) Akerlof, supra note 145, at 499-500.

로' 상품의 품질이나 브랜드 이미지를 개발 또는 유지하도록 자극한다. 상표권자가 낮은 품질의 상품을 제조하거나 호소력 있는 브랜드 이미지를 제공하지 못하면, 상표권자는 소비자 수요의 하락이라는 방식으로 처벌받게 될 것이다. 정보 기능과 함께 차별 기능은 소비자에게 자신이 원하는 또는 원하지 않는 상품의 위치를 파악하는 것을 도와줄 수 있는 '내비게이션 시스템'을 소비자에게 제공하기 때문이다. 소비자가 상표와 동일한 용어를 사용하여 정보를 신속하게 찾아낼 수 있는 온라인 기술이 발전함에 따라 내비게이션 시스템은 더욱더 그 효율성이 높아져 왔다.

마지막으로, 정보 기능 및 차별 기능은 신생기업이 신규시장에 첫발을 들이는 것을 도와준다. 상표를 사용하지 않으면, 신생기업은 자신의 상품을 관련 소비자에게 소개하기 위하여 상당한 양의 돈과 시간을 투자하여야만 할 것이다. 그러나 상표의 도움이 있으면, 훨씬 순조롭게 시장에 접근할 수 있다. 더구나 시장에서의 현존 상표에 대한 시장조사 또는 연구를 통하여, 신생기업은 사업을 개시함에 있어서 보다 전략적일 수 있다. 상표권자가 이미 하나의 상품시장에서 사업을 수행하고 있는 경우에도, 정보 기능 및 차별 기능은 상표권자가 브랜드 확장(brand extension)을 통하여 다른 상품시장으로 진출하는 것을 도와준다. 널리 알려진 브랜드 이미지 덕분에 상표권자는 동일한 상표를 사용함으로써 다른 상품시장에 낮은 비용으로 진입할 수 있다. 신생기업 및 상표권자의 시장진입 결과 소비자는 보다 많은 선택권을 가지게 된다.

(2) 정보 기능과 차별 기능의 의미 및 범위

a) 정보 기능(Information Function)

상표는 상품품질과 브랜드 이미지에 관한 정보를 소비자에게 간결하게 전달하는 수단이다. 이 상표 내적인(intra-trade mark function) 기능은 현재 인정되는 출처표시 및 품질보증 기능을 포함한다. 또한 상표가 브랜드 이미지를 전달한다는 의미에서 광고 기능 및 투자 기능의 일부와 관련된다.

미국 법원들은 '정보'의 범위에 브랜드 이미지를 포함시키지는 않았지만, 상표의 정보 기능을 언급해왔다. Smith 사건[328] 및 Vuitton Et Fils 사건[329]에서 제9연방항소법원은 "법적으로 관련된 유일한 상표의 기능이 상품의 출처 또는 후원관계에 관한 정보를 전달하는 것"이라고 주장하였다. 제1연방항소법원은 Boston Duck Tours 사건에서 상표는 상품과 출처를 확인하고 식별하는 데 기

---

[328] Smith v. Chanel, Inc., 402 F.2d 562, 566 (9th Cir. 1968).

[329] Vuitton Et Fils S. A. v. J. Young Enterprises, Inc., 644 F.2d 769, 776 (9th Cir. 1981).

여하면서 "소비자에게 정보를 간결히 전달"한다고 언급하였다.330) 제7연방항소법원은 상표가 잠재적 구매자에게 상품의 출처에 관한 정보를 제공하고, 이 정보는 상품의 특성 및 품질에 관한 정보를 전달할 수 있다고 적시하였다.331)

미국 법원의 입장과 달리 본인은 상표법에 의해 보호받을 만한 경쟁친화적 정보 기능은 '상품의 품질과 브랜드 이미지의 상품시장에서의 위치'에 직접적으로 관련되어 있는 것으로 해석하여야 한다고 생각한다. 상품의 출처 또는 후원관계에 관한 정보 그 자체는 그 의미가 광범하여 경쟁친화적 정보 기능과 충돌할 수 있어 공정하고 효율적인 경쟁에 기여하는 데는 한계가 있기 때문이다. 다시 말하자면 '출처'가 '단일의 그러나 익명의 출처'를 의미하고 '후원관계'가 '상표권자와 사용자 간의 일종의 관계'를 포함하는 것으로 해석되는 한, 상품의 출처 또는 후원관계에 관한 정보는 정보 기능의 경쟁친화적 성격을 정당화할 수 없다. '단일 출처'는 상표가 경쟁 상품시장 또는 비경쟁 상품시장에서 사용되는지와 무관한 '상표 간의 동일 또는 유사성'으로 해석될 수 있고, '일종의 관계'는 상표권자가 사용자에 의해 생산되는 상품의 품질 및 브랜드 이미지에 대해 신경 쓰지 않는 경우도 포함할 수 있기 때문이다.

이러한 해석에 따르면 상표는 '각각 다른 가치를 가진 다른 정보'를 전달하게 되며, 그 정보의 범위가 '확대될 가능성'도 매우 높다. 그런데 이와 같이 무정형적이고 애매한 정보는 상표권자, 경쟁자 및 소비자가 상품을 차별하거나 자신들이 원하는 상품을 이성적으로 결정하는 것을 곤란하게 한다. 나아가 무정형적이고 애매한 정보는 마케팅 전략이나 선호상품 결정을 혼란스럽게까지 할 것이다. 이러한 정보에 기초한 소비자들의 결정은 자신들의 이성이나 확실성이 아니라 추측에서 나온 것일 가능성이 높다. 뿐만 아니라 이러한 애매한 정보도 상표법에 의해 보호된다면, 경쟁자는 소비자 선택에 필요한 정확한 정보를 소비자에게 전달할 수 있는 비교광고332)에서조차도 다른 사람의 상표를 사용할 수 없게 될 것이다. 또한 상표의 '예측할 수 없는 정보'를 근거로 한 제소 위협이 다른 생산자나 배급업자가 신규시장에 진입하는 것을 지연시킬 수도 있을 것이다.333)

반면에 브랜드 이미지는 경쟁 시스템에 필요한 정보로서 취급되어야 한다. 유럽연합사법재판소가 Parfums Christian Dior 사건334) 및 Copad 사건에서335) 언급한 '상품을 감도는 매력, 일류 이미

---

330) Boston Duck Tours v. Super Duck Tours, 531 F.3d 1, 12 (1st Cir. 2008).

331) Top Tobacco, L.P. v. North Atlantic Operating Co., Inc., 509 F.3d 380, 381 (7th Cir. 2007).

332) Dogan and Lemley, supra note 57, at 778.

333) Litman, supra note 234, at. n.77 (1999) ("상거래 심벌과 광고에 관한 소송은 상업적 경쟁자에 대하여 효율적으로 사용되는 강력한 무기일 수 있고", "노련하게 행사되면, 유망한 신상품의 소개 지연, 효과적인 광고캠페인의 포기, 법률자문에 관한 방대한 지출, 우호적 자금조달 확보에 대한 지속적 장애 등을 초래할 수 있다"고 주장).

334) Parfums Christian Dior SA and Another v. Evora BV (C-337/95) [1998] E.T.M.R. 26, 39 (약국 체인망 Kruidvat의 소유주인 Evora가 Christian Dior 이 보유하고 있는 EAU SAUVAGE, POISON, FAHRENHEIT, DUNE 상표를 부착한 향수를 재판매하면서 광고한 사건).

지, 고급스러운 분위기(the allure, prestigious image, and aura of luxury surrounding products)'가 이 정보에 해당된다. 정보가 비대칭적인 상황에서 브랜드 상품 지향적인 또는 이에 반대되는 소비자 감정은 소비자가 합리적인 결정에 도달하는 데 있어 다른 사실적 정보만큼 중요하다.[336] 긍정적인 감정은 소비자가 자신이 원하는 것을 취득하지 못할 수 있다는 위험을 줄여주고, 소비자는 구매결정의 결과로서 이러한 긍정적 감정을 즐길 수 있다. 뿐만 아니라 브랜드 이미지는 상표권자와 경쟁자를 위해서도 중요하다. 상표권자는 자신의 브랜드 이미지를 상표에 구현함으로써 자신의 상품과 다른 상품을 차별화할 수 있고, 경쟁자는 이러한 브랜드 이미지를 감안하여 마케팅 전략을 결정할 수 있기 때문이다. 유럽연합사법재판소도 Copad 사건에서 상품의 품질은 상품에 고급스러운 분위기(the aura of luxury)를 부여하는 상품의 매력과 일류 이미지에서 비롯될 수 있고, 고급스러운 분위기에 대한 손상은 상품의 품질에 영향을 미칠 가능성이 높다고 판시하여, 브랜드 이미지도 상표법의 보호대상이라는 것을 보여주었다.[337]

결국 상표는 '상품의 품질과 브랜드 이미지의 시장에서 위치를' 상표권자가 통제한다는 것을 가리키는 것으로 이해되어야 한다. 상표가 상품품질의 일관성과[338] 브랜드 이미지의 일관성을 보장하지 못할지라도 "하나의 상표를 부착하고 있는 모든 상품은 동일한 수준의 품질"[339]과 브랜드 이미지를 가지고 있다는 메시지를 준다. 그 결과 소비자가 유사상표를 사용하는 제3사용자가 상표권자로부터 사용권을 얻었다고 오인하지만 상표권자가 사용자 상품의 품질과 브랜드 이미지를 통제하고 있다고는 믿지 않는 경우, 이러한 소비자의 오인은 상표의 정보 기능에 부정적인 영향을 미치지 않는다.

이러한 관점에서 보면, 상표가 '상품의 구체적 성질'에 관하여 정보를 전달하더라도 그 정보는 정보 기능의 범위를 벗어난다. 법원의 결정들도 이와 같은 정보는 상표법에 의해 보호되지 않는다는 것을 보여준다. Dastar 사건에서 미국 연방대법원은 (독창성이나 창의성을 보호하기 위해 만들어진 것이 아닌) [랜험]법의 보통법 기초와 (독창성이나 창의성을 보호하기 위한) 저작권법과 특허법을 근거로 하여 '상품의 출처'는 "판매를 위해 제공된 실제 상품의 생산자"이지 "그 상품에 구현된 아이디어, 개념, 의사소통의 저자"가 아니라고 해석했다.[340] 유럽연합사법재판소도 연혁적으로

---

[335] Copad SA v. Christian Dior Couture SA and others (C-59/08) [2009] Bus. L. R. 1571, 1587 (할인매장에 Christian Dior의 고급 코르셋을 판매하지 않기로 Christian Dior과 계약하였음에도 프랑스 사용권자인 Copad가 할인매장에 고급 코르셋을 판매한 사건).

[336] Laura R. Bradford, Emotion, Dilution, and the Trademark Consumer, 23 Berkely Tech. L. J. 1227, 1234-1235 (2008).

[337] Copad SA v. Christian Dior Couture SA and others (C-59/08) [2009] Bus. L. R. 1571, 1572.

[338] Maniatis, supra note 280, at 407 (상표가 부분적으로 품질보증a guarantee of quality 역할을 수행한다는 사실에도 불구하고 이 기능은 법적으로 구속력 있는 품질보증서a legally binding warranty가 아니라고 주장).

[339] Venture Tape Corp. v. McGills Glass Warehouse, 540 F.3d 56, 60 (1st Cir. 2008); see also Colt Def. LLC v. Bushmaster Firearms, Inc., 486 F.3d 701, 705 (1st Cir. 2007) (J. Thomas McCarthy, 1 McCarthy on Trademarks and Unfair Competition § 3:2 (2007)을 인용).

의류와 관련되었던 디자이너의 이름에 상응하는 상표인 Emanuel 사건에서, 평균 소비자들이 그 디자이너가 현재 그 의류의 디자인에 관여하고 있다고 오인할 수 있는 가능성에도 불구하고 "그 의류의 특성과 품질은 상표권을 보유한 업체가 보증한다"고 판시하였다.[341] 우리나라 대법원도 James Dean 사건[342]과 Mozart 사건[343]에서 유명한 고인의 이름 그 자체가 그 사람과 상품 간의 관련성을 보여주지는 않는다고 결론지었다.[344]

정보 기능의 범위도 공정하고 효율적인 경쟁이 허용하는 범위로 제한된다. 첫째, 최소한의 정보 기능을 수행하는 표지만이 상표법상의 '상표'에 해당한다. 표지가 상품의 특성에 불과하거나 우리의 오감 중 하나에 의해 감지될 수 없으면, 소비자에게 상품품질이나 브랜드 이미지에 관한 정보를 전달할 수 없다. 이러한 의미에서 '어떠한 형태로도 생각될 수 있는 색채 또는 형상(a colour or a shape in every conceivable form)'은 경쟁자가 상표의 정확한 범위를 확정할 수 없기 때문에 그 색채 또는 형상을 전혀 사용할 수 없고, 소비자도 동일성 확인이 불확실하여 상품을 결정할 수 없기 때문에, 상표로서 기능할 수 없다. 유럽연합사법재판소도 Heidelberger 사건에서 "형상이나 윤곽이 없는 둘 또는 그 이상 색채의 단순한 병렬 배치 또는 어떠한 형태로도 생각될 수 있는 둘 또는 그 이상 색채에 대한 언급은 …… 지침 제2조에서 요구하는 정확성과 통일성을 보여주지 못한다"고 주장하였다.[345] 유럽연합사법재판소는 Dyson 사건에서 진공청소기의 생각할 수 있는 투명 수집함 형상 전체는 상품의 단순 특성이고 따라서 제2조 상의 상표에 해당하지 않는다고 판단함으로써 형상과 관련하여서도 동 재판소의 입장을 확인시켜 주었다.[346]

둘째, 기능적인 상품 특성에 대하여 배타권을 인정하지 않는 '기능성 이론'도 정보 기능의 범위를 제한한다. 기능적 특성도 사실상 상품품질 등에 관한 정보를 전달하는 기능을 하지만, 이러한 특성은 i) 경쟁과 ii) 다른 지식재산 시스템(특허, 디자인)의 존재 때문에 상표로 보호되지 않는다. 기능적 특성의 상표로서의 보호는 상표권자의 불공정한 이익을 초래할 것이기 때문이다.

셋째, 보통명칭 또는 기술적 표장만으로 구성된 상표는 제2차적 의미를 획득하지 않는 한 정보 기능을 수행할 수 없다. 그렇지 않으면 상표권자만이 자신의 상품의 명칭이나 성질 등에 대한 정

---

[340] Dastar Corporation v. Twentieth Century Fox Film Corporation, et al., 539 U. S. 23, 37 (2003).

[341] Elizabeth Florence Emanuel v. Continental Shelf 128 Ltd (C-259/04) [2006] E.T.M.R. 56, 773.

[342] 대법원 1997.7.11. 선고 96후2173 판결.

[343] 대법원 1998.2.13. 선고 97후938 판결.

[344] 그러나 대법원은 Picasso 서명 사건에서 피카소 서명과 동일 또는 유사한 상표를 무단으로 등록하여 사용하는 행위는 "저명한 화가로서의 명성을 떨어뜨려 그 화가의 저작물들에 대한 평가는 물론 그 화가의 명예를 훼손하는 것으로서, 그 유족의 고인에 대한 추모경애의 마음을 손상하는 행위에 해당하여 사회 일반의 도덕관념인 선량한 풍속에 반"한다고 판시하였다. 대법원 2000.4.21. 선고 97후860 판결 참조.

[345] Heidelberger Bauchemie GmbH (C-49/02) [2004] E.T.M.R. 99, 1313 (상단은 푸른색 하단은 노란색인 정사각형으로 구성된 상표를 건축업에 필요한 접착제, 용매, 방수제, 페인트, 니스 등의 상품에 대해 출원한 사건).

[346] Dyson Ltd v. Registrar of Trade Marks (C-321/03) [2007] Bus. L. R. 787, 811-812.

보를 효율적으로 전달할 수 있고, 경쟁자들이 자신들의 상품에 대한 정보를 제공하는 것을 방해할 것이기 때문이다. 그 결과 경쟁자들은 상표권자와 공정하게 경쟁할 수 없고, 신규 기업들은 공정한 경쟁이 어려운 이러한 상품시장에 진입하려고 하지 않을 것이다. 소비자들도 저렴한 비용으로 얻은 충분한 정보를 바탕으로 자신들이 원하는 것을 구매할 수 없을 것이다.

마지막으로, 상표가 직접적으로 오인우려가 있는 정보를 전하는 경우 소비자는 정보에 기초한 선택을 할 수 없기 때문에 이러한 상표는 보호받을 가치가 없다. 이러한 상표는 정보의 질을 떨어뜨려 소비자의 합리적인 결정을 방해하므로, 상표법은 상표등록을 거절함으로써 이러한 반경쟁적인 기능을 금지한다.

b) 차별 기능(Differentiation Function)

상표는 자신이 전달하는 정보에 기초하여, 한편으로는 생산자들이 본인들의 상품과 다른 생산자들의 상품을 차별화할 수 있도록 도와주고, 다른 한편으로는 소비자들이 상품을 식별하고 특정 상표가 부착된 상품을 선호하며 이를 구매하는 데 기여한다. 이러한 상표 간 기능(inter-trade mark function)을 '차별 기능'이라고 칭하고자 한다. 이 기능은 식별 기능과 광고 및 투자 기능 일부를 포함한다.

일부 사건에서 미국 법원들은 구체적으로 의미를 제시하지는 않았지만 차별 기능을 언급하였다. 예를 들어, 여성 동아리인 Job's Daughters의 상징(insignia)이 있는 보석류를 판매한 Lindeburg를 상대로 Job's Daughters가 상표권 침해를 주장한 사건에서, 제9연방항소법원은 Boston Hockey 사건[347])에서의 광범한 보호를 반박(법해석 및 연혁상 의회가 상표권자에게 상표사용에 관한 완전독점권을 부여할 계획은 없었다)하면서, "상품출처에 대한 기만적 표시로부터 소비자를 보호하고 반대로 생산자로 하여금 자신의 상품과 다른 사람들의 상품을 차별할 수 있도록 하기 위하여" 상표보호가 필요하다고 적시하였다.[348])

차별 기능은 특정 상표를 부착한 상품에 대한 소비자 선호 형성과도 관계된다는 점에서 식별 기능과 동일하지 않다. 소비자 선택 이론에 의하면 소비자는 자신의 예산상의 제약(budget constraint)과 선호(preference)[349])라는 두 가지 주요 요인에 기초하여 선택을 한다. 통상적으로 소비자가 반복적으로 상품을 구매하도록 만드는 소비자 선호는, 상품이 소비자에게 주는 효용성(충족

---

[347]) Boston Professional Hockey Assoc. v. Dallas Cap & Emblem Mfg., Inc., 510 F.2d 1004 (5th Cir. 1975).

[348]) International Order of Job's Daughters v. Lindeburg and Co., 633 F.2d 912, 918 (9th Cir. 1980).

[349]) Mankiw and Taylor, supra note 140, at 438-465.

감) 때문에 특정 상품에 대하여 소비자가 가지는 강하고 습관적인 긍정적 평가 또는 감정을 의미한다.[350] 소비자 선호 관점에서 보면, 상표의 역할이 소비자로 하여금 상품을 식별할 수 있게 하는 것만은 아니다. 즉, 상표는 소비자로 하여금 특정 기업의 상품품질과 브랜드 이미지를 다른 기업의 것들과 용이하게 비교할 수 있게 함으로써 소비자 선호를 형성하는 데 중요한 역할을 한다. 또한 상표권자가 상표를 활용하여 얻고자 하는 목적은 자신의 상품이 다른 생산자의 상품과 다르다는 것을 보여주는 것에 한정되는 것이 아니라, 이를 넘어서 자신의 상품에 대한 소비자 선호를 형성시키고 나아가 자신의 상품을 구매하도록 함으로써 이익을 최대화하려는 것이다. 결론적으로 상표는 소비자의 구매결정 단계뿐 아니라 소비자가 선호를 형성하거나 변경하는 단계에서도 차별 기능을 수행한다.

차별 기능은 상표권자 상품시장에서의 '상품(between products)'을 차별화하는 것을 의미한다. 이러한 차별이 출처나 후원자 간의 구분에서 나온다 할지라도, 차별 기능의 궁극적인 대상은 출처나 후원자가 아니며, 상표 그 자체가 대상이 아닌 것은 말할 것도 없다. 예를 들면, 컴퓨터 제조업자와 신발 제조업자가 동일한 상표를 사용하는 경우, 컴퓨터에 부착된 상표는 컴퓨터를 차별화하는 데 기여하고, 신발에 사용된 상표는 신발을 차별화하는 데 기여한다. 동일한 상표의 사용은 상표들 간의 식별을 목적으로 하지도 않고, 컴퓨터 제조업자와 신발 제조업자 간의 식별을 목적으로 하지도 않는다. 따라서 상표가 출처(between sources) 간의 식별이라는 기능을 수행한다고 말하는 것은 정확하지 않다.

정보 기능과 마찬가지로 차별 기능의 범위도 공정하고 효율적인 경쟁에 의해 제한되어야 한다. 차별 기능이 정보 기능을 기초로 하기 때문에 상표의 대상, 기능성 및 정보 기능의 범위를 제한하는 다른 규정들은 차별 기능의 범위에도 동일하게 관련된다.

(3) 보호받을 수 있는 기능과 상품시장

보호받을 수 있는 상표기능(protectable trade mark functions)의 범위가 상표권자 시장으로 한정되는지 또는 제3사용자의 상품시장으로 확대되는지는, 특히 비경쟁적 사용에 있어서 상표보호의 정당화 사유와 상표보호의 범위를 결정하는 데 있어서 중요하다. 상표가 경쟁 상품시장에서만 그 기능들을 수행한다고 해석하면, 비경쟁 상품시장에서의 제3자 사용은 간접적으로만 이러한 기능들에 영향을 미칠 수 있을 것이다. 따라서 이러한 기능들에 대한 직접적 손해에 관하여 추가적 설명

---

[350] Eric Goldman은 소비자 신용(consumer goodwill)이라는 개념을 사용하였다. *See* Goldman, supra note 116, at 558 (소비자 신용은 "상표권자와의 후속 거래를 촉진할 수 있는, 상표권자의 상품에 대한 소비자의 총합적인 긍정적 감정"이라고 정의).

이 필요하다.

본인은 상표가 전달하는 정보는 '상표권자 상품시장'에서 상품품질 및 브랜드 이미지가 차지하는 위치에 관한 정보이고, 상표는 상표권자로 하여금 상표권자 상품시장에서 상표권자의 상품과 경쟁자의 상품을 차별할 수 있도록 하며 '상표권자 상품시장'의 소비자들이 상품을 식별할 수 있도록 한다고 생각한다. 다만 추가적으로 상표기능의 영향은 대체상품시장으로까지 미친다. 유사한 효용성을 주거나 유사한 욕망을 충족시킴으로써, 상표권자 시장에서의 상품품질과 브랜드 이미지가 대체상품시장의 소비자를 만족시킬 수 있기 때문이다. 예를 들면, 인스턴트커피 상표는 그 인스턴트커피의 품질과 브랜드 이미지에 대한 정보를 전함으로써 볶은 커피(roasted coffee) 소비자들이 볶은 커피와 인스턴트커피 사이에도 선택을 할 수 있도록 한다. 상표가 부착된 인스턴트커피가 볶은 커피보다 자신들을 더 만족시킬 수 있다고 믿으면, 볶은 커피 소비자들은 볶은 커피에서 인스턴트커피로 자신들의 선호나 구매결정을 변경할 것이다. 따라서 볶은 커피 제조업자는 인스턴트커피 시장에서의 상표기능을 감안하여 적절한 마케팅 전략을 수립할 것이다.

그러나 상표권자가 추후 사용을 위해 상표등록을 획득하는 등 비경쟁 상품시장에 진입할 의도를 강력히 보여주지 않는 한, 상표는 비경쟁 상품시장에서 기능할 수 없다. 상표권자의 상품과 제3사용자의 상품이 보완적으로 종종 함께 사용되어 상호 연계되어 있는 경우에도, 상표권자의 상품은 이러한 비경쟁상품과 상호 교환될 수 없기 때문에, 상표의 기능은 비경쟁 상품시장으로 확장되지 않는다. 예를 들면, 커피시럽이 주는 효용성과 인스턴트커피가 주는 효용성이 유사하지 않기 때문에 인스턴트커피에 사용된 상표의 정보 기능과 차별 기능은 커피시럽과 인스턴트커피 사이의 소비자 선택에는 아무런 영향을 주지 않을 것이다.

보완재가 가지는 경제학적 의미와 상표법적 의미가 동일하지는 않다. A 상품의 판매가 많아지면 보완관계에 있는 B 상품의 판매도 증가할 것이지만, 이러한 증가가 보완재 A 상품의 상표가 보여주는 상품품질이나 브랜드 이미지를 감안하여 수립한 B 상품 브랜드 마케팅 전략의 결과라고 보기는 어렵기 때문이다. A 상품의 상표가 나타내는 품질이나 브랜드 이미지에 '부합하는 품질이나 브랜드 이미지'를 B 상품의 상표가 보여주어 판매가 함께 증가하였다기보다는, B 상품의 상표를 통해 A 상품과 '보완관계에 있는 상품 중 B 상품'의 품질이나 브랜드 이미지가 상대적으로 적합하다고 소비자가 판단하였기 때문에 판매가 증가한 것으로 해석하여야 할 것이다.

유명상표의 경우에도 그 기능은 경쟁 상품시장을 넘어서서 비경쟁 상품시장까지 확장되지는 않는다. 첫째, 유명상표가 가지고 있는 경쟁 상품시장에서의 강력한 정보 기능 및 차별 기능은 상표권자가 투자한 결과이기도 하지만 상품시장의 소비자들이 상표에 이미지를 부여한 결과이기도 하다.[351] 일부 미국 법원도 이러한 입장을 보여주었다. Toyota 사건에서 제9연방항소법원은 "돈을 많이 지출하였다는 것 그 자체가 법적으로 보호할 만한 권리를 창출하지는 않는다"고 판시하였다.[352] 따라서 상표기능은 상표권자의 투자를 이유로 하여 비경쟁 상품시장으로 확대되어서는 안된다. 둘째, 유명상표의 이미지들은 경쟁 상품시장 밖에서는 다른 역할을 수행한다. 비경쟁 상품시장에서 유명상표는 '상표권자 상품'의 브랜드 이미지가 비경쟁 상품시장에서 차지하는 위치를 보여주지 않는다. 비경쟁 상품시장에서 유명상표는 단지 '상표권자의 상품'과 독립된 브랜드 이미지를 함축하거나 새로운 의미를 만드는 데 기여한다. 그러나 이러한 상표권자의 상품으로부터 '독립된 브랜드 이미지' 함축과 새로운 의미의 생성은 정보 기능 및 차별 기능의 범위에는 속하지 않는다. 정보 기능 및 차별 기능은 '상품의 품질 및 브랜드 이미지'에 관한 기능이기 때문이다. 셋째, 상표가 다른 시장에서의 소비자에게 널리 알려지게 되었다는 사실은 유명상표 소유자가 가까운 미래에 모든 다른 상품시장에 진출할 의도이거나 상표권자의 시장이 모든 다른 시장을 포함할 정도로 넓어진다는 것을 의미하지 않는다. 유명상표가 상표권자 시장에서 그 기능을 매우 강력하게 수행하여 이 시장에서의 기능이 다른 시장의 소비자에게 널리 인식되었다는 것을 보여주는 것일 뿐이다. 따라서 유명상표의 불공정한 사용은 상표권자의 시장이나 경쟁 상품시장에서 유명상표가 잘못 기능하게 할 가능성이 높아 이러한 시장들에서의 경쟁에 손해를 입히는 경우에만, 그 사용이 금지되어야 한다.

3. 결론

'상표법 적용상의 선순환 사이클(a virtuous cycle in the application of trade mark law)'의 출발점은 '상표보호의 궁극적 목적은 공정하고 효율적인 경쟁이어야만 한다'는 것이다. 상표법은 경쟁친화적 상표기능들을 보호하여 이러한 목적에 도달할 수 있으며, 모든 상표기능들이 보호받을 가치가 있는 것은 아니다. 따라서 상표의 불공정한 사용으로부터 경쟁친화적인 상표기능들을 보호하여 공정하고 효율적인 경쟁을 장려하고 유지하는 것을 상표법의 목적으로 보아야 한다.

또한 본인은 정보 기능 및 차별 기능이 경쟁친화적 상표기능이라고 생각한다. 정보 기능은 상품

---

[351] Litman, supra note 234, at 1734 ("자신의 상품이 되는 브랜드를 만들어내는 것은 공동의 과업인데, 달러와 상상의 투자는 양 방향으로 흐른다"고 주장).

[352] Toyota Motor Sales, U.S.A., Inc. v. Tabari, 610 F.3d 1171, 1180 (9th Cir. 2010) (자동차 중개상인 Tabari가 광고전단에 렉서스 자동차의 L자 도형상표를 사용하고 자신의 도메인네임에 lexus라는 단어를 포함시키고 있어 Toyota에서 상표권 침해를 주장한 사건).

품질 및 브랜드 이미지의 위치에 관한 정보를 소비자에게 간결하게 전하는 기능이다. 상표는 그 상표가 전하는 정보에 기초하여, 생산자들이 자신들의 상품을 타인들의 상품들과 차별할 수 있게 하고, 소비자들이 상품을 식별하고 특정 상표를 부착한 상품에 대한 선호를 형성하며 구매결정을 할 수 있게 하는 차별 기능을 수행한다.

정보 기능 및 차별 기능에서의 정보의 범위는 상품품질 및 브랜드 이미지의 위치에 관한 또는 관련된 정보에 한한다. 또한 상표는 이러한 경쟁친화적 기능을 상표권자의 시장 및 경쟁 상품시장에서 수행한다. 이는 유명상표의 경우에도 마찬가지이다. 따라서 상표법은 제3자 사용이 이러한 시장들에서 정보 기능 및 차별 기능에 손해를 입히는 경우에만 그 사용을 금지하여야 한다.

유료키워드 검색 마케팅에서의 보호받을 수 있는 상표기능도 오프라인 맥락에서의 보호받을 수 있는 상표기능과 동일하다. 경쟁친화적인 기능만이 키워드로의 제3자 상표사용으로부터 보호될 수 있다. 그러므로 온라인 마케팅에서의 상표사용이 오프라인 세계에서의 다른 상표사용보다 약하게 보호되어서도 강하게 보호되어서도 안 된다. 유료키워드 검색 마케팅에서의 상표책임은 이러한 맥락에서 검토되어야만 한다.

이러한 점에서 상표책임을 판단할 때, 유료키워드 검색 마케팅에서의 상표사용을 다른 상표사용과 다른 방식으로 취급하는 이론을 소개하는 것은 바람직스럽지 않다. 예를 들면, 검색엔진이 소비자로 하여금 정보를 보다 빠르고 쉽게 회수할 수 있게 한다는 사실을 근거로 제3자가 상표권자의 상표를 키워드로 사용하는 것을 금지하는 것에 반대하여서는 안 된다. 또한 인터넷상의 상표사용에만 적용되는 최초관심혼동이론도 허용되지 않아야 할 것이다.

공정하고 효율적인 경쟁 시스템은 표현의 자유 기준과도 관련되기 때문에 선순환 사이클에서 출발점으로서의 기능을 넘어서 선순환 사이클의 핵심으로 기능한다. 즉, 공정하고 효율적인 경쟁 시스템은 표현의 자유 제한 기준의 주요 요소인 '실질적 또는 강력한 사회적 이익 유무(substantial or compelling societal interests)'를 결정짓는다.

■■■ 제3장

유료키워드 검색 마케팅에 관한
주요국의 상표 판례

이 장에서는 유료키워드 검색 마케팅에서의 상표사용에 관한 미국 연방법원, 유럽연합사법재판소 및 우리나라 법원의 판례를 분석하고자 한다. 주요국 법원들이 관련 당사자들의 권리와 이해관계 사이에서 어떤 균형을 이루고자 판단하였는지 탐구하기 위해, 법역에 따라 또한 광고주와 검색엔진에 따라 구분하여 상표책임을 분석하고자 한다. 또한 사실맥락에 대한 평가 또는 본질적으로 매우 유사한 법률 규정에 대한 해석상의 차이로 법원들의 의견이 갈린다는 것을 보여주고자 한다. 유료키워드 검색 마케팅 사건들에 대한 연방대법원의 판결이 없는 미국의 경우, 연방법원들은 동일한 법률을 적용하면서도 접근방법에는 큰 차이가 있다.

1. 미국 연방법원

미국 연방법원은 광고주 및 검색엔진의 상표책임에 대하여 공통된 입장을 취하고 있지 않다. 상표책임을 인정할 것인지 뿐 아니라 인정하기 위한 법률 해석에서도 입장이 나뉜다. 상표를 보호하고자 광고주 또는 검색엔진의 책임을 인정하는 법원들은 상표사용이론(the trade mark use doctrine)을 채택하지 않고 혼동가능성 또는 희석가능성에 대해 느슨하게 해석한다. 반면에 광고주 또는 검색엔진이 책임을 부담하지 않는다고 판단한 법원들은 상표사용이론, 높은 수준의 소비자 주의, 광범한 방어수단 등을 인정한다.

1) 광고주의 책임

메타태그에서의 상표사용 또는 팝업 또는 배너광고를 촉발하는 키워드로의 상표사용에 관한 법원의 결정은 유료키워드 검색 마케팅에서의 법원의 입장을 이해하는 데 도움이 된다. '작동방법(mechanics)'의 유사성 때문에 연방법원은 유료키워드 검색 마케팅에서의 광고주 또는 검색엔진의 책임을 결정함에 있어서 메타태그 등에서의 결정을 인용해왔기 때문이다. 특히 메타태그에서의 상표사용에 관한 법원의 결정들은 유료키워드 검색 마케팅에서의 광고주의 책임에 관한 법원의 입장을 이해하는 데 도움이 되는데, 이는 많은 광고주들이 메타태그와 유료키워드 검색 마케팅 양자 모두에 상표를 사용해왔고,[353] 이러한 모든 사건들은 상표권자와 제3자인 광고주들 사이에서 발생해왔기 때문이다.

혼동가능성의 유무에 분석의 초점을 맞춘 연방법원들은 '상표사용 요건'[354]이 '상표로서의 사용(use as trade marks)'을 의미하는 것으로 엄격하게 해석하지 않았다. North American Medical 사건에서 제11연방항소법원은 Axiom이 North American Medical의 상표를 메타태그로 사용한 것은 랜험법상에 사용된 상품의 판매 또는 광고와 관련된 '상업적 사용(use in commerce)'이란 용어가 가지는 통상적 의미로 볼 때 이에 해당된다고 판단하였다.[355] 동 법원은 North American Medical의 상표가 Axiom의 웹사이트 방문자에게 보여지지 않은 것은 상업적 사용에 대한 판단이 아니라 혼동가능성에 대한 판단과 관련된다고 추가적으로 적시하였다.[356]

마찬가지로 Edina Realty 사건에서 제11연방항소법원 소속 지방법원은, 랜험법상에 사용된 용어의 통상적 의미를 이유로 광고주가 다른 사람의 상표를 키워드로 구매한 것은 상업적 사용에 해당한다고 간주하였다.[357] 제1연방항소법원 소속 지방법원도 Hearts on Fire 사건에서 "랜험법의 용어와 상표법령의 광범한 목적"을 근거로, 광고를 촉발시키는 키워드로서의 상표를 광고주가 구매하는 것은 랜험법상의 '사용'에 해당한다고 결론지었다.[358] 특히 동 법원은 검색엔진 서비스 사용자의 검색으로 나타난 hearts on fire 검색결과물 위에 명백하게 표시된 'hearts on fire에 대한 웹 검색 결과(Web search results for hearts on fire)'와 같은 문구는 랜험법의 정의 규정에서 의미하는 '관련

---

353) Australian Gold, Inc. v. Hatfield, 436 F.3d 1228 (10th Cir.2006); J. G. Wentworth, S. S. C. Ltd. v. Settlement Funding LLC, 2007 WL 30115 (E.D.Pa. 2007); Site Pro-1, Inc v. Better Metal, LLC, 506 F.Supp.2d 123 (E.D.N.Y. 2007); FragranceNet.com, Inc. v. FragranceX.com, Inc., 493 F.Supp.2d 545 (E.D.N.Y. 2007); S&L Vitamins Inc. v. Australian Gold Inc., 521 F.Supp.2d 188 (E.D.N.Y. 2007); Designer Skin, LLC v. S&L Vitamins, Inc., 560 F.Supp.2d 811 (D.Ariz.2008).

354) 혼동책임이든 희석책임이든 상표책임을 인정하기 위해서는 제3자가 상표를 사용하여야 한다는 것이 첫 번째 요건이다.

355) North American Medical Corp. v. Axiom Worldwide, Inc., 522 F.3d 1211, 1218-1220 (11th Cir. 2008) (물리치료용 척추장치에 대한 North American Medical의 등록상표 "Accu-Spina"와 "IDD Therapy"를 경쟁업자인 Axiom이 자신이 운영하는 웹사이트의 메타태그로 사용한 사건).

356) Id. at 1219-1220.

357) Edina Realty, Inc. v. TheMLSonline.com, 80 U.S.P.Q.2d 1039, 3 (D. Minn. 2006) (부동산중개회사인 Edina Realty의 등록상표 EDINA REALITY를 경쟁업자인 TheMLSonline.com이 구글과 야후의 키워드로 구매하고, 자신의 광고문안에 사용하며, 자신의 웹사이트에 대한 숨은 링크 등으로 사용한 사건. 이 사건에서, Edina Reality는 입력된 검색용어가 검색결과 위의 툴바에 남아 있다는 것을 근거로 시각적 요소가 있다고 주장); see also Hysitron Inc. v. MTS Systems Corp., 2008 WL 3161969, 3 (D. Minn. 2008) (나노기계 시험 장치를 판매하는 Hysitron의 등록상표 HYSITRON을 경쟁업자인 MTS가 구글로부터 구글 Adwords 프로그램 키워드로 구매한 사건).

358) Hearts on Fire Company LLC. v. Blue Nile, Inc., 603 F. Supp. 2d 274, 282-283 (D. Mass. 2009) (다이아몬드와 보석류를 소매상에게 판매하는 Hearts on Fire Company의 등록상표 Hearts on Fire와 관련하여, 온라인 다이아몬드 소매상인 Blue Nile이 자신의 웹사이트에서는 Hearts on Fire 다이아몬드 등을 판매하지 않음에도 불구하고 Hearts on Fire Company로부터 승인 없이 검색엔진 www. webcrawler. com으로부터 Hearts on Fire를 키워드로 구매하여 사용한 사건).

된 전시물(displays associated)'에 해당한다고 피력했다.359)

일부 법원들은 소비자들이 키워드로서의 상표사용을 인지할 수 있다는 것을 강조하면서, 상업적 사용을 인정하였다. 제3연방항소법원 소속 지방법원은 J. G. Wentworth 사건에서 피고가 '보호되는 상표의 구매 또는 사용을 통해 소비자들에게 도달할 기회를 만들었기 때문에 피고는 "내부적 사용으로부터 랜험법상의 상업적 사용으로 선을 넘었다"고 판단했다.360) 동 법원은 일련의 WhenU.com 사건들은 상표의 '구매'와 관련되지 않았고 피고의 데이터베이스 상의 '도메인 주소'의 사용과 관련되었다는 점에서 이 사건과 일련의 WhenU.com 사건들을 구분하였다.361)

제2연방항소법원의 Rescuecom 사건362) 판단 이후에는 대다수 연방법원이 유료키워드 검색 마케팅에서의 상표사용을 상업적 사용에 해당하는 것으로 인정하였다. Network Automation 사건에서 제9연방항소법원은 제2연방항소법원의 판단에 동의하면서, 제9연방항소법원은 이전에는 키워드로서의 상표사용이 랜험법상의 상업적 사용이라고 "명백히 결정하지는 않았고" 추정하였다고 인정했다.363)

혼동가능성 해석과 관련하여서는 메타태그에서의 상표사용으로 광고주의 책임을 인정한 많은 법원들은 최초관심혼동이론을 받아들임으로써 그 개념을 넓게 해석하였다. 메타태그와 도메인이름 양자에서의 상표사용 사건인 Brookfield Communications에서 제9연방항소법원은 광고주인 West Coast의 메타태그에서의 상표사용을 고속도로에서의 옥외광고판 설치에 비유하면서, 최초관심혼동을 이유로 메타태그에서의 상표사용이 허용될 수 없다고 결론지었다.364) 동 사건은 연예정보 제공회사인 Brookfield Communications가 보유하고 있는 연예정보 관련 컴퓨터 소프트웨어 상표인 MovieBuff와 관련된 사건으로서, 미국의 비디오 대여 체인인 West Coast가 자신이 먼저 등록하여 사용하여 온 도메인네임 moviebuff.com 웹사이트에서 연예정보를 제공하는 서비스를 시작하고자 하면서 발생되었다.365) 제9연방항소법원은 i) "MovieBuff"를 검색창에 입력하면 West Coast와

---

359) Id. at 282.

360) J. G. Wentworth, S.S.C. Ltd. v. Settlement Funding LLC, 2007 WL 30115, 6 (E.D.Pa. 2007) (연금과 같이 고객이 장래에 지불 받을 권리를 대가로 고객에게 즉시 현금을 지급하는 사업을 하는 금융기관인 J. G. Wentworth의 상표 J. G. Wentworth를 경쟁업자인 Settlement Funding 이 구글 Adsords 서비스의 키워드로 구매하여 사용한 동시에 메타태그로도 사용한 사건) ("crossed the line from internal use to use in commerce under the Lanham Act").

361) Id. at 5.

362) Rescuecom Corp. v. Google, Inc., 562 F. 3d 123 (2d Cir. 2009) (전국적인 컴퓨터 서비스 프랜차이즈 회사인 Rescuecom이 구글을 상대로 하여 구글이 광고주에게 키워드를 판매하는 것 등은 상표권 등의 침해라고 주장한 사건).

363) Network Automation, Inc. v. Advanced Systems Concepts, Inc., 2011 WL 815806, 4 (C.A.9(Cal.)) (소프트웨어 회사인 Advanced Systems의 등록상표 ActiveBatch를 AutoMate라는 상표를 보유하고 있는 경쟁업자 Network Automation이 검색엔진인 구글과 빙으로부터 키워드로 구매하여 사용한 사건).

364) Brookfield Commc'ns, Inc. v. West Coast Entm't Corp., 174 F.3d 1036, 1062-1064 (9th Cir. 1999).

365) Id. at 1041-1043.

Brookfield 양자 모두의 웹사이트를 포함하고 있는 리스트가 화면에 나타난다는 점과 ii) 인터넷 사용자가 두 개의 웹사이트 중에서 West Coast를 선택하는 경우에도 West Coast 웹사이트의 도메인 이름이 'westcoastvideo.com'이기 때문에 소비자는 혼동하지 않을 것이라는 점을 이유로 메타태그에서의 상표사용으로 인한 통상의 혼동가능성은 부인하였다.366) 그러나 동 법원은 "Brookfield가 자신의 상표에 계발한 신용으로부터 West Coast가 부적절하게 이익을 얻었다"는 의미에서 메타태그에서의 상표사용으로 인한 최초관심혼동을 인정하였다.367) 한편 동 법원은 West Coast의 도메인 이름 moviebuff.com이 Brookfield Communications의 상표인 MovieBuff를 포함하고 있는 것에 대해 통상의 혼동가능성이 있다고 결정하면서, 오프라인 세계에서보다 온라인 세계에서 혼동가능성이 높다고 강조하였다.368) Promatek 사건에서 제7연방항소법원도 경쟁업체인 Equitrac이 자신의 웹사이트 메타태그로 Promatek의 상표인 Copitrack을 사용한 것은 Promatek이 축적한 신용을 유용하는 것이므로 최초관심혼동을 초래할 수 있다고 결정하였다.369)

키워드로의 상표사용에 대한 광고주의 책임을 결정함에 있어서도 연방법원은 혼동가능성을 넓게 해석하였다. Australian Gold 사건에서 제10연방항소법원은 자신의 혼동가능성 테스트에 따라 최초관심혼동 유무를 평가한 후에 소비자 혼동가능성이 있다고 결론지었다.370) 이와 관련하여 동 법원은 최초관심혼동이 초래하는 '상표에 대한 세 종류의 손해'에 대해 설명하였다. 동 법원에 따르면, 첫 번째 손해는 사용을 허락받은 것으로 장래 고객이 오인한 출처로 '장래 고객의 관심이 최초로 전환된 것'(즉, 무단사용인에게로의 최초관심전환)이고, 두 번째 손해는 두 개 출처 간의 연계성에 관한 잘못된 인상으로 인해 최초관심전환이 장래 고객의 최종 구매결정에 미치는 잠재적인 결과효과(즉, 최초관심전환이 최종 구매결정에 미치는 효과)이며, 세 번째 손해는 '침해자의 상품과 고객 간 고려사항'에 장래 구매자가 부여할 수 있는 초기 신뢰(initial credibility)(즉, 장래 구매자의 침해자 상품에 대한 초기 신뢰)이다.371)

---

366) Id. at 1062.

367) Id.

368) Id. at 1057 (온라인 상황에서 웹사이트를 방문하는 데는 거의 노력이 필요하지 않기 때문에, 인터넷 이용자들은 오프라인 상점 소유권보다 웹사이트 소유권에 대하여 혼동할 가능성이 더 높다고 판시).

369) Promatek Industries, Ltd. v. Equitrac Corp., 300 F.3d 808, 812-813 (7th Cir. 2002) (비용회복 장비 업체인 Promatek Industries의 상표 Copitrack을 경쟁업체인 Equitrac이 자신의 웹사이트 메타태그로 사용한 사건).

370) Australian Gold, Inc. v. Hatfield, 436 F.3d 1228, 1238-1240 (10th Cir. 2006) (실내 태닝 로션 생산업체인 Australian Gold 등의 상품을 Hatfield가 허가 없이 온라인상에서 재판매하면서 자신의 웹사이트(최대 7개)와 메타태그에서 사용하고, "Australian Gold"와 "Swedish Beauty" 상표를 Overture 이용자가 검색하면 Hatfield의 웹사이트 중의 하나가 Overture 상위 3개 관련 웹사이트로 나열될 수 있도록 하고 그 대가를 Overture.com에게 지불한 사건).

371) Id. at 1239 ("(1) the original diversion of the prospective customer's interest to a source that he or she erroneously believes is authorized; (2) the potential consequent effect of that diversion on the customer's ultimate decision whether to purchase caused by an erroneous impression that two sources of a product may be associated; and (3) the initial credibility that the would-be buyer may accord to the infringer's products-customer consideration that otherwise may be unwarranted and that may be built on the strength of the protected mark, reputation and goodwill").

일부 키워드 사건에서 연방법원은 최초관심혼동을 소위 인터넷 3인방(internet troika)과 결합시킴으로써 혼동가능성을 더욱 확대하였다. eBay와 Perfumebay.com 간의 분쟁에서 제9연방항소법원은 Perfumebay에게 불리하게 평가된 상표의 유사성, 상품의 유사성, 사용된 마케팅 경로 등 인터넷 3인방을 근거로 최초관심혼동이 있다고 판단하였다.[372] 즉, eBay와 Perfumebay가 유사하고, 양자 모두 상품이 향수이며, 양자 모두 인터넷을 마케팅 및 광고 시설로 활용하였다는 것이다.[373] 제9연방항소법원은 특히 인터넷은 경쟁 상표들이 동시에 동일한 화면에 나타나게 하는 마케팅 수단이기 때문에 경쟁업자 모두 인터넷을 마케팅 경로로 활용한다는 사실은 혼동가능성을 더욱 높이는 요소라고 강조하였다.[374] Storus 사건에서 제9연방항소법원 소속 지방법원도 인터넷 3인방 내지 인터넷 3부작(internet trilogy)을 근거로 최초관심혼동을 인정하였다.[375]

다른 메타태그나 키워드 사건에서는 법원들이 소비자 혼동을 판매시혼동(point-of-sale confusion)으로 한정시키지는 않았지만, 혼동가능성을 인정하기 위해 '소비자 관심의 단순 전환'만으로는 충분하지 않다고 보면서 그 이상의 엄격한 혼동가능성을 요구하였다. 그러나 법원들이 이러한 엄격성을 이유로 광고주의 상표사용이 혼동가능성이 없다고 판단한 것만은 아니었다. 법원들은 단순 전환은 부인하였지만 광고주가 책임이 있다고 인정하였다. Venture Tape 사건에서 제1연방항소법원은, 여덟 부분으로 구성된 Pignons 테스트를 적용한 후, 메타태그와 상표를 포함한 웹사이트상의 보이지 않는 배경 문구가 혼동가능성을 초래하였다고 결론지었다.[376] 동 법원은 최초관심혼동은 언급하지 않고 "판매전혼동에 관한 강한 정황 증거는 원고를 위한 약식판결을 인정하기에 충분했다"고 언급했다.[377] Hearts on Fire 사건에서 제1연방항소법원 소속 지방법원도 "혼동에 대한 어떠한 단서도 없는 단순 전환은 충분하지 않다"고 언급하면서, 혼동가능성은 여덟 부분으로 구성된 테스트와 "소비자가 화면상에서 본 것과 맥락을 감안하여 합리적으로 생각한 것"에 기초하여야 한다고 주장하였다.[378]

---

[372] Perfumebay.com Inc. v. eBay, Inc., 506 F.3d 1165, 1174-1176 (9th Cir. 2007) (본 사건은 타인의 상표를 키워드로 구매하여 사용하는 다른 유료키워드 검색 마케팅 사건과 달리, Perfumebay는 자신의 상표를 키워드로 구매하고 eBay는 자신의 상표인 eBay를 키워드로 구매한 사건. 다만, 인터넷 이용자들이 eBay에서 향수를 구매하기 위해 eBay와 Perfume을 함께 입력하고 이 경우 양 상표의 유사성으로 인해 eBay와 Perfumebay의 웹사이트가 동시에 나타나서 상표권 침해 여부가 문제된 사건).

[373] Id. at 1174.

[374] Id.

[375] Storus Corp. v. Aroa Marketing, Inc., 2008 WL 449835, 3-5 (N. D. Ca. 2008) (Storus가 생산하여 판매하는 마니클립의 상표인 Smart Money Clip을 경쟁업자인 Aroa가 키워드 마케팅을 위해 사용한 사건).

[376] Venture Tape Corp. v. McGills Glass Warehouse, 540 F.3d 56, 62 (1st Cir. 2008) (스테인드글라스 산업에 사용되는 특수접착테이프와 호일을 생산·판매하는 Venture Tape의 상표 Venture Tape와 Venture Foil을 경쟁업자인 McGills이 자신의 웹페이지의 메타태그에 사용한 동시에 웹페이지 흰 배경화면에 흰색 글씨로 사용한 사건); see also Pignons S. A. de Mecanique de Precision v. Polaroid Corp., 657 F.2d 482, 487 (1st Cir. 1981).

[377] Hearts on Fire Company LLC. v. Blue Nile, Inc., 603 F. Supp. 2d 274, n. 11 (D. Mass. 2009) ("strong circumstantial evidence of pre-sale confusion was sufficient to sustain summary judgment for the plaintiff").

혼동가능성에 대한 광고주의 책임을 인정한 법원들은 일부 사건에서 희석행위로 인한 책임도 인정하였다. Perfumebay.com 사건에서 제9연방항소법원은 Perfumebay의 표장들을 사용하는 것은 eBay 표장의 독특성(uniqueness)을 희석시킬 가능성이 높다고 결론지으면서 "소비자들은 더 이상 'Bay'라는 어근의 사용을 eBay의 독특한 서비스, 구체적으로는 인터넷 기반 장터에서의 상품판매에 연계시키지 않을 것"이라고 언급하였다.[379] 그러나 제9연방항소법원은 Perfumebay 표장의 사용이 왜 Bay라는 어근과 eBay의 독특한 서비스 간의 연계를 분리(disassociation)시키는지 충분히 논의하지는 않았다.

상표사용과 혼동가능성 또는 희석가능성을 인정한 앞의 법원들과 달리, 다른 법원들은 광고주가 메타태그 또는 키워드로 상표를 사용한 것에 대해 상표사용이론을 따르거나 혼동가능성을 엄격하게 해석하거나 높은 수준의 소비자 주의 정도를 인정하거나 광범한 방어수단을 인정함으로써 광고주의 책임을 부인하였다.

Rescuecom 사건[380]에서의 제2연방항소법원 판결 이전에는 제2연방항소법원 소속 지방법원들은 메타태그 또는 키워드로 상표를 사용한 것이 랜험법상의 '사용'에 해당하지 않는다는 것을 근거로 광고주의 책임을 부인하였다. Merck 사건에서 제2연방항소법원 소속 지방법원은 피고 Mediplan Health Consulting이 ZOCOR 표장들을 키워드로 구매한 것은 상표에 대한 침해적 사용에 해당하지 않는다고 판결하였는데, 그 근거로 "피고는 ZOCOR 표장들을 어떠한 상품, 용기, 전시물 또는 관련 문서에도 '부착하지(place)' 않았고, 어떠한 방식으로도 출처 또는 후원관계를 표시하기 위해 사용하지 않았으며", "인터넷 이용자의 ZOCOR라는 키워드의 검색이 피고의 웹사이트에 대한 스폰서 링크를 나타나게 했다는 의미로서만 ZOCOR 표장이 '사용'되었다"는 점을 제시하였다.[381] 동 지방법원은 상표권자와 온라인 마케팅 회사 간의 분쟁인 팝업광고 사건들을 인용하면서, 이러한 내부적 사용은 상표에 관한 개인의 사적인 생각(an individual's private thoughts about a trade mark)과 유사하다고 주장하였다.[382] 또한 동 법원은 "원고 Merck의 캐나다 지부들에서 제조되는 Zocor 상품들이 피고의 웹사이트에서 팔리고 있기 때문에 피고의 웹사이트에 대한 스폰서 링크의 구매

---

[378] Id. at 286-289 (감안하여야 할 맥락으로 예를 든 것은 (1) the overall mechanics of web-browsing and internet navigation, in which a consumer can easily reverse course; (2) the mechanics of the specific consumer search at issue; (3) the content of the search results webpage that was displayed, including the content of the sponsored link itself; (4) downstream content on the Defendant's linked website likely to compound any confusion; (5) the web-savvy and sophistication of the Plaintiff's potential customers; (6) the specific context of a consumer who has deliberately searched for trademarked diamonds only to find a sponsored link to a diamond retailer; and in light of the foregoing factors, (7) the duration of any resulting confusion 등이다).

[379] *Perfumebay.com*, 506 F.3d at 1181.

[380] Rescuecom Corp. v. Google, Inc., 562 F. 3d 123 (2d Cir. 2009).

[381] Merck & Co., Inc. v. Mediplan Health Consulting, Inc., 425 F. Supp. 2d 402, 415-416 (S.D.N.Y. 2006).

[382] Id. at 415.

에는 부적절한 것이 아무 것도 없다"고 강조하였다.[383]

Site Pro-1 사건에서도 제2연방항소법원 소속 지방법원은 Better Metal이 원고의 SITE PRO 1® 상표를 상품, 용기 또는 광고에 부착하지 않았고 출처를 나타내는 어떠한 방법으로도 상표를 사용하지 않았다는 점을 근거로, Better Metal이 Site Pro-1의 상표를 메타태그와 키워드로 사용한 것은 랜험법상의 상표사용에 해당하지 않는다고 판결하였다.[384] 동 지방법원은 FragranceNet.com 사건에서도, Merck 사건과 Site Pro-1 사건에서의 법원의 판단에 동의하면서 동일한 결론에 도달하였다.[385]

나아가 동 지방법원은 검색결과화면상의 광고에 상표가 나타나 있는 경우에도 상표사용은 없다고 결론지었다. S & L Vitamins 사건에서 S & L Vitamins는 Australian Gold의 'Australian Gold'와 'Swedish Beauty'라는 상표들을 메타태그와 키워드로 사용하였으며,[386] 검색엔진의 웹사이트상에 표시된 자신의 광고에도 이러한 상표들을 사용하였다.[387] 이 사건에서 동 지방법원은 S & L Vitamins가 실제로 그 상표가 부착된 상품들을 자신의 웹사이트에서 판매하였기 때문에 상표적 의미로 상표를 사용하지는 않았다고 판시하였다.[388]

일부 법원들은 상표사용이론을 따르지 않고 소비자 혼동가능성이 없다는 것을 이유로 광고주의 책임을 부인하였다. Standard Process 사건에서 제7연방항소법원 소속 지방법원은 Dr. Bank가 Standard Process의 상표를 메타태그로 사용한 것에는 혼동가능성이 없다고 판시하였는데, 그 이유는 검색엔진들이 웹사이트의 순위를 매기는 알고리즘에서 더 이상 메타태그를 관련성 지표로 사용하지 않았고 소비자들은 변경되지 않은 Standard Process 상품을 Dr. Bank의 웹사이트에서 구매할 수 있었다는 것이다.[389] 흥미롭게도 후자의 이유는 S & L Vitamins 사건에서 상표사용이 없었다는 것을 주장하기 위하여 사용된 근거이다.

제9연방항소법원 소속 지방법원도 Designer Skin 사건에서 S & L Vitamins가 실내 태닝 로션 생산·판매자인 Designer Skin의 상표를 메타태그와 키워드로 사용한 것은 Designer Skin의 상품을 판매하고 있는 S & L Vitamins의 웹사이트 내용을 설명하기 위한 것이어서 최초관심혼동을 발생시키지 않았다고 결론지었다.[390] 이 사건에서 동 지방법원은 제10연방항소법원의 Australian Gold 판

---

383) Id. at 416.

384) Site Pro-1, Inc v. Better Metal, LLC, 506 F.Supp.2d 123, 127 (E.D.N.Y. 2007).

385) FragranceNet.com, Inc. v. FragranceX.com, Inc., 493 F.Supp.2d 545, 555 (E.D.N.Y. 2007).

386) S & L Vitamins Inc. v. Australian Gold Inc., 521 F.Supp.2d 188, 197 (E.D.N.Y. 2007).

387) Id. at 201.

388) Id. at 201-202.

389) Standard Process, Inc. v. Banks, 554 F. Supp. 2d 866, 871 (E. D. Wis. 2008).

390) Designer Skin, LLC v. S & L Vitamins, Inc., 560 F.Supp.2d 811, 819-820 (D.Ariz. 2008).

결이 설득력이 없다고 주장하였다.391)

또 다른 법원은 원고의 혼동가능성 주장을 거절하기 위하여 최초관심혼동을 좁게 해석하였으며, 소비자들이 피고의 웹사이트로 "검색엔진에 의해 인도되지는(taken by a search engine)" 않았다고 강조하였다.392) J. G. Wentworth 사건에서 제3연방항소법원 소속 지방법원은 i) 상표 입력에 상응하여 나타난 링크는 "많은 선택들 중의 하나"라는 점, ii) 링크들은 검색결과화면상에서 독립적이고 구분된다는 점, iii) 광고와 링크는 상표를 포함하고 있지 않다는 점을 근거로 하여, 상표를 키워드로 사용하는 데 혼동가능성이 없다고 인정하였다.393)

다른 키워드 사건에서는 키워드 검색결과의 제목 및 위치와 더불어 소비자 주의 정도가 혼동가능성이 없다는 판단에 중요한 역할을 했다. Network Automation 사건에서 제9연방항소법원은 인터넷 3인방이 키워드 사건에 적합하지 않다고 언급하면서, '기본적인 소비자 주의 정도'가 상승하였다는 점과 광고가 '스폰서 링크(sponsored links)'라는 별도의 제목하에 표시되었다는 점을 이유로 최초관심혼동가능성이 없다고 결정하였다.394)

방어수단도 광고주의 책임을 인정하는 법원들보다 광고주의 책임을 부인하는 법원들 사이에서 넓게 해석되었다. Brookfield Communications 사건에서 제9연방항소법원은 i) 영화광을 의미하는 기술적 용어(descriptive term)는 'MovieBuff'가 아니라 'Movie 띄우고 Buff(Movie Buff)'라는 점과 ii) MovieBuff는 Brookfield의 상품을 표시하기 위한 것이 아니라 West Coast의 상품을 기술하고 소비자 관심을 West Coast의 웹사이트로 돌리기 위한 것이라는 점을 이유로, 메타태그로 상표를 사용한 것에 있어서 공정사용(a fair use defence)을 인정하지 않았다.395) 그러나 동 법원은 Playboy 사건에서 Welles가 'playboy'와 'playmate'라는 상표를 메타태그에 포함시킨 것은 허용되는 공정사용이라고 결론지었으며, 이러한 용어들이 "Welles를 설명할 뿐 아니라 Welles의 웹사이트 내용도 정확하게 기술"한다는 점을 그 근거로 제시하였다.396)

또한 제9연방항소법원 소속 지방법원은 지명식 공정사용(a nominative fair use defence)을 키워드 사건에 적용하였다. 동 법원은 S & L Vitamins가 Designer Skin의 상표를 자신의 메타태그와 키워드로 사용한 것은 지명식 공정사용이라고 판시했으며, 그 사용이 "웹사이트 내용을 정확히 확인시키기" 위한 것이라는 점과 지명식 공정사용의 세 부분 테스트를 만족시켰다는 점을 근거로 들었다.397)

---

391) Id. at 820.

392) J. G. Wentworth, S. S. C. Ltd. v. Settlement Funding LLC, 2007 WL 30115, 7 (E.D.Pa. 2007).

393) Id.

394) Network Automation, Inc. v. Advanced Systems Concepts, Inc., 2011 WL 815806, 7-13 (C.A.9(Cal.)).

395) Brookfield Commc'ns, Inc. v. West Coast Entm't Corp., 174 F.3d 1036, 1066 (9th Cir. 1999).

396) Playboy Enterprises, Inc. v. Welles, 279 F.3d 796, 803-804 (9th Cir. 2002).

유사하게 Rescuecom 결정 이후 사건인 Tiffany(NJ) 사건에서 제2연방항소법원은 Tiffany의 상표를 eBay의 웹사이트와 스폰서 링크에서 사용하는 것은 지명식 공정사용이어서 직접적인 상표침해 행위에 해당하지 않는다고 결론지었으며, "eBay는 자신의 웹사이트에서 판매하는 Tiffany 진품을 정확하게 기술하기 위하여 상표를 사용하였고", eBay가 Tiffany 상표를 사용한 것 중 어떠한 사용도 "Tiffany가 eBay와 연루되었거나 또는 eBay 웹사이트를 통한 Tiffany 상품의 판매를 지지하였다는 것을 보여주지는 않는다"고 언급하였다.398)

요약하면 사실맥락에 대한 각각 다른 평가와 상표책임에 관한 요건 및 예외에 대한 각각 다른 해석을 근거로 메타태그 및 키워드로 상표를 사용한 것에 관한 광고주의 책임에 대해 미국 법원의 입장은 나뉘어져 있다. 이러한 불일치 때문에 상표권자와 광고주 양자 모두가 원하는 예측가능성은 담보될 수 없다.

2) 검색엔진의 책임

유료키워드 검색 마케팅에서의 상표분쟁들은 상표권자와 검색엔진 사이에서도 발생하여 왔다. 상표권자와 광고주 간에 발생한 메타태그 및 키워드 사건에서의 광고주 책임에 대한 태도와 마찬가지로, 미국 법원들은 검색엔진의 책임에 대해서도 공통된 입장을 가지고 있지 않다. 일부 법원들은 검색엔진의 사용이 제소 가능한 사용에 해당하는 것으로 간주하거나 나아가 혼동에 기초한 책임을 인정하는 반면, 다른 법원들은 검색엔진의 책임을 인정하지 않았다. 유료키워드 검색 마케팅에서의 검색엔진의 책임에 관한 법원의 이러한 입장들은 팝업 또는 배너광고에서 상표를 키워드로 사용한 검색엔진에 대한 법원의 입장들과 밀접히 관련되어 있다.

일부 연방법원은 검색엔진의 사용에 대해 제소 가능하다고 인정하였다. GEICO I 사건에서 제4연방항소법원 소속 지방법원은 i) 상표가 광고에 포함되어 있다는 점과 ii) 광고프로그램에 대한 Google의 전반적인 통제를 감안하여 상표를 키워드로 판매하는 것은 '상표의 사용'에 해당한다고 결정하였다.399) 그러나 GEICO II 사건에서 동 법원은 GEICO의 상표가 표제 또는 문구에 포함되어 있는 스폰서 링크에 관하여만 혼동가능성이 있었다고 결정하면서, 키워드 판매에서 발생되는 혼동가능성은 인정하지 않았다.400)

---

397) Designer Skin, LLC v. S&L Vitamins, Inc., 560 F.Supp.2d 811, 820-821 (D.Ariz. 2008).

398) Tiffany (NJ), Inc. v. eBay Inc., 600 F.3d 93, 102-103 (2d Cir. 2010).

399) Government Employees Ins. Co. v. Google, Inc., 330 F.Supp.2d 700, 703-704 (E.D.Va. 2004) (보험회사인 GEICO가 검색엔진인 Google과 Overture를 상대로 하여 GEICO 상표가 광고에 포함되어 있고 GEICO 상표를 키워드로 판매하였다는 점을 이유로 하여 상표권 침해 등을 주장한 사건에 대한 Memorandum Opinion).

800-JR Cigar 사건에서[401] 제3연방항소법원 소속 지방법원은 제소 가능한 사용 여부를 판단함에 있어서 i) 키워드 검색결과의 위치와 ii) 검색엔진이 광고주에게 상표를 추천한 것을 추가적으로 고려하였다. 동 법원은 GoTo.com이 광고주로부터의 응찰을 승인하고, 검색결과 목록 전체에서 자연검색결과 목록 앞에 돈을 지불한 광고주들을 배열하며, 검색용어 제안 도구(the Search Term Suggestion Tool)를 통하여 상표를 키워드로 추천함으로써 JR 상표들을 사용하였다고 결정하였다.[402] 그러나 동 법원은 많은 요소들에 대해 논쟁의 여지가 있다는 것을 이유로 혼동가능성 유무에 대하여는 결론을 내지 않았다.[403]

Rescuecom 사건에서 제2연방항소법원도 키워드 추천을 상업적 사용으로 간주하였다. 즉, 제2연방항소법원은 "구글이 자신의 광고서비스를 판매할 때 Rescuecom의 상표를 구글의 광고 고객에게 표시, 제공, 판매"하였고, "구글은 Rescuecom 상표 구매를 키워드 제안 도구(the Keyword Suggestion Tool)를 통해 장려하였다"고 판시하였다.[404] 동 법원은 첫째, 팝업광고를 촉발한 것으로 주장되는 1-800 Contacts에서의 검색용어는 원고의 상표가 아니라 원고의 웹사이트 주소라는 점, 둘째, 광고주들은 자신들의 광고가 나타나게 하기 위하여 피고로부터 키워드를 구매할 수 없었다는 점을 들어 이 사건을 1-800 Contacts 사건과 구분하였다.[405] 또한 동 법원은 내부 소프트웨어 프로그램에서의 상표사용은 '상표의 사용'에 해당하고 혼동을 초래한다고 판시하였으며, 상표의 사용을 인정하지 않은 제2연방항소법원 소속 법원들의 이전 결정들[406]은 1-800 Contacts 사건을 과도하게 읽은 것(즉, 확대해석 한 것)이라고 설명하였다.[407]

Rosetta Stone 사건에서 제4연방항소법원은 심지어 검색엔진의 상표정책도 상표사용으로 간주하였다.[408] 동 법원은 "광고주가 Rosetta Stone의 상표를 Adwords 프로그램에서의 키워드로 사용하고 Rosetta Stone의 상표를 광고문안에 사용하는 것을 허용하는 구글의 정책은 랜험법상 상업적 무단사용 및 특정한 상품 또는 서비스의 판매, 판매 청약, 배포 또는 광고와 관련하여"에 해당한다고 판시하였다.[409]

400) Government Employees Ins. Co. v. Google, Inc., 2005 WL 1903128, 7 (E.D.Va. 2005) (GEICO 사건의 잔여 쟁점 등에 관한 Memorandum Opinion).

401) 800-JR Cigar, Inc. v. GoTo.com, Inc., 437 F.Supp.2d 273, 285 (D.N.J. 2006) (할인가격에 시가를 판매하는 JR Cigar가 검색엔진인 GoTo.com 을 상대로 하여 자신의 상표를 키워드로 판매한 것 등을 이유로 상표권 침해 등을 주장한 사건).

402) Id. at 285.

403) Id. at 292.

404) Rescuecom Corp. v. Google, Inc., 562 F.3d 123, 129 (2d Cir. 2009).

405) Id. at 128-129.

406) Merck & Co., Inc. v. Mediplan Health Consulting, Inc., 425 F.Supp.2d 402, 415 (S.D.N.Y. 2006); S & L Vitamins, Inc. v. Australian Gold, Inc., 521 F.Supp.2d 188, 199-202 (E.D.N.Y. 2007).

407) Rescuecom, 562 F.3d at 129-131.

408) Rosetta Stone Ltd. v. Google, Inc., 2012 WL 1155143, 4 (C.A.4(Va.)).

몇몇 법원들은 더 나아가 검색엔진의 사용이 제소 가능한 혼동가능성을 발생시켰다고 판시하였다. 배너광고와 관련하여 Playboy 사건에서 제9연방항소법원은 상표사용 해당여부에 관하여는 명확하게 논의하지 않고 검색엔진의 책임을 인정하였다.[410] 동 법원은 다수의 요소들이 최초관심혼동가능성을 지지하여, Netscape의 Playboy 상표사용으로 인한 혼동가능성에 대하여 주요사실에 관한 진정한 쟁점사항(a genuine issue of material fact)이 존재한다고 판결하였다.[411] 특히 동 법원은 성인지향적이고 그래픽으로 되어 있는 자료에 대한 소비자 주의 정도는 매우 낮을 것으로 기대되어, 소비자가 "다른 선택사항들 특히 그래픽 등이 보다 빨리 나타나면, 자신이 찾고 있는 구체적 상품으로부터 쉽게 관심이 전환된다"고 인정하였다.[412]

마찬가지로 키워드 사건인 American Blind & Wallpaper에서 제9연방항소법원 소속 지방법원은 구글이 American Blind의 상표를 Adwords 프로그램상의 키워드로 판매한 것은 랜험법상의 상업적 사용에 해당한다고 판단하였다.[413] 또한 "Adwords 참여자의 행위들이 구글의 행위들로 취급되어서는 안 된다"는 구글의 주장에도 불구하고 키워드 판매가 혼동을 초래한다고 판단하였다.[414] 혼동가능성을 인정하기 위해 동 법원은 상품의 가격이나 성질을 분석하지 않고 소비자 주의수준이 낮다고 추정하였으며, 이익을 극대화하려는 구글의 의도도 감안하였다.[415]

또한 검색엔진의 책임을 인정한 법원들은 공정사용 등 방어수단을 엄격하게 해석하고 있다. Playboy 사건에서 제9연방항소법원은 i) 공정사용은 혼동을 초래하는 사용이 아닐 것이라는 점, ii) Netscape는 성인지향 배너광고를 촉발시키기 위해 Playboy의 상표들뿐 아니라 다른 단어들도 사용할 수 있어서, 지명식 사용의 첫 번째 요건을 충족시킬 수 없다는 점, iii) Playboy 상품을 식별하기 위해 사용된 상표는 상품 디자인의 기능적 부분이 아니었다는 점을 이유로 공정사용, 지명식 공정사용, 기능적 사용 등의 방어수단을 인정하지 않았다.[416]

앞에서 설명한 법원들의 입장과 대조적으로 다른 법원들은 상표사용이론, 기능성이론, 방어수단에 대한 광범한 해석을 근거로 검색엔진의 책임을 부인하여 왔다. 제4, 제6연방항소법원 소속 지방법원들과 제2연방항소법원[417]은 팝업광고에 관한 일련의 WhenU.com 사건에서 상표권을 침해

---

409) Id.

410) Playboy Enterprises, Inc. v. Netscape Communications, Inc., 354 F.3d 1020, 1024 (9th Cir. 2004) ("법률에 규정된 다른 요건에 관하여 분쟁이 없다: PEI는 명확히 당해 상표들을 보유하고 있고, 피고들은 PEI의 허락 없이 상거래에서 그 표장들을 사용하였다"고 언급).

411) Id. at 1029.

412) Id. at 1028.

413) Google Inc. v. American Blind & Wallpaper, 2007 WL 1159950, 6 (N. D. Cal. 2007).

414) Id. at 8-9.

415) Id. at 9.

416) *Playboy Enterprises*, 354 F.3d at 1029-1031.

417) U-Haul Int'l, Inc., v. WhenU.com, Inc., 279 F. Supp.2d 723 (E.D. Va. 2003); Wells Fargo & Co. v. WhenU.com, Inc., 293 F. Supp.2d 734

하는 상표의 사용은 '상표로서의 사용'이어야 한다는 상표사용이론을 채택하였다. U-Haul 사건에서 제4연방항소법원 소속 지방법원은, i) 팝업광고가 U-Haul 웹사이트가 표시된 윈도우와 별도로 구분된 윈도우에 나타났다는 점, ii) "상표가 동시에 소비자에게 보인다"는 사실로는 '사용'을 입증하지 못한다는 점, iii) WhenU가 U-Haul의 URL과 'U-Haul'을 주소록에 포함시킨 것은 "순수한 기계-연계 기능(pure machine-linking function)"을 위한 사용이었고, WhenU는 U-Haul의 URL이나 'U-Haul'이라는 단어를 컴퓨터 이용자에게 판매하지도 전시하지도 않았다는 점, iv) SaveNow 프로그램은 인터넷 이용자들이 설치하였고, 인터넷 이용자들이 U-Haul의 웹사이트에 접근하는 것을 "WhenU가 U-Haul의 상표를 사용하는 방식으로" 방해하지도 않았다는 점을 이유로 팝업광고에서의 상표사용은 상업적 사용이 아니라고 결정하였다.[418] 그러나 동 법원은 혼동가능성 문제는 다루지 않았다.

Wells Fargo 사건에서 제6연방항소법원 소속 지방법원도 유사한 근거로 상업적 사용이 없다고 판단하였다.[419] 또한 동 법원은 혼동 요건이 충족되지 않았다고 결정하였는데 그 이유로 i) WhenU의 소프트웨어인 SaveNow의 사용자가 WhenU에 의해 제공되는 광고를 받는 것에 익숙해졌다는 점, ii) WhenU는 광고가 자신의 광고라는 것을 표시하였다는 점, iii) 광고가 별도의 창에 표시되었다는 점을 들었다.[420]

이와 달리 1-800 Contacts에서 제2연방항소법원 소속 지방법원은, i) 1-800 Contacts 웹사이트에 접속하려는 사용자의 시도에 상응하여 팝업광고가 나타나도록 하고, ii) 1-800 Contacts의 URL(상표의 변형)을 WhenU.com의 주소록에 포함시킴으로써 WhenU.com이 상표를 사용하였다고 판결하였다.[421] 또한 동 법원은 출처 혼동과 최초관심혼동 양자를 인정하였다.[422]

이러한 결정은 제2연방항소법원에 의해 환송되었다. 제2연방항소법원은 i) WhenU가 출처에 관하여 소비자를 혼동시키기 위하여 1-800의 상표를 상품에 "부착"시키지 않았고, ii) 컴퓨터 이용자에 의한 상표의 입력은 팝업광고를 촉발시킬 수 없으며, iii) WhenU는 주소록을 공개하지도 구체적인 키워드를 광고주에게 팔지도 않았다는 것을 근거로, 1-800의 웹사이트 주소를 주소록에 포함시키는 것은 상업적 사용에 해당하지 않는다고 결정하였다.[423] 동 법원은 "상표를 대중에게 알리

(E.D. Mich. 2003); 1-800 Contacts, Inc. v. WhenU.com, Inc., 414 F.3d 400 (2d Cir. 2005).

418) *U-Haul Int'l*, 279 F. Supp.2d at 727-729.

419) *Wells Fargo & Co.*, 293 F. Supp.2d at 744-749.

420) Id. at 749-751.

421) 1-800 Contacts, Inc. v. WhenU.com, Inc., 309 F.Supp.2d 467, 489-490 (S.D.N.Y. 2003).

422) Id. at 504.

423) 1-800 Contacts, Inc. v. WhenU.com, Inc., 414 F.3d 400, 408-409 (2d Cir. 2005).

지 않는 방식의 상표의 내부적 사용"은 "상표에 대한 개인의 사적인 생각(an individual's private thoughts about a trademark)"과 유사하다고 주장하였다.[424] 게다가 제2연방항소법원은 내부적인 사용뿐 아니라 팝업광고를 촉발시키는 것도 상업적 사용이 아니라고 결정하였는데, 그 근거로 제시한 것은 i) 팝업광고가 별도의 창에 나타났고 1-800 상표를 포함하고 있지 않다는 점, ii) 팝업광고는 1-800의 상표, 1-800 웹사이트상의 동 상표의 표시 또는 동 상표의 1-800 웹사이트 주소와의 유사성에 상응하여 나타나지 않았다는 점, iii) WhenU는 키워드 상표를 판매하지 않았으며, 달리 광고의 표시를 조작하지 않았다는 점이었다.[425] 동 법원은 또한 혼동가능성과 관련하여, SaveNow 사용자가 "다양한 맥락에서 광범한 상품"에 대해 다양한 WhenU 팝업광고를 받았다는 사실을 감안할 때, 혼동 주장은 의문이라고 각주에서 간략하게 언급하였다.[426] Rescuecom 사건에서 제2연방항소법원 소속 지방법원은 유사한 추론을 사용하였고, 비상업적 사용을 이유로 혼동책임 또는 희석책임(confusion-based or dilution-based liability)이 없다고 판시하였다.[427] 앞에서 언급한 바와 같이 이러한 결정은 항소심에서 제2연방항소법원에 의해 파기되었다.[428]

Rescuecom에서의 제2연방항소법원의 결정 후, 제4연방항소법원 소속 Rosetta Stone 법원은 Playboy 사건에서 이미 다루어졌던 기능성 이론[429]을 쟁점화하였는데, Playboy 사건과는 반대되는 입장을 취하였다. 동 법원은 구글이 검색질문(query)에 응하여 관련 정보를 자신의 데이터베이스에서 확인하는 데 사용한 본질적인 색인 기능이 키워드에 있기 때문에 구글의 사용이 상표침해에 해당하지 않는다고 판시하였다.[430] 동 법원은 심지어 "제3 광고주들이 키워드로서의 상표에 대해 입찰할 수 없으면, 구글은 자신의 웹사이트상에서 키워드 광고를 보여주기 위하여, 보다 많은 비용이 들지만 덜 효과적일 수 있는 대체 시스템을 만들어야 할 것이므로, 구글 Adwords 프로그램의 비용과 품질에 키워드가 영향을 미친다"고 언급하였다.[431] 이러한 판단은 상표 그 자체의 기능적 특성보다는 검색엔진을 위한 키워드의 내부적 기능성에 초점이 있었다.

더구나 Rosetta Stone 사건에서 법원은 희석책임을 결정함에 있어서 공정사용을 근거로 하여 상표사용이론을 채택하였으며, "구글이 자신 *고유의* 상품 및 서비스를 식별시키기 위해 Rosetta Stone 상표들을 사용했다는 증거가 없어서" 구글은 상표희석책임이 없다고 인정하였다.[432] 동 법

---

[424] Id. at 409.

[425] Id. at 409-412.

[426] Id. at n. 14.

[427] Rescuecom Corp. v. Google, Inc., 456 F.Supp.2d 393, 400-404 (N.D.N.Y. 2006).

[428] Rescuecom Corp. v. Google, Inc., 562 F. 3d 123 (2d Cir. 2009).

[429] Rosetta Stone Ltd. v. Google, Inc., 2010 WL 3063152 (E.D.Va. 2010).

[430] Id. at 546.

[431] Id.

원은 또한 구글의 의도, 실제 혼동에 대한 증거 부족, 소비자의 높은 주의력 등을 기초로 혼동가능성 주장을 부인하였다.[433] 특히 동 법원은 상품이 고가이고 소비자가 교육을 잘 받았다는 점을 감안하여 소비자가 유료키워드 검색결과와 자연검색결과를 식별할 수 있었다고 판시하였다.[434] 기능성 이론, 상표사용이론 및 혼동가능성에 대한 동 지방법원의 판결은 제4연방항소법원에 의해 환송되었다.[435]

전체적으로 보면 미국 법원들은 검색엔진의 책임을 다양하게 다루고 있다. 미국 법원들은 사실 맥락을 다르게 평가하였고, 유료키워드 검색 마케팅 사건들에서 랜험법을 동일하게 해석하지 않았다.

2. 유럽연합사법재판소

유럽연합사법재판소는 구글 병합사건에서의 첫 판결 이후 유료키워드 검색 마케팅에서의 광고주들 및 검색엔진들의 책임에 대한 일관성 있는 방향 제시를 위해 노력해왔다. 동 법원은 광고주들의 책임 가능성을 인정하는 한편 검색엔진의 책임은 부인하고 있다.

최근 몇몇 사건들이 유럽연합사법재판소에서 심리되었는데, 이러한 사건으로는 구글 병합사건,[436] BergSpechte 사건,[437] Portakabin 사건,[438] L'Oréal 사건[439] 및 Interflora[440] 사건 등이 있다.

1) 광고주의 책임

구글 병합사건에서 Advocate General Maduro는 i) 광고주가 키워드를 선택하는 것과 ii) 광고의 표시를 구분하였는데, 전자의 소비자가 광고주임에 반해 후자의 소비자는 인터넷 이용자라는 것이

---

[432] Id. at 550-551.

[433] Id. at 540-545.

[434] Id. at 545.

[435] Rosetta Stone Ltd. v. Google, Inc., 2012 WL 1155143 (C.A.4(Va.)).

[436] Google France v. Louis Vuitton Malletier (Joined Cases C-236/08, C-237/08 and C-238/08) [2010] E.T.M.R. 30.

[437] Die BergSpechte Outdoor Reisen und Alpinschule Edi Koblmüller GmbH v. Günter Guni, trekking.at Reisen GmbH (C-278/08) [2010] E.T.M.R. 33.

[438] Portakabin Ltd and Portakabin BV v. Primakabin BV (C-558/08) [2010] E.T.M.R. 52.

[439] L'Oréal SA v. eBay International AG (C-324/09) [2011] E.T.M.R. 52.

[440] Interflora Inc v. Marks & Spencer Plc (C-323/09) [2012] E.T.M.R. 1.

이유였다.[441] 이러한 구분을 기초로 하여 키워드 선택은 단지 사적인 행위에 불과하고 "이익을 얻기 위한 상업적 행위"는 아니라는 것을 근거로 광고주의 책임을 부인하였다.[442] 그는 또한 키워드 선택이 상표권을 침해하는 것으로 해석하면, 순수한 기술적 사용이나 비교 광고와 같은 적법한 사용도 금지하게 될 수 있다고 의견을 제시하였다.[443]

그러나 유럽연합사법재판소는 상표권자가 유럽상표지침 제5조(1)(a)의 규정에 따라 광고주들의 광고를 금지할 수 있다고 판시하면서 상표권자의 손을 들어주었다. 유럽연합사법재판소는 키워드로 선택된 상표들은 광고 표시를 촉발시키는 수단이기 때문에 광고주가 키워드를 선택한 것은 '거래상의 사용'에 해당한다고 보았다.[444] 또한 동 법원은 i) 유럽상표지침 제5조(3) 및 공동체상표규정 제9조(2)에 규정된 사용 태양 목록은 열거적이 아니라는 점, ii) 광고주들은 인터넷 이용자들에게 자신들의 상품을 상표권자의 상품에 대한 대체품으로 제공할 의도가 있었거나 출처에 대해 인터넷 이용자들이 혼동하도록 하였다는 점을 근거로 그러한 선택이 '상품 또는 서비스에 관한' 사용에 해당한다고 판단하였다.[445]

더구나 유럽연합사법재판소는 상표가 광고에 사용되지 않은 경우에도 상표의 선택이 출처표시 기능에 부정적인 영향을 미칠 수 있다고 인정하였다. 즉, 광고문안이 상표권자와 광고주 간의 경제적 연계(an economic link)를 제시하는 경우, 출처표시 기능에 대하여 부정적 영향이 있다는 것이다.[446] 또한 광고가 경제적 연계를 제시하지 않고 상품의 출처에 대해 불분명한 경우에도 "통상적으로 잘 알고 상당히 주의 깊은(reasonably attentive) 인터넷 이용자들이 광고 링크와 이에 첨부된 광고 메시지를 기초로 광고주가 상표권자가 아닌 제3자인지 또는 그 반대로 그 상표권자와 경제적으로 연계되어 있는지를 결정할 수 없으면" 결론은 동일해야만 한다는 것이다.[447] 그리고 동 법원은 키워드로서의 상표 입력에 응하여 광고가 나타나고 동시에 상표와 동일한 키워드가 화면에 남아 있는 경우, "인터넷 이용자들은 당해 상품 또는 서비스의 출처에 대해 잘못 생각할 수 있고" 광고주의 상표사용은 "당해 상품 또는 서비스와 상표권자 간에 거래상 중요한 연계가 있다는 인상을 형성할 가능성이 높다"고 말하면서, 사용맥락의 중요성을 강조하였다.[448]

출처표시 기능에 부정적인 영향을 미칠 수 있다고 판단한 것과 대조적으로 유럽연합사법재판소

---

[441] *Google France*, [2010] E.T.M.R. 30 at 537-538.

[442] Id.

[443] Id.

[444] Id. at 550-551.

[445] Id. at 552-553.

[446] Id. at 555.

[447] Id. at 556.

[448] Id. at 555.

는 유료키워드 검색결과에서의 표시와 상관없이 자연검색결과 목록상에 있는 상표권자 홈페이지와 광고페이지로 인해 상표권자 상품에 대한 가시성(visibility)이 확보되기 때문에, 광고 기능은 부정적으로 영향받을 가능성이 높지 않다고 인정하였다.[449]

희석가능성에 대해서는 L'Oréal 사건에서의 이전 결정을 인용하면서 "인터넷상의 광고주가 'Louis Vuitton' 또는 'Vuitton'과 같은 유명상표와 동일한 표지를 사용하여 상표권자 상품의 모조품을 판매청약한 경우" 불공정한 이익의 취득과 관련된다고 언급하였다.[450]

구글 병합사건에서의 결정 직후,[451] 유럽연합사법재판소는 또 다른 유료키워드 검색 마케팅 사건인 BergSpechte에서 유사한 판단을 하였다. 이 사건의 경우 키워드인 Edi Koblmüller가 BergSpechte의 오스트리아 도형 및 문자 상표와 동일하지 않았기 때문에, 상표와 상품이 동일하지 않은 경우에 관한 규정인 제5조(1)(b)도 논의의 대상이었다. 유럽연합사법재판소는 거래상의 사용이 있었다고 결론지으면서, 검색엔진결과화면상의 광고에 상표가 포함되어 있는지 여부와 무관하게 선택된 키워드는 광고 표시를 촉발시키는 수단이었고 상표는 상품 또는 서비스와 관련하여 사용되었다고 판시하였다.[452] 또한 제5조(1)(a)의 규정에 따른 상표의 출처 기능에 대한 효과를 결정함에 있어서 광고의 표시방식을 강조하였다. 제5조(1)(b)의 규정에 따른 혼동가능성과 관련하여서는 출처표시 기능에 대한 영향에 관하여 판단한 것과 유사하게 판단하였다.[453] 다만 구글 병합사건에서의 결정에서와 달리 유럽연합사법재판소는 검색엔진이 이 사건에서의 당사자가 아니라는 것을 이유로 검색엔진의 책임에 대하여는 판단을 하지 않았다.

Portakabin 사건은 중고상품의 재판매에 관한 것이었다. Primakabin은 Portakabin이 제작한 중고 설비세트(used units) 등 신상품 및 중고 이동식 건물을 판매하고 임대하였다.[454] 일부의 경우 Primakabin은 중고 Portakabin 상품에 부착된 Portakabin의 상표를 자신의 상표로 대체하였다.[455] 또한 마케팅 목적으로 Primakabin은 구글로부터 Portakabin의 베네룩스 상표인 PORTAKABIN과 동일 또는 유사한 "portakabin", "portacabin", "portokabin" 및 "portocabin" 을 키워드로 구매하였다.[456] 검색엔진결과화면상에 표시된 Primakabin 광고의 제목은 "신상품 및 중고 설비세트(new and

---

449) Id. at 556-557.

450) Id. at 557-558.

451) 구글 병합 사건에 대한 결정은 BergSpechte 사건에 대한 결정 이틀 전에 있었다.

452) Die BergSpechte Outdoor Reisen und Alpinschule Edi Koblmüller GmbH v. Günter Guni, trekking.at Reisen GmbH (C-278/08) [2010] E.T.M.R. 33, 597.

453) Id. at 599.

454) Portakabin Ltd and Portakabin BV v. Primakabin BV (C-558/08) [2010] E.T.M.R. 52, 937.

455) Id. at 931.

456) Id. at 937.

used units)"에서 "중고 portakabins(used portakabins)"로 변경하였다.[457] Primakabin이 Portakabin의 상품을 재판매하였기 때문에 이 사건은 유럽상표지침 제5조뿐 아니라 제6조 및 제7조와도 관련되었다.

제5조와 관련하여 유럽연합사법재판소는 구글 병합사건 등과 동일한 결론에 이르렀다. 즉, 검색엔진결과화면상에 있는 제3자의 광고가 제3자와 상표권자 간의 경제적 연계를 제시하는 경우 또는 광고가 경제적 연계를 제시하지 않고 단지 상품의 출처를 애매하게 보여주어 통상적으로 잘 알고 합리적이며 주의 깊은 인터넷 이용자들이 출처를 결정할 수 없는 경우, 상표의 출처 기능이 부정적으로 영향받을 가능성이 높거나 소비자 혼동가능성이 높다고 판단하였다.[458]

동시에 유럽연합사법재판소는 '건전한 관행(honest practices)'의 해석을 상표기능 및 혼동가능성에 대한 부정적 영향에 관한 기준에 연결시킴으로써 제6조(1)(b) 및 (c)의 규정에 의한 방어수단을 원칙적으로 인정하지 않았다. 동 법원은 "일반적으로" 제5조의 규정에 따라 금지될 가능성이 높은 광고주의 키워드 사용은 "산업적 또는 상업적 사안에 관한 건전한 관행에 따른" 행위로 간주될 수 없고, 따라서 제6조(1)의 규정에 의한 예외에 해당하지 않는다고 판단하였다.[459]

더구나 유럽연합사법재판소는 키워드로의 상표사용이 유럽상표지침 제5조의 규정에 의하여 금지된 상황은 유럽상표지침 제7조(2)의 규정(상표권의 소진에 대한 예외 규정)이 적용되는 상황에 상응한다고 적시하면서, 이 사건에 관하여 각국의 국내 법원에 방향을 제시하였다.[460] 유럽상표지침 제7조(2)의 규정은 상표권의 소진 원칙에 관한 제7조(1)의 예외 규정으로서, 상표권자가 상품의 추가적 상업화를 반대할 '정당한 사유' (특히 상품을 시장에 내놓은 후 상품의 상태가 변경되거나 손상을 입은 경우)가 있으면 상표권 소진 원칙에 관한 제7조(1)의 적용을 배제한다는 규정이다. 그 결과 상표권자는 제3자의 상표사용을 금지시킬 수 있다. 줄여서 말하자면 유럽상표지침 제7조(2)의 규정에 따른 '정당한 사유'가 있으면 상표권자는 제3자의 상표사용을 금지시킬 수 있다. 이와 관련하여 유럽연합사법재판소는 광고주가 '사용된 또는 중고'와 같은 추가적인 용어와 함께 상표권자의 상표를 사용하였다는 이유만으로는 국내법원이 '정당한 사유'를 인정할 수 없고 따라서 광고주의 상표사용을 금지시킬 수 없다고 판단하였다.[461]

그럼에도 불구하고 유럽연합사법재판소는 PORTAKABIN 상표가 중고 이동식 건물에서 제거되

---

[457] Id.

[458] Id. at 941, 943.

[459] Id. at 944-946. 반면에 Gerolsteiner Brunnen 사건에서 유럽연합사법재판소는 혼동가능성이 건전한 관행과 공존할 수 있다고 언급하였다. *See* Gerolsteiner Brunnen GmbH & Co v. Putsch GmbH (C-100/02) [2004] E.T.M.R. 40, 560, 564.

[460] Id. at 946-950.

[461] Id.

고 Primakabin이라는 용어로 대체된 경우에는, 국내 법원이 제7조(2)의 규정에 의한 "정당한 사유(a legitimate reason)를 인정하여야 한다고 주장하였다."[462]

L'Oréal 사건은 온라인 장터 운영자인 이베이가 L'Oréal의 상표에 상응하는 키워드를 사용한 사건이다. 이 사건에서 Advocate General Jääskinen은 이베이가 L'Oréal의 상표를 선택하고 구매한 것은 이베이가 자신의 장터에서 거래되는 상품들과 그렇지 않은 상품들을 구분하고 L'Oréal의 배급망과 관련하여 L'Oréal의 상표를 부착하고 있는 동일한 상품의 대체 출처를 제안하기 위해 상표를 사용한 것이라는 측면에서 상표로서의 사용에 해당한다고 의견을 제시하였다.[463] 반면에 그는 그 사용이 상표의 출처 및 광고 기능에는 부정적으로 영향을 미치지 않을 것이라고 말하였다.[464] 또한 시장 참여자의 행위로부터 발생 가능한 문제들은 국내법이 간접책임을 규정하고 있지 않는 한 장터 운영자에게 그 책임을 돌릴 수 없다고 Jääskinen은 추가적으로 언급하였다.[465]

유럽연합사법재판소는 이 사건의 특수성을 인정하면서, 이베이가 "L'Oréal의 상표를 부착한 상품의 고객-판매자 간 판매청약을 홍보하기 위하여" L'Oréal의 상표에 상응하는 키워드를 사용하는 한, 그 사용은 L'Oréal의 상품과 동일한 상품에 대한 것이라고 판시하였다.[466] 그러나 이베이의 책임에 관하여 유럽연합사법재판소는 원칙적으로 구글 병합사건, BergSpechte 사건 및 Portakabin 사건에서의 입장과 동일한 입장을 취하였는데, "광고가 상당히 잘 알고 상당히 주의 깊은 인터넷 이용자들로 하여금 당해 상품이 상표권자로부터 또는 상표권자와 경제적으로 연계된 기업으로부터 비롯된 것인지 아니면 그 반대로 제3자로부터 비롯된 것인지를 확신할 수 없게 하는 경우 또는 확신이 어렵게 하는 경우", 상표권자는 온라인 장터 운영자가 키워드로 상표를 사용하여 상품을 홍보하는 것을 금지할 수 있다고 판시하였다.[467]

Advocate General Jääskinen는 Marks & Spencer("M&S")와 Interflora 간의 분쟁인 Interflora 사건[468]에서 다시 의견을 개진하였다. M&S는 'interflora', 'interflora'의 변형 및 'interflora'를 포함하고 있는 표현 등을 키워드로 구매하였다.[469] 그 결과 인터넷 이용자들이 앞의 키워드 중 하나를 검색용어로 구글 검색엔진에 입력하면 M&S의 광고가 'interflora'라는 단어를 포함하지는 않은 채 '스폰서 링크(sponsored links)'라는 제목하에 나타났다.[470] 이 사건에서 Advocate General은 광고가

---

462) Id.

463) L'Oréal SA v. eBay International AG (C-324/09) [2011] E.T.M.R. 52, 1002-1003.

464) Id. at 1003-1005.

465) Id. at 1005.

466) Id. at 1034.

467) Id. at 1035.

468) Interflora Inc v. Marks & Spencer Plc (C-323/09) [2012] E.T.M.R. 1.

469) Id. at 13.

상표를 포함하고 있지 않은 경우 제5조(1)(a)의 규정에 의한 출처 기능에의 부정적 영향 가능성은 "상표에 의해 보호되는 상품 및 서비스의 성질"에 달려 있다고 주장하면서, "상표등록 보호범위"와 "사용을 통해 관련 분야 일반인의 마음에서 상표가 획득한 의미와 명성"을 고려하였다.471) 그는 경쟁자가 검색엔진결과화면상에 광고를 표시하는 것이 소비자로 하여금 경쟁자가 "상표권자의 상업적 네트워크의 구성원"이라고 믿게 할 가능성이 높을 때는 출처 기능에 대한 부정적 영향이 있다고 결론지었다.472)

반면 Advocate General Jääskinen은 광고의 내용에 초점을 맞추면서, M&S에 대하여 제5조(2)의 규정에 따른 희석책임을 인정하지 않았다. INTERFLORA 상표가 M&S의 광고에서 보통명칭으로 사용되지 않았기 때문에, 보통명칭화(degeneration)라는 의미에서의 식별력 약화에 의한 희석은 발생 가능성이 높지 않다는 것이다.473) 또한 M&S의 상품이 INTERFLORA의 이미지에 부정적으로 영향을 미칠 수 있는 성질이나 품질을 갖고 있지 않기 때문에 손상가능성도 발생할 수 없다고 의견을 제시했다.474) M&S의 키워드 선택은 "자신이 Interflora에 대한 대안을 제시한다는 마케팅 메시지"를 제시하였기 때문에 '정당한 사유(due cause)'에 해당하여 무임승차에 의한 희석(dilution by free-riding)도 발생하지 않았다고 주장하였다.475)

Interflora 사건에서 유럽연합사법재판소는 '투자기능'에 대한 영향에 대해서도 언급하였다. 유럽연합사법재판소는 키워드로의 "광고주의 [상표]사용이, 상표권자가 소비자의 관심을 끌고 소비자의 충성심을 보유할 수 있는 능력을 가지고 있는 명성을 획득하거나 유지하기 위하여 자신의 상표를 사용하는 것을 실질적으로 방해하면" 투자기능은 부정적으로 영향 받을 가능성이 높다고 판단하였다.476) 반면에 유럽연합사법재판소는 '광고주의 사용으로 인한 유일한 결과가 상표권자로 하여금 명성을 획득하거나 유지하기 위한 노력을 변경하도록 하는 것'이라는 사실과 '광고주의 사용으로 인해 일부 소비자들의 관심이 상표가 부착된 상품에서 다른 상품으로 변경되었다'는 사실은 투자기능에 부정적으로 영향을 미칠 수 없다고 말하였다.477)

또한 유럽연합사법재판소는 Advocate General과 달리 보통명칭화라는 의미에서의 식별력 약화 가능성을 인정하였다. 동 법원은 i) M&S의 광고가 상당히 잘 알고 상당히 주의 깊은 인터넷 이용

---

470) Id.

471) Id. at 16.

472) Id. at 18.

473) Id. at 26-27.

474) Id. at 27.

475) Id. at 28-30.

476) Id. at 41-42.

477) Id.

자로 하여금 M&S가 홍보하는 서비스가 Interflora의 서비스와 독립된 것이라는 것을 알게 할 수 없거나 또는 ii) M&S도 INTERFLORA를 보통명칭으로 전환시키는 데 기여함으로써 이 상표의 식별력에 손해를 입혔다면 식별력 약화에 의한 희석가능성이 높다고 판단하였다.[478] 불공정한 이익획득에 의한 희석가능성에 관하여도 유럽연합사법재판소는 유명상표를 제3자가 키워드로 선택한 것에 의해 얻어진 이익을 불공정하다고 간주하였는데, 그러한 선택이 유명상표 권리자에 대한 "금전적 보상 없이" "상표의 식별력과 명성으로부터 실질적 이익을 얻기 위하여" 행해졌다는 것이 이유였다.[479] 그러나 유럽연합사법재판소는 유명상표를 키워드로 선택한 제3자의 의도가 상표권자의 상품에 대한 모조품을 제공하기 위한 것이 아니라 단지 대체품을 제공하기 위한 것이었던 경우 불공정한 이익의 취득은 인정될 수 없다고 판단하였다.[480] 즉, 유럽연합사법재판소는 그 선택이 유럽상표지침과 공동체상표규정상의 '정당한 사유(due cause)'에 해당한다고 보았다.[481]

2) 검색엔진의 책임

광고주의 책임에 대한 논의와 비교하여 보면, Advocate General과 유럽연합사법재판소의 '검색엔진의 책임'에 대한 논의는 거의 이루어지지 않았다.

구글 병합사건에서 Advocate General Maduro는 발생시점, 대상 소비자, 관련 상품에서의 차이를 근거로 구글이 광고주로 하여금 상표를 키워드로 선택하도록 허락하는 것과 키워드 입력에 응하여 구글이 광고를 표시하는 것을 구분하였다.[482] 이러한 구분에 기초하여 Advocate General은 구글의 Adwords가 상표권자의 상품 또는 서비스와 동일하거나 유사한 상품이나 서비스가 아니기 때문에 '상품 또는 서비스에 관한 사용'에 해당하지 않는다는 점을 이유로 키워드 선택을 허락한 구글의 책임을 부인하였다.[483] 또한 Advocate General은 키워드에 상응하여 광고를 표시하는 것에 대하여도 구글의 책임을 인정하지 않았는데, 이러한 광고표시가 출처표시 기능뿐 아니라 다른 상표기능에도 부정적으로 영향을 미치지 않았다는 점을 근거로 들었다.[484] 상표기능 중 출처표시 기능에 부정적 영향이 없다고 인정한 이유는 인터넷 이용자들이 "광고의 내용을 기초로 광고된 사이트를

---

478) Id. at 45.

479) Id. at 45-46.

480) Id. at 46.

481) Id.

482) Google France v. Louis Vuitton Malletier (Joined Cases C-236/08, C-237/08 and C-238/08) [2010] E.T.M.R. 30, 521.

483) Id. at 523.

484) Id. at 526-531.

방문함으로써" 상품의 출처를 평가하기 때문이라고 하였다.[485] 즉, 소비자들이 '상표와 동일 또는 유사한 키워드에 상응하여 광고가 나타났다는 사실'만으로 상품의 출처를 판단하는 것이 아니라 광고의 내용을 읽고 광고된 사이트를 방문하여 사이트의 내용을 읽어 본 후에 출처를 판단한다는 것이다. 출처표시 기능을 제외한 다른 기능들에 부정적 영향이 없다고 판단한 이유는 상표권자의 이익이 혼동을 초래하지 않는 정보를 얻고자 하는 소비자의 이익보다 우월하지 않다는 것이었 다.[486] 다시 말하자면 상표권자가 키워드로의 상표사용을 금지하면, 인터넷 이용자들이 상품평, 가 격비교, 중고상품 판매 등과 같이 상표와 관련된 적법한 다른 사람들의 활동을 볼 수 없다는 것이 었다.[487]

반면에 유럽연합사법재판소는 표지의 사용에 필요한 기술적 조건을 생성하는 것과 그러한 서비 스를 위한 대가를 받는 것은 '상표의 사용'에 해당하지 않는다는 점을 근거로, 혼동과 희석 양자 모두와 관련하여 구글은 책임이 없다고 판단하였다.[488]

3. 우리나라의 법원

유료키워드 검색 마케팅에서의 상표사용에 관하여는 상표권자와 광고주 간의 분쟁에 관한 대법 원 판결만이 있어서 상표권자와 검색엔진 간의 분쟁에 관한 대법원의 입장 등을 명확하게 알 수는 없다. 그러나 관련된 다른 대법원 판결들로 향후 방향을 짐작할 수는 있다.

대법원은 i) 상표로서의 사용만이 상표권을 침해할 수 있다는 사실[489] 또는 ii) 이 사실과 더불어 상표권 침해를 목적으로 한 상표로서의 사용이 상표법 제2조 제1항 제6호(2011.12.2. 법률 제 11113호로 개정된 상표법에서 제2조 제1항 제7호로 개정되었다)에서 규정된 행위에 해당한다는 사실을 근거로, 일관되게 '상표의 사용'을 '상표로서의 사용'으로 해석하고 있다.[490] 그러나 대법 원은 왜 상표권 침해가 제3자의 상표로서의 사용에 의해서만 발생될 수 있는지, 상표법 제2조 제1 항 제6호가 왜 상표책임(상표권 침해)을 발생시키는 상표사용에도 적용되는지에 관해 설명하고 있

---

485) Id. at 527.

486) Id. at 528-531.

487) Id. at 531.

488) Id. at 551, 558.

489) 대법원 1997.2.14. 선고 96도1424 판결(가필드 사건); 대법원 2000.12.26. 선고 98도2743 판결; 대법원 2003.4.11. 선고 2002도3445 판결(후 지필름 사건); 대법원 2003.6.13. 선고 2001다79068 판결(방독마스크 사건); 대법원 2005.10.7. 선고 2004후1458 판결(척주동해비 사건); 대 법원 2009.7.23. 선고 2009도310 판결(ice coolup 사건); 대법원 2012.3.29. 선고 2010다20044 판결(HELLO KITTY 대장금 사건).

490) 대법원 2007.10.12. 선고 2007다31174 판결(파출박사 사건); 대법원 2011.8.25. 선고 2010도7088 판결(마하몰 사건).

지는 않아서 여전히 의문이 남는다.

또한 대법원은 '상표로서의 사용'이라는 개념을 출처 기능 측면에서 해석하여 왔다. 상표는 상품의 출처를 표시하기 위해 사용되어야만 하고, 이를 결정함에 있어서 대법원은 상표의 상품과의 관계, 당해 상표의 사용 태양(상품에 사용된 상표의 위치, 크기 등), 상표의 주지저명성, 사용자의 의도와 사용 경위 등을 고려하였다.[491] 이에 의하면 '상표의 사용' 해당 여부는 상표가 사용된 사실 정황에 달려 있다.

이와 관련하여 한글인터넷도메인이름[492] 사건인 파출박사 사건을 구체적으로 살펴볼 필요가 있다. 구체적인 사실관계를 보면 피고인 한글인터넷도메인이름 '파출박사'의 등록자가 키워드 '파출박사'를 자신의 웹사이트 'www.pachulpaksa.com'으로 연결시켜서 직업정보 제공 등의 서비스를 하였다.[493] 즉, 그 키워드를 웹브라우저의 인터넷 주소창에 입력하면 피고의 웹사이트가 나타났다.[494] 이에 가사서비스업에 등록된 서비스표 '파출박사'의 권리자는 피고에 대해 소송을 제기하면서, 서비스표와 유사한 한글인터넷도메인이름의 등록 및 사용은 부정경쟁방지 및 영업비밀보호에 관한 법률상의 부정경쟁행위에 해당하거나 상표권 침해행위에 해당하여 피고는 한글인터넷도메인이름의 등록을 말소하여야 한다고 주장하였다.

이 사건에서 서울고등법원은 i) 피고가 등록한 이 사건 도메인이름은 원고가 보유하고 있는 이 사건 각 서비스표의 표장과 동일하고, ii) 피고가 이 사건 도메인이름을 이용하여 연결되는 웹사이트에서 직업정보제공 등의 서비스를 제공하고 있으므로, 피고는 이 사건 도메인이름을 서비스표적으로 사용하고 있다고 할 것이며, iii) 그와 같이 피고가 제공하는 서비스인 직업정보제공서비스업은 이 사건 각 서비스표의 지정서비스업과 동일 또는 유사한 서비스라고 할 것이라는 점을 근거로 서비스표권에 관한 침해행위가 있다고 판시하였다.

그러나 이러한 서울고등법원의 판결은 대법원에 의해 파기 환송되었다. 대법원은 i) 도메인이름은 상품이나 서비스의 출처표시로 사용할 목적으로 만들어진 것이 아니고, ii) 일반적인 도메인이름과 달리 피고 개설의 웹사이트 화면에는 이 사건 한글인터넷도메인이름이 표시되지 아니하며, iii) 피고의 표장이 피고의 웹사이트의 화면 좌측 윗부분에 별도로 표시되어 출처표시기능을 하고

---

491) 대법원 2012.3.29. 선고 2010다20044 판결(HELLO KITTY 대장금 사건).

492) 한글키워드도메인이름 시스템은 우리나라어 키워드를 주소창에 입력함으로써 우리나라어를 사용하는 인터넷 이용자들이 영어 도메인이름을 가지고 있는 웹사이트에 쉽게 접근할 수 있게 한다. '모국어 인터넷주소 서비스(Native Language Internet Address Service)'라고 불리는 이 시스템은 우리나라 기업인 넷피아에서 개발하였고, 넷피아에 따르면 95개국의 언어를 지원할 수 있다.

493) 대법원 2007.10.12. 선고 2007다31174 판결(파출박사 사건).

494) Id. 파출박사 사건에서 우리나라어 키워드 도메인이름은 유료키워드 검색 마케팅에서의 키워드보다 도메인이름과 더 유사하다: i) 키워드 입력 결과 스폰서링크 리스트나 광고가 나타나는 것이 아니라 웹사이트가 나타나고, ii) 동일한 키워드가 1인 이상에 의해 등록될 수 없으며, iii) 검색엔진이 상표사용에 관여하지 않는다.

있다는 점을 근거로 한글인터넷도메인이름이 서비스의 출처표시로 기능하고 있다고 보기 어렵다고 판시하였다. 마찬가지로 대법원은 '장수온돌'[495]과 '마하몰'[496] 사건에서 도메인이름의 사용이 상표로서의 사용에 해당되는지 여부에 관한 결정은 사용태양 및 그 도메인이름으로 연결되는 웹사이트 화면의 표시 내용 등을 고려할 때 도메인이름이 출처 및 식별 기능을 수행하는지에 달려 있다고 판시하였다.

인터넷 검색엔진과 온라인 광고 회사 간에 발생한 NHN 사건도 '상표로서의 사용'의 해석과 관련된다.[497] NHN사는 우리나라 인터넷 포털 및 검색엔진인 '네이버'를 운영하였고, 네오콘소프트사는 온라인 광고 시스템을 개발하였다.[498] 이 시스템에 의하면 소프트웨어를 설치한 인터넷 이용자들이 네이버를 방문하면 화면상에 네오콘소프트사가 제공하는 광고가 나타났는데,[499] 이러한 광고는 네이버의 광고를 방해하면서 나타나거나 화면의 여백에 나타나거나 검색결과화면 최상단에 위치한 검색창과 네이버의 키워드광고 사이에 나타났다.[500]

서울고등법원은 "타인의 영업표지를 부정하게 자신의 영업에 사용하여 출처의 혼동을 가져오는 부정경쟁행위를 방지하기 위한 부정경쟁방지법의 목적에 비추어볼 때 타인의 영업표지를 '사용'한다고 하기 위해서는 적어도 타인의 영업표지를 행위자 자신의 영업의 출처를 나타내는 방법으로는 사용하여야 한다"고 판시하였다.[501] 이러한 해석을 기초로 서울고등법원은 광고 내에 "본 콘텐츠는 인터넷채널이십일[502]에서 제공한 것입니다"라는 문구가 기재되어 있어 출처를 명시하고 있는 등 네오콘소프트사가 혼동가능성을 제거하고 있으므로, '사용'이 없고 따라서 부정경쟁행위가 없다고 판단하였다. 반면에 서울고등법원은 네오콘소프트사가 민법상의 불법행위책임이 있다고 인정하였는데, 그 이유는 네오콘소프트사가 NHN사의 인터넷 포털사이트의 신용과 고객흡인력을 자신의 영업을 위하여 무단으로 이용하고 NHN사가 장기간의 노력과 투자에 의하여 구축한 저명한 인터넷 포털사이트라는 콘텐츠에 무임승차하려고 했다는 것이었다.[503] 이에 대해 대법원은 영업표지로서의 사용이 있는지 여부를 결정함이 없이 네오콘소프트사에 대해 민법 제750조에 따른 불법행위책임을 인정하였다.[504]

---

495) 대법원 2008.9.25. 선고 2006다51577 판결(장수온돌 사건).

496) 대법원 2011.8.25. 선고 2010도7088 판결(마하몰 사건).

497) 서울고등법원 2008.9.23. 선고 2008라618 결정; 서울고등법원 2009.10.22. 선고 2009노300 판결; 대법원 2010.8.25. 선고 2008마1541 결정; 대법원 2010.9.30. 선고 2009도12238 판결.

498) Id.

499) Id.

500) Id.

501) 서울고등법원 2008.9.23. 선고 2008라618 결정.

502) 채널이십일은 네오콘소프트의 이전 명칭.

503) 서울고등법원 2008.9.23. 선고 2008라618 결정.

네오콘소프트사의 형사책임에 관한 NHN 사건에서는 서울고등법원은 영업표지로서의 사용이 없다는 것을 이유로 그 책임을 인정하지 않았다. 동 법원은 i) 네오콘소프트사가 광고영업을 위하여 네이버를 광고지면으로 활용하였을 뿐이고 이 사건 영업표지 자체를 자신의 광고영업 출처를 표시하는 것으로 사용함으로써 그 식별력을 활용한 것으로 보이지 않는다는 점, ii) 네이버 이용자는 네이버 홈페이지에 게재된 광고의 게재 주체보다는 네이버 홈페이지가 제공하는 정보의 내용에 가치를 둔다고 할 것이라는 점, iii) 프로그램의 설치에 동의한 이용자들은 네오콘소프트사가 네이버의 홈페이지에서 광고행위를 한다는 포괄적인 인식은 있었다고 보이는 점, iv) NHN 자신도 광고영업을 하는 데 있어서 이 사건 영업표지 자체의 식별력을 활용한다는 인식은 크지 않았던 것으로 보이는 점을 근거로 제시하였다.[505]

그러나 대법원은 사용행위 및 혼동가능성이 있다고 판단하면서 이러한 결정을 파기하였다.[506] 대법원에 의하면 네오콘소프트사가 제공하는 광고 둘레에 별도의 테두리가 없다는 사실과 광고 자체에는 그 출처가 전혀 표시되지 아니하는 사실 등으로 보아 네이버의 광고표시와 일체화된 형태로 네오콘소프트사의 광고가 제공되도록 함으로써 네오콘소프트사가 NHN사의 표지를 사용하였고 혼동을 초래하였다는 것이다.[507] 이러한 판단은 광고 자체에 상표 또는 서비스표의 사용이 없는 경우에도 전후 맥락이 '상표 또는 서비스표로서의 사용'을 보여줄 수 있다는 것을 의미하는 것으로 이해할 수 있다.

2012년 대법원에서 판단한 유료키워드 검색 마케팅 사건에서의 쟁점은 제3자가 검색결과의 제목으로 상표를 사용한 것이 '상표로서의 사용'에 해당되는지 여부였다. VSP 사건에서 피고는 전압급승압 방지기, 전압안정장치, 차단기 등에 관한 원고의 등록상표와 동일한 키워드 'VSP'를 키워드로 구입하였다.[508] 그 결과 인터넷 이용자들이 'VSP'를 검색창에 입력하면, 'VSP 엔티씨'라는 제목을 포함하고 있는 서지보호기, 순간정전보상장치, 뇌보호시스템 등에 관한 피고의 광고가 화면에 나타났다.[509] 특허법원은 i) VSP 엔티씨는 피고의 광고를 피고의 웹사이트로 연결시키는 링크에 불과하고, ii) VSP는 피고의 웹사이트에서 사용되지 않았다는 것을 근거로 상표사용이 없다고

---

504) 대법원 2010.8.25. 선고 2008마1541 결정(NHN 사건) (사용이라는 개념을 통해 부정경쟁방지법에 의한 손해배상책임을 인정하지 않으면서 다른 불법행위를 이유로 민법상의 손해배상책임을 인정하는 것은 부정경쟁방지법 해석상으로는 상표권의 보호범위를 좁게 보면서 민법의 불법행위 규정을 통해 상표권의 보호범위를 확장시키는 결과를 초래한다는 점에서 바람직하지 않다. 이 판례는 부당이득 취득에 의한 희석 책임을 사실상 인정하는 판례이다).

505) 서울고등법원 2009.10.22. 선고 2009노300 판결.

506) 대법원 2010.9.30. 선고 2009도12238 판결.

507) Id.

508) 대법원 2012.5.24. 선고 2010후3073 판결(VSP 사건).

509) Id.

판시하였다.[510] 그러나 대법원은 VSP 엔티씨의 사용은 구법 제2조 제1항 제6호 (다)목이 정한 '상품에 관한 광고에 상표를 표시하고 전시하는 행위'에 해당하고 VSP는 자타상품의 출처를 표시하는 상표로 사용되었다고 할 것이므로, 동 사용은 상표사용 요건을 충족시킨다고 결론지었다.[511] 이러한 사용이 광고에 해당한다는 판결은 "키워드 검색결과화면의 내용"과 "피고 회사 홈페이지로 연결되는 전체적인 화면 구조"를 기초로 한다.[512] 대법원은 피고의 웹사이트에서 VSP가 사용되지 않은 것은 단지 이 사건 표장이 키워드 검색결과화면 자체에서 이미 상표로 사용된 이후에 발생한 사정일 뿐이라고 덧붙였다.[513]

VSP 사건에 관한 대법원의 판결이 있지만 상표의 보이지 않는 사용에 대한 법원의 입장은 아직 불분명하다. VSP 사건은 상표가 광고에 포함되어 시각적으로 보이는 사건에 불과하고 상표의 보이지 않는 사용, 즉 키워드로서의 상표사용 자체에 대해 대법원이 언급한 내용은 없기 때문이다. 또한 VSP 사건은 상표권자와 제3사용자 간의 유료키워드 검색 마케팅 사건이고 상표권자와 검색엔진 간의 유료키워드 검색 마케팅 사건은 대법원에 상고된 바가 없어서 검색엔진의 사용에 관한 대법원의 정확한 태도는 알 수 없다.

4. 주요국 판례의 비교

1) 광고주의 책임

유료키워드 검색 마케팅에서 일부 미국 법원들은 제3사용자의 이익보다 상표권자의 이익을 우선적으로 보호해왔다. 동 법원들은 상표권을 침해할 수 있는 제3자의 상표사용 상황을 폭넓게 인식하고, 상표의 사용, 혼동가능성, 희석가능성 등과 같은 상표책임 요건을 확대 해석함으로써 상표 보호범위를 확장시키고자 노력했다.

먼저 동 법원들은 컴퓨터 이용자들이 인지할 수 없었던 상황을 상표사용 상황의 일부로 간주하였다. 광고주들이 상표와 동일한 키워드를 검색엔진으로부터 구입하는 것은 인터넷 이용자들이 상표를 검색하기 전에 발생된 상황이기 때문에, '광고주들이 키워드를 구매하였다는 사실'에 관한 명

---

[510] 특허법원 2010.9.15. 선고 2010허3271 판결.

[511] 대법원 2012.5.24. 선고 2010후3073 판결(VSP 사건).

[512] Id.

[513] Id.

확한 정보가 없이는 컴퓨터 이용자들이 광고주들의 구매사실을 알 수 없다. 다만 상표와 동일한 키워드를 검색엔진에 입력하였는데 그 상표를 포함하고 있지 않은 광고들도 나타난다는 사실로, 인터넷 이용자들은 광고주들이 상표와 동일한 키워드를 구매하였는지는 알 수 없지만 검색엔진 프로그램에서 어떤 식으로든 상표가 사용되었다고 느낄 수 있을 뿐이다. 그럼에도 광고주들의 키워드 구매는 광고주들의 상품 거래시장과 직접적으로 관련된 상표의 사용으로 간주되었다. 달리 말하자면 광고주들의 키워드 구매는 유료키워드 검색 마케팅 서비스 시장에서 광고주들과 검색엔진 간에 이루어지는 검색엔진의 상품, 즉 키워드의 거래와 관련된 상표사용임에도 불구하고 광고주들이 상품시장에서 자신들의 상품을 홍보하기 위한 광고에서의 상표사용으로 인식되어 왔다. 심지어 일부 법원은 소비자들이 광고주들의 상표로서의 사용을 인지할 수 있다는 것을 보여주기 위해, 즉 내부적으로 소프트웨어 프로그램에 사용한 것만은 아니라는 것을 보여주기 위해 '구매'를 강조하였다.[514] 그러나 키워드 구매 자체는 인터넷 이용자들의 인식에 직접적으로 영향을 미치지는 않는 별개의 서비스 시장, 즉 유료키워드 검색 마케팅 서비스 시장에서의 상표사용으로 간주되었어야만 했다.

또한 일부 미국 법원들은 최초관심혼동 또는 인터넷 3인방을 키워드 사건에 도입하여 혼동가능성을 용이하게 인정하였다. 최초관심혼동을 인정함으로써 일부 법원들은 소비자 관심의 전환만을 근거로 혼동을 인정하였고, 인터넷 3인방은 혼동 입증책임을 전환시켰다. 제9연방항소법원은 일부 사건들에서 이들 양자를 결합시키기도 하였다.[515] 이와 동시에 동 법원은 희석책임을 인정하였다.[516]

이러한 법원들과 달리 다른 미국 법원들은 상표사용과 간접적으로 관련된 상황도 상표책임 판단 시 고려하고, 책임요건을 엄격하게 해석하며, 방어수단을 넓게 해석함으로써 상표보호 확장을 제한하고자 노력해왔다.

첫째, 법원들은 '사용 요건'을 '상표로서의 사용'이라고 해석하면서 키워드 구매가 동 요건을 충족시키지 않는다고 판단하였다.[517] 광고주 웹사이트상에서 상표권자의 상품을 판매한다는 사실도 '상표로서의 사용'을 부인하는 요소로 간주되었다.[518]

둘째, 법원들은 간접적으로 관련된 상황(indirectly relevant contexts),[519] 높은 수준의 소비자 주의력[520] 또는 자연검색결과와 유료키워드 검색결과 간의 구분[521] 등을 근거로 혼동을 인정하지 않았

---

514) J. G. Wentworth, S.S.C. Ltd. v. Settlement Funding LLC, 2007 WL 30115, 6 (E.D.Pa. 2007).

515) Perfumebay.com Inc. v. eBay, Inc., 506 F.3d 1165, 1174-1176 (9th Cir. 2007).

516) Id. at 1180-1182.

517) Merck & Co., Inc. v. Mediplan Health Consulting, Inc., 425 F. Supp. 2d 402, 415-416 (S.D.N.Y. 2006).

518) Id.; S&L Vitamins Inc. v. Australian Gold Inc., 521 F.Supp.2d 188, 201-202 (E.D.N.Y. 2007).

519) Designer Skin, LLC v. S&L Vitamins, Inc., 560 F.Supp.2d 811, 819-820 (D.Ariz. 2008).

다. 제9연방항소법원 소속 지방법원은 키워드로의 사용이 '광고주들의 웹사이트 내용'을 설명하기 위한 것이라는 이유로 혼동을 부인하였는데,[522] 광고주들의 웹사이트 내용은 인터넷 이용자들이 키워드 검색결과 나타난 광고의 링크를 클릭하여야만 비로소 확인할 수 있는 간접적 관련 상황이다. 혼동을 인정하지 않았던 제9연방항소법원은 온라인 상거래상 소비자 주의력의 기본 수준(the default degree of consumer care)이 "높아지고 있고" 광고들이 '스폰서 링크(sponsored links)'라고 제목이 붙은 欄(section)에 나타났다고 판단하였다.[523]

셋째, 광고주들이 키워드로의 상표사용을 통하여 자신들의 웹사이트 내용을 서술하고자 한 것이라는 사실이 지명식 공정사용의 증거로도 사용되었다. Tiffany (NJ) 사건에서 제2연방항소법원은 키워드로의 상표사용이 이베이의 웹사이트상에서 판매용으로 제공되는 상품을 정확하게 설명하기 위한 목적이라는 것을 근거로 지명식 공정사용을 인정하였다.[524]

미국 법원들과 비교하여 유럽연합사법재판소는 원칙적으로 소비자들이 화면상에서 인지할 수 있는 상황을 기초로 상표의 본질적 기능에 대한 영향 및 소비자 혼동가능성을 평가함으로써 상표권자들과 광고주들 간의 균형을 찾고자 노력해온 것으로 보인다. 유럽연합사법재판소는 비록 키워드 선택 및 구매를 상표사용 행위로 간주하였지만, 사용 요건을 분석함에 있어서 구매보다는 선택에 초점을 두었다. 또한 유럽연합사법재판소는 상표의 사용, 혼동가능성 및 방어수단을 평가함에 있어서 '광고주들의 웹사이트 내용'을 고려하지 않았다. 오히려 동 재판소는 상표의 본질적 기능에 대한 효과와 혼동가능성을 평가할 때, i) 광고의 표현 방식과 ii) 광고 링크 및 이에 첨부된 상업적 메시지를 강조하였다.[525]

그렇지만 유럽연합사법재판소의 결정에서 발견되는 균형은 여전히 불확실하다. 유럽연합사법재판소가 광고주들의 키워드 광고와 관련하여 인터넷 이용자들이 유일한 관련 소비자들이라고 보는 한, 균형은 광고주들 쪽으로 기울어 있다. 유럽연합사법재판소는 "통상적으로 알고 상당히 주의 깊은 인터넷 이용자들"이 관련 소비자들이라고 생각하였다.[526] 그 결과 온라인상에서의 상표사용에 대한 소비자 주의력의 기본 수준을 높였다. 이는 소비자의 혼동가능성은 높지 않다고 보아야

---

[520] Network Automation, Inc. v. Advanced Systems Concepts, Inc., 2011 WL 815806, 11-12 (C.A.9(Cal.)).

[521] Id. at 13 ("키워드 광고 상황에서 혼동가능성은 궁극적으로 소비자가 상황을 감안하여 화면상에서 본 것과 합리적으로 믿은 것에 의존할 것"이라고 강조).

[522] *Designer Skin*, 560 F.Supp.2d at 819-820.

[523] *Network Automation*, 2011 WL 815806 at 11-13.

[524] Tiffany (NJ), Inc. v. eBay Inc., 600 F.3d 93, 102-103 (2d Cir. 2010).

[525] Google France v. Louis Vuitton Malletier (Joined Cases C-236/08, C-237/08 and C-238/08) [2010] E.T.M.R. 30, 555-556; Die BergSpechte Outdoor Reisen und Alpinschule Edi Koblmüller GmbH v. Günter Guni, trekking.at Reisen GmbH (C-278/08) [2010] E.T.M.R. 33, 599.

[526] *Google France*, [2010] E.T.M.R. 30 at 556.

한다는 것을 의미한다.

한편 유럽연합사법재판소는 당해 상표와 상품이 동일한 사건(이하 "이중 동일 사건"이라 한다)에서, 상표기능을 넓게 해석하고 방어수단을 직접적으로 상표기능에 대한 효과와 혼동에 연계시킴으로써, 상표권자들 쪽으로도 균형을 기울였다. 첫째, 이중 동일 사건에서 유럽연합사법재판소는 제3자 사용이 유명하지 않은 상표의 투자 기능에도 영향을 미칠 수 있다고 인정함으로써 상표권자를 더욱 강하게 보호하였다. 둘째, '출처 기능에 대한 부정적 영향'과 혼동 판단을 위한 테스트와 동일한 테스트를 '건전한 관행(honest practices)'의 분석에 적용함으로써 유럽연합사법재판소는 부정적 영향이나 혼동이 있다고 밝혀진 경우 공정사용을 인정하지 않았다.[527]

우리나라 대법원의 입장은 아직도 분명하지 않다. 대법원은 컴퓨터 프로그램 내부에서의 상표사용(internal use)이 사용 요건을 충족시킬 수 없다는 것을 근거로 상표보호를 부인할 수 있다. 이와 반대로 광고문언과 키워드 입력에 따른 다른 상황들에 의존하면서 반대 결론에 도달할 수 있다. 그러나 네오콘소프트사의 형사책임에 관한 NHN 사건에서 대법원이 취하고 있는 태도[528]를 감안하면, 대법원은 상표사용이 눈에 보이지 않는다는 점에 전적으로 의존하여 상표로서의 사용이 없다는 판결을 내리지는 않을 것이다. 또한 피고의 웹사이트에서 VSP가 사용되지 않은 것은 키워드 검색결과화면 자체에서 이미 상표로 사용된 이후에 발생한 사정에 불과하다는 대법원의 판단[529]을 보면, 대법원은 광고주의 웹사이트 내용을 직접적인 관련 정황이라고 간주하지도 않을 것이다.

2) 검색엔진의 책임

미국 법원들은 검색엔진의 책임에 대하여도 입장이 갈려 있다. 상표보호를 부여한 일부 법원들은 유료키워드 검색 마케팅에서의 검색엔진의 상표사용의 범위에 소프트웨어 프로그램에서의 내부적 사용, 상표인 키워드의 추천 및 판매,[530] 심지어 검색엔진의 상표 정책[531]을 포함시키면서 그 범위를 넓혔다. 특히 혼동 판단 시 광고들의 순위가 고려되었고,[532] 인터넷 이용자들의 주의력 정도는 낮다고 간주되었다.[533] 동시에 동 법원들은 상표책임 요건은 광범하게 해석하는 반면 상표권

---

527) See supra note 459.

528) 대법원 2010.9.30. 선고 2009도12238 판결.

529) 대법원 2012.5.24. 선고 2010후3073 판결(VSP 사건).

530) Rescuecom Corp. v. Google, Inc., 562 F. 3d 123, 129-130 (2d Cir. 2009).

531) Rosetta Stone Ltd. v. Google, Inc., 2012 WL 1155143, 4 (C.A.4(Va.)).

532) Rescuecom, 562 F. 3d at 131.

533) Google Inc. v. American Blind & Wallpaper, 2007 WL 1159950, 9 (N.D.Cal. 2007).

제한 요건은 좁게 해석하였다. 최초관심혼동을 인정하는 한편, 사용 요건을 '상표로서의 사용'을 의미하는 것으로 해석하지 않았다.[534] 혼동가능성의 존재는 공정사용이라는 방어수단을 부인하는 중요한 요소였다.[535]

검색엔진의 책임을 인정하지 않았던 다른 미국 법원들은 검색엔진의 상표사용의 범위와 의미를 반대로 이해하였다. 검색엔진의 키워드 추천과 상표정책은 상표사용의 범위에 포함되지 않았다. 검색엔진의 상표사용은 "순수한 기계-연계 기능(pure machine-linking function)"을 위한 것으로 이해하였다.[536] 또한 이러한 법원들은 상표사용이론을 채택하였다.[537] 이러한 이해와 상표사용이론을 기초로 하여, 동 법원들은 검색엔진의 상표사용은 사용 요건을 충족시키지 못하였다고 판시하였다. 이는 검색엔진이 적극적으로 광고문안 생성에 참여하였을지라도 상표책임을 부담하지 않을 것이라는 것을 의미한다. 이러한 의미에서 동 법원들은 상표권자와 검색엔진 간의 유료키워드 검색 마케팅 사건에서 검색엔진에 유리하게 균형을 기울였다.

Rosetta Stone 사건에서 제4연방항소법원 소속 지방법원 또한 기능적 사용 이론을 넓게 해석하고, 혼동가능성이 없다고 판단하며, 희석책임을 판단함에 있어서 상표사용이론을 따름으로써 상표권자보다 검색엔진의 이익을 선호하였다.[538]

유럽연합사법재판소의 입장은 상표사용이론을 채택하는 미국 법원들의 입장과 매우 유사하여, 상표권자보다 검색엔진을 우선시한다. 유럽연합사법재판소는 검색엔진이 "거래상에 있어서의 사용에 관여하지 않았지만" "[광고주의] 사용에 필요한 기술적 조건을 생성하는 데 관여했다"고 언급하였다.[539] 더구나 유럽연합사법재판소는 검색엔진의 행위를 수동적으로 이해하였다. 유럽연합사법재판소에 따르면, 상표인 키워드의 판매는 단지 기술적 조건 생성을 위한 "대가를 지급받는 (being paid for)" 행위에 불과하다.[540] 유럽연합사법재판소는 전자상거래에 관한 지침 2000/31 제14조에 규정된 중개서비스공급자(intermediary service providers)의 책임 제한에 관련하여서만, 광고 링크를 수반하는 상업적 메시지의 작성과 키워드의 설정 및 선정에 있어서 검색엔진의 역할을 강조하였다.[541]

우리나라 대법원이 검색엔진의 사용을 '상표로서의 사용'으로 볼 것인지는 확실하지 않다. 이러

---

534) Id.

535) Playboy Enterprises, Inc. v. Netscape Communications, Inc., 354 F.3d 1020, 1029-1031 (9th Cir. 2004).

536) U-Haul Int'l, Inc., v. WhenU.com, Inc., 279 F. Supp.2d 723, 728 (E.D.Va. 2003).

537) 1-800 Contacts, Inc. v. WhenU.com, Inc., 309 F.Supp.2d 467, 489-490 (S.D.N.Y. 2003).

538) Rosetta Stone Ltd. v. Google, Inc., 2010 WL 3063152, 545-546 (E.D.Va. 2010).

539) Google France v. Louis Vuitton Malletier (Joined Cases C-236/08, C-237/08 and C-238/08) [2010] E.T.M.R. 30, 551.

540) Id.

541) Id. at 559-560.

한 쟁점에 관한 미국법원들과 유럽연합사법재판소의 양면성은 우리나라 대법원이 직면할 어려움을 보여준다.

3) 결론

미국 연방법원, 유럽연합사법재판소 및 우리나라 대법원은 광고주들과 검색엔진들의 책임에 대해 다양한 입장들을 취해 왔다. 미국의 경우 일부 법원들은 상표보호에 지나치게 치중된 선호를 보였던 반면, 다른 법원들은 그 반대였다. 동일한 연방항소법원 내에서도 일관성이 없다는 사실을 감안하면,[542] 미국 법원들 간의 이러한 심각한 접근방법의 차이는 연방항소법원제도가 13개의 연방항소법원으로 구성되어 있다는 것만이 이유는 아니다. 유료키워드 검색 마케팅에서의 상표사용에 관한 미국 판례가 발전 단계에 있다는 것 또한 중요한 이유이다.

다만 Tiffany 사건,[543] College Network 사건[544] 및 Network Automation 사건[545] 등 최근 사건에서, 연방항소법원은 좀처럼 광고주들의 책임을 인정하지 않았다. 이러한 상황에서 미국 연방대법원은 유료키워드 검색 마케팅에서의 상표사용을 심리하는 경우에도 최초관심혼동이나 인터넷 3인방만을 근거로 상표책임을 인정하지는 않을 것이다.

반면에 유럽연합사법재판소의 경우 상표권자보다는 검색엔진을 선호하는 것처럼 보이기는 하지만, 상표권자들과 광고주들 간의 균형은 여전히 불안정한 채로 남아 있다. 유럽연합사법재판소는 인터넷 이용자들을 유일한 관련 소비자들로 간주한다는 점에서는 상표권자들보다는 광고주들의 이익을 선호하는 반면, 이중 동일 사건에서 광범한 상표기능을 보호하고 방어수단을 상표기능에 대한 효과 및 혼동과 직접적으로 연계시킨다는 점에서는 광고주들보다는 상표권자들의 이익을 지원한다. 한편 유럽연합사법재판소가 검색엔진들 행위의 기술적이고 수동적인 성격(the technical and passive nature)을 강조한다는 점에서 상표권자들과 검색엔진들 간의 균형은 검색엔진들 쪽으로 기울어져 있다.

일관되게 상표의 사용을 '상표로서의 사용'으로 해석해온 우리나라 대법원은 상표인 키워드의 내부적 사용이 '상표로서의 사용'에 해당되는지 아직 명확히 하지 않았다. 단지 검색엔진결과화면상의 광고에 광고주가 상표를 사용한 것은 그 상표가 비록 광고와 웹사이트 간의 링크로서도 사용

---

[542] Rescuecom Corp. v. Google, Inc., 562 F. 3d 123 (2d Cir. 2009); Network Automation, Inc. v. Advanced Systems Concepts, Inc., 2011 WL 815806 (C.A.9(Cal.)).

[543] Tiffany (NJ), Inc. v. eBay Inc., 600 F.3d 93 (2d Cir. 2010).

[544] College Network, Inc. v. Moore Educational Publishers, Inc., 378 Fed. Appx. 403 (5th Cir. 2010).

[545] *Network Automation*, 2011 WL 815806.

되었어도 상표로서의 사용에 해당한다고 판결하였다.

이 장은 법원의 판결들이 생성한 '유료키워드 검색 마케팅 이해당사자들 간의 다양한 균형들'이 사실맥락에 대한 다른 평가 및 매우 유사한 법률 규정에 대한 다른 해석으로부터 비롯되었다는 것을 보여주었다. 따라서 이 구체적인 맥락 속에서 이해관계자들 간의 균형을 찾기 위해서는, 상표책임 요건과 그 예외에 대한 해석이 상표의 보호목적-공정하고 효율적인 경쟁-과 이로부터 비롯된 보호받을 수 있는 상표기능-경쟁친화적 상표기능-에 기초하여야 할 필요가 있다.

유료키워드 검색 마케팅에서의 직접책임

이 장에서는 키워드 사건에서의 상표책임 요건 및 그 예외에 대한 가능한 접근 방법들을 탐구하고자 한다. 그다음에 '상표법 적용상의 선순환 사이클'의 일환으로 '경쟁친화적인 상표기능 보호를 통한 공정하고 효율적인 경쟁'이라는 관점에서 상표사용, 혼동가능성, 희석가능성 등 상표책임 요건과 그 예외에 대한 해석을 도출하고자 한다. 마지막으로 광고주들과 검색엔진들의 직접적인 상표책임 유무를 판단해보고자 한다.

1. 경쟁친화적인 상표기능과 상표책임

제2장에서 본인은 상표보호의 궁극적인 목적이 공정하고 효율적인 경쟁을 도모하는 것이어야만 하고, 상표법은 경쟁친화적 상표기능인 정보 기능과 차별 기능을 상표의 불공정한 사용으로부터 보호하는 방식으로 이러한 목적을 추구하여야 한다고 주장하였다.

이러한 관점에서 보면, 제3자가 상표권자의 허락 없이 무단으로 상표를 사용하는 경우에 무단사용, 즉 불공정한 상표사용으로 인해 '경쟁친화적 기능에 대한 손상가능성'이 발생한 경우에만 무단사용을 금지시키는 것이 정당화될 수 있다. 제3자의 상표사용으로 인해 '상표권자 상품시장에서' 상표권자의 상표가 수행하는 정보 기능 및 차별 기능에 손해를 입힐 수 있는 소비자 혼동가능성이 '사용자 상품시장에서' 발생되는 경우, 그 상표사용은 금지되어야만 한다. 마찬가지로 제3자의 상표사용이 '상표권자 상품시장에서' 상표권자 상표의 정보 기능 및 차별 기능에 손해를 입힐 수 있는 희석가능성을 일으키는 때, 그 제3자의 상표사용이 금지되어야만 한다. 이러한 상표기능들이 손해를 입을 가능성이 높은 경우, 상표권자들은 자신들이 소비자들에게 알리고자 하는 '상품의 품질과 브랜드 이미지'의 수준에 관한 정보를 간결하게 전달할 수 없기 때문에 상표권자들은 상품의 품질과 브랜드 이미지를 기초로 효율적으로 경쟁을 할 수 없다. 상표권자 상품시장의 경쟁자들은 상표가 전하는 정보를 기초로 자신들의 마케팅 전략을 수립할 수 없다. 소비자들도 상품품질과 브랜드 이미지에 기초하여 자신들의 선호를 결정하거나 변경할 수 없고, 합리적인 구매결정을 할 수도 없다. 따라서 제3자의 상표사용으로 인해 경쟁친화적인 상표기능이 손해를 입을 가능성이 있는 한, 이러한 제3자의 사용은 허용되어서는 안 된다.

반면에 경쟁친화적 상표기능에 손해를 입히지 않는 한, 제3자의 상표사용이 금지되어서는 안 된다. 예를 들면, 제3자의 상표사용이 경쟁친화적 상표기능의 범위에 속하지 않는 정보에 관하여서만 소비자 혼동을 초래하는 경우, 이 사용은 허용될 수 있다. 또한 제3자의 상표사용으로 인해 소비자들이 유명상표를 유명상품과 연계시키는 데 추가적인 인지노력이 필요하게 된 경우에도 유명상표가 여전히 강력한 기능을 수행하고 있으면, 식별력 약화나 손상으로 인한 희석가능성은 발생하지 않을 수 있다.

학자들과 법원들은 '상표권자 상품시장에서의 경쟁친화적 상표기능에 대한 손해가능성'이라는 도구를 사용하지 않고, 키워드로서의 상표사용에 관한 책임요건 및 예외에 대한 다양한 해석들을 채택하여 왔다. 책임요건 및 예외에는 '상표의 사용', '혼동가능성', '희석가능성', '공정사용', '지명식 공정사용' 및 '기능적 사용'이라는 개념들이 포함된다. 본인은 이러한 개념들이 경쟁친화적인 상표기능을 기초로 해석되어야 한다고 생각한다.

2. 다양한 해석

1) 상표의 사용

제소 가능한 제3자의 상표사용이 '상표로서의 사용'으로 제한되어야 하는지 여부에 관하여 열띤 논쟁이 있어 왔다. 미국의 경우 '상표로서의 사용'을 강하게 옹호하던 제2연방항소법원이 Rescuecom[546] 사건에서 유료키워드 검색 마케팅에서의 내부적 사용이 상표의 사용에 해당한다고 인정하면서 종전의 입장을 변경하였다. 그럼에도 불구하고 여전히 소위 상표사용이론을 옹호하는 학자들이 많이 있다. 한편 유럽연합사법재판소는 검색엔진의 상표사용이 갖고 있는 기술적 및 수동적 성격을 강조하면서 이 사용이 제소 가능한 상표사용에 해당하지 않는다고 판단하였다. 반면 우리나라 대법원은 일관되게 사용 요건이 '상표로서의 사용'을 의미하는 것으로 해석해왔다.

---

[546] Rescuecom Corp. v. Google, Inc., 562 F. 3d 123 (2d Cir. 2009).

(1) 상표로서의 사용(Use as Trade Marks)

상표사용이론 옹호자들은 '상표의 사용'을 '상표로서의 사용'으로 해석하는데, 그 근거는 i) 상표로서의 사용을 요구하는 것은 소비자로 하여금 관련성이 더 많은 정보에 접근할 수 있도록 함으로써 소비자 검색비용을 줄여준다는 점,[547] ii) 적법한 상표사용에 대한 위협을 제거할 수 있다는 점,[548] iii) 경쟁 이익들 간의 신중한 균형에 도달하고 이를 유지할 수 있게 한다는 점,[549] iv) 혼동테스트가 순환적이고 사실에 의존하기(circularity and reliance on facts) 때문에 현대 상표분쟁 해결에 동 테스트가 부적절하다는 점,[550] v) 혼동테스트는 경쟁을 해할 수 있다는 점[551] 등이다.

상표사용이론을 옹호하는 거의 모든 학자들에 따르면, 컴퓨터 프로그램 내에서의 상표사용(내부적 사용) 및 또는 키워드의 판매는 상표책임을 인정하기 위한 상표사용에 해당하지 않는다.[552] 따라서 광고문안이 상표권자의 상표를 포함하고 있지 않은 경우, 광고주는 허위 광고에 대한 책임만을 부담할 뿐이다.[553] 즉, 상표권자의 상표가 광고에서 사용된 경우에만 광고주가 상표책임을 부담할 수 있다.[554] 더구나 검색엔진은 직접적 상표책임과는 무관하다. 간접상표책임만이 검색엔진과 관련된다.[555] 관련 학술 문헌을 살펴보면, 몇 개의 근거들이 주장되고 있는데, i) 소비자가 상표에 노출되어 있지 않다는 점,[556] ii) 검색엔진들이 완벽하게 관련되어 있는 검색결과를 보여줄 것이라고 인터넷 이용자들이 기대하지 않는다는 점,[557] iii) 소비자들은 일반적인 정보를 얻기 위해 키워드를 입력할 수 있다는 점,[558] iv) 웹사이트상의 다른 검색결과가 정보를 전달함으로써 검색비용을

---

[547] Dogan and Lemley, supra note 57, at 810-811.

[548] Stacey L. Dogan and Mark A. Lemley, Grounding Trademark Law through Trademark Use, 92 Iowa L. Rev. 1669, 1690-1692 (2007).

[549] Margreth Barrett, Internet Trademark Suits and the Demise of "Trademark Use", 39 U.S.Davis L. Rev. 371, 456-457 (2006) (이하에서는 Barret, the Demise of Trademark Use로 한다); Margreth Barrett, Trademarks and Digital Technologies: "Use" on the Net, 13 No. 11 J. Internet L. 1, 20 (2010).

[550] Dogan and Lemley, supra note 548, at 1693-1697 (이러한 주장의 중요성을 강조).

[551] Id. at 1697-1698 ("중개인이 정보에 관심 있는 소비자들에게 정확한 정보를 알리는 것을 방지하거나, 상점 또는 쇼핑센터가 경쟁상품을 함께 묶는 것을 방지하는 것은 자유시장에 충분히 손상을 입혀서, 사회가 자유시장에 대한 손상을 용인하기보다는 심지어 상당한 양의 혼동을 기꺼이 참고자 하여야 한다고 생각한다"고 주장).

[552] Dogan and Lemley, supra note 57, at 806-808; Barrett, the Demise of Trademark Use, supra note 549, at 454-456 ("인터넷 상황에서의 이름 얻기 위한 검색엔진의 숨겨진 상표사용은, 사용자의 상품이나 서비스의 출처, 품질, 특성에 관한 정보를 소비자에게 전달하는 상표의 효과성에 어떠한 위험도 제기하지 않는다"고 주장); Widmaier, supra note 56, at 708 ("다른 사람의 상표를 보이지 않는 키워드와 메타태그로 사용하는 것에 대하여는 책임을 부담하지 않아야 한다"고 주장).

[553] Dogan and Lemley, supra note 57, at 821 ("이러한 상황에서의 적절한 소인은 상표침해 주장보다는 랜험법 제43조(a)(1)(B)의 규정에 의한 허위 광고 주장일 수 있다"고 강조).

[554] Id. at 812, n. 140, and 821 ("상표사용이론은 키워드를 구매하기만 하는 광고주들에 대한 책임을 막아야만 하지만, 법원들이 광고주들이 자신들의 상품에 대한 관심을 불러일으키기 위해 상표를 사용하고 있기 때문에 그러한 사용을 상표사용이라고 인정하는 데 더 많이 유혹될지 모른다"고 각주에서 언급하고, "상표주장일지라도 혼동을 일으키는 것은 키워드가 아니라 광고문안이고, 그 혼동에 책임을 부담하여야 하는 자는 중개인이 아니라 광고주"라고 강조).

[555] Id. at 812; Dogan, supra note 30, at 489.

[556] Barrett, the Demise of Trademark Use, supra note 549, at 454.

[557] Id.

감소시키고 그 결과 경쟁을 촉진시킨다는 점,[559] v) 상표를 키워드로 내부적으로 사용하는 것을 금지하는 것은 검색엔진서비스 개발에 손해를 입힐 것이라는 점 등이다.[560]

그러나 상표사용이론 옹호자 중 최소 한 명은 키워드로의 사용이 사용 요건을 충족시킨다고 주장한다. 근거는 i) 소비자들이 키워드를 상품을 식별시키는 것으로 인지하는 점, ii) 검색결과가 "키를 누르는 단순 움직임 또는 마우스의 클릭"에 의해 나타나는 점, iii) 소비자들이 입력한 키워드가 검색엔진의 웹사이트상에 남아 있다는 점이다.[561]

팝업광고에서의 상표사용에 관하여 미국 제4연방항소법원[562] 및 제6연방항소법원[563] 소속 지방법원들과 제2연방항소법원은[564] 상표사용이론을 채택하였다. 제2연방항소법원 소속 지방법원들도[565] 메타태그와 키워드에서의 상표사용에 대해 동일한 태도를 취하였다. 그러나 2009년 제2연방항소법원은 Rescuecom[566] 사건에서 종전의 입장을 변경하여, 제소 가능한 상표의 사용은 상표로서의 사용에 제한될 필요가 없다고 인정하였다.

유럽연합사법재판소는 '상표의 사용'을 '상표로서의 사용'을 의미하는 것으로 해석하지는 않았지만, 구글 병합사건에서 구글의 사용은 단지 상표사용을 위해 필요한 기술적 조건의 생성 및 그러한 서비스를 위한 대가의 수령에 불과하다는 것을 근거로 구글의 상표사용은 제소 가능한 사용에 해당되지 않는다고 판단하였다.[567] 이러한 근거로 유럽연합사법재판소는 혼동책임 및 희석책임 양자 모두를 부인하였다.[568]

반면에 우리나라 대법원은 '상표의 사용'을 '상품의 출처를 표시하고 상표권자의 상품과 다른 상품을 구별시키는 표지의 사용'으로 해석해왔다.[569] 검색엔진결과화면상에 표시된 광고의 제목으로 상표가 사용된 키워드 사건에서 대법원은 VSP 엔티시가 상품의 출처를 식별시키는 상표로서 사용되었다는 이유로 그 사용이 사용 요건을 충족시킨다고 판시하였다.[570]

---

558) Goldman, supra note 116, at 583.

559) Dogan and Lemley, supra note 57, at 831.

560) Barrett, the Demise of Trademark Use, supra note 549, at 455. (메타태그와 관련하여 이러한 주장을 제기).

561) Macaw, supra note 24, at 47-48.

562) U-Haul Int'l, Inc., v. WhenU.com, Inc., 279 F. Supp.2d 723 (E.D.Va. 2003).

563) Wells Fargo & Co. v. WhenU.com, Inc., 293 F. Supp.2d 734 (E.D.Mich. 2003).

564) 1-800 Contacts, Inc. v. WhenU.com, Inc., 414 F.3d 400 (2d Cir. 2005).

565) Merck & Co., Inc. v. Mediplan Health Consulting, Inc., 425 F. Supp. 2d 402 (S.D.N.Y. 2006); Hamzik v. Zale Corp., 2007 WL 1174863 (N.D.N.Y. 2007); Site Pro-1, Inc v. Better Metal, LLC, 506 F.Supp.2d 123 (E.D.N.Y. 2007); FragranceNet.com, Inc. v. FragranceX.com, Inc., 493 F.Supp.2d 545 (E.D.N.Y. 2007); S&L Vitamins Inc. v. Australian Gold Inc., 521 F.Supp.2d 188 (E.D.N.Y. 2007).

566) Rescuecom Corp. v. Google, Inc., 562 F. 3d 123 (2d Cir. 2009).

567) Google France v. Louis Vuitton Malletier (Joined Cases C-236/08, C-237/08 and C-238/08) [2010] E.T.M.R. 30, 551

568) Id. at 557-558.

569) 대법원 2007.10.12. 선고 2007다31174 판결(파출박사 사건).

(2) 상표의 사용(Use of Trade Marks)

상표사용이론에 반대하는 학자들은 '상표로서의 사용'이 상표책임의 전제요건이 되어서는 안 된다고 주장한다.[571] 이러한 주장의 근거는 i) 상표사용이론을 따를 경우 사용 요건으로 인해 상표법으로 키워드 광고와 같은 새로운 분야를 통제하는 것이 방해받을 수 있다는 점, ii) 사용 요건은 상표사용이론이 주장하는 '문지기 기능으로서의 확실성'[572]을 높일 수 없을 것이라는 점, iii) 상표사용이론에 따를 경우 사용 요건은 상표권 침해에 해당하지 않는 다양한 제3자 사용을 비상표적 사용으로 범주화함으로써 상표정책의 발전을 저해할 수 있다는 점 등이다.[573]

첫 번째 근거를 구체적으로 살펴보면, 학자들은 상표로서의 사용이 소비자 혼동을 초래할 가능성이 상대적으로 높지만 '비상표적 사용(non-use as trade marks)'도 혼동가능성을 초래할 수 있다고 주장한다.[574] 또한 제3자가 키워드로서 상표를 사용토록 허용하면, 정보가 지나치게 많아질 뿐 아니라 상표권자도 상표와 동일한 키워드를 구입하게 되어 오히려 소비자의 검색비용을 높일 수 있다고 주장한다.[575] 또한 상표사용이론의 기초가 되는 검색비용이론은 상표법을 포괄적이고 규범적으로 설명할 수 없다고 주장한다.[576] 검색비용이론을 지지하는 Qualitex 사건에 대한 연방대법원의 판결에서도 소비자의 검색비용 감소만을 상표법의 목적이라고 언급하고 있지 않는 것과 같이 상표법은 다른 사회적 가치와도 관련되기 때문에 검색비용이론은 상표법을 포괄적으로 설명하지 못한다는 것이다.[577] 또한 경제적 효율성에만 바탕을 두고 있는 검색비용이론은 상도덕과 같은 가치를 반영하지 않는다는 점에서 좁은 규범적 미래상을 제시한다는 것이다.[578]

학자들의 두 번째 근거는 '상표로서의 사용'이라는 개념 자체도 실제 사용뿐 아니라 해석상의 사용이라는 관념을 포함하고 있고, '상표로서의 사용'의 판단은 사실 맥락에 기초하여야 하며 소비자 연상이나 혼동가능성에 대한 판단과 분리될 수 없기 때문에[579] 상표사용이론에 따르더라도 '사

---

[570] 대법원 2012.5.24. 선고 2010후3073 판결(VSP 사건).

[571] Dinwoodie and Janis, supra note 60, at 1602-1603.

[572] 상표사용이론 옹호자들은, 제3사용자의 상표사용이 상표로서의 사용이 아닌 경우에는 혼동가능성에 대한 판단 없이 상표책임을 부인하는 등 상표사용 요건이 '문지기 기능(a gatekeeper function)'을 수행한다고 주장한다. 또한 이러한 문지기 기능은 제3사용자인 피고에게 약식재판 보장, 소송비용 절감, 혼동가능성을 입증하는 불확실성의 회피, 상표권 침해 남소에 대한 방어벽 등을 위한 무기를 제공한다고 주장한다. Id. at 1641-1642.

[573] Id. at 1606-1608.

[574] Id. at 1625-1628.

[575] Id. at 1629-1636.

[576] Id. at 1638-1639.

[577] Id. at n. 178.

[578] Id. at n. 179.

[579] Id. at 1641-1650.

용 요건'은 문지기로서의 확실성을 줄 수 없다는 것이다. 상표등록요건으로서의 '상표사용'도 실제 사용에 한하지 않고 사용할 의사를 보여주는 것만으로 충분하며, 사례를 보면 '상표로서의 사용'을 판단함에 있어서 사실상 혼동가능성 판단 등에 기초하는 경우가 많다는 것이다.

세 번째 근거와 관련하여 학자들은 혼동의 핵심적 역할, 다양한 정책을 반영하는 방어수단의 발전, 그리고 사실맥락의 중요성을 강조한다.[580] 그들에 따르면 광고주들과 검색엔진공급자들의 유료키워드 검색 마케팅에서의 상표사용으로 인한 책임은 상표가 사용된 상황(맥락)에 달려 있다.[581]

거의 모든 미국 연방법원들은[582] Rescuecom[583] 사건 이후 상표책임을 인정받기 위한 요건으로 상표로서의 사용을 요구하지 않고 있고, 광고주들과 검색엔진들이 키워드로 상표를 사용하는 것이 제소 가능한 상표사용에 해당한다고 판단하였다.

(3) 기능적인 '상표로서의 사용'(Functional 'Use as Trade Marks')

McKenna는 다른 상표사용이론가들과 마찬가지로 상표로서의 사용이 아닌 상표사용은 상표법상 제소 가능한 소비자 혼동을 발생시킬 수 없기 때문에 상표책임을 인정하기 위해서는 제3자의 상표사용이 상표로서의 사용이어야 한다고 주장하였다.[584] McKenna는 "출처혼동을 일으키는 유일한 사용은 어떤 방식이든 간에 출처를 표시하는 사용이기 때문에, 침해 규정은 묵시적으로 기능적 의미로의 상표사용을 요구한다"고 주장하였다.[585]

반면에 그는 '상표로서의 사용'의 기능적 의미에 보다 많은 주안점을 두었다. 일부 상표사용이론 옹호자들은 '상표로서의 사용'이라는 관념이 소비자의 인식에 의존하지 않는다는 입장이다.[586] 다른 학자들은 '상표로서의 사용'이라는 개념을 상품의 출처 또는 후원관계를 표시하는 것으로 정의함으로써 '상표로서의 사용'이라는 개념을 기능적으로 이해하지만,[587] '상표로서의 사용' 유무에 대한 평가는 '일부 사안들의 경우에만' 소비자 인식에 의존한다고 생각한다.[588] 이러한 학자들의

---

[580] Id. at 1657-1662.

[581] Id. at 1663.

[582] Rosetta Stone 사건에서, 제4연방항소법원 소속 지방법원은 구글이 로제타 스톤이라는 표장을 사용한 것은 희석책임 상의 제소 가능한 상표사용에 해당하지 않았다고 결론지었다. See Rosetta Stone Ltd. v. Google, Inc., 730 F.Supp.2d 531, 551 (E.D.Va. 2010).

[583] Rescuecom Corp. v. Google, Inc., 562 F. 3d 123 (2d Cir. 2009).

[584] Mark McKenna, Trademark Use and the Problem of Source, 2009 U. Ill. L. Rev. 773, 800 (2009) McKenna는 McCarthy의 주장을 인용하였지만, McCarthy는 상표사용이론에 반대한다. See McCarthy, supra note 23, § 23:11.50 (상표로서의 사용은 "원고의 사건에서 별도의 요소가 아니라, 침해에 관한 혼동가능성 요건의 한 측면에 불과하다"고 주장).

[585] McKenna, supra note 584, at 797.

[586] Margreth Barrett, Finding Trademark Use: The Historical Foundation for Limiting Infringement Liability to Use "in the Manner of a Mark", 43 Wake Forest L. Rev. 893, 963 (2008) (상표사용이 적절히 정의되면, 실제의 소비자 이해에 관한 사건별 분석에 의존하지 않는 객관적 조사라고 강조).

[587] Dogan and Lemley, supra note 548, at 1682.

입장과 달리 McKenna는 소비자의 인식을 고려하여야만 '상표로서의 사용'에 해당하는지 여부를 결정할 수 있다고 주장하였다.[589] 이러한 이유로 그는 상표의 보호범위를 제한하는 데 있어서 상표사용이라는 요건에 많은 비중을 두지 않았다.[590]

소비자의 인식에 바탕을 둔 McKenna의 접근방법에 의하면, 키워드의 소비자에 해당하는 광고주들은 '검색엔진이 검색엔진서비스의 후원자가 상표권자인 것을 표시하기 위해 상표를 사용한다'고 믿지 않을 것이기 때문에, 유료키워드 검색 마케팅에 있어서 검색엔진의 키워드 판매는 상표로서의 사용에 해당하지 않는다.[591] 또한 '소비자가' 키워드 검색결과를 상표권자가 검색엔진서비스를 후원하는 표시로 '인식하지 않는 한' 검색엔진이 키워드 입력에 상응하여 검색결과가 나타나게 한 것은 상표로서의 사용에 해당하지 않는 것으로 해석된다.[592]

2) 혼동가능성

소비자들은 통상 검색엔진결과화면상의 광고에만 기초하여 구매를 결정하지 않고, 광고주들의 웹사이트를 방문하여 상품의 출처를 확인한 후에 비로소 상품을 구입할 것이다. 따라서 광고주 또는 검색엔진이 키워드로 상표를 사용하는 것은 기본적으로 소비자가 상품을 구매하기 전에 발생한다. 이러한 이유로 키워드로서의 상표사용에 있어서 판매 시의 소비자의 혼동가능성 외에 판매 전 소비자의 혼동가능성이 주요 쟁점이 되어 왔다. 이와 함께 소비자 관심의 단순 전환만으로 판매 전 소비자의 혼동가능성을 인정할 수 있는지도 문제되었다. 미국 판례에서 판매 전 소비자의 혼동가능성 인정여부와 소비자 관심의 단순 전환에 의한 판매 전 소비자 혼동가능성의 충족여부는 '최초관심혼동가능성(the likelihood of initial interest confusion)' 문제로 검토되었다. 이런 의미에서 최초관심혼동가능성은 혼동가능성의 시점에 관한 것만은 아니고 소비자 혼동가능성의 '대상과 시점' 양자 모두에 관한 것이라고 할 것이다.

소비자 주의력(consumer sophistication)도 유료키워드 검색 마케팅에서의 혼동가능성 판단에 있어서 주요 쟁점사항이다. i) 평균 소비자들이 인터넷 이용자들에 한정되는지 여부와 ii) 평균 소비자들이 검색엔진을 통한 정보검색 시 얼마나 주의를 기울이는지는 혼동가능성 판단에서 중요한

---

588) Id. at 1682-1683.

589) McKenna, supra note 584, at 816.

590) Id. ("여기서 중요한 점은 상표사용이 소비자의 관점에서만 판단될 수 있기 때문에, 혼동가능성 조사와 분리될 수 있는 문턱요건(a threshold requirement)으로서 기능할 수 없다"고 강조).

591) Id. at 819.

592) Id. at 820-821.

요인들이다.

(1) 소비자 혼동가능성의 대상 및 시기

a) 최초관심혼동(Initial Interest Confusion)

일반적으로 "혼동의 결과로 최종적인 실제 판매가 이루어지지는 않았어도 최초 소비자의 관심을 일으키는 혼동"[593]으로 설명되는 최초관심혼동은 i) 혼동가능성과 무관한 최초관심(initial interest) 또는 전환(diversion) 및 ii) 상품 구매 시점이 아니라 상품 구매 전에 발생한 혼동가능성[594]이라는 2가지의 구별되는 의미를 가지고 있다. 전자는 혼동의 대상 또는 정도와 관련되고, 후자는 혼동의 시점과 관련된다.

최초관심혼동은 본래 혼동의 시점에만 관한 것이었지만, 점차 의미가 확대되어 두 가지의 의미를 내포하게 되었다.[595] 제9연방항소법원이 광의의 최초관심혼동이론을 Brookfield Communications 사건에서 채택한 이후,[596] 많은 법원들은 제3자의 상표사용이 소비자의 관심을 전환시켰지만 판매 시점에는 혼동가능성을 일으키지 않는 경우 제3자의 상표책임을 인정해 왔다. 즉, 법원들은 점차 혼동이 구매 시점 전에 소멸되어 소비자들이 혼동상태에서 제3자의 상품을 구매하지 않는 경우뿐 아니라 제소 가능한 소비자 혼동 수준까지는 이르지 않은 소비자의 관심 전환만이 있는 경우에도, 최초관심혼동이 제소 가능하다고 인식하게 되었다.

일부 유료키워드 검색 마케팅 사건에서도 최초관심혼동가능성에만 근거하여 키워드로서의 상표사용이 금지되었다. Australian Gold 사건에서 제10연방항소법원은 태닝로션 재판매자가 제조자의 상표를 유료키워드 검색 마케팅에서 사용한 것은 최초관심혼동을 일으킨다는 것을 이유로 침해라고 판단하였다.[597] 동 법원은 인터넷 상황에서의 최초관심혼동은 "인터넷 거래를 전환시켜 상표 보유자의 신용을 자기를 위해 이용하는 상표의 무단사용"에 근거하는 것으로 보았다.[598] 또한

---

[593] McCarthy, supra note 23, § 23:6("confusion that creates initial customer interest, even though no actual sale is finally completed as a result of the confusion"); 반면에 Och-Ziff 사건에서 영국 고등법원(the UK High Court)은 최초관심혼동을 "상품 또는 서비스 구매 이전의 표지 사용에서 발생되고, 그 표지가 사용된 상품 또는 서비스의 상거래 출처에 관한 일반인 측에서의 혼동, 그리고 특히 광고나 홍보자료에서의 표지 사용으로 발생된 혼동(confusion on the part of the public as to the trade origin of the goods or services in relation to which the impugned sign has been used arising from use of the sign prior to purchase of those goods or services, and in particular confusion arising from use of the sign in advertising or promotional materials)"이라고 정의하였다. See Och-Ziff Management Europe Ltd v. Och Capital LLP [2011] E.T.M.R. 1, 24.

[594] Jennifer E. Rothman, Initial Interest Confusion: Standing at the Crossroads of Trademark Law, 27 Cardozo L. Rev. 105, 121 (2005).

[595] Dogan and Lemley, supra note 57, at 814-816.

[596] Brookfield Commc'ns, Inc. v. West Coast Entm't Corp., 174 F.3d 1036 (9th Cir. 1999).

[597] Australian Gold, Inc. v. Hatfield, 436 F.3d 1228, 1238-1240 (10th Cir. 2006).

[598] Id. at 1239.

American Blind & Wallpaper 사건에서도[599] 제9연방항소법원 소속 지방법원은 최초관심혼동을 근거로 구글의 상표사용으로 인한 책임을 인정하였다.

b) 광의의 최초관심혼동(Wide Initial Interest Confusion)

미국 제9연방항소법원은 최초관심혼동가능성을 인터넷 3인방과 결합시킴으로써 온라인상의 상표사용에 의한 최초관심혼동가능성의 범위를 넓혔다. 인터넷 상황에서 "혼동가능성을 판단함에 있어 세 개의 가장 중요한 *Sleekcraft* 요소들"이라고 칭하면서, 제9연방항소법원은 "(1) 상표의 유사성, (2) 상품 및 서비스의 관련성 및 (3) 당사자들이 마케팅 경로로 웹을 동시에 사용하는 것"[600]을 강조하였다. 동 법원에 따르면, 이러한 3인방(controlling troika) 또는 인터넷 삼위일체(internet trinity)가 혼동가능성이 있다고 보여주면, 상표권 침해가 없다고 주장하기 위해서는 혼동가능성 판단에 관한 다른 요소들이 혼동가능성 인정에 매우 불리하게 작용하여야 한다.[601] 반면 3인방 또는 인터넷 삼위일체가 소비자의 혼동가능성을 명확하게 보여주지 않으면, 법원은 모든 *Sleekcraft* 요소들을 비교 평가하여 침해여부를 판단할 수 있다.[602]

유료키워드 검색 마케팅 사건에서도 최초관심혼동가능성은 인터넷 3인방과 결합되었을 때 보다 쉽게 인정되었다. Perfumebay.com 사건에서 제9연방항소법원은 법정 입증(in-court demonstration)과 인터넷 3인방을 근거로 최초관심혼동가능성을 인정하였다.[603] 첫째, 법정 입증을 통해, 유료키워드 검색결과가 소비자들로 하여금 Perfumebay를 "eBay 웹사이트의 일부 또는 eBay의 인터넷 상점 중 하나"로 믿게 할 수 있다는 것을 보여주었다고 인정하였다.[604] 둘째, 양 상표가 유사하고 양 당사자 모두 향수를 판매하며 인터넷을 마케팅과 광고 수단으로 사용하였다는 사실을 기초로 나머지 *Sleekcraft* 요소들에 대한 입증책임을 원고로부터 피고로 전환시켰다. 그러나 피고 Perfumebay는 나머지 *Sleekcraft* 요소들이 혼동가능성 인정에 매우 불리하게 작용하는 것을 증명하는 데 실패하였다.[605] Storus 사건에서 제9연방항소법원 소속 지방법원도 이 사례를 따라 광의의 최초관심혼동을

---

599) Google Inc. v. American Blind & Wallpaper, 2007 WL 1159950 (N.D.Cal. 2007).

600) Interstellar Starship Servs., Ltd. v. Epix, Inc., 304 F.3d 936, 942 (9th Cir. 2002) (citing GoTo.com, Inc. v. Walt Disney Co., 202 F.3d 1199 (9th Cir. 2000)).

601) Id. (citing *GoTo.com*, 202 F.3d and *Brookfield Commc'ns*, 174 F.3d) (internal quotation marks omitted) ("When this controlling troika, or internet trinity, suggests confusion is ⋯⋯ likely, the other factors must weigh strongly against a likelihood of confusion to avoid the finding of infringement").

602) Id. ("If the internet trinity does not clearly indicate a likelihood of consumer confusion, a district court can conclude the infringement analysis only by balancing all the *Sleekcraft* factors within the unique context of each case").

603) Perfumebay.com Inc. v. eBay, Inc., 506 F.3d 1165, 1176 (9th Cir. 2007).

604) Id.

605) Id. at 1174-1176.

인정하였다.606)

c) 판매전(前)혼동(Pre-sale Confusion)

최초관심혼동이론에 반하여 일부 학자들과 법원들은 최초관심혼동 또는 판매 前에 발생한 혼동에 판매 時 혼동과 동일한 대상 또는 수준을 요구하였다. 그들은 '최초관심혼동' 대신 '판매前혼동(pre-sale confusion)'이라는 용어를 제시하면서, 판매시혼동과 판매전혼동의 유일한 차이는 시점(timing)이라고 주장하였다. 판매전혼동 주장에 따르면 소비자 관심의 단순 전환(mere diversion)이 필연적으로 소비자 혼동가능성으로 연결되는 것은 아니다. 판매전혼동 주장의 근거는 i) 최초관심혼동을 별도의 주장으로 인정하는 것은 상표침해에 혼동가능성을 요구하는 상표법에 반한다는 점,607) ii) 진정한 최초관심혼동 사례는 소비자검색비용에 영향을 미치기 때문에 전통적인 상표법 원칙하에서도 손해를 입증할 수 있다는 점,608) iii) 최초관심혼동은 상표보호의 정당화 사유와 합치되지 않는다는 점,609) iv) 최초관심혼동이론은 메타태그, 도메인이름, 웹사이트상에서 상표사용 능력을 제한함으로써 상품의 온라인 재판매를 매우 어렵게 해왔다는 면에서 미국 상표법상의 최초판매이론과 충돌한다는 점,610) v) 최초관심혼동이론은 면책표시(disclaimers)의 가치와 소비자 주의력을 무시함으로써 또한 종종 최초관심을 실제 혼동의 증거로 인정함으로써 상표침해판결의 가능성을 높인다는 점,611) vi) 최초관심혼동이론은 제3자가 특허나 저작권이 없는 상품을 복제하는 것을 금지할 수 있다는 면에서 특허법 및 저작권법과 충돌한다는 점,612) vii) 표현의 자유를 침해한다는 점613) 등이었다.

일부 키워드 사건들은 판매전혼동을 근거로 하여 판단되었다. J. G. Wentworth 사건에서 제3연방항소법원 소속 지방법원은 혼동가능성이 없다는 것을 이유로 최초관심혼동을 부인하였다.614) 동법원은 "피고의 웹사이트에 대한 링크는, 구글의 Adwords 프로그램을 통해 발생되는지 피고 웹사이트의 키워드 메타태그 검색을 통해 발생되는지 상관없이, 검색결과화면에 항상 독립적이고 구분

---

606) Storus Corp. v. Aroa Marketing, Inc., 2008 WL 449835 (N.D.Ca. 2008).

607) Dogan and Lemley, supra note 57, at 825.

608) Id.

609) Rothman, supra note 594, at 124-139 (상표보호의 목적으로 i) 소비자들의 복지 증진, ii) 신용 보호, iii) 공정한 경쟁의 촉진을 제안).

610) Id. at 140.

611) Id. at 141-145.

612) Id. at 146.

613) Id. at 150-159.

614) J.G. Wentworth, S.S.C. Ltd. v. Settlement Funding LLC, 2007 WL 30115, 8 (E.D.Pa. 2007).

되는 링크로 나타난다"고 판단하였다.[615] Hearts on Fire 사건에서 제1연방항소법원 소속 지방법원도 "혼동은 순간적이거나 단순 가능성 수준을 넘어야 하고", "진정한 실질적 혼동"이 증명되어야 한다고 주장함으로써 제소 가능한 최초관심혼동에 요구되는 혼동의 수준을 밝혔다.[616] Network Automation 사건에서 제9연방항소법원도 모든 유형의 온라인 상행위에 대한 인터넷 삼위일체의 유용성에 의문을 던지면서 "상표침해의 필수요건이 소비자 혼동이기 때문에 최초관심혼동을 심의할 때 상표권자는 단순 전환이 아니라 혼동가능성을 증명하여야 한다"고 판시하였다.[617]

유럽연합사법재판소의 경우 직접적으로 최초관심혼동을 다루지는 않았지만, 동 법원의 태도는-특히 키워드 사건에 있어서의 태도는- 판매전혼동을 인정하는 것으로 이해될 수 있다.[618] 즉, BergSpechte 사건에서 키워드로서의 상표사용은 소비자가 제3자의 웹사이트의 내용을 고려하지 않고 검색엔진 결과화면상의 광고를 볼 때 혼동을 일으킬 수 있다고 유럽연합사법재판소는 판단했다.[619] 동 재판소는 "상표와 유사한 키워드를 기초로 제3자의 광고가 인터넷 이용자들에게 보여졌을 때 혼동가능성이 있는지 여부를 결정하는 것은 국내 법원의 소관일 것이다"라고 언급하였다.[620] Portakabin 사건에서도 유럽연합사법재판소는 동일한 언급을 하였으며 "광고가 평균 인터넷 이용자들로 하여금 광고에서 언급한 상품 또는 서비스가 상표권자 또는 상표권자와 경제적 연계가 있는 기업에서 나온 것인지 그 반대로 제3자로부터 나온 것인지를 확신할 수 없게 하거나 어렵게 확신하게 하는 경우 …… 상표권자는 광고주가 광고하는 것을 금지할 권한이 있다"고 결론지었다.[621]

우리나라 대법원도 판매전혼동을 인정한 것으로 보인다. VSP 사건에서 대법원은 광고의 제목으로 사용된 VSP 엔티씨가 상표권자의 상표인 VSP와 유사하지 않다는 것을 이유로 혼동가능성이 없다고 인정했다.[622] 그러나 대법원은 구매 시점에 혼동가능성이 있는지 소비자들의 관심이 피고의 웹사이트로 전환되었는지는 고려하지 않았다. 이런 차원에서 대법원은 최초관심혼동가능성보다는 판매전혼동가능성을 인정하고 있는 것으로 보아야 할 것이다.

---

[615] Id. at 7.

[616] Hearts on Fire Company LLC. v. Blue Nile, Inc., 603 F. Supp. 2d 274, 287 (D.Mass. 2009) ("[The] confusion must be more than momentary and more than a mere possibility").

[617] Network Automation, Inc. v. Advanced Systems Concepts, Inc., 2011 WL 815806, 7-8 (C.A.9(Cal.)).

[618] Och-Ziff 사건에서 영국 고등법원은 최초관심혼동이 제소 가능한지 여부는 판매후혼동(post-sale confusion)의 부인과 상관없다고 언급하였고, O2, BergSpechte, Portakabin 사건들에서의 유럽연합사법재판소 결정으로부터 유럽연합사법재판소가 최초관심혼동을 인정하고 있다는 결론을 도출하였다. See Och-Ziff Management Europe Ltd v. Och Capital LLP [2011] E.T.M.R. 1, 28-29.

[619] Die BergSpechte Outdoor Reisen und Alpinschule Edi Koblmüller GmbH v. Günter Guni, trekking.at Reisen GmbH (C-278/08) [2010] E.T.M.R. 33, 599.

[620] Id.

[621] Portakabin Ltd and Portakabin BV v. Primakabin BV (C-558/08) [2010] E.T.M.R. 52, 943.

[622] 대법원 2012.5.24. 선고 2010후3073 판결(VSP 사건).

d) 좁은 개념의 판매전혼동 및 최초관심혼동
(Narrow Concept of Pre-sale and Initial Interest Confusion)

일부 학자들과 법원들은 판매전혼동 또는 최초관심혼동의 범위를 제한하고자 한다. 당사자가 직접 경쟁자들인 경우에만 판매전혼동을 적용하여야 한다고 주장하는 학자들은[623] 그 논리로 i) 비경쟁적 사용자들은 소비자들을 상표권자들로부터 자신들에게 전환시키지 않을 것이라는 점, ii) 비경쟁적 사용이 발생시키는 일시적 혼동은 최종 구매결정에 중요한 영향을 미치지 않을 것이라는 점, iii) 최초관심혼동에 대한 분석을 비경쟁적 사용에도 적용시키면 패러디, 풍자, 시사해설과 같이 정보를 제공하는 사용을 막음으로써 불합리한 결과를 발생시킨다는 점 등을 들고 있다.[624] 이러한 주장에 따르면 유료키워드 검색 마케팅 맥락에서 검색엔진은 상표권자의 경쟁자가 아니기 때문에 검색엔진의 상표사용은 판매전혼동을 초래할 가능성이 낮다.[625]

또 다른 학자는 제3자의 상표사용이 판매시혼동, 판매후혼동 또는 희석을 초래하지는 않지만 소비자들의 결정능력에 부정적으로 영향을 미치고 출처표시로서의 상표의 가치를 감소시키는 경우에만 최초관심혼동을 인정하여야 한다고 주장한다.[626] Sharrock은 그 근거로 최초관심혼동은 "판매시혼동이나 판매후혼동과 동시에 발생하지 않는 경우가 드물지만" 오용될 가능성이 높다는 것을 들었다.[627] 그러나 Sharrock은 최초관심혼동은 판매시혼동, 판매후혼동 및 희석이 제공할 수 없는 이론적 틈새를 채울 수 있기 때문에 완전히 버려서는 안 된다고 강조한다.[628] 그녀에 의하면 "후발 사용자가 소비자들을 설득하여 구매하도록 일정기간 동안 혼동을 활용할 수 있었던 후에" 비로소 최초관심혼동이 없어진 경우 또는 소비자들의 거래비용이 이익보다 높아서 온라인 또는 오프라인 시장에서 상표권자의 상품 대신 제3자의 상품을 구입하기로 결정한 경우, 최초관심혼동이론이 상표보호를 정당화할 수 있다.[629]

---

[623] Dogan and Lemley, supra note 57, at 827-828. *See also* Bihari v. Gross, 119 F.Supp.2d 309, 320 (S.D.N.Y. 2000).

[624] Id.

[625] Id. at n. 211 ("[1-800 Contacts와 Playboy는] 자신들의 광고를 이러한 중개인들을 통해 게재한 다른 콘택트렌즈 회사들이나 기타 성인물 판매사들을 상대로 직접적인 최초관심혼동을 주장할 수 있을지도 모르지만, 양 회사는 중개인들 자체를 상대로 하여서는 직접책임 주장을 할 수 없어야 한다"고 언급).

[626] Lisa M. Sharrock, Realigning the Initial Interest Confusion Doctrine with the Lanham Act, 25 Whittier L. Rev. 53, 77-78 (2003).

[627] Id. at 76-77.

[628] Id. at 75.

[629] Id. at 73-76.

(2) 평균 소비자 및 주의력 수준

혼동가능성은 누구의 관점을 고려하는지에 따라서도 다르다. 평균 소비자들의 혼동가능성은 높은 주의력의 소비자들 또는 부주의한 소비자들의 혼동가능성과 동일할 수 없다. 미국 법원, 유럽연합사법재판소와 우리나라 법원은 이 점에 관해 유사한 입장을 취하고 있는 것으로 보인다. 미국 법원들은 혼동가능성 테스트는 "시장에서 상당히 신중한 소비자",[630] "당해 상품류의 소비자로서 통상적으로 신중한 상당수의 소비자"[631] 또는 "통상의 주의를 기울이는 상당히 신중한 상당수의 구매자들"[632]의 혼동가능성에 관한 테스트라고 주장하였다. 유럽연합사법재판소는 혼동가능성에 대한 전체적 평가에 있어서 "당해 상품 범주의 평균 소비자는 상당히 잘 알고 상당히 주의 깊고 용의주도하다고 간주된다"고 언급하였다.[633] 우리나라 법원들도 상표의 유사성은 "지정상품들이 그와 관련된 전문가 등에 의하여서만 수요되거나 거래되는 특수한 상품에 해당한다고 볼 특별한 사정이 없는 한 일반 수요자의 평균적인 주의력을 기준으로 판단하여야" 한다고 판시하였다.[634]

그럼에도 불구하고 미국 연방법원, 유럽연합사법재판소 및 우리나라 법원들은 유료키워드 검색 마케팅에서의 구체적인 소비자 주의 정도에 관하여는 공통된 입장을 가지고 있지 않다. '소비자의 실제 주의력'에 대한 평가가 동일하지 않은 것에 그 이유가 있기는 하지만, 사실 진정한 쟁점사항은 '평균 소비자'에 대한 해석이다. 법원들은 보통 '유료키워드 검색 마케팅에서의 평균 소비자들'을 인터넷 이용자들로 한정해왔다.

a) 낮은 수준의 인터넷 이용자들의 기본 주의력(Internet Users' Low Default Degree of Attention)

일부 유료키워드 검색 마케팅 사건에서 이해관계인 또는 법원은 소비자의 기본적인 주의력이 낮은 수준(a low default degree of consumer care)이라고 주장하거나 인정하였다. Edina Realty 사건에서 TheMLSonline.com은 "부동산은 돈이 많이 드는 장기간의 투자"라는 점을 이유로 소비자 주의 정도가 높을 것이라고 주장하였다.[635] 이러한 주장에 대하여 Edina Realty는 "62퍼센트의 소비자들이 스폰서 링크와 자연검색결과 간의 차이를 이해하지 못한다"는 연구결과를 제시하면서, "노력이

---

630) Dreamwerks Prod. Group v. SKG Studio, 142 F.3d 1127, 1129 (9th Cir. 1998).

631) Everett Laboratories, Inc. v. Vertical Pharmaceuticals, Inc., 227 Fed.Appx. 124, 127 (3d Cir. 2007).

632) Hearts on Fire Company LLC. v. Blue Nile, Inc., 603 F. Supp. 2d 274, 283 (D.Mass. 2009); Int'l Ass'n of Machinists & Aero. Workers v. Winship Green Nursing Ctr., 103 F.3d 196, 201 (1st Cir. 1996).

633) Lloyd Schuhfabrik Meyer & Co. GmbH v. Klijsen Handel BV (C-342/97) [1999] 2 C.M.L.R. 1343, 1358.

634) 대법원 1999.11.23. 선고 97후2842 판결; 특허법원 2007.4.13. 선고 2006허9555 판결.

635) Edina Realty, Inc. v. TheMLSonline.com, 80 U.S.P.Q.2d 1039, 6 (D.Minn. 2006).

필요 없는 웹서핑의 특성"을 근거로 소비자의 주의 정도가 낮을 것이라고 주장하였다.[636] 이러한 쟁점에 대해 제8연방항소법원 소속 지방법원은 "구매자 주의 정도에 관한 사실"에 분쟁이 있다고만 결론지었다.[637] 또한 Brookfield 사건에서 제9연방항소법원은 "웹사이트에 들어가는 것은 거의 노력이 필요 없다-보통 링크 사이트나 검색엔진 리스트를 한번 클릭하는 것"이라는 점을 강조했는데,[638] 제9연방항소법원은 GoTo.com 사건에서 이 결론을 인용하면서 "웹사이트 사이에서 길을 찾는 것에 실질적으로 어떠한 노력도 관련되지 않는다"고 언급하였다.[639] Network Automation 사건에서도 제9연방항소법원 소속 '지방법원'은 제9연방항소법원의 Brookfield 사건[640]과 GoTo.com 사건[641]에서의 판결을 기초로 인터넷 소비자들의 주의 수준이 기본적으로 낮다고 판단하였다.[642]

b) 높은 수준의 인터넷 이용자들의 기본 주의력
(Internet Users' Heightened Default Degree of Attention)

Network Automation 사건에서 연방지방법원과 달리 제9연방항소법원은 Brookfield 사건과 GoTo.com 사건에서의 자신의 결정들이 "10년 이상 전"의 결정이라고 지적하면서 소비자 주의 정도에 관한 이전의 입장을 변경하였다.[643] 변경된 제9연방항소법원의 입장은 "인터넷과 같은 매체 자체를 넘어서 [그 대신] 특정 상품과 관련 소비자들의 특성을 고려하는 접근방법"을 채택한 것처럼 보인다.[644] 그러나 제9연방항소법원은 Toyota 사건에서의 결정을 기초로 온라인상에서는 소비자의 기본 주의력이 높은 수준이라는 점도 강조하였다.

Toyota 사건에서 제9연방항소법원은 온라인시장을 관련시장(a relevant market)으로 간주하고, "온라인 쇼핑에 익숙한 상당히 신중한 소비자"를 관련소비자(a relevant consumer)로 간주하였다.[645] 이 사건을 인용하면서 동 법원은 Network Automation 사건에서 "인터넷의 신규성이 사라져 가고 온라인 상거래가 일반화되어 감에 따라 소비자의 기본 주의력 수준은 보다 높아지고 있다"고

---

636) Id.

637) Id.

638) Brookfield Commc'ns, Inc. v. West Coast Entm't Corp., 174 F.3d 1036, 1057 (9th Cir. 1999).

639) GoTo.com, Inc. v. Walt Disney Co., 202 F.3d 1199, 1209 (9th Cir. 2000) ("Navigating amongst web sites involves practically no effort whatsoever").

640) Brookfield Commc'ns, Inc. v. West Coast Entm't Corp., 174 F.3d 1036, 1057 (9th Cir. 1999).

641) GoTo.com, Inc. v. Walt Disney Co., 202 F.3d 1199, 1209 (9th Cir. 2000).

642) Network Automation, Inc. v. Advanced Systems Concepts, Inc., 2011 WL 815806, 11-12 (C.A.9(Cal.)).

643) *Network Automation*, 2011 WL 815806 at 11-12.

644) iCall, Inc. v. Tribair, Inc., 2012 WL 5878389, 12 (N.D.Cal.) ("An approach that look[s] beyond the medium itself [*e.g.*, the Internet] and to the nature of the particular goods and the relevant customers [instead]").

645) Toyota Motor Sales, U.S.A., Inc. v. Tabari, 610 F.3d 1171, 1176 (9th Cir. 2010).

강조하였다.646) 일부 학자들도 소비자가 새로운 기술에 익숙해짐에 따라 소비자의 혼동 가능성이 점차 낮아지고 있다고 주장하였다.647)

반면에 소비자의 기본 주의력 수준이 높아도 키워드로서의 상표사용에 있어서 혼동가능성이 발생한다는 주장도 있다. 온라인 사용자들이 비판적으로 검색결과를 검토하고 필요한 정보와 불필요한 정보를 구분할 수 있기 때문에 주의력의 기본 수준은 높지만,648) 배너광고에서와 달리 소비자들이 유료키워드 검색결과를 "광고의 한 형태"라고 쉽게 인지할 수 없기 때문에 유료키워드 검색 마케팅에서의 상표사용은 최초관심혼동을 초래할 수 있다는 것이다.649)

c) 상품 및 소비자에 따라 변화 가능한 소비자 주의력
(Variable Degree of Consumer Care according to Products and Consumers)

Network Automation 사건에서 제9연방항소법원은 높은 수준의 기본 소비자 주의력과 함께 '상품의 특성과 가격 및 소비자의 유형'에 따른 소비자 주의 수준 평가를 강조하였다.650) Rosetta Stone 사건에서도 제4연방항소법원 소속 지방법원은 'Rosetta Stone 상품의 가격이 대략 단계별 팩키지에 $259, 3단계 묶음에 $579'라는 점과 'Rosetta Stone이 목표하는 시장의 소비자는 돈과 에너지를 언어 학습이라는 시간집약적 일에 기꺼이 투자하는 교육을 잘 받은 소비자'라는 점을 근거로 높은 수준의 소비자 주의력을 인정하였다.651)

그러나 지방법원의 판단과 달리 제4연방항소법원은 증인의 증언과 구글의 내부 연구자료를 기초로 하여서도 소비자 주의력의 수준을 판단할 수 있다고 판시하였다.652) 뿐만 아니라 제4연방항소법원은 "심지어 교육을 잘 받고 숙련된 인터넷 이용자도 구글의 스폰서 링크의 특성으로 인해 혼동을 일으키고, 때때로 스폰서 링크가 실제로는 광고라는 것을 인식하지 못한다는 것을 보여주는 구글의 내부 연구자료도 증거에 포함된다"고 언급하면서, 교육을 잘 받은 소비자들이 유료키워드 검색 마케팅의 작동원리를 이해하지 못할 수 있다는 가능성을 보여주었다.653)

---

646) *Network Automation*, 2011 WL 815806 at 11.

647) Rothman, supra note 594, at 181.

648) Kurt M. Saunders, Confusion is the Key: A Trademark Law Analysis of Keyword Banner Advertising, 71 Fordham L. Rev. 543, 567 (2002).

649) Id. at 568.

650) *Network Automation*, 2011 WL 815806 at 11.

651) Rosetta Stone Ltd. v. Google, Inc., 730 F.Supp.2d 531, 545 (E.D.Va. 2010).

652) Rosetta Stone Ltd. v. Google, Inc., 2012 WL 1155143, 11 (C.A.4(Va.)).

653) Id.

d) 인터넷 이용자들의 상당한 주의(Internet Users' Reasonable Attention)

소비자의 주의력 수준에 관하여 그 동안 유럽연합사법재판소의 판결이 명확하지는 않았다. 그러나 동 재판소는 "통상 잘 알고 상당히 주의 깊은 인터넷 이용자들"을 유료키워드 검색 마케팅 상황에서의 평균 소비자로 간주하여 왔다.[654] 영국 항소법원(the Court of Appeal of England and Wales)은 Interflora 사건에서 이러한 유럽연합사법재판소의 결정이 유료키워드 검색 마케팅이라는 특정된 상황에서 "평균 소비자가 상당히 잘 알고 상당히 주의 깊은 인터넷 이용자로 대체되었다"는 것을 의미하는 것이라고 해석하였다.[655] 이 주장에 따르면 소비자의 주의 정도는 광고주 상품의 평균 소비자 관점에서 판단되지 않고, 이 소비자들 중에서 '인터넷 이용자들'의 상당한 주의 정도 관점에서 판단될 것이다.

3) 희석가능성

희석행위에 대하여 몇몇의 쟁점사항이 존재하는데, 첫째는 식별력 약화에 의한 희석가능성이 언제 발생되는지 명확하지 않다는 점이다. 이는 랜햄법상의 '식별력의 손상(impairment of distinctiveness)', 유럽 상표법상의 '식별력에 대한 손상(detriment to distinctive character)', 우리나라 부정경쟁방지법상의 '식별력에 대한 손상'과 관련된다. 둘째, 명성손상에 의한 희석행위의 범위에 대해서도 해석이 다르다. 일부는 부정적 연상(negative associations)에 초점을 맞추는 반면, 다른 법원이나 학자들은 상품 간의 부조화(dissonance between products)에 초점을 맞춘다. 셋째, 미국이나 우리나라의 법과 다르게,[656] 유럽 상표법은 다른 사람들의 상표의 명성이나 식별력으로부터 불공정한 이익을 취하는 것을 제소 가능한 제3의 희석행위로서 금지하고 있다. 유럽연합사법재판소의 판결에 따르면 이러한 유형의 희석행위는 상표권자에 대한 '금전적 보상'과 마케팅을 위한 '사용자들 자신의 노력'이 없는 경우 발생될 수 있기 때문에,[657] 상표권자들에게 유리한 방향으로 이해관계의 균형이 기울 수 있다.

이러한 쟁점사항들은 유료키워드 검색 마케팅에서의 상표사용 사건의 경우에도 동일하게 문제

---

654) Google France v. Louis Vuitton Malletier (Joined Cases C-236/08, C-237/08 and C-238/08) [2010] E.T.M.R. 30, 555-556; Die BergSpechte Outdoor Reisen und Alpinschule Edi Koblmüller GmbH v. Günter Guni, trekking.at Reisen GmbH (C-278/08) [2010] E.T.M.R. 33, 599; Portakabin Ltd and Portakabin BV v. Primakabin BV (C-558/08) [2010] E.T.M.R. 52, 943.

655) Marks & Spencer Plc v Interflora Inc [2013] E.T.M.R. 11, 167 ("The average consumer has been replaced by the reasonably well-informed and reasonably observant internet user").

656) 우리나라의 경우 불공정한 이익을 얻을 목적으로 상표로 사용하는 것은 거절결정, 이의신청, 무효의 사유에만 해당된다.

657) L'Oréal SA v. Bellure NV (C-487/07) [2009] E.T.M.R. 55, 1032.

된다. 즉, 광고주와 검색엔진의 상표사용으로 인한 희석책임의 인정여부는 식별력 약화에 의한 희석행위 및 명성손상에 의한 희석행위의 범위에 대한 해석과 불공정한 이익에 의한 희석행위의 인정여부에 달려 있다.

(1) 식별력 약화(Blurring)

Schechter는 상표권자의 독특하고 식별력 있는 상표를 제3자가 자신의 상품(관련 상품 또는 관련 없는 상품)에 사용하는 것은 상표의 독특성 또는 특이성(uniqueness or singularity), 나아가 상표가 보유하고 있는 판매력(selling power)을 손상시킨다고 주장하였다.[658] 그러나 랜험법, 유럽 상표법 및 우리나라 상표법은 '상표의 독특성'을 식별력 약화에 의한 희석행위의 요건으로 규정하지 않고, 그 표현에 차이가 있기는 하지만 공통적으로 '유명상표의 식별력에 대한 손상'을 요건으로 규정하고 있다. 그렇지만 어떤 경우에 제3자의 상표사용이 '유명상표의 식별력에 대한 손상'을 발생시키는지에 대해서는 해석이 일치하지 않는다. 이는 유료키워드 검색 마케팅 사건에서도 마찬가지이다.

a) 높은 식별력 또는 강한 연상(High Distinctiveness or Strong Association)

검색비용이론 및 인지심리학이론은 소비자가 유명상표와 유명상품을 연계시킬 때 발생하는 시간적 지연이나 추가적인 인지 노력에 초점을 맞추고 있다. 검색비용이론은 소비자들이 유명상표와 특정상품을 연결 지어 생각하는 데 소요되는 '보다 많은 정신적 시간과 노력(more mental time and effort)'이 소비자의 검색비용을 증가시키고, 이러한 검색비용의 증가는 상표법에 의해 금지되어야 한다고 주장한다.[659] 즉, 제3자가 유명상표를 사용하면 소비자들이 상표권자의 상품과 제3사용자의 상품 모두를 떠올리게 되어, 소비자들은 유명상표와 유명상품을 연결시킬 때 "보다 골똘히 생각(think harder)"해야 한다는 것이다.[660] 검색비용이론은 제3자가 유명상표와 동일한 상표를 '유명상품과 품질이 동일한 우수 상품'에 사용하는 경우에도 '상상 비용(imagination cost)'을 증가시킨다는 이유로 식별력 약화에 의한 희석을 인정한다.[661] "연상이 완벽하게 중립적일지라도 상표권자에게 비용이 발생된다"는 것이다.[662]

[658] Schechter, supra note 242, at 829-831.

[659] Landes and Posner, supra note 89, at 207.

[660] Ty Inc. v. Perryman, 306 F.3d 509, 511 (7th Cir. 2002).

[661] Landes and Posner, supra note 89, at 207.

인지심리학이론가들은 동일한 상표에 대해 "두 개의 인지 네트워크"를 보유하는 것은 '어떤 네트워크가 현재의 상황에 적용되는지 분석하기 위하여 추가적 노력이 필요'할 뿐 아니라 '최초 사용자의 브랜드 정보에 관한 기억에서 정보를 검색할 때 검색의 정확성과 검색속도를 떨어뜨릴 것'이라고 주장한다.[663] 인지심리학이론가들은 또한, 소위 '부채 효과(fan-effect)'가 식별력 약화에 의한 희석을 뒷받침한다고 주장하면서 '고급 모피 상인' 등의 정보가 들어 있는 다른 원에 연결된 부채살을 부채의 중심(Tiffany)에 추가적으로 부착시켜 부채살의 개수가 증가하면, 개인이 부채의 중심(Tiffany)을 원래의 정보(뉴욕 5번가에 있는 고소득층용 은, 수정, 보석류 소매상)에 연결시킬 수 있는 속도가 떨어지고 쉽게 인지할 수도 없다고 설명하였다.[664]

검색비용이론과 인지심리학이론에 따르면, 유명상표의 높은 식별력 또는 상표 간의 강한 연상을 근거로 하여 식별력 약화에 의한 희석 판결을 정당화시킬 수 있다. 제3자가 유명상표와 동일한 상표를 사용하는 경우, 유명상표의 식별력이 높을수록 소비자들은 유명상표와 유명상품을 연계시키기 위해 보다 많은 검색비용을 지불하고 추가적인 인지적 노력을 해야 할 것이다. 식별력이 높은 상표일수록 상표권자의 상표와 제3자가 사용하는 동일 상표가 강하게 연결되어 소비자의 기억 속에 동시에 여러 상품이 떠오르게 될 것이기 때문이다. 또한 설사 유명상표의 식별력이 높지 않더라도 상표권자의 상표와 제3자가 사용하는 상표 간의 연상이 강하면, 소비자의 기억 속에 동시에 여러 상품이 떠오르게 되기 때문에 소비자가 유명상표와 유명상품을 즉시 연결하는 것이 더욱 힘들고 소비자의 검색비용도 더욱 증가할 것이다. 인식심리학이론가들은 식별력 약화에 의한 희석의 초점은 "원고의 상표와 피고의 상표 간에 생성되는 연상"에 있다고 주장한다.[665]

다수의 미국 법원들은 검색비용이론 또는 인지심리학이론을 직접적으로 언급하지는 않았지만, 식별력이 높은 유명상표 또는 상표 간의 강한 연상을 이유로 하여 식별력 약화에 의한 희석을 인정해 왔다. 구체적으로 언급하자면 2006년의 미국 상표희석개정법(the US Trademark Dilution Revision Act of 2006: TDRA)은 식별력 약화에 의한 희석 유무를 판단할 때 법원이 고려하여야 할 6가지 요소들을 구체적으로 예시하고 있는데, 예시된 6가지 요소는 유명상표의 높은 식별력 또는 상표 간의 연상에만 관련된다. 6가지 요소는 i) 상표 또는 상호와 유명상표 간의 유사 정도, ii) 유명상표의 본질적 또는 획득한(이차적) 식별력 정도, iii) 유명상표 소유자가 상표의 실질적인 배타적 사용에 관여한 정도, iv) 유명상표의 인식 정도, v) 상표 또는 상호의 사용자가 유명상표와의 연상

---

[662] Id. ("Even if the association is completely neutral, there is a cost to the owner of the trade mark").

[663] Jacob Jacoby, The Psychological Foundations of Trademark Law: Secondary Meaning, Genericism, Fame, Confusion and Dilution, 91 Trademark Rep. 1013, 1047-1048 (2001).

[664] Id. at 1049.

[665] Id. at 1051.

을 만들려고 의도하였는지 여부 및 vi) 상표 또는 상호와 유명상표 간의 실제 연상 등이다.[666] 이러한 요소들은 구체적으로 살펴보면 ii), iii), iv)는 유명상표의 식별력과 관련되고, i), v), vi)은 상표 간의 연상과 관련된다. 즉, 6가지 요소는 유명상표가 어느 정도로 강한 상표인지와 관련되거나 상표의 유사성으로 인한 상표 간의 연상에만 관련되고,[667] 6가지 요소 중 어느 요소도 '유명상표의 식별력 손상'에는 직접적으로 관련이 없다. 결국 6가지 요소에 따른 테스트는 상표가 매우 유명한 상표라서 유명상표와 제3자가 사용하는 상표 사이에 강한 연상을 일으킬 가능성이 높은 경우에는 '유명상표의 식별력에 대한 손상이 있을 수 있다'는 가정을 전제로 하는 것처럼 보인다.

이러한 한계에도 불구하고 미국 법원들은 이 6가지 요소 테스트에 기초하여 키워드 사건에서의 식별력 약화에 의한 희석가능성 여부를 평가해 왔다. 그 예로, 제4연방항소법원 소속 지방법원은 Rosetta Stone 사건에서 "구글이 자신의 상표정책을 2004년 개정한 이후 Rosetta Stone의 브랜드 인식이 증가하기만 하였다"는 점을 근거로 식별력 약화에 의한 희석가능성을 부인하였다.[668] 이 결정을 파기환송하면서 제4연방항소법원은 지방법원이 식별력 약화에 의한 희석 판단을 위한 6가지 요소 중 1가지 요소-Rosetta Stone 상표에 대한 인식 정도-만을 고려하였다고 판단하였는데,[669] 이러한 판단은 제4연방항소법원 소속 지방법원이 유명상표인 Rosetta Stone 상표의 식별력에 손상을 입혔는지 여부는 검토하지 않았다는 것을 확인시켜준다. 동시에 제4연방항소법원도 식별력 약화에 의한 희석을 판단함에 있어서 6가지 요소를 중요하게 생각하고 있고, Rosetta Stone 상표의 식별력에 손상을 입혔는지 여부를 중요 요건으로 생각하고 있지는 않다는 것을 보여준다.

유럽연합일반법원(the EU General Court)과 우리나라 법원들은 '강한 유명상표'를 주된 근거로 하여 식별력 약화에 의한 희석을 인정하였다. BOTUMAX 사건에서 유럽연합일반법원은 단어 요소인 'botox'가 매우 색달라서(fanciful) 다른 상표에 동일 또는 유사한 요소를 사용하는 것은 식별력 약화에 의한 희석을 발생시킬 수 있다는 것을 근거로 선행 상표 'BOTOX'의 식별력에 손상이 있다고 판결하였다.[670] 한편 하이티파니(HiTIFFANY)사건에서 서울지방법원은 티파니(TIFFANY) 상표가 전 세계적으로 유명하다는 점을 강조하면서, '티파니'와 동일·유사한 표지인 '하이티파니'를 무단 사용하여 명품 브랜드점 분양사업을 하는 것은 식별력의 손상에 해당한다고 판시하였다.[671]

---

[666] Section 43(c)(2)(b) of the Lanham Act.

[667] Ilanah Simon Fhima, *Trade Mark Dilution in Europe and the United States* (Oxford University Press 2011) 137-138.

[668] Rosetta Stone Ltd. v. Google, Inc., 730 F.Supp.2d 531, 551 (E.D.Va. 2010).

[669] Rosetta Stone Ltd. v. Google, Inc., 2012 WL 1155143, 21 (C.A.4(Va.)).

[670] Farmeco AE Dermokallyntika v. OHIM (T-131/09) [2010] paras 97-101.

[671] 서울지방법원 2003.8.7. 선고 2003카합1488 판결.

일부 키워드 사건에서는 미국 법원도 多요소 테스트(the multifactor test)에 의존하지 않고 '강한 유명상표'를 근거로 식별력 약화에 의한 희석을 인정하였다. 예를 들면, 미국 제9연방항소법원은 Perfumebay.com 사건에서 eBay 상표가 강한 상표라는 것을 강조하면서 'Perfumebay의 상표들 때문에 소비자들이 Bay라는 접미어를 eBay의 인터넷 기반 시장에서의 상품 판매와 연결 지어 생각하지 않을 수 있다'고 결론지었다.[672]

미국 법원들은 일부 사건에서 상표 간의 강한 연상과 관련된 '동일한 상표의 제3자 사용'이 희석 또는 희석가능성(actual or likely dilution)의 정황 증거에 해당하거나 이를 추정하게 한다고 판시하였다. 미국 연방대법원은 Moseley 사건에서 상표가 동일하다는 것이 미국 연방희석화방지법(the US Federal Trademark Dilution Act of 1995: FTDA)에서 규정한 희석(actual dilution)의 정황증거인 것으로 간주하였다.[673] Garcia가 Horphag의 상표인 'Pycnogenol'을 Garcia의 웹사이트와 메타태그에 사용한 Horphag 사건에서 제9연방항소법원도 Moseley 사건에서의 대법원 판결을 인용하면서 동일한 언급을 하였다.[674] 나아가 Savin 사건에서 제2연방항소법원은 상표의 동일성이 실제로 희석이 있다는 것을 추정하게 한다고 판시하였다.[675] 상품과 키워드에 Burberry 상표를 사용한 사건에서 제2연방항소법원 소속 지방법원은 동일한 상표의 사용을 기초로 희석이 아닌 희석가능성을 추정할 수 있다고 적시하였다.[676]

b) 별도의 식별력에 대한 손상가능성(Separate Likelihood of Harm to Distinctiveness)

McCarthy는 '유명상표의 식별력을 손상시키는 것'을 "유명상표의 힘을 점차 약화시키는 것(to sap the strength of the famous mark)"으로 이해하면서,[677] 식별력에 대한 손상가능성을 입증할 별도의 증거가 필요하다고 주장한다.[678] 그는 상표 간의 연상이 있으면 바로 식별력에 대한 손상이 있다고 볼 수는 없으며, "무엇이 발생가능한지와 무엇이 일어날 수 있을지에 대한 이론적 가정만에 의하여" 식별력 약화에 의한 희석이 인정되어서는 안 된다고 강조한다.[679] McCarthy는 상표희석개정법(TDRA)의 구조상 상표 간의 연상을 식별력 약화에 의한 희석으로 취급하지 않고 있으

---

[672] Perfumebay.com Inc. v. eBay, Inc., 506 F.3d 1165, 1181 (9th Cir. 2007).

[673] Moseley v. V Secret Catalogue, Inc., 537 U.S. 418, 434 (2003).

[674] Horphag Research, Ltd. v. Garcia, 475 F.3d 1036 (9th Cir. 2007).

[675] Savin Corp. v. The Savin Group, 391 F.3d 439, 452-453 (2d Cir. 2004).

[676] Burberry v. Designers Imports, 2010 WL 199906, 7 (S.D.N.Y. 2010).

[677] McCarthy, supra note 23, § 24:118.

[678] Id. § 24:115.

[679] Id. § 24:115.

며,[680] 유명상표의 힘은 "손해 문제와 관련하여 두 가지 상반된 효과가 있다"고 판단한다.[681] McCarthy의 주장과 유사한 취지로 제2연방항소법원 소속 지방법원은 Miss Universe 사건에서 미스 유니버스가 자신의 식별력 약화에 의한 희석 주장을 입증하기 위해 충분한 증거를 제출하지 않았 다는 것을 근거로 식별력 약화에 의한 희석을 인정하지 않았다.[682]

유럽연합사법재판소도 식별력에 대한 손상을 별도로 요구한다. 동 재판소는 식별력 약화에 의한 희석상의 '식별력(distinctive character)'을 "상표가 등록되고 사용된 상품 또는 서비스를 상표권자로 부터 비롯된 것으로 확인(identify)시키는 상표의 능력"으로, '이러한 능력에 대한 손상'은 제3자의 상표사용이 선행상표의 동일성(identity)과 선행상표가 일반인의 마음을 붙잡고 있는 영향력을 분 산시킨 사실에서 발생하는 것으로 해석한다.[683] 또한 식별력 약화에 의한 희석을 증명하기 위하여 유럽연합사법재판소는 후행상표의 사용으로 인하여 선행상표 지정상품 평균 소비자의 경제적 행 동이 실제로 변화하였거나 변화할 가능성이 매우 높다는 증거를 요구한다.[684]

Advocate General Sharpston과 일반법원(the General Court)은 유럽사법재판소의 결정과는 다른 입 장을 취하였다. Advocate General Sharpston은 Intel 사건에서 관련성이 없는 상품에 대한 상표사용 결과 상표의 식별력이 약해졌어도 소비자들이 자신들의 구매결정을 변경하지 않는 경우가 있기 때문에 식별력에 대한 손상에 경제적 행동의 변화가 필요하지는 않다고 주장하였다.[685] 일반법원 은 Environmental Manufacturing 사건에서 결과적으로 변화하였다는 증거가 식별력 약화에 의한 희 석을 인정하는 데 필요하지 않다고 보다 명확히 언급하였다.[686] 일반법원은 "후행상표의 사용이 선행상표의 동일성(identity)과 선행상표가 일반인의 마음을 붙잡고 있는 영향력을 분산 시켰기 때 문에" 상표가 상품출처를 식별시키는 능력이 약화되었다는 증거가 소비자의 경제적 행동의 변화 를 입증할 것이라고 지적하였다.[687] 그러나 유럽연합사법재판소는 일반법원의 결정을 인정하지 않 았다.[688]

또한 유럽연합사법재판소는 Interflora 사건에서 경제적 행동의 변화에 대한 언급은 없이, 유명상 표를 보통명칭으로 전환시킬 위험성에 근거하여 식별력 약화에 의한 희석을 인정하였다.[689] 동 재

---

680) Id. § 24:116.

681) Id. § 24:119 ("[It] can cut both ways on the injury question").

682) Miss Universe, L.P., LLLP v. Villegas, 672 F. Supp. 2d 575, 595 (S.D.N.Y. 2009).

683) Intel Corpn Inc v. CPM United Kingdom Ltd (C-252/07) [2009] Bus. L.R. 1079, 1102.

684) Id. at 1107.

685) Id. at 1095 (코카콜라 상표를 예로 제시).

686) Environmental Manufacturing LLP v. OHIM (T-570/10) [2012] E.T.M.R. 54, 985-986.

687) Id.

688) Environmental Manufacturing LLP v OHIM (C-383/12 P) [2013] All ER (D) 196 (Nov), paras 34-50.

판소는 INTERFLORA 상표의 내부적 사용에 의해 촉발된 광고가 "상당히 잘 알고 상당히 주의 깊은 인터넷 이용자로 하여금 M&S가 홍보하는 서비스가 Interflora의 서비스와 독립된 것이라는 것을 구분할 수 있게 하지 않으면" Interflora는 "Interflora라는 용어가 소비자의 마음속에서 꽃배달 서비스를 뜻하게 되었다"고 주장할 수 있다고 언급하였다.[690]

우리나라의 경우 부정경쟁방지법 제2조 제1호 다목에서 규정하고 있는 부정경쟁행위를 주장하기 위해서는 표지의 사용으로 인하여 실제로 자신의 표지의 식별력이나 명성이 손상되었다는 결과 또는 손상가능성에 관하여 별도의 주장과 입증을 하여야 한다는 지방법원의 판례가 있다.[691]

(2) 명성손상(Tarnishment)

명성손상(tarnishment)의 경우 미국 법원 검색비용이론 및 인지심리학이론 주장자들은, 부정적 연상이 제3자 상품의 성질에서 오는 것인지 이 상품에 사용된 상표의 이미지에서 오는 것인지에 상관없이 제3자의 상표사용이 일으키는 부정적 연상에 초점을 맞춘다. 그러나 최소한 1개 이상의 미국 법원, 유럽연합사법재판소 및 우리나라 법원은 명성손상에 대한 평가에 있어서 상품의 성질을 더 강조하고 있는 것으로 보인다.

a) 부정적 연상(Negative Associations)

미국에서는 상표희석개정법(TDRA) 이전의 연방희석화방지법(FTDA)상에서는 명시적으로 식별력 약화에 의한 희석과 명성손상에 의한 희석을 구분하지 않았다. 심지어 미국 연방대법원은 Moseley 사건에서 미국 주법들은 명시적으로 '영업 명성에 대한 손상'과 '상호 또는 상표의 식별력의 희석'을 모두 규정하고 있는 반면 연방희석화방지법은 전자를 규정하고 있지 않다는 것을 근거로, 논란의 여지가 있기는 하지만 연방희석화방지법(FTDA)이 명성손상(tarnishment)을 포함하고 있지 않다고 언급하였다.[692] 반면에 상표희석개정법(TDRA)은 명성손상(tarnishment)을 "유명상표의 명성을 손상시키는 상표 또는 상호와 유명상표 간의 유사성에서 발생되는 연상"이라고 정의하고 있다. 이와 관련하여 미국 연방법원들은 유명상표가 '싸구려 품질의 상품과 연계되거나 또는 불건전하거나 불쾌한 맥락 속에서 묘사되어' 일반인들이 피고 상품의 품질 미비나 명성 부족을 원고와

689) Interflora Inc v. Marks & Spencer Plc (C-323/09) [2012] E.T.M.R. 1, 45.

690) Id.

691) 대전지법 2009.12.18. 선고 2009가합9489 판결('버버리 노래' 노래방 사건).

692) Moseley v. V Secret Catalogue, Inc., 537 U.S. 418, 432 (2003).

는 관련 없는 상품과 연결 지어 생각할 때,[693] 또는 유명상표가 유명상품의 건전한 식별표지로 기여하는 능력을 잃었을 때,[694] '유명상표의 명성에 대한 손상'이 발생된다고 해석하여 왔다. 즉, 유명상표와 동일 또는 유사한 상표를 제3자가 사용함으로써 소비자의 마음에 일으키는 부정적 연상이 "명성손상의 필요요건(the sine qua non of tarnishment)"이라고 보았다.[695]

검색비용이론의 주창자들도 명성손상이 '불쾌하거나 모욕적인 연상 때문'에 높은 부정적 프리미엄(a high negative premium)을 발생시키는 것으로 해석한다.[696] 다만 명성손상이 상표가 부착된 상품 또는 서비스의 표지인 '상표의 식별력을 감소시킨다'는 의미에서 명성손상을 "식별력 약화에 의한 희석의 일부(a subset of blurring)"로 본다.[697]

인지심리학이론도 부정적 연상을 강조한다. 그러나 검색비용이론과 달리 동 이론은 "식별력 약화에 의한 희석은 연상에 초점이 있지만, 명성손상은 이 연상의 평가적 측면(긍정적인지 부정적인지, 좋은지 나쁜지, 좋아하는지 싫어하는지)에 초점이 있다"는 점에서 양자를 구분한다.[698] 또한 인지심리학이론은 제3자의 상표사용이 유명상표의 긍정적 연상을 어떻게 훼손시키는지에 명성손상의 관심이 있다고 주장한다.[699]

키워드 사건 중 최소 한 사건에서는 부정적 연상이 없었다는 점을 이유로 명성손상에 의한 희석이 인정되지 않았다. Rosetta Stone 사건에서 지방법원은 명성손상을 인정하지 않은 근거로 '위조 소프트웨어라고 주장되는 상품을 구매한 5명이 Rosetta Stone 상표에 대하여 약화된 의견(a reduced opinion)을 가지고 있었다는 증거가 없다'는 점을 들었다.[700]

b) 부정적 이미지를 가진 상품에 대한 사용(Use on Products with Negative Images)

미국 제6연방항소법원은 유명상표의 명성에 대한 손상을 평가할 때 제3자가 유명상표와 동일 또는 유사한 상표를 붙인 '상품의 성질'을 더 강조한다. 제6연방항소법원은 V Secret Catalogue 사건

---

693) Rosetta Stone Ltd. v. Google, Inc., 2012 WL 1155143, 18 (C.A.4(Va.)) (When the famous mark is "linked to products of shoddy quality, or is portrayed in an unwholesome or unsavory context such that the public will associate the lack of quality or lack of prestige in the defendant's goods with the plaintiff's unrelated goods"); see also Hormel Foods Corp. v. Jim Henson Productions, Inc., 73 F.3d 497, 507 (2d Cir. 1996) and Starbucks Corp. v. Wolfe's Borough Coffee, Inc., 588 F.3d 97, 110 (2d Cir. 2009).

694) Deere & Co. v. MTD Products, Inc., 41 F.3d 39, 43 (2d Cir. 1994); Starbucks, 588 F.3d at 110 (When the famous mark "loses its ability to serve as a wholesome identifier" of the products bearing the mark).

695) Hormel Foods, 73 F.3d at 507.

696) Landes and Posner, supra note 89, at 207.

697) Ty Inc. v. Perryman, 306 F.3d 509, 511 (7th Cir. 2002).

698) Jacoby, supra note 663, at 1051.

699) Id.

700) Rosetta Stone Ltd. v. Google, Inc., 730 F.Supp.2d 531, 551-552 (E.D.Va. 2010).

에서 유명상표와 性 관련 상품에 사용된 상표 간의 명확한 의미적 연상은 '性 관련 상품에의 사용'이 유명상표의 명성을 손상시킬 가능성이 높다는 "반박 가능한 추정 또는 최소한 매우 강한 추론"을 하게 한다고 지적하였다.[701] 따라서 제3상표사용자는 명성손상가능성이 높지 않다는 것을 입증하기 위해 전문가 증언, 설문조사, 여론조사, 소비자 증언 등과 같은 증거를 제출하여야 한다고 동법원은 덧붙였다.[702] 제6연방항소법원의 이러한 결정은 性 관련 상품에 유명상표를 사용하는 것이 유명상표의 명성을 손상시킨다는 가정을 전제로 한다.

유럽연합사법재판소는 유럽 상표법상의 '상표의 명성에 대한 손상(detriment to the repute of the trade mark)'을 미국 상표희석개정법(TDRA)상의 명성손상에 의한 희석에 상당하는 것으로 본다.[703] 그럼에도 불구하고 Advocate General Jacobs와 유럽연합사법재판소는 유럽 상표법상의 '상표의 명성에 대한 손상(detriment to the repute of the trade mark)'을 대다수의 미국 법원과는 다르게 이해한다. Adidas-Salomon[704] 사건에서 Advocate General Jacobs는 제3자가 유명상표와 동일 또는 유사한 상표를 사용한 경우 '그 상표가 사용된 상품의 성질'로부터만 명성손상에 의한 희석이 발생하는 것으로 해석하였다. 그는 네덜란드 진(a Dutch gin)의 'Claeryn' 상표와 유사한 'Klarein' 상표를 액상세제(a liquid detergent)에 사용한 베네룩스 사건을 언급하면서, 명성손상에 의한 희석을 상표권을 침해하는 표지가 사용된 '상품이 상표의 매력에 영향을 미치는 방법'으로 일반인의 감각에 호소하는 경우로 정의하였다.[705]

유럽연합사법재판소도 제3자가 유명상표와 동일 또는 유사한 상표를 사용한 상품에 무게를 두고 있다. L'Oréal 사건에서 동 재판소는 "제3자에 의해 동일 또는 유사한 표지가 사용된 상품 또는 서비스가 상표의 매력을 감소시킨 것으로 일반인이 인지하는 때" 명성손상에 의한 희석이 발생하는 것으로 보았다.[706] 더구나 유럽연합사법재판소는 "그러한 손상은 특히 제3자가 제공한 상품 또는 서비스가 상표의 이미지에 부정적 영향을 끼칠 가능성이 높은 특성이나 특질을 가지고 있다는 사실로부터 발생될 수 있다"는 것을 강조하였다.[707]

서울지방법원도 SONYBANK.COM 사건과[708] HiTIFFANY[709] 사건에서 유사한 입장을 취하였

---

[701] V Secret Catalogue v. Victoria's Secret Stores, 605 F.3d 382, 388-389 (6th Cir. 2010).

[702] Id.

[703] L'Oréal SA v. Bellure NV (C-487/07) [2009] E.T.M.R. 55, 1031 (The ECJ also referred to this as "degradation").

[704] Adidas-Salomon AG and Another v. Fitnessworld Trading Ltd (C-408/01) [2004] Ch. 120.

[705] Id. at 128-129 ("[T]he goods for which the infringing sign is used appeal to the public's senses in such a way that the trade mark's power of attraction is affected").

[706] L'Oréal, [2009] E.T.M.R. 55 at 1031.

[707] Id.

[708] 서울지방법원 2002.10.18. 선고 2001가합35469 판결.

[709] 서울지방법원 2003.8.7. 선고 2003카합1488 판결.

다. 이 사건들에서 동 법원은 '유명상표의 명성을 손상하게 하는 행위'를 "어떤 좋은 이미지나 가치를 가진 주지의 표지를 부정적인 이미지를 가진 상품이나 서비스에 사용함으로써 그 표지의 좋은 이미지나 가치를 훼손하는 행위"라고 기술하였다.[710]

(3) 불공정한 이익(Unfair Advantage)

미국 및 우리나라의 법률과는 대조적으로 유럽상표법은 유명상표의 식별력 또는 명성으로부터 불공정하게 이익을 얻는 것을 상표침해에 해당하는 제3유형의 희석행위로 보고 금지한다. 참고로 우리나라에서는 불공정한 이익을 획득할 목적으로 상표를 사용하는 것이 거절결정, 이의신청 및 무효의 사유에 해당하지만, 상표권 침해에는 해당하지 않는다. 유럽연합사법재판소에 의하면, 불공정한 이익의 취득에 의한 희석은 특히 '상표가 나타내는 특성이나 상표의 이미지를 그 상표와 동일 또는 유사한 표지에 의해 식별되는 상품으로 이전시킴으로써 유명상표의 영향력을 명확하게 부당 이용하는 결과를 초래할 때' 발생한다.[711] 유럽연합사법재판소는 불공정한 이익에 의한 희석에 있어서의 손해(injury)는 식별력이나 명성에 대한 손상이 아니라 제3자의 불공정한 이익에 있고, 그 결과 손해의 존재는 상당히 잘 알고 상당히 주의 깊은 '후행상표 지정상품의 평균 소비자'의 관점에서 평가되어야 한다는 점에서 다른 유형의 희석과 다르다는 것도 강조하였다.[712] 또한 유럽연합사법재판소는 제3자가 자신의 이익에 대한 대가를 지불하지 않았을 때 불공정한 이익을 인정하였다. 동 재판소는 제3자가 "상표의 이미지를 생성하고 유지하기 위해 유명상표의 권리자가 사용하는 마케팅 노력을 어떠한 금전적 보상액도 지불하지 않고 [제3자] 자신이 노력하도록 요구되지도 않으면서 부당하게 이용"하려고 시도하는 경우, 유명상표와 유사한 상표를 사용함으로써 제3자가 얻는 이익은 불공정하다고 간주되어야 한다고 판단하였다.[713]

일부 키워드 사건에서도 불공정한 이익의 취득이 쟁점이었다. 예를 들면, 구글 병합사건에서 유럽연합사법재판소는 광고주가 인터넷상에서 유명상표를 부착한 모조품을 판매하는 경우 불공정한 이익이 발생할 수 있다고 결정하였다.[714] 또한 Interflora 사건에서는 상표권자에게 보상액을 지급하지 않고 경쟁자가 유명상표를 인터넷 키워드로 선정한 것은 유럽 상표법상의 '정당한 사유(due

---

710) Id.

711) *L'Oréal*, [2009] E.T.M.R. 55 at 1031 ("[A transfer of the image of [a] mark or of the characteristics which it projects to the goods identified by the identical or similar sign") ("[C]lear exploitation on the coat-tails of the mark with a reputation)."

712) Intel Corp'n Inc v. CPM United Kingdom Ltd (C-252/07) [2009] Bus. L.R. 1079, 1103.

713) *L'Oréal*, [2009] E.T.M.R. 55 at 1032; Google France v. Louis Vuitton Malletier (Joined Cases C-236/08, C-237/08 and C-238/08) [2010] E.T.M.R. 30, 557-558.

714) *Google France*, [2010] E.T.M.R. 30 at 558.

cause)'가 없는 한 불공정한 이익을 위한 사용으로 해석될 수 있다고 판시하였다.[715]

4) 상표권의 제한

광고주들과 검색엔진들은 유료키워드 검색 마케팅 사건에서 공정사용, 지명식 공정사용 또는 기능적 사용을 상표권자의 상표침해 주장에 대한 방어수단으로 주장해왔다. 특히 키워드로의 상표사용 그 자체가 이러한 방어수단에 해당한다고 주장하였다. 그러나 법원들은 i) 유료키워드 검색 마케팅에서의 상표사용이 방어수단에 해당하는지 여부 및 ii) 사용 요건, 혼동가능성, 희석가능성과 방어수단 간의 관계에 대하여 일관된 입장을 보여주지 않았다.

(1) 가능한 방어수단

a) 전통적 공정사용(Classic Fair Use)

일부 미국 법원들은 광고주들이 메타태그로 상표를 사용하는 것이 전통적인 공정사용이라고 판단하였다. 미국 제9연방항소법원은 Brookfield 사건에서 영화광이라는 단어 'movie buff'와 "1칸의 여백만(only a single space)"이 다른 'MovieBuff'가 적절한 기술적 용어(descriptive term)가 아니라는 것을 근거로, 전통적인 공정사용 주장을 인정하지 않았다.[716] 그러나 제9연방항소법원은 기술적 상표를 메타태그로 사용하는 것이 공정사용에 해당할 수 있다고 암시하였다.[717] 반면에 Gross가 비하리 인테리어(Bihari Interiors)라는 상표를 메타태그에 포함시킨 Bihari 사건에서[718] 제2연방항소법원 소속 지방법원은 상표가 기술적이라고 분류될 수 없는 경우에도 공정사용을 인정하였다. 동 법원은 메타태그가 사용된 "웹사이트들이 비하리 인테리어(Bihari Interiors)와 마리안 비하리(Marianne Bihari)에 관한 정보를 제공하였고" 따라서 제3사용자인 Gross는 비하리 인테리어(Bihari Interiors)와 비하리(Bihari)라는 용어들을 상표로 사용하지 않았고 오히려 공정하게 자신의 웹사이트 내용을 확인시키기 위해 사용하였다고 판단하였다.[719] 동 법원에 따르면 색인이나 목록에 상표를 사용하는 것은 '기술적 의미로 상표를 사용하는 것'에 해당한다.[720] Bihari 법원은 Brookfield 법

---

[715] Interflora Inc v. Marks & Spencer Plc (C-323/09) [2012] E.T.M.R. 1, 45-46.

[716] Brookfield Commc'ns, Inc. v. West Coast Entm't Corp., 174 F.3d 1036, 1066 (9th Cir. 1999).

[717] Id. (asserting that "[t]he proper term for the "motion picture enthusiast" is "Movie Buff", which West Coast certainly *can* use").

[718] Bihari v. Gross, 119 F.Supp.2d 309 (S.D.N.Y. 2000).

[719] Id. at 322.

[720] Id.

원보다 공정사용을 넓게 해석한 것으로 보이는데, 이러한 사안들은 전통적인 공정사용 주장이 유료키워드 검색 마케팅 사건에서도 사용될 수 있다는 것을 보여준다.

미국 법원들과 달리 유럽연합사법재판소는 기술적 공정사용 방어수단(a descriptive fair use defence)이 키워드로서의 상표사용에서 인정된다는 일반적인 생각을 부인하였다. Portakabin 사건에서 유럽연합사법재판소는 키워드로서의 상표사용 목적이 "제3자가 상표사용 시 제공하는 상품 또는 서비스에 대한 특성을 표시하고자 하는 것이 아니며, 따라서 사용은 지침 89/104 제6조(1)(b)에 해당하지 않는다"고 판단하였다.[721] 동 재판소는 특별한 경우 국내법원이 반대로 결론을 낼 수 있다고만 주장하였다.[722] 또한 동 재판소는 사용이 제6조(1)(b)에 의한 공정사용에 해당하는지를 결정함에 있어서, portakabin이라는 용어가 보통명칭으로 사용되지 않았다는 사실을 고려하여야 한다고 언급하였다.[723]

b) 지명식 공정사용(Nominative Fair Use)

지명식 공정사용은 상표권자의 상품을 기술하기 위하여 상표를 사용하는 것을 말한다. 지명식 공정사용 이론은 미국 제9연방항소법원이 개발하였기 때문에 미국 법원들 사이에서 주로 논의되었고,[724] 랜험법은 지명식 공정사용을 희석책임에 대한 공정사용의 한 유형으로 포함시키고 있다.[725]

일부 미국 법원들은 광고주들이 메타태그 또는 키워드로 상표를 사용하는 것이 지명식 공정사용에 해당할 수 있다고 주장한다. Playboy 사건에서 제9연방항소법원은 상표가 피고의 웹사이트 내용을 기술하기 위해 사용되었다는 사실을 근거로 광고주들이 메타태그에서 상표를 사용한 것을 지명식 공정사용으로 간주하였다.[726] 이 결정은 유사한 사실을 이유로 전통적인 공정사용을 인정하였던 Bihari 법원의 결정과 대조적이다. 제5연방항소법원 소속 지방법원도 Mary Kay사건에서 유료키워드 검색 마케팅상에서 광고주들이 상표를 사용하는 것이 지명식 공정사용일 수 있다고 적시하였다.[727] Designer Skin 사건에서 제9연방항소법원 소속 지방법원도 S & L Vitamins가 메타태그와 키워드로 Designer Skin의 상표를 사용하는 것이 지명식 공정사용 테스트의 세 가지 요소를

---

721) Portakabin Ltd and Portakabin BV v. Primakabin BV (C-558/08) [2010] E.T.M.R. 52, 944.

722) Id.

723) Id.

724) New Kids on the Block v. News Am. Publ'g, Inc., 971 F.2d 302, 308 (9th Cir. 1992).

725) Lanham Act, Sec. 43(c)(3)(A).

726) Playboy Enterprises, Inc. v. Welles, 279 F.3d 796, 803-804 (9th Cir. 2002).

727) Mary Kay, Inc. v. Weber, 601 F. Supp. 2d 839, 857 (N.D.Tex. 2009).

모두 충족시켰다는 점을 이유로 희석책임을 인정하지 않았다.[728]

검색엔진들이 키워드로 상표를 사용하는 것도 지명식 공정사용으로 간주되었다. 제3연방항소법원 소속 지방법원은 800-JR 사건에서 검색엔진이 키워드로 상표를 사용하는 것은 검색엔진이 "다른 사람의 침해적 사용에 불법적으로 참여하지 않는 한" 자신의 영업 측면에서 공정사용일 수 있다고 언급하였다.[729] 더구나 일부 학자들은 검색엔진들이 자연검색결과로부터 유료키워드 검색결과를 명확하게 구분하기 위해 상당한 조치를 취하는 이상 검색엔진들의 사용은 비교광고의 성질을 가진 지명식 공정사용으로 간주되어야만 한다고 주장한다.[730]

그러나 메타태그 또는 키워드로서의 상표사용이 지명식 공정사용 테스트를 통과하지 못하여 지명식 공정사용 주장이 인정되지 못한 사건도 있다. 제9연방항소법원은 Horphag Research 사건에서 제3자인 "Garcia가 Pycnogenol을 언급한 것은 후원관계에 관한 혼동을 발생시켰고, Pycnogenol 상표의 명성을 부당하게 이용하고자 한 것이었다"는 점을 근거로 지명식 공정사용을 인정하지 않았다.[731] 또한 제9연방항소법원은 Netscape Communications 사건에서 피고들이 성인용 배너광고가 나타나도록 다른 키워드를 사용할 수 있었다는 점을 근거로 PEI의 상표를 피고들이 사용한 것은 지명식 공정사용의 첫 번째 요건을 만족시키지 못한 불공정 사용이라고 판단하였다.[732] Edina Realty 사건에서도 제8연방항소법원 소속 지방법원은 제3연방항소법원의 지명식 공정사용 테스트를 채택하면서, 피고가 자신의 광고를 촉발시키기 위해 Twin Cities 부동산과 같은 다른 용어를 사용할 수 있어서 EDINA REALITY 표장을 검색용어로 사용한 것이 피고의 서비스를 기술하기 위해 필요한 것이 아니기 때문에 지명식 공정사용에 해당하지 않는다고 판결하였다.[733]

일부 법원들은 지명식 공정사용의 기초가 되는 사실맥락과 동일한 사실맥락에 근거하여 '혼동가능성'을 부인하였다. 희석책임에 대한 지명식 공정사용을 인정한 Designer Skin 사건의 법원은 광고주들의 사용이 혼동책임을 발생시키지 않는다는 판단의 근거로 지명식 공정사용을 사용하지 않았다. 오히려 동 법원은 "S & L Vitamins가 자신의 웹사이트 내용을 정확하게 설명하기 위해 Designer Skin의 상표를 사용한 것이 최초관심혼동을 일으키지 않는다"고 결론지었다.[734] 메타태그 사건에서도 유사한 결정이 이루어졌다. Standard Process 사건에서 제7연방항소법원 소속 지방법원

---

[728] Designer Skin, LLC v. S&L Vitamins, Inc., 560 F.Supp.2d 811, 820-822 (D.Ariz. 2008).

[729] 800-JR Cigar, Inc. v. GoTo.com, Inc., 437 F.Supp.2d 273, 292-293 (D.N.J. 2006).

[730] Macaw, supra note 24, at 55-60.

[731] Horphag Research, Ltd. v. Pelligrini, 337 F.3d 1036, 1041 (9th Cir. 2003).

[732] Playboy Enterprises, Inc. v. Netscape Communications, Inc., 354 F.3d 1020, 1030 (9th Cir. 2004).

[733] Edina Realty, Inc. v. TheMLSonline.com, 80 U.S.P.Q.2d 1039, 6-7 (D.Minn. 2006).

[734] Designer Skin, LLC v. S&L Vitamins, Inc., 560 F.Supp.2d 811, 820 (D.Ariz. 2008).

은 소비자들이 변경되지 않은 SP 상품을 Dr. Bank의 웹사이트에서 구매할 수 있었다는 점을 이유로 혼동가능성을 인정하지 않았다.[735]

반면 일부 미국 법원들, 유럽연합사법재판소 및 우리나라 법원들은 지명식 공정사용을 채택하고 있지 않다. 미국 제4연방항소법원은 Rosetta Stone 사건에서 "상표침해에 대한 방어수단으로서의 지명식 공정사용이론의 유효성 또는 이 이론이 어떤 방식으로든 혼동가능성 테스트를 공식적으로 변경해야만 하는지 여부에 관한 입장"을 정하지 않았다고 강조하였다.[736] Adam Opel 사건[737]에서의 유럽연합사법재판소의 입장도, 축소모형이 Opel 자동차의 모델이라는 정보를 전달하기 위해 Opel 로고를 Autec이 축소모형상에 사용한 것에 대해 유럽연합사법재판소가 제6조(1)(b)의 적용을 부인하였다는 점에서 "지명식 사용에 대한 방어수단은 없다"는 입장으로 해석할 수 있다.[738] 또한 지명식 공정사용을 받아들인 우리나라 사건은 아직 없다.

c) 기능적 사용(Functional Use)

일부 미국 사건들에서[739] 검색엔진들은 상표인 키워드가 검색엔진들로 하여금 관련 정보를 사용자들에게 확인시켜줄 수 있도록 하는 필수 색인 기능(an essential indexing function)을 수행하기 때문에 키워드 사용은 기능적 사용(functional use)에 해당한다고 주장하였다. Rosetta Stone 사건에서의 이러한 검색엔진측 주장에 대해 지방법원은 기능적 사용을 인정하였는데, 그 근거는 i) 키워드가 구글이 구글의 DB에서 관련 정보를 확인할 수 있도록 했다는 점, ii) 키워드가 구글 Adwords 프로그램의 비용과 품질에 영향을 주었다는 점, iii) 키워드가 경쟁이라는 관점에서 볼 때 소비자들에게 이익을 제공하였다는 점 등이었다.[740]

법정조언자들은 이러한 지방법원의 결정을 비판하면서 동 법원이 구글의 '비상표사용 주장'을 다시 불러오기 위해 우회질주를 했다고 주장하였다.[741] 지방법원의 판결에 대해 제4연방항소법원은 Rosetta Stone의 상표사용이 "Rosetta Stone의 언어학습 상품기능에 필수적이지 않았으며" Rosetta Stone의 비기능적 상표로 발생한 구글 Adwords 프로그램의 기능 개선은 기능성 이론과는

---

735) Standard Process, Inc. v. Banks, 554 F. Supp. 2d 866, 871 (E.D.Wis. 2008).

736) Rosetta Stone Ltd. v. Google, Inc., 2012 WL 1155143, 6 (C.A.4(Va.)).

737) Adam Opel AG v. Autec AG (C-48/05) [2007] E.T.M.R. 33, 521.

738) Fhima, supra note 667, at 231.

739) Playboy Enterprises, Inc. v. Netscape Communications, Inc., 354 F.3d 1020 (9th Cir. 2004); Rosetta Stone Ltd. v. Google, Inc., 730 F.Supp.2d 531 (E.D.Va. 2010); Rosetta Stone Ltd. v. Google, Inc., 2012 WL 1155143 (C.A.4(Va.)).

740) *Rosetta Stone*, 730 F.Supp.2d at 545-546.

741) Rosetta Stone Ltd. v. Google Inc., 2010 WL 4306013, 21 (C.A.4) ("[A]n end-run around to bring back Google's non-trademark use argument").

무관하다고 판단하면서, 방어수단으로 기능성 이론을 인정하지 않았다.742) 제9연방항소법원은 이미 Netscape Communications 사건에서 유사한 결정을 하였었다.743)

(2) 방어수단과 상표책임요건과의 관계

a) 공정사용 및 '상표의 사용'

전통적인 공정사용 방어수단과 사용 요건 간의 관계에 관하여 상표사용이론을 옹호하는 학자들은 기술적 공정사용(descriptive fair use)을 "명확히 상표침해법의 범위를 넘는 비상표적 사용의 1 범주"로 간주한다.744) 그러나 상표사용이론에 대한 비평가들은 상표사용이론이 법정 공정사용 방어수단을 불필요한 것으로 만든다고 주장한다.745)

Rosetta Stone746) 사건에서 지방법원은 상표사용이론 옹호자들의 입장과 유사한 입장을 취하였다. 동 지방법원은 구글이 자신의 상품을 식별시키기 위해 Rosetta Stone 상표들을 사용하지 않았기 때문에 상표희석책임이 없다는 결론을 지지하기 위하여 랜험법상의 공정사용에 근거하였다.747) 즉, 공정사용에 근거하여 상표사용이론을 사실상 인정하였다.

그러나 이 결정은 제4연방항소법원에 의해 번복되었다.748) 제4연방항소법원은 비상표적 사용이 공정사용 방어수단과 동일한 것으로 해석되면 이 방어수단은 불필요해질 것이라고 판단하면서, 구글이 Rosetta Stone 상표를 선의로 사용하였는지 여부를 지방법원이 분석하지 않았다고 판시하였다.749)

b) 공정사용과 혼동가능성

미국에서 전통적 공정사용과 혼동가능성은 긴밀하게 연결되어 있다. KP Permanent Make-Up 사건에서의 연방대법원 판결 이전에 제9연방항소법원은 어떠한 혼동가능성이라도 있으면 공정사용은 인정될 수 없다고 판결하였었다.750) 제9연방항소법원은 또한 Netscape Communications 사건에

---

742) *Rosetta Stone*, 2012 WL 1155143 at 13.

743) *Playboy Enterprises*, 354 F.3d at 1030-1031.

744) Dogan and Lemley, supra note 548, at 1685.

745) Dinwoodie and Janis, supra note 60, at 1616-1618; Graeme Dinwoodie and Mark Janis, Lessons from the Trademark Use Debate, 92 Iowa L. Rev. 1703, 1708 (2007).

746) Rosetta Stone Ltd. v. Google, Inc., 730 F.Supp.2d 531 (E.D.Va. 2010).

747) Id. at 550-551.

748) Rosetta Stone Ltd. v. Google, Inc., 2012 WL 1155143, 19-20 (C.A.4(Va.)).

749) Id.

서 "공정사용은 혼동을 일으키는 사용이 될 수 없을 것([a] fair use may not be a confusing use)"이라고 주장하였다.[751]

심지어 미국 연방대법원의 판결 이후에도 혼동가능성은 여전히 공정사용 판단 시 중요한 역할을 하였다.[752] KP Permanent Make-Up 사건에서 미국 연방대법원은 "혼동가능성의 입증책임은 원고에게 있고 공정하게 사용한 피고는 혼동가능성이 없다고 보여줄 별도의 필요성이 없기" 때문에 "소비자 혼동에 대한 어느 정도의 가능성은 공정사용과 양립할 수 있음에 틀림없다"고 판단하였다.[753] 그러나 동 사건에서 연방대법원은 소비자 혼동가능성의 정도가 상표사용의 객관적 공정성 판단 시 '관련될 수 있다'고도 언급하였다.[754] 연방대법원의 이러한 결정을 바탕으로, 제9연방항소법원은 한층 더 나아가 "소비자혼동의 정도가 공정사용 평가 시 고려요인"이라고 판시하였고, 공정사용을 근거로 한 KP의 약식판결신청에 대한 지방법원의 판단을 다시 번복하였다.[755] 동 법원은 '혼동가능성의 정도'를 첫 번째로 포함하고 있는 관련 요소 목록을 제시하면서, 사실관계에 관한 진정한 쟁점들이 있다고 판단하였다.[756]

전통적 공정사용의 요건에 대한 넓은 해석은 공정사용과 혼동 간의 관계를 더욱 긴밀하게 한다. 즉, 비상표적 사용(non-trade mark use)이나 선의(good faith)와 같은 요건들은 혼동가능성 분석과 밀접히 관련된다.[757] 첫째, 비상표적 사용은 혼동가능성이 결여된 것으로 해석될 수 있다.[758] 둘째, Fortune Dynamic 사건에서 제9연방항소법원이 제2연방항소법원에 동의하면서 주장하였듯이, 선의와 혼동가능성 판단 시의 '사용자 의도 요소'는 공통된 쟁점사항을 가지고 있다.[759] 따라서 전통적 공정사용 요건을 넓게 해석하면 공정사용 테스트는 혼동가능성 테스트와 거의 동일하게 된다.

Portakabin 사건에서 유럽연합사법재판소도 상표사용이 '산업적 또는 상업적 사안에서의 건전한 관행에 따라' 이루어졌는지를 결정할 때 혼동가능성의 존재에 의존하였다.[760] 유럽연합사법재판소

---

[750] KP Permanent Make-Up, Inc. v. Lasting Impression I, Inc., 543 U.S. 111, 116 (2004) (영구화장품에 micro color를 사용하는 것이 공정사용인지에 관한 사건).

[751] Playboy Enterprises, Inc. v. Netscape Communications, Inc., 354 F.3d 1020, 1029 (9th Cir. 2004).

[752] McKenna, supra note 584, at 804.

[753] KP Permanent Make-Up, 543 U.S. at 121 ("[S]ome possibility of consumer confusion must be compatible with fair use"). McKenna는 제소 가능한 혼동이 기술적 공정사용과는 공존할 수 없지만 어느 정도의 혼동은 기술적 공정사용과 공존할 수 있다는 것을 의미하는 것으로 이 결정을 해석한다. See McKenna, supra note 584, at 804-805. See also supra note 435.

[754] KP Permanent Make-Up, 543 U.S. at 123.

[755] KP Permanent Make-Up, Inc. v. Lasting Impression I, Inc., 408 F.3d 596, 609 (9th Cir. 2005).

[756] Id.

[757] William McGeveran, Rethinking Trademark Fair Use, 94 Iowa L. Rev. 49, 85-86 (2008).

[758] Id.

[759] Fortune Dynamic, Inc. v. Victoria's Secret Stores Brand Management, Inc., 618 F.3d 1025, 1043 (9th Cir. 2010).

[760] Portakabin Ltd and Portakabin BV v. Primakabin BV (C-558/08) [2010] E.T.M.R. 52, 945-946.

는 광고주들이 키워드로 상표를 사용한 것이 유럽상표지침 제5조(1)에 의해 금지될 수 있는 경우 광고주들은 "자신들이 산업적 또는 상업적 사안에서의 건전한 관행에 따라 행동하였다고 주장할 수 없고, 따라서 지침 제6조(1)에서 규정된 예외에 확실하게 의존할 수 없다"고 판시하였다.[761]

미국에서는 지명식 공정사용과 혼동가능성 간의 관계에 대해 제9연방항소법원의 입장과 제3연방항소법원의 입장, 즉 두 가지의 다른 입장이 있다. 제9연방항소법원은 New Kids on the Block사건에서 소위 지명식 공정사용 이론을 만들면서 3부분으로 구성된 테스트를 제시하였다. 구체적인 내용은 "첫째, 당해 상품 또는 서비스가 표장의 사용 없이는 쉽게 식별될 수 없는 상품 또는 서비스이어야만 하고, 둘째, 상품 또는 서비스를 식별하기 위해 합리적으로 필요한 만큼 표장이 사용될 수 있어야 하며, 셋째, 사용자는 표장과 관련하여 상표권자의 후원이나 지원을 나타낼 수 있는 어떤 것도 하지 않아야 한다"는 것이다.[762] 이 테스트의 3번째 부분은 Dinwoodie가 지적하였듯이 '연계, 후원, 지원에 관한 혼동가능성 평가를 위한 대용물'로 보인다.[763]

나아가 제9연방항소법원은 Horphag Research 사건에서 혼동가능성 분석이 지명식 공정사용 테스트의 핵심이라고 강조하였다. 제9연방항소법원은 혼동가능성이 상표침해에 본질적이기 때문에 '상표의 사용이 소비자 혼동을 부당하게 이용하고자 하는 것이 아니거나 다른 상품을 위해 한 상품의 명성(cachet)을 유용하고자 하는 것이 아닌 경우에만' 지명식 공정사용 방어수단을 이용할 수 있다고 주장하였다.[764] 또한 유사한 지명식 공정사용 테스트를 채택한 제2연방항소법원은 Tiffany 사건에서 지명식 공정사용 이론에 따르면 피고의 원고 상표사용은 "혼동가능성이 없는 한" 허용된다고 언급하였다.[765]

한층 더 나아가 Playboy 사건에서 제9연방항소법원은 피고가 지명식 공정사용을 주장한 경우 3요소 테스트가 혼동가능성 테스트를 대체하여야 한다고 강조하였다.[766] 동 법원은 지명식 공정사용이 보통 상표권자의 상표와 동일한 상표로 구성되기 때문에, 초점을 당해 상표의 유사성에 두고 있는 혼동가능성 테스트를 적용하면 모든 지명식 공정사용이 혼동을 초래할 수 있다는 "잘못된 결론(the incorrect conclusion)"을 가져올 수 있다고 주장하였다.[767] 따라서 제9연방항소법원이 채택한 지명식 공정사용하에서 혼동가능성은 지명식 공정사용과 병존할 수 없다.

---

761) Id.

762) New Kids on the Block v. News Am. Publ'g, Inc., 971 F.2d 302, 308 (9th Cir. 1992).

763) Graeme B. Dinwoodie, Lewis & Clark Law School Ninth Distinguished IP Lecture: Developing Defenses in Trademark Law, 13 Lewis & Clark L. Rev. 99, 111 (2009).

764) Horphag Research, Ltd. v. Pelligrini, 337 F.3d 1036, 1041 (9th Cir. 2003).

765) Tiffany (NJ), Inc. v. eBay Inc., 600 F.3d 93, 102 (2d Cir. 2010).

766) Playboy Enterprises, Inc. v. Welles, 279 F.3d 796, 801 (9th Cir. 2002).

767) Id.

제9연방항소법원과 달리, 제3연방항소법원은 i) 기술적 공정사용과 지명식 공정사용의 미미한 차이, ii) 혼동가능성의 입증책임은 원고가 부담하여야 한다는 KP Permanent 사건에서의 연방대법원 판결, iii) 혼동가능성이 핵심적 요소인 법규정 틀(statutory frame) 등을 근거로,[768] 혼동가능성 테스트와 지명식 공정사용 테스트를 구분하는 두 갈래 접근법(a bifurcated approach)을 채택하였다.[769] 즉, Century 21 Real Estate 사건에서 동 법원이 판시한 바와 같이 일단 원고가 혼동가능성을 입증하면 지명식 사용이 공정하다는 것을 보여주기 위한 입증책임이 피고로 전환된다.[770] 이러한 맥락에서 제3연방항소법원은 제9연방항소법원의 테스트와는 다른 3요소 테스트를 채택하였는데, "(1) 원고 표장의 사용이 원고의 상품 또는 서비스와 피고의 상품 또는 서비스 양자를 기술하기 위해 필요한가? (2) 원고의 상품 또는 서비스를 기술하기 위해 필요한 만큼 원고의 표장이 사용되었는가? (3) 피고의 행동이나 언어가 원고와 피고의 상품 또는 서비스 간의 진실되고 정확한 관계를 반영하는가?" 등이 그 내용이다.[771] 이 테스트하에서는 혼동이 지명식 공정사용과 공존할 수 있다. 정확히 말하자면 제8연방항소법원 소속 지방법원이 키워드 사건에서 제3연방항소법원의 지명식 공정사용 테스트를 채택하면서 언급하였듯이 "공정사용은 어느 정도의 혼동과 함께 발생할 수 있다."[772]

일부 학자들은 지명식 공정사용과 혼동과의 관계 때문에 방어수단으로서의 지명식 공정사용에 대해 회의적이다. 제9연방항소법원과 제3연방항소법원 지명식 공정사용 테스트 모두에 대하여 McKenna는 이러한 테스트들이 혼동가능성 분석으로부터 독립적이지 않기 때문에 방어수단으로 인정될 수 없다고 주장한다.[773] 또한 Century 21 Real Estate 사건에서 Fisher 판사는 부분적으로 제3연방항소법원의 판결에 동의하면서, 제3연방항소법원이 제시한 지명식 공정사용 테스트의 세 가지 요소는 혼동가능성에 대한 질문에 불과하다고 의견을 제시하였다.[774]

c) 공정사용과 희석가능성

미국 제9연방항소법원은 지명식 공정사용이 있으면 희석가능성은 발생하지 않는 것으로 본다.

---

[768] Century 21 Real Estate Corp. v. Lendingtree, Inc., 425 F.3d 211, 220-221 (3d Cir. 2005).

[769] Id. at 231-232 ("분석 각 단계에서의 당사자 간에 입증책임을 적절히 분배하기 위하여, 별도의 질문에서 혼동과 공정성을 시험하는 두 갈래 접근법"을 채택).

[770] Id.

[771] Id. ("(1) Is the use of the plaintiff's mark necessary to describe both plaintiff's product or service and defendant's product or service? (2) Is only so much of the plaintiff's mark used as is necessary to describe plaintiff's products or services? (3) Does the defendant's conduct or language reflect the true and accurate relationship between plaintiff and defendant's products or services?").

[772] Edina Realty, Inc. v. TheMLSonline.com, 80 U.S.P.Q.2d 1039, 6 (D.Minn. 2006) ("Fair use can occur along with some degree of confusion").

[773] McKenna, supra note 584, at 806-808.

[774] Century 21 Real Estate Corp. v. Lendingtree, Inc., 425 F.3d 211, 241 (3d Cir. 2005).

상표권자의 상품을 언급하기 위한 상표사용인 지명식 공정사용은 소비자의 마음속에서 새로운 상품을 상표권자의 상표와 부적절하게 연계시키지 않는다는 것이다.[775] 제9연방항소법원 소속 지방법원도 Designer Skin 사건에서 제9연방항소법원의 Playboy 판단을 인용하면서 "정의상(by definition) 지명식 사용은 상표를 희석시키지 않는다"고 주장하였다.[776]

제2연방항소법원도 희석가능성이 지명식 공정사용의 인정 여부와 관련이 있다는 것을 보여주었다. Tiffany 사건에서 동 법원은 지명식 사용을 근거로 하여 eBay가 Tiffany의 표장을 사용한 것이 희석가능성을 일으키지 않았다고 결론지었다.[777] 제2연방항소법원에 의하면 eBay는 "eBay의 웹사이트상에 있는 Tiffany의 진짜 상품을 광고하고 식별시키기 위해 표장을 직접적으로 사용했고" Tiffany 표장의 식별력을 약화시키거나 명성을 손상시키기 위해 어떠한 표장 또는 상품도 사용하지 않았다는 것이다.[778]

반면 일부 학자들은 지명식 공정사용이 유명상표의 명성을 손상시킬 수는 있다고 인정하면서 식별력을 약화시킬 수 있는지에 대하여는 의문을 던진다.[779] 지명식 공정사용은 상표권자의 상품 또는 서비스를 식별시키기 위해 상표권자의 상표를 제3자가 사용하는 것이기 때문에 상표권자와 상표 간의 연계를 강화시키고 출처표시로서의 능력을 높이지만, 지명식 공정사용이 "선행 상품을 비난하는 상황에서" 이루어진 경우에는 명성을 손상시킬 수 있다는 것이다.[780]

3. 다양한 해석의 분석

1) 경쟁친화적 기능에 기초한 해석

본인은 상표를 보호함에 있어서 이해당사자들 간의 균형이 이루어지기 위해서는 상표책임의 요건과 예외가 경쟁친화적 상표기능 측면에서 해석되어야 한다고 생각한다. 이를 위해서는 i) 상표의 불공정한 사용으로부터 경쟁친화적 기능을 보호하기 위해 상표책임 요건과 예외가 각각 담당하여야 하는 역할과 ii) 경쟁친화적 기능의 범위 등 2가지 주요 사항이 최소한 확정되어야 한다.

---

775) Playboy Enterprises, Inc. v. Welles, 279 F.3d 796, 806 (9th Cir.2002).

776) Designer Skin, LLC v. S&L Vitamins, Inc., 560 F.Supp.2d 811, 820-821 (D.Ariz. 2008).

777) Tiffany (NJ), Inc. v. eBay Inc., 600 F.3d 93, 111-112 (2d Cir. 2010).

778) Id.

779) Fhima, supra note 667, at 226.

780) Id.

먼저 경쟁친화적인 상표기능 측면에서 상표책임 요건과 예외의 역할을 살펴보면 '불공정한 상표 사용으로부터 경쟁친화적 기능을 보호하여 공정하고 효율적인 경쟁을 촉진'한다는 맥락 속에서 '상표의 사용', '혼동가능성', '희석가능성'과 '공정사용 등의 예외'가 각각 별개의 역할을 수행하여야 한다. 이들이 구분되게 위치하여야 각각 공정하고 효율적인 경쟁을 장려하고 이해관계자들 간의 균형점을 찾는 데 필수적인 역할을 수행하게 될 것이다. 그렇지 못하면 양자 중 하나는 불필요하거나 부수적인 역할을 담당하는 데 불과하게 된다.

상표사용 요건은 경쟁친화적 기능이 불공정한 '상표사용'으로부터 보호되어야 한다는 주장과 관련된다. 상표권자의 상표와 동일 또는 유사한 상표를 '사용'하지 않는 이상, 소비자들은 '상표권자의 상표'를 통하여 상품품질과 브랜드 이미지의 위치를 여전히 확인할 수 있을 것이기 때문에 경쟁친화적 상표기능은 손상을 입지 않을 것이다. 상표의 사용을 포함하고 있지 않은 광고는 누가 상품의 품질과 브랜드 이미지를 통제하는지(이하 "상품품질과 브랜드 이미지 통제권자"라 한다)에 관하여 소비자의 혼동을 초래하지 않는다. 또한 유명상표가 식별하여 주는 상품의 품질 또는 브랜드 이미지에 대해서도 손해를 입힐 수 없다.

그러나 상표사용 요건은 공정사용과 불공정사용을 구분시키는 데 한계가 있기 때문에 공정사용과 불공정사용을 구분하는 역할을 맡아서는 안 된다. 상표사용은 혼동가능성이나 희석가능성을 발생시킬 수도 발생시키지 않을 수도 있다. 그러므로 상표사용은 혼동가능성이나 희석가능성이 있는지 여부가 분명해지기 전까지는 공정하거나 불공정하다고 간주될 수 없다. 더구나 상표사용 요건은 경쟁친화적 기능에 손상을 입힐 가능성이 높지 않은 사용을 걸러낼 수 없다. 손상가능성 여부는 혼동가능성이나 희석가능성이 손상가능성으로 연계된 이후에만 알 수 있다. 따라서 상표사용 요건이 상표책임 유무를 결정짓는 역할을 수행하는 것으로 해석하면, 다른 요건들이나 예외들은 경쟁친화적 기능을 보호함에 있어서 자신들의 위치를 잃을 것이다.

불공정성과 경쟁친화적 기능에 대한 손상은 상표의 사용보다는 혼동과 희석에 직접적으로 관련된다. 먼저 혼동가능성과 희석가능성 모두 '불공정한' 상표사용의 범위를 정하여 준다. 파리 협약 제10조의2(2)의 규정은 불공정 경쟁행위를 "산업적 또는 상업적 사안에 있어서의 공정한 관행에 반하는 경쟁행위"로 정의하고 있는데,[781] 이러한 정의에 비추어 보면 혼동가능성 또는 희석가능성이 있는 경우에는 어떠한 유형의 혼동가능성이나 희석가능성이든 '불공정 행위'에 해당된다.

나아가 혼동가능성과 희석가능성은 불공정한 상표사용행위 중에서 '경쟁을 저해하는 매우 비효율적인 상표사용'의 범위를 정할 수 있는 매개수단으로서의 역할을 담당함으로써 상표책임 유무를

---

[781] McCarthy, supra note 82, § 1:8.

판단함에 있어서 핵심이 된다. 혼동 또는 희석을 초래할 가능성이 있어서 상표사용으로 인한 불공정행위에 해당한다고 하여 바로 경쟁친화적인 상표기능에 손해를 입히거나 손해를 입힐 가능성이 높은 것은 아니다. 즉, 상표보호 목적에서 볼 때 '경쟁친화적 상표기능에 대한 손상 가능성'에 의해 혼동가능성과 희석가능성의 범위를 제한할 필요가 있다. 그러나 상표법은 상표부등록사유나 상표책임 발생요건으로 '경쟁친화적 상표기능에 대한 손상 가능성'을 규정하고 있지 않다. 따라서 혼동가능성과 희석가능성이라는 개념은 '경쟁친화적 상표기능에 대한 손상'이라는 또 하나의 요건을 내포하고 있다고 해석하여야 한다. 요약하면 혼동가능성과 희석가능성은 상표책임 유무를 판단함에 있어서 핵심이며 '불공정하고', '반경쟁적이며', '매우 비효율적인' 상표사용의 범위를 정할 수 있다.

그러나 혼동가능성과 희석가능성이 개별적으로 경쟁친화적 기능에 영향을 미치는 역할은 달리 이해되어야만 한다. 첫째, 혼동가능성은 상품품질과 브랜드 이미지 통제권자가 상표권자라는 소비자 인식에 영향을 미치는 반면, 식별력 약화 또는 명성손상에 의한 희석가능성은 '상품품질' 또는 '상품의 브랜드 이미지'에 관한 소비자 인식에 직접적으로 영향을 미친다. 제3자의 상표사용으로 소비자의 혼동가능성을 초래하는 경우를 보면, 소비자들은 상표권자가 상품품질과 브랜드 이미지의 통제권자라는 생각하에 사용상표가 보여주는 상품의 품질이나 브랜드 이미지가 상표권자의 상표가 표시하고 내포하고 있는 상품의 품질이나 브랜드 이미지와 일치한다고 오인한다. 그러나 제3자의 상표사용으로 희석가능성을 발생시키는 경우를 보면, 소비자들이 상표권자가 상품품질과 브랜드 이미지의 통제권자라고 생각하지는 않는다. 다만 제3자의 상표사용으로 소비자들은 상표권자 상품의 품질이나 브랜드 이미지가 상표권자가 보여주고자 하는 품질이나 브랜드 이미지와 다르게 느끼게 된다. 예를 들면, B회사가 A회사의 인스턴트커피 상표를 B회사가 생산하는 원두커피(볶은 커피)에 사용하는 경우, 원두커피 소비자들은 A회사가 원두커피의 품질을 통제한다고 오인하게 된다. 그러나 C회사가 A회사의 인스턴트커피 상표를 C회사가 생산하는 표백제에 사용하는 경우, 소비자들은 A회사가 표백제의 품질을 통제한다고 쉽게 믿지는 않겠지만 A회사의 인스턴트커피를 살 때 주저할 것이다. 표백제가 떠오르기 때문이다. 전자가 혼동가능성이 발생하는 경우이고, 후자가 희석가능성이 발생하는 경우이다.

주의할 것은 상표사용자가 상표권자의 상표와 동일 또는 유사한 상표를 품질이 조악한 유사상품에 사용하거나 유사상품과 관련하여 좋지 않은 브랜드 이미지를 전달한 결과 소비자들이 자신들의 선호나 구매결정을 상표권자의 상품에서 다른 경쟁자의 상품으로 변경하기로 결정하는 경우에도, 선호나 구매결정상의 변화를 일으킨 것은 희석가능성이 아니라 혼동가능성이라는 것이다.

앞의 예에서 B회사가 커피 맛이 좋지 않은 원두커피에 A회사의 상표를 사용한 경우, 소비자들은 A회사가 품질이 좋지 않은 원두커피를 생산한다고 오인하여 A회사가 생산하는 인스턴트커피에 대한 구매를 줄일 수 있다. 이 경우 구매를 줄이는 것은 A회사 상품과 B회사 상품을 구분하지 못하기 때문에 발생된 것이어서 혼동가능성이 원인이라는 것이다.

둘째, 혼동가능성은 제3사용자의 상품시장에서 발생하는 반면 식별력 약화 또는 명성손상에 의한 희석가능성은 상표권자의 상품시장에서 발생한다. 혼동가능성과 식별력 약화와 명성손상에 의한 희석가능성 모두 사용자가 사용자 상품시장에서 상표를 사용한 결과이지만, 상표권자의 상품시장과 동일한 상품시장에서 사용자가 상표를 사용하는 경우를 제외하고는 혼동가능성 또는 희석가능성은 각각 다른 상품시장에서 발생한다. 예를 들면, B회사가 A회사의 인스턴트커피에 관한 상표를 커피시럽에 사용한 경우, 사용은 커피시럽 시장에서 이루어졌고 이 시장에서 혼동가능성을 초래할 것이다. 반면에 C회사가 인스턴트커피에 관한 상표를 자신의 세탁 표백제에 사용한 경우, 사용은 표백제 시장에서 이루어졌지만 그 사용은 인스턴트커피 시장에서의 상표의 명성을 손상시킬 수 있다.

셋째로, 혼동가능성과 경쟁친화적 기능에 대한 손상 간의 관계는 식별력 약화 또는 명성손상에 의한 희석가능성과 경쟁친화적 기능에 대한 손상 간의 관계와 동일하지 않다. 비경쟁적 사용의 경우 전자의 관계는 후자의 관계만큼 직접적이지 않은데, 이는 경쟁친화적 기능이 상표권자의 상품시장과 경쟁 상품시장에만 영향을 미치기 때문이다. 이러한 차이 때문에 혼동가능성과 식별력 약화 또는 명성손상에 의한 희석가능성 간 분석이 달라야 한다. 비경쟁적 사용에서 발생하는 혼동은 제3사용자 상품시장에서의 혼동이 왜 상표권자 상품시장에서의 상표기능에 부정적 영향을 미치는지에 관하여 추가적인 설명을 필요로 한다. 또한 혼동가능성과 희석가능성 판단에 있어서의 기준이 되는 평균소비자들이 동일할 수 없다.

이와 관련하여 우리나라 상표법 제7조 제1항 제12호 및 유럽 상표법에서 규정하고 있는 제3유형의 희석행위인 불공정한 이익의 취득은 식별력 약화 및 명성손상에 의한 희석과는 차별된다. 불공정한 이익의 취득은 상표권자의 상품시장이 아니라 사용자의 상품시장에서 발생하기 때문에, 사용자 시장에서의 불공정한 이익이 어떻게 유명상표의 경쟁친화적 기능에 영향을 미칠 수 있는지 논의되어야만 한다. 공정하고 효율적인 경쟁이라는 관점에서 볼 때 제3유형의 희석이 유명상표의 정보 기능 및 차별 기능에 영향을 미치는 메커니즘을 설명할 수 없으면 이는 희석으로 인정될 수 없다.

방어수단 내지 책임의 예외는 상표법에 내재하고 있는 가치 또는 상표법 외부의 가치를 기초로 상표보호범위를 적절히 제한하기 위한 수단으로 작용하고 있다. 기술적 공정사용, 지명식 공정사용 및 기능적 사용은 주로 '공정성', '경쟁성', '심각하지 않은 비효율성'이라는 상표법의 내재적 가치에 기초하고 있다. 제3자에 의한 상표사용이 경쟁친화적 상표기능에 대한 손상을 초래할 수 있는 혼동이나 희석을 일으킬 가능성이 높은 '것처럼 보이는 경우'에도, 오히려 상표사용금지를 통한 상표보호가 상품시장에 반경쟁적 효과를 불러일으킨다면 그 제3자의 상표사용은 허용되어야 한다는 것이다.

반면에 랜험법 제43조(c)(3)과 우리나라 부정경쟁방지법 제2조 제1호 다목은 명시적으로 비상업적 표현을 희석책임의 예외로 규정하고 있는데, 공정사용 등과 달리 '비상업적 표현'과 같은 예외는 표현의 자유에서 비롯된 것이다. 표현의 자유는 상표법 본래의 가치라기보다는 헌법, 국제조약 등에서 나온 상표법 외부의 가치라고 할 것이다.

각각의 그룹에 속하는 상표책임의 예외는 상표기능 보호에 있어서 다른 위치를 점하고 있다. 내재적 가치에 기초한 예외들은 외관상 제소 가능한 혼동가능성 또는 희석가능성을 제소 불가능한 혼동가능성 또는 희석가능성으로 변화시킬 수 있다. 즉, 이들은 경쟁친화적 상표기능에 대한 표면상의 손상가능성을 단순 손상가능성 또는 손상이 없는 것(possible or no harm to pro-competitive trade mark functions)으로 변모시킬 수 있다. 이러한 의미에서 어느 정도의 혼동가능성 또는 희석가능성은 전통적인 공정사용, 지명식 공정사용 및 기능적 사용과 양립할 수 있다고 할 것이다.[782]

반면에 랜험법과 우리나라 부정경쟁방지법에 규정된 표현의 자유 가치에만 기초한 예외는 경쟁친화적 기능에 대한 제소 불가능한 손상과 아무런 관련이 없다. 따라서 랜험법과 우리나라 부정경쟁방지법은 제소 가능한 희석가능성이 이러한 예외와 공존하도록 허용하고 있는 것처럼 보인다. 그러나 제5장과 제6장에서 구체적으로 언급하겠지만, 비상업적 표현에 해당하는 상표사용으로 발생되는 희석가능성을 '경쟁친화적 상표기능에 대한 명확한 손상'이 있는 희석가능성으로 제한하는 한, 표현의 자유 가치도 경쟁친화적 상표기능에 대한 손상과 관련성이 매우 높고 비상업적 표현이라는 예외도 필요하지 않게 된다.

상표책임 요건들과 예외들의 각각의 역할 외에 제2장에서 논의된 보호받을 수 있는 상표기능의 범위도 상표책임 요건들과 예외를 해석함에 있어서 중요하다. 첫째, 경쟁친화적 기능은 상품품질과 브랜드 이미지 통제권자에 관한 정보에만 관련된다. 상표권자와 사용자 간의 다른 종류의 관계에 관한 정보는 불명확하다. 이러한 불명확한 정보는 경쟁자와 소비자들의 결정을 돕기보다는 복잡하게 할 가능성이 높다. 반면에 브랜드 이미지는 공정하고 효율적인 경쟁을 위해 상표가 전달하

---

[782] "소비자 혼동에 대한 어느 정도의 가능성은 공정사용과 양립할 수 있음에 틀림없다"고 판단한 KP Permanent Make-Up 사건에서의 미국 연방대법원의 입장도 이러한 측면에서 이해할 수 있다.

는 정보에 포함된다. 경쟁자들은 자신들의 상표에 자신들 고유의 브랜드 이미지를 불어 넣을 수 있다. 소비자들은 이러한 브랜드 이미지가 가지고 있는 효용성 때문에 특정 상품에 대해 자신들의 선호를 형성할 수 있다. 이는 '혼동의 대상'과 '식별력 약화 및 명성손상에 의한 희석의 의미와 범위'를 결정함에 있어서 중요하다.

둘째, 차별 기능은 소비자들이 상품을 식별하는 능력에만 관련되는 것이 아니라 소비자 선호의 생성, 변화 및 제거에도 관련된다. 제3자 사용이 소비자 구매결정을 방해하지는 않을지라도, 불공정하게 소비자 선호를 변화시킴으로써 차별 기능에 손해를 입힐 수 있다. 혼동의 시점이 관련 쟁점이다.

셋째, 정보 기능 및 차별 기능은 경쟁 상품시장까지만 미칠 수 있기 때문에 비경쟁적 상품시장에서의 제3자 상표사용은 경쟁 상품시장에서의 제3자 상표사용이 영향을 미치는 것과 동일한 방식으로 이러한 기능에 영향을 미치지는 않는다. 예를 들면, 제3자가 경쟁 상품에 대해 상표를 사용한 경우, 상품품질 및 브랜드 이미지 통제권자에 대한 혼동은 직접적으로 상표권자 상표의 기능에 대한 손상으로 연결된다. 즉, 경쟁상품에 민감한 상표권자 상품시장의 소비자들은 상표가 전하는 정보에 기초하여 상품을 식별할 수 없고, 상표권자들은 상표의 사용을 통하여 자신들의 상품과 경쟁자들의 상품을 차별화할 수 없다. 반면에 비경쟁적 상품시장에서의 사용은 쉽게 상표책임을 정당화할 수 없다. 상표권자 상품시장에서 상표권자 상표의 정보 기능 및 차별 기능에 대한 부정적 영향 가능성이 있어야 한다. 이러한 차이는 '혼동가능성의 의미'와 관련된다.

요약하면 상표보호의 목적에 부합하기 위해서는 키워드 사건에서 쟁점사항인 책임요건들과 예외들은 i) 경쟁친화적 상표기능 보호에 있어서의 책임요건들과 예외들의 역할과 ii) 경쟁친화적 상표기능의 범위에 기초하여 해석되어야만 한다.

2) 상표의 사용

상표책임을 결정함에 있어서 상표사용 요건은 그 역할이 제한적이어야 한다. 상표사용 요건은 공정사용과 불공정한 사용을 식별할 수 없고, 혼동가능성이나 희석가능성의 유무가 명확해질 때까지는 경쟁친화적 상표기능에 대해 부정적 효과를 발생시킬 수 있는지를 알 수 없기 때문이다. 오히려 상표사용 요건은 소비자들이 상표사용을 '인지'할 수 없는 경우를 상표사용이 아닌 것으로 제외시키는 역할만 하는 것으로 한정되어야 한다. 즉, 상표책임 발생요건으로서의 제3자 '상표사용'은 '소비자들이 인지할 수 있는 방법으로의 상표사용(use of trade marks in a manner that can be perceived by consumers)'을 의미하는 것으로 해석해야 한다는 것이다.

'상표의 사용'을 '상표로서의 사용'으로 해석하는 상표사용이론은 상표보호의 범위를 적절히 제한하거나 유료키워드 검색 마케팅의 특성을 고려하는 데는 한계가 있다.

첫째, 상표사용이론은 이해당사자들 간에 적절한 균형을 유지할 수 없다. 상표사용이론은 혼동과 희석 테스트가 상표의 적절한 보호범위를 찾는 데 충분하지 않다는 가정을 전제로 하고 있다.[783] 따라서 동 이론은 상표의 사용을 상표로서의 사용으로 해석함으로써 상표보호의 범위가 확장되는 것을 억제하고자 한다. 나아가 이러한 해석은 "믿을 만한 상품 정보를 위해 상표에 의존하는 소비자들의 능력을 약화시키는 행위들을 금지하는 한편 단순히 소비자로의 정보 흐름을 증진시키고 경쟁을 장려하는 표장들에 대한 언급은 허용함으로써" 이해당사자 간의 균형을 유지할 수 있다고 상표사용이론은 주장한다.[784] 상표사용이론을 옹호하는 학자들은 상표가 상표로서 사용되지 않은 경우 "적절한 소인(cause of action)이 …… 허위광고주장"일 수 있으며 상표침해는 아니라고 한다.[785]

그러나 이 이론은 경쟁친화적 상표기능에 손상을 입힐 수 있는 상표사용을 허용함으로써 경쟁에 또 다른 장애물을 만든다. 상표사용이론은 허위광고책임을 통해서 상표로서의 사용이 없는 광고에 대한 책임을 광고주 등에게 물을 수 있다고 주장하지만, 허위 또는 기만적 표현들을 사용하지는 않지만 검색엔진결과화면상의 광고와 결합하여 소비자들을 혼동시키거나 상표를 희석시킬 수 있는 보이지 않는 키워드로서의 상표사용의 경우에는 허위광고책임을 물을 수 없다. 예를 들면, 즉석커피 유명상표와 동일한 키워드가 세탁물 표백제 광고를 촉발시키고 있으나 이 광고가 표장이나 기만적 용어들을 포함하고 있지 않은 경우 법원들은 허위광고주장을 인정하지 않을 것이다. 결국 상표사용이론에 의하면 균형이 제3사용자(광고주)를 옹호하는 방향으로 기울어지게 된다.

둘째, 상표사용이론이 유료키워드 검색 마케팅에 적용되는 경우 상표사용이론은 상표가 소프트웨어 프로그램에 사용되었다는 사실을 거의 무시한다. 광고를 촉발시키는 키워드로의 상표사용(내부적 사용)이 유료키워드 검색 마케팅의 주요 특징임에도 불구하고, 상표책임을 평가함에 있어서 키워드로의 상표사용(내부적 사용)은 존재하지 않는 것으로 취급된다. 광고에 상표가 사용된 경우에만 광고주들이 상표침해책임을 부담할 수 있다는 점에서 유료키워드 검색 마케팅은 통상의 광고와 동일시된다. 또한 상표사용이론은 상표의 내부적 사용이 광고를 촉발시키는 효과에 대해서는

---

[783] Dogan and Lemley, supra note 548, at 1693 ("혼동가능성 기준 자체는 오늘날의 새로운 상표주장들에서 제기하는 일련의 복잡한 쟁점사항들을 해결하기에는 실체적으로도 절차적으로도 잘 맞지 않는다"고 주장).

[784] Barrett, the Demise of Trademark Use, supra note 549, at 456.

[785] Dogan and Lemley, supra note 57, at 821, 836.

많은 비중을 두지도 않는다.

상표사용이론의 이러한 한계는 기본적으로 경쟁친화적 상표기능을 보호함에 있어서 상표사용 요건이 차지하는 상대적 위치로부터 비롯된다. 즉, 상표사용 요건 그 자체는 제3자의 상표사용이 공정한지 불공정한지, 경쟁친화적인지 반경쟁적인지, 심각하게 비효율적인지 아닌지 여부를 결정할 수 없다. 이에 대해 상표사용이론은 상표로서의 사용만이 제소 가능한 혼동가능성 또는 희석가능성을 발생시킬 수 있다고 주장한다. 그러나 이는 사실(a fact)이라기보다는 가정(an assumption)일 뿐이다. 유료키워드 검색 마케팅에서의 광고주들의 보이지 않는 상표사용도 제소 가능한 혼동가능성이나 희석가능성을 초래할 수 있다. 혼동가능성 등을 인정한 미국 연방법원 등의 사례가 그 근거이다. 또한 상표사용이론에 따르면 공정사용과 같은 방어수단은 불필요하게 되고, 상표사용이론이 다른 상표책임 요건과 방어수단의 역할을 수행하게 되는 결과를 낳는다. 동일한 맥락에서 McKenna가 주장한 '기능적인 상표로서의 사용'도 상표사용 요건을 혼동가능성과 강하게 연관시켜 해석하고 있기 때문에 '경쟁친화적 상표기능 보호를 통한 공정하고 효율적인 경쟁의 촉진'이라는 상표보호의 목적상 상표사용 요건의 역할을 적절하게 위치시키지 못한다. 즉, 혼동가능성이 해야 할 역할을 상표사용 요건이 중복하여 담당하는 결과를 초래한다.

소비자들이 인지할 수 없는 상표의 사용은 소비자 혼동이나 희석을 전혀 발생시킬 수 없기 때문에 '상표사용'의 역할은 소비자들이 인지할 수 있는 상표의 사용과 소비자들이 인지할 수 없는 상표의 사용을 구분하는 것으로 한정되어야 한다. 그러나 상표사용에 관한 소비자의 인지가능성은 상표의 가시성과 항상 일치하지는 않는다. 소비자들은 맥락과 상황을 기초로 상표사용을 간파할 수 있다. 예를 들면, 검색엔진의 검색창에 상표를 입력한 인터넷 이용자들은 검색엔진이 관련 광고를 촉발시키고 그중 일부 광고는 상표를 포함하고 있지 않다는 사실에 기초하여, 어떤 방식으로든 프로그램에 상표가 사용되었을 것이라고 인지할 수 있다. 또한 일부 소비자들에게 보일 수 있는 상표의 사용이 다른 상황에 있는 소비자들에게는 인식되지 않을 수도 있다. 예를 들어, 인터넷 이용자들은 광고주의 웹사이트를 방문하기 전까지는 상표가 광고주의 웹사이트에 사용되었는지 여부를 알 수 없다. 이러한 의미에서 상표사용은 '소비자들이 인지할 수 있는 상표사용'을 의미하는 것으로 해석되어야 한다.

3) 혼동가능성

(1) 혼동의 대상

모든 상표법이 소비자 혼동의 대상을 명확하게 규정하고 있지는 않다. 우리나라의 경우 소비자의 혼동가능성이 있다고 할 때, 혼동가능성의 대상이 상표인지, 상품인지, 상품의 출처인지에 관해 상표법이 일관되게 규정하고 있지는 않다. 예를 들면, 상표등록요건에 관한 상표법 제7조 제1항 제10호에서는 '타인의 상품이나 영업과 혼동을 일으키게 하는 상표'라는 표현을 사용하고 있어, 동 규정에 의하면 '자신의 상품과 타인의 상품 또는 자신의 영업과 타인의 영업'이 혼동의 대상인 것처럼 보인다. 반면 선사용에 따른 상표를 계속 사용할 권리에 관한 상표법 제57조의3 제3항에서는 '그 자의 상품과 자기의 상품 간의 출처의 오인이나 혼동'이라는 표현을 사용하여 혼동의 대상이 '출처'인 것으로 해석되게 규정하고 있다.

'수요자 기만', '품질 오인', '출처 오인' 등의 의미를 비교하여 보면 혼동의 대상이 무엇인지 더욱 불분명하다. 예를 들면, 상표법 제7조 제1항 제11호에서는 "상품의 품질을 오인하게 하거나 수요자를 기만할 염려가 있는 상표"는 상표등록을 받을 수 없도록 규정하고 있는데, 오인의 대상은 '상품의 품질'[786]이라고 규정하고 있는 반면, 수요자 기만의 대상에 대하여는 규정하고 있지 않다. 그러나 상표의 기능 측면에서 보면 품질 오인, 수요자 기만이 혼동가능성과 어떻게 다른지 명확하지 않다. 한편 상표법 제57조의3 제3항에서는 '출처의 오인이나 혼동'이라고 규정하는 등 '출처 오인'이라는 개념도 상표법에서 사용되고 있는데, 출처의 오인과 출처의 혼동이 어떻게 다른지도 명확하지 않다.

외국의 경우에도 모든 상표법이 소비자 혼동가능성의 대상을 명확하게 규정하고 있는 것은 아니다. 미국 랜험법의 등록상표에 관한 제32조(1)의 규정은 혼동가능성의 대상에 대해 언급하고 있지 않다. 이와 달리 미등록상표에 관한 제43조(a)(1)의 규정은 혼동가능성이 "다른 사람과의 제휴, 연관, 연계 또는 그 사람의 상품, 서비스 또는 다른 사람에 의한 상행위의 출처, 후원관계 또는 사용승인"에 대한 것이라고 규정하고 있다.[787] 반면 유럽상표지침과 공동체상표규정은 혼동의 대상이 무엇인지 명확하게 규정하고 있지 않다.

소비자 혼동가능성의 대상이 무엇인가에 관하여는 크게 두 가지 의문이 생긴다. 첫째는 혼동가

---

[786] 상표법 제7조 제1항 제11호는 영업에 관하여는 규정하고 있지 않다.

[787] "as to the affiliation, connection, or association of such person with another person, or as to the origin, sponsorship, or approval of his or her goods, services, or commercial activities by another person"라고 규정.

능성이 상품에 대한 혼동가능성인가 출처 등에 대한 혼동가능성인가이다. McCarthy는 유사 상표가 일으키는 상품 혼동을 상표법이 보호한다는 데는 이견이 없지만, 통상의 상표 사건에서 쟁점이 되는 혼동은 상품 혼동이 아니라 출처 등에 대한 혼동이라고 설명하고 있다.[788]

둘째 의문은 '출처 등에 대한 혼동가능성'의 의미이다. 우리나라 상표법에서는 혼동의 대상을 규정하는 경우에도 그 대상을 '출처'로 한정하고 있는 반면, 미국 랜험법에서는 '제휴, 연관, 연계, 출처, 후원관계 또는 사용승인'을 혼동의 대상으로 규정하고 있다. 이 때문에 미국 랜험법이 국내 상표법보다 혼동의 대상이 넓은 것처럼 보인다. 그렇다면 출처 등의 의미는 우리나라보다 미국이 넓은가 하는 의문이 생긴다.

'차별 기능'에 관한 설명에서 언급하였듯이 상표는 '상표권자 상품시장'에서 '상품(between products)'을 차별화한다. 상표는 출처 등의 차별화를 통해 상품을 차별화시키지만, 궁극적인 차별의 대상은 출처 등의 차별화나 상표 그 자체의 차별화가 아니다. 상표권자가 자신의 상표를 통해 차별화시키는 것은 '상표권자 상품시장'에서 생산 또는 판매하는 자신의 상품과 제3자의 상품인 것이다.

상표권자의 상품시장이 아닌 경쟁 상품시장이나 비경쟁 상품시장에서의 상품과 자신의 상품을 차별화시키는 것은 아니다. '차별 기능'에 관한 설명에서 들었던 예를 반복하자면 컴퓨터 제조업자와 신발 제조업자가 동일한 상표를 사용하는 경우, 컴퓨터에 부착된 상표는 컴퓨터를 차별화하는 데 기여하고 신발에 사용된 상표는 신발을 차별화하는 데 기여한다. 양 제조업자가 사용한 동일한 상표는 상표들 간의 식별을 목적으로 하지도 않고, 컴퓨터 제조업자와 신발 제조업자 간의 식별을 목적으로 하지도 않는다. 마찬가지로 상표권자인 보드카 생산자의 상표와 동일한 상표를 맥주 생산자가 맥주에 사용한 경우에도, 보드카 생산자의 상표는 다른 생산자의 보드카와 자신이 생산한 보드카를 차별화시키고, 맥주 생산자의 상표는 다른 생산자의 맥주와 자신의 맥주를 차별화시킨다.

이러한 상표의 차별 기능 관점에서 볼 때, 소비자는 제조업자나 생산자가 동일한 상표를 사용하였다고 하여도 컴퓨터와 신발 또는 보드카와 맥주를 혼동하지는 않는다. 맥주 소비자는 보드카 생산자가 맥주도 생산한다고 혼동할 수 있을 뿐이다. 상표의 차별 기능에 손해를 입힐 가능성은 보드카와 맥주를 혼동해서 발생되는 것이 아니라, 보드카 생산자가 맥주도 생산한다고 혼동하여 그 결과 맥주의 품질과 브랜드 이미지가 보드카의 품질과 브랜드 이미지로 인식될 수 있어서 발생한다. 보드카 생산자가 자신의 상표를 통해 다른 보드카와 자신의 보드카를 차별화시키는 기능에 손해를 입힐 수 있는 것이다. 다시 말하자면 맥주의 출처 등에 대한 소비자의 혼동가능성이 상표권자인 보드카 생산자가 자신의 보드카와 타인의 보드카를 차별화시키는 데 영향을 미칠 수 있는 것

---

[788] McCarthy, supra note 23, § 23:5 (CIVEX 보드카와 CIVEX 맥주 간의 예를 들어 설명).

이다. 그렇다면 '출처 등에 대한 혼동가능성'의 의미는 무엇인가?

'출처 등에 대한 혼동가능성'의 의미는 공정하고 효율적인 경쟁의 촉진이라는 상표보호제도의 목적 차원에서 보호받을 만한 상표의 기능인 정보 기능과 차별 기능 관점에서 생각해보아야 한다. 이러한 관점에서 보면 '상품이나 영업의 출처 등'은 '상품품질과 브랜드 이미지 통제권자'를 의미한다. 풀어서 설명하면 첫째, 정보 기능 및 차별 기능에 손상을 입힐 수 있는 혼동가능성만이 상표보호제도의 목적상 문제되는데, 상품품질과 브랜드 이미지에 관한 정보만이 이러한 기능의 범위에 속하기 때문에, 그 대상은 '상품품질과 브랜드 이미지에 관한 것'이어야 한다. 상표의 사용이 상표권자와 사용자 간의 일종의 관계(예: 상표권자가 사용자의 지분을 일부 소지하고 있다는 등)에 관한 혼동을 일으킬 염려가 있는 경우, 이러한 혼동가능성은 상표권자가 보유하고 있는 상표의 기능에 손해를 입힐 가능성이 매우 낮다. 다시 말하자면 소비자들이 사용자의 상품을 이러한 관계 때문에 구매할지라도 구매로 인해 상표기능이 방해되지는 않는다는 것이다.[789] 소비자들은 상표를 통해 상품품질과 브랜드 이미지의 위치를 파악할 수 있고, 상표권자들은 여전히 자신들의 상표를 통해 자신들의 상품과 경쟁자의 상품을 차별화할 수 있기 때문이다. 경쟁자들도 상표가 전하는 정보를 감안하여 자신들의 마케팅 전략을 수립할 수 있다.

둘째, 소비자 혼동은 '동일한 상품품질과 브랜드 이미지'에 관한 것이 아니라, 상품품질과 브랜드 이미지를 '누가 통제하는지'에 관한 것이어야 한다. 이는 권리이전, 경쟁자들의 상품, 시장조건, 상표권자의 마케팅 전략이 상표가 표시하거나 내포하고 있는 상품품질과 브랜드 이미지를 변경시킬 수 있기 때문이다. 다른 사람에 대한 상표권의 이전은 상품품질과 브랜드 이미지의 일관성을 보장할 수 없고, 경쟁자들의 상품과 기타 시장 조건은 상표권자 상품의 품질과 브랜드 이미지가 차지하는 상대적 수준을 바꿀 수 있다. 상표권자 스스로가 자사상품의 경쟁력을 높이기 위해 품질과 브랜드 이미지를 변경시키고자 원할 수도 있다.

결국 상표는 소비자들과 경쟁자들에게 그 상품품질과 브랜드 이미지가 상표권자에 의해 통제된다는 정보를 전달한다. 즉, 상표권자가 상품품질과 브랜드 이미지에 관한 궁극적 책임을 부담한다는 정보를 전달한다는 것이다. 따라서 제3자 사용은 소비자들로 하여금 사용자 상품의 품질과 브

---

[789] Lemley와 Mckenna는 이 경우 상표권자가 상표침해를 주장할 수 있지만, 소비자 구매 결정에 대한 혼동의 중요성(the materiality of the confusion to consumer purchasing decisions)을 입증하여야 한다고 주장한다. See Mark A. Lemley and Mark McKenna, Irrelevant Confusion, 62 Stan. L. Rev. 413, 450 (2010) ("법률은 출처 또는 품질에 대한 책임 이외의 것에 관한 혼동에 기초하여 침해를 주장하는 상표권자들이 소비자 구매결정에 대한 혼동의 중요성을 증명할 것을 요구하여야 한다"고 주장) See also Mark A. Lemley and Mark McKenna, Owning Mark(et)s, 109 Mich. L. Rev. 137, 188 (2010) ("상표 원고는 (1) 자신들의 손상이 피고의 상품에 대한 실제 출처 또는 그러한 상품의 품질에 대해 누가 책임을 부담하는지에 관한 혼동에서 비롯되었다는 점 또는 (2) 피고의 사용이 소비자 구매결정에 중요한 어떤 다른 관계에 관한 혼동을 발생시킨다는 점을 증명하여야 한다"고 제안) 그러나 Lunney는 중요한 혼동을 일으키는 제3자 사용이 일부 경우 제소될 수 없다고 주장한다. See Lunney, supra note 107, at 972 ("중요한 혼동을 일으키는 행위라도 보다 효과적인 경쟁의 형태로이든 소비자 결정을 위한 확대된 정보의 형태이든 그 행위가 만들어 내는 이익이 그 행위가 발생시키는 손상을 상쇄하여 우세한 경우에는 제소될 수 없다"고 주장).

랜드 이미지가 '상표권자의 통제하에' 있다고 믿게 오인시킬 수 있다.

'상품품질과 브랜드 이미지 통제권자'에 관한 혼동가능성의 의미를 좀 더 상세히 살펴보면, 제3자가 상표를 사용하고자 하는 상품의 시장이 경쟁시장인지 비경쟁시장인지에 따라 그 의미에 미묘한 차이가 생긴다. 경쟁시장인 경우 혼동가능성은 단지 '상표권자가 사용자 상품의 품질과 브랜드 이미지를 통제한다는 소비자의 잘못된 믿음'의 가능성을 의미한다. 이러한 잘못된 정보와 식별을 기초로 하여 소비자들은 자신들의 선호를 형성하거나 구매결정을 한다. 그 결과 제3자의 상표가 전달하는 정보가 상표권자의 정보로 인식되어, 상표권자는 자신의 상표를 통해 자신의 상품과 경쟁자의 상품을 효율적으로 차별화할 수 없게 된다. 즉, 정보 기능과 차별 기능이 전적으로 상표권자의 손에 있지 않게 되는 것이다.

상표와 상품이 모두 동일한 경우(이하 '이중 동일성 사건'이라 한다), 이러한 소비자 혼동은 상표권자 상표의 정보 기능 및 차별 기능에 손상을 입힐 가능성이 더욱 높아진다. 첫 번째 이유는 상표의 동일성이 소비자에게 양 상표가 상품품질과 브랜드 이미지에 관하여 동일한 정보를 전달한다는 '잘못된 확신을 심어준다'는 점이다. 두 번째는 상표권자 상품의 소비자가 사용자 상품의 소비자와 동일하기 때문에 소비자 혼동으로 인한 상표권자 상표의 기능에 미치는 부정적 영향이 더욱더 직접적이고 즉각적이라는 점이다. 예를 들어, 커피 회사 B가 다른 회사 A의 커피 상표를 사용한 경우, 소비자들은 A사가 B사 커피의 품질과 브랜드 이미지를 통제한다고 '잘못 믿을' 수 있을 것이다. 그 결과 긍정적이든 부정적이든 B사 커피 사용에서 오는 직접적이거나 비직접적인 경험, 입소문 또는 B사의 마케팅은 A사 커피의 품질과 브랜드 이미지에 관한 소비자 이해에 영향을 미친다. A사와 B사의 소비자가 동일하기 때문에 이러한 소비자 이해는 '직접적이고 즉각적으로' A사 상표의 기능을 방해한다. B사 커피의 품질이 A사 커피의 품질보다 우수한 경우에도 소비자 및 B사를 제외한 경쟁자는 A사 커피의 품질과 브랜드 이미지를 인식하기가 매우 곤란하기 때문에 B사 커피에 대한 A사 상표의 사용은 A사 상표의 기능에 부정적으로 영향을 준다. 즉, A사 상표의 기능은 더 이상 A사의 손에 있지 않게 된다. 이러한 혼동은 소위 역혼동(reverse confusion)에 이를 수도 있다.[790] 소비자들은 B사가 진정한 상표의 소유자이고 B사 커피의 품질과 브랜드 이미지야말로 상표가 '실제로' 대표하는 것이라고 오인할 수 있다.

더 높은 손상가능성 때문에 유럽상표지침, 공동체상표규정 및 한국상표법은 이중 동일성 사건에서 상표침해를 위한 요건으로 혼동가능성을 요구하지 않는다. 그러나 이러한 사실로 인해 이중 동일성 그 자체가 항상 혼동가능성을 일으키는 것으로 해석하여서는 안 된다. 예를 들면, 많은 법원

---

[790] McCarthy, supra note 23, § 23:10 ("역혼동은 후행 사용자의 광고와 판촉활동이 시장에서 선행 사용자의 명성을 압도하여 소비자들이 선행 사용자의 상품을 후행 사용자의 상품으로 혼동하게 할 가능성이 높은 때 발생한다"고 언급).

과 학자들은 키워드 마케팅에서 동일한 상품을 위해 동일한 상표를 키워드로 사용하는 것이 항상 혼동가능성을 발생시킨다고는 주장하지 않는다. 마찬가지로 혼동가능성이 이중 동일성 사건에서 요구되지 않는다는 사실이 상표기능이 더 많거나 넓게 보호된다거나 유사희석책임[791]이 인정된다는 결론으로 연결되어서도 안 된다. 다른 사건에서처럼 이중 동일성 사건에서의 상표책임도 상표권자 상표의 정보 기능 및 차별 기능이 손상을 입을 가능성이 높은 경우에 발생할 수 있다. 최소한 실제로 '희석가능성'이 이중 동일성 규정에 없는 한, 유사희석책임이 채택되어서는 안 된다.

제3자가 상표권자의 상표를 상표권자의 상품과 경쟁관계에 없는 상품에 사용하는 경우에는, '상품품질과 브랜드 이미지 통제권자에 대한 혼동'은 상표권자가 사용자의 상품시장에 진입하였다는 오인과 상표권자가 사용자 상품의 품질과 브랜드 이미지를 통제한다는 오인 등 2개의 오인으로 구성된다.[792] 전자의 오인은 비경쟁적 사용에 있어서 혼동가능성의 필수요건이다. 이러한 혼동이 없으면 비경쟁적 상품시장에서의 소비자들은 상표권자가 사용자 상품의 품질과 브랜드 이미지를 통제한다고 혼동할 수 없다. 예를 들면, 커피시럽 소비자들은 커피 회사가 커피시럽 시장에 진입하였다고 생각할 때만 커피 회사가 커피시럽의 품질을 통제한다고 오인할 것이다. 이러한 의미에서 비경쟁적 상품시장에서는 혼동가능성 테스트에서 상표권자가 사용자의 상품시장에 진입하였다는 오인을 평가하는 것이 중요하다고 하겠다.

이와 관련하여 각각 다른 법역에 속하는 법원들은 상품의 유사성을 평가함에 있어서 유사하지만 동일하지는 않은 요소들을 제안하였다. Network Automation 사건에서 미국 제9연방항소법원은 "상품의 인접성은 상품들이 (1) 보완적이고; (2) 동일한 부류의 구매자들에게 판매되며; (3) 용도와 기능에 있어서 유사한지 여부에 따라 측정된다"고 언급하였다.[793] Canon 사건에서 유럽연합사법재판소는 관련 요소들(relevant factors)이 "특히(inter alia) 상품의 성질, 최종 소비자, 사용방법과 상호 경쟁적인지 보완적인지를 포함한다"고 판단하였다.[794] 일반법원은 추가적으로 상품의 유통경로와 같은 다른 요소들을 고려하였다.[795] Mania 사건에서 우리나라 대법원은 상품의 유사성을 판단함에 있어서 "상품 자체의 속성인 품질, 형상, 용도와 생산 부문, 판매 부문, 수요자의 범위 등"을 고려하여야 한다고 적시하였다.[796] 이러한 요소들은 상표의 비경쟁시장으로의 확장에 대한 소

---

[791] 유럽사법재판소는 이중 동일성 사건의 경우 해석상 희석책임과 유사한 책임은 인정하고 있다.

[792] 상표등록 여부는 제3자가 상표를 지정상품에 사용하면 이러한 혼동가능성이 발생되는지 여부로 판단하여야 한다. 상표권자가 사용자의 상품시장에 '진입할 것'이라는 오인과 상표권자가 사용자 상품의 품질과 브랜드 이미지를 '통제할 것'이라는 오인 가능성 여부로 판단하여서는 안 된다.

[793] Network Automation, Inc. v. Advanced Systems Concepts, Inc., 2011 WL 815806, 9 (C.A.9(Cal.)).

[794] Canon Kabushiki Kaisha v. Metro-Goldwyn-Mayer Inc. (C-39/97) [1999] 1 C.M.L.R. 77.

[795] IG Communications Ltd v. OHIM (T-301/09) [2013] E.T.M.R. 17, 294; Lidl Stiftung & Co KG v. OHIM (T-237/11) [2013] E.T.M.R. 21, 374.

[796] 대법원 2006.6.16. 선고 2004후3225 판결.

비자 오인과 직접적으로 관련된다.

미국 연방법원들은 상표의 비경쟁시장으로의 확장에 대한 소비자 오인과 관련된 다른 요소들을 혼동가능성 테스트에 포함시키고 있다. 제1연방항소법원의 Pignons 요소들은 i) 당사자들의 거래경로 간의 관계(the relationship between the parties' channels of trade), ii) 광고 간의 관계(the relationship between advertising), iii) 선행권리자가 틈새를 메울 가능성(the likelihood that the prior owner will bridge the gap) 등을 포함한다.[797] 제2연방항소법원의 Polaroid 혼동가능성 테스트는 "선행권리자가 틈새를 메울 가능성(the likelihood that the prior owner will bridge the gap)"을 포함한다.[798] 제3연방항소법원은 "비록 경쟁상품이 아닌 상품이어도 동일한 거래경로를 통해 마케팅되고 동일한 매체를 통해 광고되었는지 여부(whether the goods, though not competing, are marketed through the same channels of trade and advertised through the same media)" 그리고 "소비자로 하여금 선행권리자가 피고의 시장에서 제조한다고 기대할 수 있도록 암시하는 다른 사실이나 선행권리자가 그 시장으로 확대할 가능성이 높다는 사실(other facts suggesting that the consuming public might expect the prior owner to manufacture a product in the defendant's market, or that he is likely to expand into that market)"을 동 법원의 Lapp 혼동가능성 판단요소에 포함시켰다.[799] 제9연방항소법원이 채택하고 있는 Sleekcraft 테스트의 한 요소는 "생산라인의 확장가능성(likelihood of expansion of the product lines)"이다.[800]

그러나 혼동가능성을 판단함에 있어서 '확장가능성'을 고려하여서는 안 된다. 상표권자가 '이미' 사용자 시장에 진출하였다는 믿음이 없이는 소비자들이 상표권자가 사용자 상품의 품질과 브랜드 이미지를 통제한다고 오인하지 않을 것이기 때문이다.

제3자가 상표를 사용한 상품의 시장이 경쟁 상품시장인 경우와 마찬가지로 비경쟁 상품시장에서도, 상표권자가 사용자 상품의 품질과 브랜드 이미지를 통제한다는 소비자의 잘못된 믿음이 혼동가능성을 인정하기 위하여 필요하다. 비록 소비자들이 상표권자가 이미 사용자의 상품시장으로 진출하였거나 사용자에게 상표사용권을 설정하였다고 생각할지라도, 소비자들이 누가 사용자 상품의 품질과 브랜드 이미지를 통제하는지에 대해 혼동하지 않으면 상표권 침해 요건으로서의 혼동가능성은 발생할 수 없을 것이다. 예를 들면, 커피시럽의 소비자들은 커피시럽 회사의 상표가 커피 회사의 상표에 사용된 접미사와 동일한 접미사를 포함하고 있어서 커피 회사가 커피시럽 회사

---

797) Boston Duck Tours, LP v. Super Duck Tours, LLC, 531 F.3d 1, n.6 (1st Cir. 2008).

798) Polaroid Corp. v. Polarad Elecs. Corp., 287 F.2d 492, 495 (2d Cir. 1961).

799) Interpace Corp. v. Lapp, Inc., 721 F.2d 460, 463 (3d Cir. 1983).

800) AMF, Inc. v. Sleekcraft Boats, 599 F.2d 341, 349 (9th Cir. 1979).

의 주식을 소유하고 있다고 오인할 수 있다. 그럼에도 불구하고 이는 커피 회사 상표의 기능에 영향을 미치기에는 충분하지 않다. 커피 소비자들은 여전히 커피시장에서 상표를 통해 상품품질과 브랜드 이미지를 확인할 수 있다. 커피 소비자들이 동시에 커피시럽 소비자이든 아니든, 커피 소비자들은 단지 커피 회사의 주식 보유에만 기초하여 커피시럽 회사의 상표가 커피의 품질과 브랜드 이미지를 나타낸다고 생각하지는 않을 것이다.

추가적으로 제3자가 상표를 사용한 상품의 시장이 비경쟁 상품시장인 경우, 비경쟁 상품시장에서의 소비자 혼동가능성이 어떻게 상표권자 상품시장에서 상표권자 상표의 정보 기능 및 차별 기능에 손해를 입힐 수 있는지에 관하여 설명이 필요하다. 사용자 상품의 소비자가 상표확장 및 상표권자의 품질과 이미지 통제 모두에 대하여 혼동한 경우, 사용자 상품의 소비자이기도 한 상표권자 상품의 소비자는 사용자의 상표가 나타내는 품질과 이미지를 상표권자의 상표가 나타내는 품질과 이미지로 간주할 것이다.

사용자 상품의 소비자에 해당하지 않는 상표권자 상품의 소비자도 마찬가지일 것이다. 첫째, 사용자 상품의 소비자와 마찬가지로, 상표권자 상품의 소비자도 상표의 확장에 대해 혼동을 일으킬 가능성이 높다. 즉, 상표권자가 사용자 상품시장에 진입하였다는 혼동의 기초가 되는 요소들은 상표권자 상품의 소비자에게도 영향을 미친다. 둘째, 상표의 확장에 관한 혼동가능성을 초래하기에 충분할 정도로 가까운 시장 간의 인접성을 감안하면 상표권자 상품의 소비자는 보통 직간접적으로 사용자 상품시장에서의 소비자 혼동과 소비자 평가에 노출되어 있다. 구체적으로 말하자면 i) 품질과 이미지에 관한 상표권자의 통제에 관한 혼동과 ii) 사용자 상품을 경험한 결과에 따른 품질과 이미지 평가에 노출되어 있다. 결국 사용자 상품의 소비자이든 아니든 상표권자 상품의 소비자는 상표권자 상품의 품질과 브랜드 이미지를 식별할 수 없고, 상표권자는 자신의 상표를 자신의 상표가 가고자 하는 방향으로 이끌 수 없다. 따라서 상표의 경쟁친화적 기능은 비경쟁 상품시장에서의 소비자 혼동에 의해 손해를 입을 가능성이 높다.

(2) 혼동시점

키워드 사건에서의 혼동시점은 세 개의 질문과 관련된다. 첫 번째 질문은 상품구매 전에 발생한 상품품질과 브랜드 이미지 통제권자에 대한 혼동이 경쟁친화적 상표기능에 손해를 입힐 수 있는지이고, 두 번째는 구매시점에 혼동이 없어진다는 사실이 손상된 기능을 복구시킬 수 있는지 여부이다. 이와 관련하여 최초혼동이 발생한 시점과 최초혼동이 없어진 구매결정 시점 간의 기간이 너무 짧으면 혼동가능성이 제소 불가능하게 되는 것인지 여부가 세 번째 질문이다.

첫 번째 의문과 관련하여 상품 품질 및 브랜드 이미지 통제권자에 대한 혼동은 잘못된 정보에 기초해서 상표권자 상품에 대한 소비자 선호를 생성·변경·처분하게 한다는 점에서 소비자가 상품을 구매하기 전에도 상표의 정보 기능 및 차별 기능에 손해를 입힐 수 있다. 소비자에게 발생된 혼동이 소비자의 마음 깊이 갇혀서 소비자가 상품을 구매하기 전까지는 소비자에게 아무런 영향도 끼치지 않는 것은 아니다. 예를 들어, A사의 커피 상표가 다른 회사 B의 커피에 대한 신문광고에 사용된 경우 A사의 상표는 A사가 보여주고자 하는 자사 커피의 품질과 브랜드 이미지를 나타낼 수 없게 된다. 이는 소비자들이 오인하여 신문광고상에 B가 사용한 상표도 A사 커피의 품질과 브랜드 이미지를 나타낸다고 믿기 때문이다. 그 결과 커피 소비자들은 A사 커피에 대한 자신의 선호를 유지할 것인지 변경할 것인지 여부를 혼동을 일으킨 정보에 기초하여 결정할 것이다. B사가 A사 상표가 나타내는 것과 동일한 품질과 브랜드 이미지를 유지할지라도 여전히 문제는 발생된다. B사의 상표사용으로 인해, A사는 향후 자신이 원하는 방향으로 커피 품질과 브랜드 이미지를 표시하기 위해 자신의 상표를 사용할 수 없기 때문이다.

두 번째 의문과 관련하여 구매시점에 혼동이 약화되거나 없어졌다 하더라도 이미 혼동으로 발생된 결과를 되돌릴 수는 없다. 손상된 상표기능은 소급적으로 회복될 수는 없고 단지 혼동이 약화되거나 없어진 시점부터 상표가 통상의 기능을 수행하기 시작할 뿐이다. 소비자들의 선호가 회복되었다고 하더라도 그 전에 상품에 대한 선호가 변경되었다는 사실이 처음부터 없었던 것으로 되는 것은 아니다. 소비자들이 혼동 없는 상태에서 구매결정을 하기만 하면, 상표의 기능에 어떠한 영향을 미쳤든지 문제 삼지 않겠다는 것이 상표제도의 목적은 아니다. 상품시장에서 정당하게 작동되고 있는 상표의 기능에 손해를 입히거나 손해를 입힐 가능성이 높은 제3자의 상표사용을 방지하여 공정하고 효율적인 경쟁을 촉진하고자 하는 것이 목적이다. 소비자의 올바른 구매결정은 공정하고 효율적인 경쟁 촉진을 보여주는 일면에 불과하다.

세 번째 의문에 대해 살펴보면 최초혼동과 최초혼동 소멸시점 간의 기간이 매우 짧은 때에도 상표기능에 대한 손해가 있을 수 있다. 일부 학자들은 이러한 매우 짧은 기간을 이유로 인터넷상에서의 상표사용에 의한 판매전혼동을 부인한다.[801] GEICO II 사건에서 미국 제4연방항소법원 소속 지방법원도 '소비자를 잘못된 길로 안내하기 위하여 도로의 안내광고판을 통해 최초혼동을 일으키는 경우'와 비교해보면, '온라인 광고를 통해 최초혼동을 일으키는 경우'가 소비자를 잃을 확률이 낮은데 이는 소비자가 거의 즉시 온라인상에서 자신의 발자취를 거슬러 올라갈 수 있기 때문

---

[801] 최소 혼동(de minimis confusion)은 제소 가능한 판매전혼동(pre-sale confusion)이어서는 안 된다는 Rothman 주장의 1 근거는 "소비자에게 중요한 영향을 미칠 가능성 전에 혼동이 구제될 기간이 있다는 점"이고, Rothman은 최소 혼동을 판단함에 있어서 "판매전혼동의 결과로 소비자들이 시간과 돈을 지불할 가능성을 법원들이 고려하여야 한다"고 강조한다. Rothman은 "이 혼동이 최소한이 아니라면, 즉 웹사이트에 도달하자마자 즉시 해결되지 않으면, 제소 가능한 침해가 될 것"이라고 설명한다. See Rothman, supra note 594, at 181-182, 187.

이라고 언급하였다.[802]

그러나 소비자들이 신문이나 TV 광고에만 의존하여 자신들의 선호를 형성, 변경, 처분하듯이 광고 웹사이트를 방문하지 않고 온라인 광고 만에 기초하여 상품에 대한 자신들의 선호를 형성, 변경, 처분할 수 있다. 인터넷상에 있는 엄청난 양의 정보는 심지어 소비자들이 광고주들의 웹사이트를 방문한 후에 결정하는 것도 거의 불가능하게 할 수 있을 것이다. 오히려 소비자들은 자신들의 선택을 위해 보다 간결한 정보를 선호할지 모른다. 더구나 제3자 사용은 인터넷을 통해 매우 짧은 기간 내에 상표기능에 부정적인 영향을 미칠 수 있으므로 판매전혼동도 발생될 수 있다.

(3) 상품시장에서의 평균 소비자

혼동가능성은 제3사용자 상품시장에서의 평균적인 소비자를 기준으로 하여 판단하여야 한다. 원칙적으로 상표권자 상품시장에서의 평균 소비자 관점을 고려할 이유는 없다. 제3자 상품시장에서의 평균 소비자에게 발생하는 혼동가능성이 상표권자 상품시장에서의 소비자에게 어떠한 영향을 미치는지를 보기 위하여 상품시장에서의 평균 소비자 관점을 고려할 필요가 있을 뿐이다. 다만 상표권자 또는 사용자 일방이 상품을 도매로 판매하고 타방은 동일 상품을 소매로 판매하는 예와 같이 상품은 동일하지만 유통 단계가 달라서 각각의 소비자가 동일하지 않은 경우에는 굳이 도매 상품시장과 소매상품시장으로 구분할 것은 아니고 양자를 하나의 상품시장으로 보아야 할 것이다.

또한 소비자의 주의 정도는 사용자 상품의 가격과 성질, 그리고 상품 소비자의 유형에 따라 다르게 판단하여야 한다. 그러나 유료키워드 검색 마케팅과 같이 온라인상에서 이루어지는 상표사용의 경우에는 특수한 측면을 고려하여야 한다.

유료키워드 검색 마케팅에서 소비자 주의 정도에는 2가지 측면이 있는데, 하나는 상품품질과 브랜드 이미지 통제권자에 관한 주의 정도(주로 상표의 유사성에 관한 주의 정도)이고, 또 다른 하나는 유료키워드 검색 마케팅 작동원리에 관한 주의 정도이다. 만약 소비자가 작동원리에 정통해서 상표인 키워드와 무관한 광고도 키워드 입력에 상응하여 나타나는 것으로 생각한다면, 소비자는 상품품질과 브랜드 이미지 통제권자에 대해 쉽게 혼동하지는 않을 것이다.

원칙적으로 유료키워드 검색 마케팅에서 소비자 주의는 상품품질과 브랜드 이미지 통제권자에 관한 것(주로 상표의 유사성)인지 작동원리에 관한 것인지 상관없이 사용자 상품의 가격과 성질, 그리고 상품 소비자의 유형에 따라 판단해야 하는데, 이는 '사용자의 상품시장'에서 소비자 혼동이 발생하기 때문이다. 또한 유료키워드 검색 마케팅이 온라인 세상에서만 발생된다는 사실이 관련

---

802) Government Employees Ins. Co. v. Google, Inc., 2005 WL 1903128, 4 (E.D.Va. 2005).

시장이 온라인 상품시장으로 한정된다는 결론으로 연결되어서는 안 된다. 보호받을 만한 상표기능에 대한 효과는 그 효과가 온라인 세상에서의 상표사용으로 발생되는지 오프라인 세상에서의 사용으로 발생되는지에 따라 차이가 있지 않기 때문이다. 상표보호 관점에서 보면 인터넷은 생산자와 배급자가 광범하게 사용하는 마케팅 경로에 불과할 뿐 오프라인 상품시장과는 독립된 별도의 상품시장을 생성하는 수단은 아니다.[803] 그러므로 관련 시장(relevant markets)은 온라인 시장과 오프라인 시장을 포함하는 상품시장이어야만 하고, 유료키워드 검색 마케팅에서의 관련 소비자(relevant consumers)는 인터넷 이용자 또는 온라인 쇼핑과 마케팅을 잘 이해하는 소비자로 한정되어서는 안 된다. 소비자 주의력(consumer sophistication)은 상품 또는 소비자의 범주에 따라 변하기 때문에,[804] 기본적으로 소비자 주의 정도가 높다, 낮다라고 말할 수는 없다.

상품품질과 브랜드 이미지 통제권자(주로 상표의 유사성)에 관한 소비자 주의가 유료키워드 검색 마케팅 작동원리에 관한 소비자 주의와 동일하지는 않다고 말할 수는 있다. 예를 들면, 고급시계 구매자는 시계의 가격 때문에 상품품질과 브랜드 이미지 통제권자의 유사성(주로 상표의 유사성)을 매우 주의 깊게 비교할 수 있을 것이다. 그러나 동일한 소비자가 유료키워드 검색 마케팅의 작동원리를 이해할 수 있을지 의문이다. 심지어 의사와 같은 전문가도 의료장비를 구매할 때 키워드 광고가 상표권자와 관련되어 있다고 오인할 수 있을 것이다. 소비자가 온라인 광고 전문가일 경우에 작동원리에 관한 높은 수준의 소비자 주의를 기대할 수 있을 것이다.

4) 희석가능성

(1) 식별력 약화

'식별력에 대한 손상'은 유명상표와 동일 또는 유사한 상표의 사용이 상표권자 상품의 소비자로 하여금 유명상표와 일관성은 없지만 부정적이지는 않은 상품품질 또는 이미지를 함께 연상하게 할 가능성이 높을 때 발생할 수 있다. 그 이유는 이러한 연상이 유명상표가 사용된 상품의 품질 또는 브랜드 이미지의 강한 위치를 불명료하게 할 수 있고, 그 결과 유명상표의 정보 기능 및 차별 기능에 손해를 입힐 수 있기 때문이다. 첫째, 제3자가 유명상표와 동일 또는 유사한 상표를 유명상표를 부착한 상품의 품질과 일관성이 없는 품질을 가진 상품에 사용하는 것은 점진적으로 유명상

---

803) Spyros Maniatis, Trade Mark Law and Domain Names: Back to Basics?, E.I.P.R. 397, 397 (2002) ("상점은 소비자가 컴퓨터로 접근할 때에도 상점으로 남아있다; 가상환경에서도 중심가는 중심가로 남아 있다; 상업적 또는 비상업적 상표사용의 성질은 매체와 상관없이 동일하게 남아 있다"고 주장).

804) Network Automation, Inc. v. Advanced Systems Concepts, Inc., 2011 WL 815806, 11 (C.A.9(Cal.)).

표가 나타내는 상품품질의 확고한 위치를 약화시킬 수 있다. 유명상표와 동일 또는 유사한 상표 간의 연상, 이에 따른 유명상표와 일관성 없는 상품품질 간의 연상은 천천히 그러나 확실하게 소비자들이 유명상표와 유명상표가 나타내는 상품품질을 연계하는 것을 어렵게 한다. 예를 들어, 의류 제조업자가 평균적인 품질의 T셔츠에 'Rolex'라는 상표를 사용하면, 시계에 대한 'Rolex'와 T셔츠에 대한 'Rolex' 간의 연상이 천천히 시계 소비자로 하여금 'Rolex' 시계 품질의 확고한 위치에 대한 신뢰를 잃게 만들 수 있다. 시계에 대한 'Rolex' 상표가 여전히 상품품질의 위치를 나타낼 수 있고 Rolex 시계와 다른 시계를 차별화시키는 데 기여할지라도, 소비자들은 'Rolex'와 평균 품질의 T셔츠 간의 연상으로 인해 이러한 위치에 대해 동일한 수준의 강한 믿음을 갖지 않게 될 것이다. 소비자들은 'Rolex' 시계에 대해 부정적인 연상을 가지게 되지는 않을 것이지만, 시계 시장에서 Rolex의 품질 위치에 대한 인식이 보다 덜 명확해질 것이다.

둘째, 식별력 약화에 의한 희석(blurring)은 유명상표와 동일 또는 유사한 상표가 일관성 없는 이미지를 가진 상품에 사용되거나 그 상표가 일관성 없는 브랜드 이미지를 전달하는 때에도 발생할 수 있다. 전 INTA 회장인 Anne Gundelfinger가 미국 의회 앞에서 증언하였듯이, 인텔의 'PENTIUM' 상표를 제3자가 기술력이 높지 않은 부동산 중개 서비스 또는 스포츠의류에 사용하는 것은 "PENTIUM 상표에 대한 손상이 명확하게 나타나는 데 수년이 걸리기는 하겠지만" '최첨단 기술, 우수한 실행력, 무흠결'이라는 'PENTIUM' 상표의 이미지를 '흐리게 하고 무디게 할' 것이다.[805] 즉, 인텔은 자신의 상품과 다른 상품을 차별화하기 위해 PENTIUM에 구현하기를 희망한 이미지를 점차 소비자에게 전달할 수 없을 것이고, 소비자는 이러한 이미지가 제공하는 효용성을 누릴 수 없게 될 것이다. 인텔 상표를 부동산 중개 서비스 또는 스포츠의류에 사용한 것으로 인하여, 인텔이 전달하고자 하는 이미지와 소비자가 인식하는 이미지 간의 간극은 메울 수 없을 정도로 매우 넓어질 것이다.

셋째, 보통명칭으로 유명상표를 사용하는 것은 식별력 약화에 의한 희석을 초래할 수 있다. 일부 미국 법원들과[806] 학자들은[807] 반희석화법을 보통명칭으로의 사용을 방지하기 위해 사용하는 것에 반대하지만, 다른 미국 법원들과[808] 유럽연합사법재판소는[809] 그렇지 않다. 우리나라 대법원

---

[805] Testimony of Anne Gundelfinger before House Subcommittee on Courts, the Internet, and Intellectual Property, Committee on House Judiciary, U.S. House of Representatives, HR 683 (Feb. 17, 2005).

[806] Ty Inc. v. Perryman, 306 F.3d 509, 514 (7th Cir. 2002).

[807] McCarthy, supra note 23, § 24:75.

[808] Merck & Co., Inc. v. Mediplan Health Consulting, Inc., 425 F. Supp. 2d 402, 416-417 (S.D.N.Y. 2006); Freecycle Network, Inc. v. Oey, 505 F.3d 898, 906 (9th Cir. 2007) ("보통의미에서의 상표사용은 그러한 사용이 침해, 출처 허위표시, 허위광고, 희석 등 구체적인 소인의 요소를 만족시키기도 하는 때에만 랜험법상 제소 가능하다"고 언급).

[809] Interflora Inc v. Marks & Spencer Plc (C-323/09) [2012] E.T.M.R. 1, 45.

은 보통명칭으로의 사용이 식별력 약화에 의한 희석행위라고 판시하고 있지는 않지만, 상표의 보통명칭화 내지 관용명칭화 여부를 판단함에 있어서 '상표의 희석화를 방지하기 위한 노력'을 고려한 바 있다.[810]

보통명칭으로의 사용은 유명상표가 기능을 할 수 없도록 위험에 빠뜨림으로써 식별력에 손상을 입힐 수 있다. 보통명칭으로의 사용은 상표가 상품품질과 브랜드 이미지 양자의 위치를 나타내는 것을 점진적으로 '불가능'하게 할 수 있으며, 이에 따라 정보 기능 및 차별 기능을 방해할 수 있다. 경쟁자들은 유명상표가 보통명칭으로 바뀌기 전까지는 이를 보통명칭으로 사용할 경쟁 이익도 표현의 자유 이익도 없기 때문에, 보통명칭으로의 사용은 경쟁이나 표현의 자유 관점에서 정당화될 수 없다. 보통명칭으로의 사용은 상표기능에 전면적으로 손상을 입힌다는 점에서 다른 식별력 약화행위와 동일하지 않지만, 보통명칭으로의 사용이 소비자에게 상품품질과 브랜드 이미지에 대한 부정정인 인상을 주지는 않기 때문에 이러한 사용에 의한 희석은 여전히 식별력 약화에 의한 희석으로 분류될 수 있다.

그러나 보통명칭으로의 사용에 의한 식별력 약화는 추측이나 가정에 기초하여 인정되어서는 안 된다. 식별력 약화에 의한 희석을 인정하기 위해서는 상표사용이 그 사용맥락상 유명상표를 보통명칭으로 전환시킬 위험성을 분명하게 보여주어야 한다. 단순히 유명상표의 사용이나 유명상표의 내부적 사용으로 인한 광고의 표시가 장기적으로는 유명상표를 보통명칭화 시킬 것이라는 가정에 근거하여 이들 사용이나 효과만으로 보통명칭화의 위험을 일으키는 것으로 해석해서는 안 된다. 식별력을 약화시킬 수 있는 이러한 미약한 가능성만 있는 상표사용은 상표법의 금지대상이 아니며, 상표법은 식별력을 약화시킬 높은 가능성 내지 개연성(the probability of blurring)이 있는 상표사용만을 금지시켜야 한다.

(2) 명성손상

'명성에 대한 손상'은 유명상표와 동일 또는 유사한 상표의 사용이 상표권자 상품의 소비자로 하여금 유명상표와 부정적인 상품품질 또는 브랜드 이미지를 함께 연상하게 할 가능성이 높은 경우에 발생한다. 이러한 연상이 상품품질과 브랜드 이미지의 강한 위치를 손상시킬 수 있고 이에 따라 정보 기능 및 차별 기능에 손해를 입힐 수 있다는 점이 그 근거이다. 첫째, 제3자가 유명상표와 동일 또는 유사한 상표를 열악한 품질의 상품에 사용하는 것은 상표권자의 상품이 가지고 있는 품질의 강한 위치에 치명적일 수 있다. 이러한 사용은 상표권자가 생산하거나 판매하는 상품의 소

---

[810] 대법원 1992.11.10. 선고 92후414 판결 (지프 JEEP 사건); 대법원 1999. 8.20. 선고 99후567 사건 (UOMO 사건).

비자로 하여금 유명상표를 생각할 때마다 열악한 품질을 함께 떠올리게 할 것이기 때문이다. 예를 들어, 매우 열악한 품질을 가지고 있는 T셔츠에 'Rolex' 상표를 사용하는 것은 'Rolex'와 열악한 품질의 T셔츠를 함께 연상케 함으로써 시계 소비자들로 하여금 'Rolex' 시계의 품질을 저평가하도록 할 수 있을 것이다. 소비자들은 더 이상 이전과 동일한 효용성을 느끼지 못하게 된다. 동시에 Rolex 시계 회사는 시계 시장에서 자신의 'Rolex' 표장의 기능을 스스로 통제하고 있음에도 불구하고 소비자들에게 자신이 전달하고자 하는 'Rolex' 시계 품질의 위치에 관한 정보를 제대로 전달할 수 없다.

둘째, 제3자가 유명상표와 동일 또는 유사한 상표를 자신의 상품에 사용하면서 비도덕적이거나 바람직하지 않은 이미지를 광고한 경우, 유명상표의 이미지는 손상을 입을 수 있다. 상표 간의 연상은 소비자들로 하여금 유명상표에 해로운 이미지를 떠올리게 할 수 있기 때문이다. 앞의 예에서, T셔츠 제조자가 자신의 광고에서 성적 특성(sexuality)이나 저렴성(cheapness)을 강조하면, 이 제조자의 상표사용은 'Rolex'의 이미지에 부정적으로 영향을 미칠 것이다. 시계 소비자들은 'Rolex' 시계에 대해 종전과 동일한 수준의 '고급성(prestige)'을 느끼지 못할 것이고, 소비자들이 인지하는 브랜드 이미지는 상표권자가 소비자들에게 전달하고자 하는 이미지와 점점 더 거리가 멀어지게 된다.

제3자가 유명상표와 동일 또는 유사한 상표를 사용하면서 보여준 브랜드 이미지가 유명상표의 긍정적 이미지에 치명적인지에 대한 판단은 상대적이다. 유명상표의 이미지가 이미 性的 특성을 전달하고 있는 경우에는 性的인 맥락에서 유명상표를 사용하는 것이 유명상표의 기능을 손상시키지 않을 것이다. 예를 들면, 컴퓨터에 사용되지도 등록되지도 않은 유명상표 Playboy를 제3의 회사가 자신의 컴퓨터에 사용하면서 광고에서 성적 특성을 강조한 경우 이러한 이유만으로 유명상표인 Playboy의 명성이 손상되지는 않을 것이다. 그러므로 성 관련 상품을 팔기 위해 사용된 새로운 표장이 유명상표와 동일하거나 유사하면 새로운 표장은 유명상표의 명성을 손상시킬 가능성이 높다는 추정(a kind of rebuttable presumption)이나 매우 강한 추론(a very strong inference)[811]은 명성손상에 의한 희석을 결정함에 있어서 인정되어서는 안 된다.

이와 관련하여 브랜드 이미지를 판단함에 있어서 상표의 문자 그대로의 의미는 중요하지 않다. 오히려 브랜드 이미지는 전체적으로 평가되어야 한다. 같은 맥락에서 미국 제2연방항소법원은 'Charbucks' 이름 자체가 지나치게 볶은 커피(an over-roasted type of coffee)를 나타낼 수 있을지라도 호의적이지 않은 이미지를 전달하지는 않았다고 판단하였다.[812] 동 법원은 'Charbucks' 표장의 소유자가 부정적 의미보다는 긍정적 이미지를 홍보하였고, '매우 높은 품질'을 가지고 있는 상품

---

811) V Secret Catalogue, Inc. v. Victoria's Secret Stores, Inc., 605 F. 3d 382, 388 (6th Cir. 2010).

812) Starbucks Corporation v. Wolfe's Borough Coffee, Inc., 588 F.3d 97, 110-111 (2d Cir. 2009).

으로서 Charbucks 커피를 판매하였다고 판단하였다.[813]

셋째, 유명상표 소유자의 상품과 제3사용자 상품이 각각 가지고 있는 특성으로 인해 발생하는 상품 간의 부조화(dissonance)도 상품품질이나 상품의 브랜드 이미지에 부정적으로 영향을 미칠 수 있다. 하나의 상품이 가지고 있는 특성이 다른 상품에 있어서는 열악한 품질 또는 치명적인 이미지에 해당할 수 있기 때문이다. 예를 들면, 커피에 대한 유명상표가 세탁표백제에 사용되면, 소비자들은 유명상표와 표백제를 연상할 것이다. 그 결과 유명상표는 커피시장에서 자신의 강한 위치를 유지할 수 없을 것이다. 이러한 유형의 명성손상은 표백제의 품질 및 브랜드 이미지와는 무관하다. 제3자의 상품인 표백제의 품질이나 브랜드 이미지가 표백제 시장 내에서 아무리 고급스러울지라도 유명상표는 타격을 입게 될 것이기 때문이다.

(3) 희석의 한계

소비자들이 유명상표를 유명상품에 연계시키기 위해 시간적 지연이나 추가적인 인지노력이 발생된다는 것만으로는 희석행위에 의한 상표책임(희석책임)을 정당화시킬 수 없다. 식별력 약화 및 명성손상에 의한 희석은 지연이나 추가적인 인지노력을 발생시키지만, 시간적 지연이나 추가적인 인지노력이 항상 식별력 약화 또는 명성손상에 의한 희석을 초래하지는 않기 때문이다. 첫째, 실제로 유명상표와 제3자 사용상표 간의 즉각적인 연상이 항상 유명상표와 유명상품 간의 연계를 방해하지는 않는다. 소비자들은 통상 '구체적인 상품'과 관련된 상표를 찾고자 하기 때문에 소비자들이 기억해 내야 하는 것은 상표와 상품 양자가 아니라 그 구체적인 상품의 상표이다. 따라서 다수의 제3자가 유명상표와 동일한 상표를 사용하여 동일한 상표를 부착하고 있는 상품이 많아져도, 소비자들은 특정 상품에 초점을 맞춤으로써 쉽게 유명상표를 회상할 수 있을 것이다.[814] 예를 들어, 레스토랑 소유자가 유명상표인 'Rolex'를 자신의 레스토랑에 사용하고 다른 회사가 동일한 상표를 아이스크림에 사용한 경우에도 소비자들은 시계 상점에서 어렵지 않게 시계와 'Rolex' 상표를 짝으로 맞출 수 있다. 시계 소비자들은 시계를 구매할 때 시계의 상표를 고민하지 자신의 기억력을 시험해 보기 위해 'Rolex'와 이를 붙인 시계, 레스토랑, 아이스크림을 다 연결해 보고 시계를 구매하는 것이 아니기 때문이다.

둘째, 추가적인 시간 또는 인지적 노력을 발생시키는 유명상표와 제3자 사용상표 간의 연상은 유명상표와 상품품질 간의 연상을 촉진시키거나 긍정적인 브랜드 이미지를 불러일으킴으로써 유

---

813) Id.

814) Klerman, supra note 126, at 1765; Tushnet, supra note 129, at 529-532.

명상표의 기능을 강화시킬 수도 있다.[815] 미국 제4연방항소법원이 지적하였듯이 패러디에 유명상표를 사용하는 것은 소비자로 하여금 더 골똘히 생각하게 하지만, 동시에 유명상표와 상품 간의 연계를 강화시킬 수 있다. 동 법원은 Haute Diggity Dog 사건에서 "성공적인 패러디는 유명상표를 패러디의 대상으로 만듦으로써 유명상표를 아이콘으로 만들어 실제로 유명상표의 식별력을 향상시킬 수 있다"고 언급하였다.[816] 비경쟁적 상품에 대해 제3자가 유명상표와 동일한 상표를 사용하고 그 제3자의 상표가 '고급' 브랜드 이미지를 전하는 경우, 상표 간의 연상은 유명상표에 대한 소비자의 인상을 강화시킬 것이다. 예를 들면, 고급 디자인과 음식으로 유명한 'Rolex' 레스토랑은 'Rolex' 상표가 시계의 우아하고 고급스러운 이미지를 전달하는 데 도움이 될 것이다.

셋째, 브랜드 확장(brand extension)도 증가된 시간과 노력이 항상 상표기능을 손상시키지는 않는다는 것을 보여준다. 유명상표 보유 기업이 자신의 상표를 다양한 신상품에 사용하는 브랜드 확장의 경우, 많은 종류의 상품에 동일한 상표가 사용되어 소비자들이 유명상표를 유명상품에 연계시키는 데 보다 많은 시간이 필요할지 모른다. 그러나 동일 상표를 부착한 다른 종류의 상품이 존재한다는 단순 사실(즉, 다른 상품의 품질이나 브랜드 이미지에 부정적으로 영향을 미치지 않는 한)이 유명상품에 대한 소비자 선호에 미치는 영향은 거의 없을 것이다. 예를 들어, 삼성이라는 유명상표가 사용된 상품은 노트북, 가전제품, 보험서비스 등 다양하지만, 이러한 사실만으로 소비자들이 삼성 노트북에 대한 선호를 변경하지는 않을 것이다.

이러한 이유들 때문에 희석 유무에 대한 평가는 유명상표와 유명상품을 연계함에 있어서 소요되는 시간이나 인지노력의 수량 만에 의존하여서는 안 된다. 희석 유무에 대한 판단은 상품품질이나 상품의 브랜드 이미지의 강한 위치를 불명확하게 하거나 손상시키는 것에서 발생되는 '유명상표의 정보 기능 및 차별 기능에 대한 손상가능성'에 기초하여야 한다. 동일한 맥락으로 미국 제2연방항소법원은 Starbucks 사건에서 식별력 약화 주장은 "궁극적으로 대상 상표 간의 유사성에서 비롯되는 연상이 유명상표의 식별력을 손상시키는지 여부에 초점을 맞추어야 한다"고 강조하였다.[817] 더 많은 시간이나 추가적인 인지노력은 경쟁친화적 상표기능에 '치명적일 수도 아닐 수도 있다.'

동일한 관점에서 보면 유럽상표법상 침해적 사용에 해당하는 제3유형의 희석인, 유명상표의 식별력 또는 명성으로부터의 불공정한 이익은 유명상표에 대한 손상가능성을 거의 설명하지 못한다. 이러한 유형의 희석에 있어서 손상(injury)이 제3자의 불공정한 이익으로 해석되고,[818] '불공정'이

---

815) Tushnet, supra note 129, at 536-542.

816) Louis Vuitton Malletier S.A. v. Haute Diggity Dog, LLC, 507 F.3d 252, 267 (4th Cir. 2007).

817) Starbucks Corporation v. Wolfe's Borough Coffee, Inc., 588 F.3d 97, 109 (2d Cir. 2009).

818) Intel Corpn Inc v. CPM United Kingdom Ltd (C-252/07) [2009] Bus. L.R. 1079, 1103.

'유명상표 소유자에 대한 지불 결여'로 해석되는 한,[819] 제3자의 불공정한 이익의 취득은 상표권자 상품의 소비자들이 상품품질 또는 상품의 브랜드 이미지에 기초하여 자신들의 선호를 결정하는 것을 방해하지 못할 것이다. 유명상표는 여전히 자신의 기능을 적절히 수행할 것이므로, 불공정한 이익이라는 형태의 희석은 인정되어서는 안 된다.

(4) 상품시장에서의 평균 소비자

혼동과 대조적으로 식별력 약화 및 명성손상에 의한 희석은 상표권자의 상품시장에서 발생하므로, 이에 대한 평가는 상표권자 상품시장의 평균 소비자 관점에서 이루어져야 한다. Intel 사건에서 유럽연합사법재판소는 식별력 약화 및 명성손상에 의한 희석은 "상표가 등록된 상품 및 서비스의 평균 소비자로서 상당히 잘 알고 있고 상당히 주의 깊으며 용의주도한 자를 참조하여" 결정되어야 한다고 지적하였다.[820]

더구나 제3자가 온라인 세상에서 유명상표를 사용한 경우에는, 상표권자 상품의 평균 소비자를 인터넷 이용자로 한정해서는 안 된다. 예를 들어, 인스턴트커피에 대한 유명상표가 온라인 상점에서만 팔리는 세탁표백제에 사용된 경우에도, 상표책임은 유명상표의 기능에 대한 손상가능성으로 판단하고 손상가능성은 커피의 평균 소비자들 관점에서 평가되어야 한다. 제3자가 온라인 세상에서 유명상표를 사용하는지 또는 오프라인 세상에서 유명상표를 사용하는지 여부에 따라 '상표권자 상품의 평균 소비자'가 달라져서는 안 된다.

희석 평가와 혼동 평가에서 평균 소비자가 다르듯이 소비자 주의 정도도 달라야 한다. 희석가능성과 유료키워드 검색 마케팅의 작동원리에 대한 소비자 인식을 평가함에 있어서, 소비자 주의 정도는 '상표권자 상품 소비자'의 유형 및 '상표권자 상품'의 가격과 성질에 따라 다르게 판단되어야 한다. 유명상표를 부착하고 있는 상품이 고가인 경우 소비자들은 '상표의 유사성' 범위를 좁게 정의할 만큼 충분히 주의 정도가 높을 수 있을 것이다. (미국 연방항소법원은 과거 희석책임을 인정하기 위해서 제3자가 사용하는 상표가 유명상표와 '동일하거나 극히 유사'하여야 한다고 판단하였었는데, 이러한 관점에서 이해할 수 있다.)

---

[819] L'Oréal SA v. Bellure NV (C-487/07) [2009] E.T.M.R. 55, 1032; Google France v. Louis Vuitton Malletier (Joined Cases C-236/08, C-237/08 and C-238/08) [2010] E.T.M.R. 30, 557-558.

[820] *Intel*, [2009] Bus. L.R. 1079 at 1103. 반면에 유럽연합사법재판소는 불공정한 이익에 의한 희석이 "후행 상표가 등록된 상품 또는 서비스의 평균소비자"의 관점에서 결정되어야 한다고 주장하였다. 그러나 불공정한 이익은 희석의 유형으로 인정되어서는 안 된다고 생각한다.

5) 상표권의 제한

(1) 방어수단의 범위

공정사용과 기능적 사용과 같은 방어수단도 그 기초가 되는 가치가 방어수단의 범위를 획정하지 않으면 확대될 수 있다. 구체적으로 말하자면, 키워드 사건에서 혼동가능성 또는 희석가능성을 평가할 때 웹사이트 내용을 고려하였는지 여부와 상관없이, 피고들은 자신들의 사용이 단지 웹사이트의 내용을 기술하기 위한 것이라고 주장할 것이다. 피고들은 기능적 사용이 '피고들의 영업이 기능하기 위하여서만 필요한 사용'을 포함하는 것으로 그 의미를 해석하면서 기능적 사용을 주장할 것이다. 그러나 혼동가능성과 희석가능성의 확장이 상표권자의 경쟁이익을 불필요하게 강화하듯이, 공정사용과 기능적 사용에 대한 지나치게 넓은 해석은 상표권자의 경쟁적 불이익을 초래할 수 있다.

공정사용과 기능적 사용도 i) 공정하고 효율적인 경쟁과 ii) 정보 기능 및 차별 기능에 기초하여 그 범위를 정하여야 한다. 혼동가능성과 희석가능성은 '경쟁친화적' 상표기능이 손상을 입을 가능성이 높다는 사실을 보여주는 반면, 공정사용과 기능적 사용과 같은 방어수단은 상표의 보호가 반경쟁적 결과를 발생시킬 수 있다는 것을 보여준다. 따라서 공정사용과 기능적 사용은 이렇듯 상표 보호가 반경쟁적 결과를 초래하는 경우에만 허용되어야 한다.

먼저, 공정사용은 상표권자의 상표와 동일 또는 유사한 상표를 제3사용자가 사용할 수 없도록 금지함으로써 발생되는 반경쟁적 효과와 무관한 사실을 근거로 인정되어서는 안 된다. 예를 들면, 메타태그로서의 상표사용이 금지된다고 해서 광고주들의 웹사이트 내용이 부정적인 영향을 받게 되는 것은 아니다. 첫째, 광고주들은 웹사이트 내용 자체가 혼동가능성 또는 희석가능성을 발생시키지 않는 한, 여전히 동일한 내용을 유지할 수 있고, 둘째, 광고주들은 자신들의 웹사이트를 설명하기 위해 메타태그로 상표권자의 상표가 아닌 다른 용어들을 사용할 수 있기 때문이다. 따라서 이 경우 웹사이트 내용을 기술하기 위해 상표가 사용되었다는 이유만으로 공정사용이 인정되어서는 안 된다. 이처럼 광고문안에 도메인이름으로 상표가 사용된 경우에도, '광고문안'이 공정사용에 해당하는지를 평가함에 있어서는 도메인이름이 가리키는 웹사이트를 고려해서는 안 된다. 웹사이트 내용 및 웹사이트상에서 판매되는 상품과 결합하여 전체적으로 '도메인이름으로서의 상표사용'이 공정한지 아닌지 판단하는 것은 또 다른 논의사항에 해당한다.

'기능성'은 효율적인 경쟁이라는 측면만으로 정의되지 않을 수도 있지만,[821] 기능적 사용도 제3사용자의 상표사용 금지로부터 나오는 반경쟁적 효과와 관련되어야만 한다. 제3자가 비경쟁적 상품에 상표를 사용하면서 '기능적 사용'이라고 방어하는 경우, 이러한 상표가 비경쟁적 상품의 용도나 목적에는 필수적일지라도 상표권자의 상품의 용도나 목적에는 필수적이지 않으면 기능적 사용을 인정할 수 없다. 이 경우 희석가능성 등을 이유로 제3자의 상표사용을 금지시킨다고 하여도 제3자가 상표권자와 효과적으로 경쟁하는 것을 막는 것도 아니고, 그 금지로 인해 부당하게 상표권자의 경쟁우위가 발생하는 것도 아니기 때문이다. 예를 들어, 기타(guitar) 회사가 유명한 커피 회사의 기타 몸체 모양 상표를 사용한 경우, 이 상표는 그 모양이 기타의 용도에 필수적일지라도 커피와 관련하여 기능적일 수 없다. 이 경우 기타의 품질이 매우 조잡해서 커피 회사의 유명상표를 희석시킨다는 이유로 기타 회사의 상표사용을 금지시키더라도 기타 회사는 다른 기타 회사와의 공정하고 효율적인 경쟁에 영향을 받지 않는다. 또한 기타 회사는 커피 회사와 경쟁관계에 있지 않기 때문에 양자 간의 공정하고 효율적인 경쟁에도 영향이 있을 수 없다. 나아가 기타 회사가 유명상표와 동일한 상표를 사용하지 못하도록 금지시키는 것이 커피 회사에 부당한 경쟁이익을 부여하는 것도 아니다. 결국 '기능적 사용' 여부는 '사용자' 상품의 용도와 목적을 기초로 하여서는 안 된다는 것이다. 상표가 '상표권자 상품'의 용도 또는 목적에 필수적이어서 그 상품에 대해 제3사용자가 동일 또는 유사한 상표를 사용하지 못하게 하는 것이 제3사용자의 경쟁이익을 희생시키면서 부당하게 상표권자의 경쟁 우위를 점하게 하는 경우에 '기능적 사용'이 인정되어야 한다.

(2) 방어수단과 상표책임요건

공정사용과 기능적 사용이라는 방어수단은 '상표로서의 사용'이 할 수 없는 역할을 수행한다. 상표사용이론은 상표로서의 사용만이 제소 가능한 혼동가능성이나 희석가능성을 발생시킬 수 있다는 가정에 기초하고 있어서 실제 소비자 혼동이 있는 때에는 '상표로서의 사용이 아닌 사용(non-use as trade marks)'을 주장할 수 없게 된다. 반면에 공정사용과 기능적 사용은 이러한 가정에 기초하고 있지 않기 때문에 제3사용자는 이러한 상황에서 공정사용 또는 기능적 사용을 주장할 수 있다.

또한 이러한 방어수단들은 혼동테스트나 희석테스트와는 구분된다. 방어수단이 인정되기 위해 혼동가능성과 희석가능성이 없어야 한다는 것을 의미하지는 않는다. 혼동테스트와 희석테스트는 경쟁친화적 상표기능에 대한 손상을 증명하는 것을 목적으로 한다. 대조적으로 공정사용과 기능적 사용은 상표보호(제3자의 상표사용 금지)가 오히려 반경쟁적 효과를 발생시키고 제3자의 상표사용이 손상시키는 것은 경쟁친화적 기능의 범위를 넘어선 상표기능만이라는 것을 증명하는 데 그 목

---

821) McCarthy, supra note 82, § 7:68.

적이 있다. 이러한 독특한 위치 때문에 공정사용과 기능적 사용은 혼동테스트나 희석테스트에 포함되어서는 안 되며, 혼동가능성 또는 희석가능성이 없어야 한다는 것을 이러한 방어수단의 조건으로 삼아서는 안 된다. 미국 제3연방항소법원이 Century 21 Real Estate 사건에서 언급하였듯이, "공정성을 결정하는 요소들이 혼동가능성 테스트에 포함되면, 원고의 혼동 증명은 피고의 공정사용 증명을 압도할 것이고", "이는 기본적으로 지명식 공정사용을 주장하는 피고로 하여금 자신이 승소하기 위해서는 모든 혼동가능성을 부인하도록 강요할 것이다."[822)

(3) 책임면제조항-세이프 하버(Safe Harbour)

어떤 학자들은 검색엔진이 키워드로 상표를 사용하는 것에 대해 책임을 면제시키는 새로운 세이프 하버를 도입하자고 주장할지도 모른다. 세이프 하버는 예측가능성을 줄 수 있기 때문에 검색엔진들의 관점에서 보면 상표법이 새로운 세이프 하버를 포함시키는 것은 매우 매력적이다. 그렇지만 새로운 세이프 하버가 공정하고 효율적인 경쟁을 능가하는 가치를 보호할 수 있다는 확고한 증거가 없이는 이를 상표법에 포함시켜서는 안 된다.

4. 결론: 광고주와 검색엔진의 책임

1) 관련 맥락과 정황

키워드 사건에서 사실관계를 평가함에 있어서 관련 맥락과 정황은 특히 중요하다. 관련 맥락과 정황의 범위가 보이는 유료키워드 검색결과에 한정되는지, 실제 직접적으로 관련된 맥락과 정황을 포함하는지 또는 모든 맥락과 정황을 포함하는지에 따라 평가는 달라질 수 있다. 예를 들어, 소프트웨어 프로그램에 내부적으로 사용된 상표가 검색결과에 대한 링크로만 간주되고 상표기능에 대한 부정적 영향과는 관계없는 것으로 간주되는 경우, 광고문안만이 상표책임을 결정하는 데 고려될 수 있을 것이다. 이와 관련하여 일부 학자들은 유료키워드 검색 마케팅에서 소비자 혼동을 일으킬 수 있는 것은 광고문안만이라고 주장한다.[823) 반면에 관련 맥락과 정황 범위가 광고주들의

[822) Century 21 Real Estate Corp. v. Lendingtree, Inc., 425 F.3d 211, 223, n. 7 (3d Cir. 2005) ("지명식 공정사용 *방어*가 가장 유용할 것이라는 상황은 법원이 악의를 인정하지는 않지만 혼동을 인정하는 상황"이라고 각주에서 추가적으로 언급).

[823) Dogan and Lemley, supra note 57, at 821 ("상표주장일지라도 혼동을 일으키는 것은 키워드가 아니라 광고문안이어서, 그 혼동에 책임을 부담하여야 하는 자는 중개인이 아니라 광고주"라고도 주장).

웹사이트 내용과 같이 간접적으로 관련된 맥락과 정황도 포함한다면, 이러한 맥락과 정황도 상표책임을 결정하는 데 고려할 것이다.

법원들은 키워드로서의 상표사용에 직접적이고 밀접하게 관련된 실제의 맥락과 정황만을 고려하여야 한다. 그 이유는 소비자들이 키워드로의 상표사용과 관련되었다고 인지할 수 없는 맥락과 정황은 소비자 인식과 소비자 연상에 영향을 미칠 수 없고, 따라서 경쟁친화적 상표기능에 영향을 미칠 수 없기 때문이다. 소비자들이 전지전능하지 않는 한, 실제적이지 않거나 간접적으로만 관련된 맥락과 정황을 인지할 수는 없다. 상품의 평균 소비자들은 자신들이 보거나, 듣거나, 느낄 수 없는 것을 이해할 수 없다. 유럽연합사법재판소도 O2 Holdings 사건에서 "유럽연합사법재판소의 결정을 요청한 법원(the referring court)이 혼동가능성 평가를 위해 H3G가 비누방울상표와 유사한 표장을 사용한 맥락으로만 분석을 제한한 것은 옳고" 혼동가능성 평가는 그 사용을 특징짓는 정황에 한정되어야만 한다고 언급하였다.[824]

따라서 상표인 키워드를 검색엔진의 검색창에 입력하여 광고가 표시되는 단계에서, 소비자들은 광고주들의 웹사이트를 방문하기 전까지 웹사이트의 내용을 인지할 수 없기 때문에 법원은 이 단계에서의 혼동가능성 등을 판단함에 있어 광고주들의 웹사이트를 고려하여서는 안 된다. 마찬가지로 소비자들이 검색용어를 입력하기 전에 이루어진 광고주와 검색엔진 간의 키워드의 추천, 판매, 구매도 소비자들은 인지할 수 없기 때문에 법원은 이를 고려하여서도 안 된다.

반면 검색엔진들이 키워드를 추천하고 판매하는 단계에서는 추천, 판매, 구매가 직접적인 관련 맥락과 정황에 해당한다. 이 단계에서 '상표인 키워드의 소비자'에 해당하는 자는 광고주들이고 광고주들은 상표를 검색창에 입력하는 '상품의 소비자들'과는 달리 쉽게 추천, 판매, 구매를 인식할 수 있기 때문이다.

상표의 내부적 사용은 실제의 맥락과 정황에 포함되어야 한다. 첫째, 키워드의 소비자인 광고주들은 내부적 사용이 키워드 매매의 결과이기 때문에 용이하게 이를 인지할 수 있다. 둘째, 인터넷을 이용하는 소비자들도 상표와 동일한 키워드를 검색창에 입력하면 상표를 포함할 수도 포함하지 않을 수도 있는 검색결과가 나타난다는 사실에 기초하여 내부적 사용을 인식할 수 있다. 셋째, 유료키워드 검색 마케팅상의 상표사용은 통상의 광고에서의 상표사용과 동일하다고 간주될 수는 없다. 내부적 사용을 관련 맥락과 정황의 범위에서 제외시키는 것은 유료키워드 검색 마케팅을 지나치게 단순화시키고 키워드 광고의 핵심 특성을 무시하는 것이다.

---

[824] O2 Holdings Ltd v. Hutchison 3G UK Ltd (C-533/06) [2009] Bus LR 339, 365 ("[T]he referring court was right to limit its analysis to the context in which the sign similar to the bubbles trade marks was used by H3G, for the purpose of assessing the existence of a likelihood of confusion").

앞의 모든 사항을 감안하여 보면 키워드로서의 상표사용에 있어서 실제의 맥락과 정황은 상표인 키워드 매매단계(이하 "단계 I"이라 한다)와 검색엔진 이용자들이 상표를 검색용어로 입력하는 단계(이하 "단계 II"라 한다) 등 2단계로 나누어볼 수 있다. 단계 I에서는, 광고주들이 상표인 키워드의 소비자인 동시에[825] 자신들의 상품에 대한 상표사용자에 해당한다. 광고주들은 검색엔진으로부터 키워드를 선택하여 구매한다는 점에서 소비자에 해당하고, 동시에 자신들의 상품이나 웹사이트를 홍보하기 위해 키워드를 선택하여 구매하고 광고문안을 작성한다는 점에서 자신들의 상품에 대한 상표사용자에 해당한다. 이 단계에서의 상황을 보면 온라인 세상에서 검색엔진들이 상표인 키워드를 광고주들에게 '추천하고 판매'하며, 광고주들은 이러한 키워드를 선택하여 자신들의 최고 경매 가액을 제시하며 구매하고 광고문안을 작성한다.

키워드로서의 상표사용이 가지는 독특한 특성은 단계 II에서 드러난다. 컴퓨터 이용자들이 검색창에 입력한 상표는 그 검색창에 그대로 남아 있다. 검색엔진들의 서비스표도 검색엔진결과화면에 나타나고, 광고주들의 상표는 자신들의 광고에 포함될 수도 포함되지 않을 수도 있다. 검색엔진의 소프트웨어 프로그램 속에 내재된 상표는 관련된 모든 검색결과가 검색엔진결과화면에 나타나도록 한다. 논란의 소지가 있기는 하지만, 검색엔진들은 유료키워드 검색결과와 자연검색결과가 명확히 구분되도록 충분한 노력을 기울이지는 않는다.

종합하여 보면 법원들은 단계 I과 단계 II 사이의 차이를 인식하면서, 소비자들이 인지할 수 있는 맥락과 정황에 기초하여 광고주들과 검색엔진들의 책임을 판단하여야 한다. 또한 법원들은 광고주들의 책임 범위에 속하는 맥락과 정황이 있고 검색엔진들의 책임 범위에 속하는 맥락과 정황이 있다는 것을 인식하여야 한다.

2) 광고주들의 상표책임

(1) 상표의 사용

법원들과 학자들은 광고주들의 상표책임과 관련하여 키워드로 상표를 선택하고 구매하는 것(선택 및 구매), 상표를 소프트웨어 프로그램에 포함시키는 것(내부적 사용), 광고에서의 상표사용을 그 대상으로 검토해왔다. 그중에서 키워드로의 상표 선택과 구매는 단계 I에서 이루어지는 반면, 광고에서의 상표사용은 단계 II에서 이루어진다. 이와 달리 소프트웨어 프로그램에 상표를 포함시

---

825) McKenna, supra note 584, at 819.

키는 것은 단계 I에서 이루어지지만, 단계 II에서도 여전히 유지된다. 이러한 상표사용들이 '상표사용 요건'을 충족시키는지 여부는 각각의 단계에서 소비자들이 이러한 사용들을 '상표의 사용'으로 인지하는지 여부에 달려 있다. 앞에서 이미 언급하였듯이 '상표로서의 사용'이어야 할 필요는 없다.

구체적으로 살펴보면 단계 I에서 상표권자 상품의 소비자들과 광고주 상품의 소비자들은 선택, 구매, 내부적 사용을 알아차릴 수 없다. 반면에 키워드의 소비자에 해당하는 광고주들은 자신들이 소프트웨어 프로그램에 키워드를 포함시키기 위해 키워드를 선택하고 구매하기 때문에 이러한 사용들을 인지할 수 있다. 따라서 이러한 사용들은 상표책임상의 '상표의 사용'에 해당한다.

단계 II에서 키워드로 상표를 선택하여 내부적으로 사용하는 것과 광고문안에서 보이도록 상표를 사용하는 것은 '상표의 사용'에 해당하는 것으로 간주되어야 한다. 광고주의 상품 소비자들 또는 상표권자의 상품 소비자들이 광고문안에 사용된 상표를 명확히 볼 수 있다는 사실에 대해서는 이론의 여지가 없을 것이다. 키워드로의 선택과 내부적 사용의 경우에도, 소비자들은 광고주가 어떤 방식으로든 상표인 키워드를 선택하여 소프트웨어 프로그램에 사용하였으리라는 것을 알 수 있다. 광고주들이 선택하여 소프트웨어 프로그램에 포함시킨 상표를 소비자들이 볼 수는 없지만, 소비자들이 키워드를 입력하면 자연검색결과와 더불어 상표를 포함하거나 포함하고 있지 않은 광고가 모두 나타나므로 사용된 방식은 모르지만 상표가 사용되었다는 점은 소비자들이 느낄 수 있기 때문이다. 반면에 소비자들은 광고주들이 상표인 키워드를 구매하는 것은 인지할 수 없다. 직접적인 상표사용 맥락이나 정황이 키워드의 구매 사실을 나타내거나 암시하지는 않기 때문이다. 유료키워드 검색 마케팅에 정통한 소비자들만이 자신들의 전문성으로 인해 키워드의 구매 사실을 인지할 수 있다. 따라서 단계 II에서 광고주들의 상표책임을 결정함에 있어서 원칙적으로 키워드의 구매는 '상표의 사용'으로 간주되어서는 안 된다.

⑵ 혼동가능성

단계 I에서 광고주들의 키워드 선택, 키워드 구매, 내부적 사용은 소비자들로 하여금 상표권자가 상표인 키워드의 품질과 브랜드 이미지를 통제한다고 오인시키지 않는다. 그 이유는 첫째, 상표인 키워드의 소비자에 해당하는 광고주들은 상표인 키워드를 구매할 때 유료키워드 검색 마케팅의 작동원리를 잘 알 수 있고, 둘째, 광고주 상품의 소비자들 또는 상표권자 상품의 소비자들은 단계 II 전에는 광고주의 상표사용 자체도 인지하지 못하기 때문이다.

단계 II에서의 혼동가능성 유무를 판단하기 위해서는 상표권자의 상표가 광고주의 광고에 포함된 경우와 그렇지 않은 경우 등 최소한 두 가지 경우를 검토하여야 한다.

상표권자의 상표가 광고주의 광고에 포함된 경우에는 상표인 키워드의 광고촉발효과를 고려하지 않더라도 혼동가능성이 발생할 수 있다. 광고주 상품의 평균 소비자들 관점에서 보면, 광고에서의 상표사용은 상품품질 또는 상품 브랜드 이미지 통제권자에 관한 혼동을 초래할 수 있고, 이는 일반 상품광고에 제3자가 타인의 상표를 사용하여 소비자의 혼동을 초래한 것과 다를 바 없기 때문이다. 소비자들이 광고에 포함된 웹사이트를 방문하여 웹사이트 내용을 확인함으로써 광고에 사용된 타인의 상표가 광고주의 상품과는 무관하다는 것을 알게 되었다는 사실과 이로 인해 소비자들이 광고주의 상품을 구매하는 시점에는 혼동이 없다는 사실은 이미 발생한 혼동가능성에 영향을 미치지 않는다. 잘못된 정보를 통해 소비자들의 선호에 이미 영향을 미쳤기 때문이다. 또한 소프트웨어 프로그램에 키워드로 상표를 포함시킨 결과 그 상표가 광고주의 광고를 촉발시켰다는 사실과 기타 다른 관련 정황은 소비자의 혼동가능성을 강화시키는 데 기여한다.

반면 상표권자의 상표가 광고에 사용되지 않은 경우에는 광고문안, 상표인 키워드의 광고촉발효과, 기타의 정황이 '독자적으로는' 혼동가능성을 발생시키지 않는다. 첫째, 상표권자의 상표를 포함하고 있지 않은 광고는 허위이거나 오인을 초래(false or misleading)할 수는 있지만, 상표의 사용이 없기 때문에 광고 그 자체만으로 '상표의 사용'으로 인한 소비자 혼동가능성을 발생시킬 수는 없다. 즉, 상표법상의 혼동책임을 물을 수 없다. 둘째, 검색엔진의 소프트웨어 프로그램에 상표가 포함되었다는 사실만으로는 소비자들이 상품품질 및 브랜드 이미지 통제권자에 관하여 혼동하지 않는다. 셋째, 상표인 키워드가 광고를 나타나게 한다는 사실은 상표권자와 광고주 간에 어떤 유형의 관계가 있다는 소비자 인식을 생성할 수 있지만, 그 사실 자체가 평균 소비자로 하여금 상표권자가 광고주 상품의 품질 및 브랜드 이미지에 대한 궁극적 책임을 부담한다고 오인시킬 수는 없다. 미국 제5연방항소법원 소속 지방법원도 Mary Kay 사건에서 검색용어와 스폰서링크 간에 존재하는 관계는 제휴(affiliation)라는 단어가 내포하고 있는 관계보다 더욱 약하다고 주장하였다.[826] 넷째, 검색엔진의 검색창에 잔존하는 상표, 검색엔진의 서비스표, 광고의 위치, 논란의 여지는 있지만 불충분한 유료키워드 검색결과와 자연검색결과 간의 구분 등을 포함하는 맥락과 정황은 단지 상표권자와 제3사용자 간에 어떤 종류의 관계가 있다는 것을 강하게 보여주는 데 불과하다. 통상의 주의를 기울이는 소비자들은 검색엔진이 관련성과 대중성의 순서에 따라 관련 자연검색결과를 보여준다는 것을 인식하고 있기 때문에, 유료키워드 검색결과가 상표권자와 상표를 사용한 광고주의 광고만으로 구성된다고 생각하지는 않을 것이다.

그러나 이러한 사실들은 상표인 키워드와 광고 간의 링크 및 관련 맥락과 정황이 혼동가능성

---

826) Mary Kay, Inc. v. Weber, 601 F. Supp. 2d 839, 856 (N.D.Tex. 2009).

평가에 아무 역할도 하지 않는다는 것을 의미하지는 않는다. 상표인 키워드와 광고 간의 링크, 관련 맥락과 정황, 광고문안이 결합하여 전체로서 소비자의 혼동가능성을 일으킬 수 있다. 예를 들어, M & S가 Interflora의 표장과 동일한 키워드를 구매하였지만 꽃 판매 및 배달을 위한 온라인 광고에서 'Marks & Spencer' 표장만 사용한 경우, 평균 소비자들은 Interflora가 꽃배달 서비스의 품질과 브랜드 이미지에 대해 책임을 부담한다고 믿지는 않을 것이다. 그럼에도 불구하고 'Interflora' 표장을 검색창에 입력하면 광고가 촉발된다는 점과 'Interflora' 표장이 여전히 검색창에 남아 있다는 점을 감안하면, 소비자들은 M & S가 Interflora의 네트워크 구성원이라고 오인할 것이고 그 결과 Interflora가 꽃배달 서비스의 품질과 브랜드 이미지를 통제한다고 오인할 것이다.827) 유럽연합 사법재판소도 '경제적 연계에 관한 혼동(confusion as to an economic link)'이 상표의 본질적 기능에 영향을 미치는 것으로 보면서, 이와 유사한 입장을 따랐다. 구체적으로 말하자면 유럽연합사법재판소는 Interflora 사건에서 "광고에서 [광고주와 상표권자 간에] 경제적 연계가 있다는 것을 보여주지도 않고, 상당한 정보를 알고 있고 상당히 주의 깊은 인터넷 이용자들이, 광고링크와 이에 첨부된 상업메시지를 보고, 광고주가 상표권자가 아닌 제3자인지 아니면 그 반대로 광고주가 상표권자와 경제적으로 연계되어 있는지에 관해 판단할 수 없을 정도로 그 광고가 상품 또는 서비스에 관하여 모호한 경우에는 상표기능에 대하여 부정적 영향이 있다는 것이 결론이어야 한다"고 판시하였다.828)

Interflora 사건이 보여 주듯이 광고에 상표가 포함되지 않은 경우 발생되는 혼동가능성은 광고문안 그 자체가 오인을 초래하는지 여부와는 무관하다. 다른 예를 들면, 가방 제조업자 A가 키워드로 'Hermes'를 구입한 결과, 소비자가 'Hermes'라는 키워드를 검색엔진의 검색창에 입력하면 A의 광고가 검색화면상에 나타나고, A의 광고에는 '모든 가방에 대해 70%까지 세일'이라는 문구가 있는 경우, 이 문구 자체는 사실일 수 있다. 그러나 맥락과 정황상으로 'Hermes' 표장과 광고상의 가방 간에 연관성이 있어 보이는데도, 광고문구에서 광고와 'Hermes' 상표 간에 아무런 관계가 없다는 사실을 명시적 또는 묵시적으로 보여주고 있지 않기 때문에 소비자들은 'Hermes'사가 A사 가방의 품질과 브랜드 이미지를 통제한다고 오인할 수 있다.

유료키워드 검색 마케팅에서의 혼동가능성과 관련하여 유료키워드 검색 마케팅의 작동원리를 잘 아는 소비자들은 상품품질과 브랜드 이미지 통제권자에 대하여 쉽게 혼동하지 않을 것이라는 점에서 그 작동원리에 관한 소비자의 주의 정도도 매우 중요하다. 이러한 소비자의 주의 정도는

---

827) Interflora Inc v. Marks & Spencer Plc (C-323/09) [2012] E.T.M.R. 1, 39.
828) Id.

광고주 상품의 성질과 상품 소비자의 유형에 따라 결정되어야 한다. 소비자들이 유료키워드 검색 마케팅 전문가가 아닌 한, 소비자들이 유료키워드 검색 마케팅의 작동원리를 당연히 이해할 것이라고 보기는 어렵다. 앞의 Hermes 예를 통해 보면, A사가 판매하는 가방의 가격이 매우 높은 경우 소비자들은 A사 가방의 품질과 브랜드 이미지 통제권자에 관하여 높은 수준의 주의를 기울일 것이다. 즉, A사의 가방이 Hermes사가 품질 등을 보증하는 제품인지에 대해 세심하게 광고를 살펴볼 것이다. 그러나 이러한 사실이 곧 유료키워드 검색 마케팅의 작동원리에 관해 잘 알고 있다는 것을 뜻하는 것은 아니다. 소비자들은 A사의 광고가 Hermes사의 광고이거나 Hermes사의 후원을 받는 광고가 당연히 아닐 것이라고 쉽게 판단하지는 못한다. 그 결과 A사의 광고로 인해 소비자들은 혼동을 일으킬 수 있다.

(3) 희석가능성

단계 I에서 광고주들의 유명상표사용은 식별력 약화나 명성손상에 의한 희석을 거의 발생시키지 않는다. 유명상품의 소비자들은 광고주들의 키워드 선택, 키워드 구매, 소프트웨어 프로그램에서의 내부적 사용이 있다는 것을 알 수 없다. 유명상표를 검색창에 입력한 후에만 유명상표가 상표권자의 상품 이외의 상품에 사용되었다는 것을 알 가능성이 있을 뿐이다. 그러므로 유명상품의 소비자들은 유명상표와 일관성 없는 또는 부정적인 상품품질 또는 브랜드 이미지를 연계하여 생각할 여지가 없다. 그 결과 광고주들의 키워드 선택, 키워드 구매, 소프트웨어 프로그램에서의 내부적 사용은 유명상표가 나타내는 상품품질이나 브랜드 이미지의 강한 위치를 직접적으로 손상시킬 수 없다. 광고주들이 작성하여 검색엔진의 소프트웨어 프로그램에 포함시킨 광고문안에 열악한 품질의 상품 등에 관한 언급이 있는지 여부는 단계 I에서 중요하지 않다.

단계 II에서는 혼동가능성 유무 판단에서와 마찬가지로 식별력 약화 및 명성손상에 의한 희석을 판단함에 있어서 소프트웨어 프로그램에서의 내부적 사용, 광고에서의 상표사용, 기타 주변 상황 등을 전반적으로 고려하여야 한다. 광고에 유명상표가 사용된 경우, 그 사용은 식별력 약화 또는 명성손상을 발생시킬 수 있을 것이다. 식별력 약화에 의한 희석가능성은 광고주들이 일관성이 없는 품질을 가지고 있는 자신의 상품에 유명상표를 사용한 경우, 광고주들의 상표사용이 상표권자의 상품 소비자에게 유명상표의 이미지와 부합하지 않는 인상을 준 경우 또는 유명상표가 보통명칭으로 사용된 경우 발생될 수 있을 것이다. 명성손상에 의한 희석은 열악한 품질을 가진 광고주의 상품에 상표가 사용되거나 그 상표사용이 부정적 이미지를 불러일으킨 경우에 발생될 수 있을 것이다. 이러한 상표사용들은 일관성 없거나 부정적인 연상을 소비자들의 마음에 불러일으켜, 유명상표가 나타내는 상품품질이나 브랜드 이미지의 강한 위치를 손상시킬 가능성이 높고, 이에 따라 유명상표의 정보 기능 및 차별 기능을 손상시킬 가능성이 높기 때문이다. 그러나 '유명상표와 제3자 사용상표 간의 강한 연상'이나 '소비자들이 유명상표를 상표권자 상품에 연계하여 생각함에 있어서 발생되는 시간적 지연이나 추가적인 인지적 노력'만으로는 식별력 약화와 명성손상을 정당화할 수 없다.

반면 유명상표가 키워드로만 사용되고 광고에는 사용되지 않은 경우, 광고문안과 유명상표의 내부적 사용은 '독자적으로는' 식별력 약화 또는 명성손상에 의한 희석가능성을 발생시킬 수 없다. 광고문안은 '상표사용 요건'을 만족시키지 못하기 때문에 그 자체만으로 희석가능성을 발생시키지 못하고, 소프트웨어 프로그램에서의 내부적 사용은 소비자들로 하여금 유명상표를 일관성 없거나 열악한 품질의 상품과 연계하여 생각하게 하지도 못하고 일관성 없거나 부정적인 이미지를 연상하게 하지도 않기 때문에 그 자체만으로는 유명상표의 경쟁친화적 기능에 영향을 미칠 수 없다. 마찬가지로 광고문안을 함께 고려하지 않는 이상 단순히 내부적 사용이 광고를 촉발시킨다는 사실만으로는 식별력 약화나 명성손상에 의한 희석가능성을 발생시키지 않는다. 광고촉발효과는 유명상표와 광고 간의 연상을 강화시키거나 유명상표와 상표권자 상품 간의 연계를 지연시킬 수 있을 뿐이다.

그러나 소프트웨어 프로그램에서의 내부적 사용, 광고문안, 관련 상황을 결합하여 판단해 보면, 소프트웨어 프로그램에서의 내부적 사용이 식별력 약화 또는 명성손상에 의한 희석가능성으로 이어질 수 있다. 내부적으로 사용된 유명상표가 일관성 없거나 열악한 품질의 상품에 관한 광고 또는 일관성이 없거나 부정적인 브랜드 이미지에 관한 광고를 촉발시킨 경우, 소비자들은 유명상표를 이러한 품질 또는 이미지와 함께 연상할 수 있을 것이기 때문이다. 예를 들어, 소비자들이 'Rolex'라는 키워드를 검색창에 입력하였을 때 평범한 T셔츠 광고가 나타난 경우, 식별력 약화에 의한 희석이 발생될 가능성이 높다. 커피 상표인 NESCAFÉ와 동일 또는 유사한 키워드를 검색창에 입력하였을 때 포르노 또는 세탁표백제에 관한 광고가 나타난 경우에는 명성손상에 의한 희석이 발생할 가능성이 높다.

혼동가능성의 판단과 달리 식별력 약화 및 명성손상에 의한 희석은 '상표권자 상품'의 평균 소비자 관점에서 평가되어야 한다. 앞의 예에서 보면, 평가가 시계 또는 커피의 평균 소비자 관점에서 이루어져야 한다는 것이다. 따라서 소비자의 주의 정도도 시계 또는 커피의 가격 및 성질과 그 소비자의 유형에 기초하여 판단하여야 한다. 커피 소비자보다는 고급시계의 소비자들이 보다 높은 주의를 기울일 것이다. 다만 커피 소비자와 고급시계 소비자 모두 유료키워드 검색시스템의 작동

방식에 대해서는 높은 주의를 기울이지 않을 것이다.

(4) 상표권의 제한

광고주들이 자신들의 광고에 상표를 사용하든지 사용하지 않든지 어느 경우라도, 혼동가능성 또는 희석가능성에 대한 판단이 '상표의 공정사용 여부'를 결정하여서는 안 된다. 혼동가능성 또는 희석가능성이 있어도, 광고주들의 상표사용은 공정할 수 있다. 공정한 상표사용인지 여부는 광고주들의 상표사용을 금지하는 것이 반경쟁적 결과를 초래하는지 여부와 광고주들의 상표사용이 영향을 미치는 상표기능이 경쟁친화적 기능인지 여부에 따라 달라져야 한다.

예를 들어, 광고주들이 기술적 용어(descriptive words)를 사용하지 못하도록 한다면, 광고주들은 상품에 관한 정보를 전달하는 데 있어 방해를 받게 되고, 상표권자는 불공정한 경쟁적 우위를 얻게 되므로, 광고주들이 기술적인 용어를 불공정하게 사용하지 않는 한은 기술적 용어는 상표의 정보 기능 및 차별 기능의 범위에 속하지 않게 되고, 따라서 광고주들은 기술적 용어로서의 상표사용에 대해 공정사용을 주장할 수 있는 것이다.

그러나 광고주들은 자신들의 웹사이트 내용을 설명하기 위해 상표를 키워드로 사용하였다는 점을 근거로 공정사용을 주장할 수는 없다. 키워드로의 상표사용을 금지하는 것이 웹사이트 내용에서의 상표사용 등과 관련하여 반경쟁적 결과를 초래하지 않기 때문이다. 첫째, 유료키워드 검색 마케팅에서의 상표사용이 혼동가능성 또는 희석가능성을 발생시킨다는 판결이 있어도 이로 인해 광고주들이 자신들의 웹사이트에 상표를 사용할 수 없는 것은 아니다. 금지되는 대상은 유료키워드 검색 마케팅에서의 상표사용일 뿐이다. 둘째, 도메인이름을 입력하면 웹사이트가 나타나는 것과 달리, 키워드의 입력은 광고주들의 웹사이트를 나타나게 하지 않기 때문에 유료키워드 검색 마케팅에서의 상표사용에 대한 금지는 웹사이트의 촉발을 방해할 수 없다. 셋째, 광고주들은 자신들의 웹사이트 내용을 기술하기 위하여 키워드로 사용될 수 있는 단어들을 여전히 많이 보유하고 있다. 즉, 다른 단어들을 키워드로 사용하여 웹사이트 내용을 기술할 수 있다. 넷째, 광고주들은 웹사이트상에서 상표를 기술적 용어로 사용할 수 있다. 다섯째, 소비자들이 광고주들의 웹사이트를 방문하기 전까지는 웹사이트의 내용을 인지할 수 없다는 점에서 웹사이트의 내용은 키워드로의 상표사용으로 인한 상표책임 유무 판단의 기초가 되는 직접적인 실제 정황이 아니다.

결국 웹사이트 내용을 근거로 공정사용을 인정하는 것은 경쟁친화적 상표기능을 손상시키는 결과를 초래할 뿐일 것이다.

3) 검색엔진의 상표책임

(1) 상표의 사용

검색엔진의 상표책임 유무를 판단함에 있어서는, 상표와 동일 또는 유사한 키워드의 추천과 판매, 광고를 촉발시키기 위한 소프트웨어 프로그램으로의 키워드 편입[829] 또는 검색엔진의 상표정책[830]이 '상표의 사용'에 해당하는지 여부가 쟁점사항이다. 단계 I, II와 관련하여 살펴보면, 키워드의 추천과 판매는 단계 I에서 발생하고, 단계 I에서의 키워드 편입은 단계 II에서도 여전히 유지된다. 반면에 검색엔진들은 이러한 단계와 상관없이, 즉 단계 이전·이후 또는 단계 중에 자신들의 상표정책을 수립하고 변경한다. '상표의 사용'의 범위는 '각 단계에서의 소비자들이 인지할 수 있는 상표의 사용' 범위에 상응한다. 이러한 소비자들의 인지가 없으면, 상표의 사용은 '혼동가능성이나 희석가능성을 발생시킬 수 없는 내부적 생각'에 불과하다.

단계 I에서 키워드를 구매하는 소비자에 해당하는 광고주들은 키워드로의 상표 추천, 판매 및 상표의 내부적 사용을 인지할 수 있다. 그러나 광고주들이 검색엔진의 상표정책을 읽으면서 상표의 사용이 있다고 인지하지는 않을 것이다. 상표정책은 유료키워드 검색 마케팅을 이용함에 있어서 상표를 어떻게 활용할 수 있는지에 관한 각 검색엔진의 일반 가이드라인에 불과하다. 그러므로 단계 I에서는 키워드의 추천과 판매 및 상표의 내부적 사용이 상표책임을 인정하기 위한 요건으로서의 '상표의 사용'에 해당한다.

소비자들이 상표와 동일 또는 유사한 키워드를 입력하고 그 결과 키워드를 구매한 광고주들의 광고가 검색화면상에 나타나는 단계 II에서는 검색엔진이 상표를 내부적으로 사용하였다는 사실을 소비자들이 인지할 것이다. 이러한 사용이 소비자들에게 보이지는 않지만, '광고' 또는 '스폰서 링크' 같은 유료키워드 검색결과의 제목, 키워드가 검색창에 남아 있다는 점, 키워드가 광고를 유발시킨다는 점 등은 어떤 방식에 의한 것이든 검색엔진이 상표를 자신의 프로그램에 포함시켰다는 것을 보여준다. 더 중요한 점은 키워드로 사용된 상표가 이러한 상표를 포함하고 있지 않은 광고도 유발시킨다는 사실이 소비자로 하여금 검색엔진이 상표를 자신의 프로그램에 내부적으로 사용하였다는 것을 감지하게 한다는 것이다.

이와 달리 소비자들은 검색엔진이 상표인 키워드를 추천하고 판매한다는 사실을 반드시 아는 것은 아닌데, 그 이유는 실제의 직접적 정황이 이를 암시하지 않기 때문이다. 즉, 검색엔진들은 검

---

829) Rescuecom Corp. v. Google, Inc., 562 F. 3d 123, 129-130 (2d Cir. 2009).
830) Rosetta Stone Ltd. v. Google, Inc., 2012 WL 1155143, 4 (C.A.4(Va.)).

색엔진결과화면에서 자신들이 상표인 키워드를 유료키워드 검색 마케팅 시 판매한다고 직접적으로 나타내지 않는다. 또한 키워드를 입력함으로써 유료키워드 검색결과와 함께 나타나는 자연검색결과가 키워드 판매의 결과로 나타나는 것은 아니기 때문에, 소비자들이 유료키워드 검색결과가 키워드의 판매결과라고 생각하기 쉽지 않을 것이다. 온라인 마케팅 전문가와 같은 소비자들만이 검색엔진에 의한 키워드의 추천과 판매를 인지할 것이다.

또한 검색엔진의 상표정책에 상표권자의 상표가 직접 사용되는 것은 아니기 때문에 소비자들은 검색엔진의 상표정책을 '상표의 사용'으로 보지 않는다. 많은 소비자들은 그러한 정책이 존재하는지도 알지 못한다.

결국 대부분의 경우 검색엔진의 내부적 상표사용만이 단계 II에서 상표책임상의 '상표의 사용'에 해당한다.

(2) 혼동가능성

단계 I에서는 혼동가능성이 발생하지 않을 것이다. 유료키워드 검색 마케팅 작동원리를 인식하고 광고를 작성하는 광고주(키워드의 소비자)들은 상표권자가 키워드의 품질과 브랜드 이미지를 통제한다고 믿지 않을 것이기 때문이다. 광고주들은 키워드를 선택할 때 또는 선택하기 전에 유료키워드 검색 마케팅에 관한 정보와 검색엔진의 상표정책을 읽음으로써 유료키워드 검색 마케팅의 작동원리를 이해할 수 있을 것이다. 동시에 광고주들은 이러한 이해를 바탕으로 광고문안을 만든다.

또한 상표권자 또는 광고주 상품의 소비자들 또는 검색엔진 이용자(검색엔진 서비스의 소비자)들은 검색엔진 서비스를 이용하기 전단계인 단계 I에서 검색엔진의 추천, 판매, 내부적 사용을 인지할 수도 없기 때문에, 이들도 상품품질과 브랜드 이미지 통제권자에 대해 오인하지 않을 것이다. 따라서 검색엔진의 상표사용, 즉 키워드의 추천, 판매, 내부적 사용은 단계 I에서 소비자 혼동을 일으킬 수 없다.

단계 II에서 검색엔진의 상표책임을 판단함에 있어서는, 특히 검색엔진에게 귀속시킬 수 있는 행위와 광고주들에게 귀속시킬 수 있는 행위를 명확히 구분하여야 한다. 이러한 차원에서 검색엔진의 현행 유료키워드 검색 마케팅 관행하에서는 검색엔진의 상표책임 유무를 판단할 때 광고의 내용은 고려하지 않아야 한다. 그 첫째 이유는, 검색엔진들은 광고문안 작성에 관여하지 않고 광고주들이 광고문안에 대해 책임을 부담하기 때문이다. 검색엔진들은 유료키워드 검색 마케팅에서의 상표사용과 관련하여 상표정책을 수립할 뿐이다. 둘째, 소비자들도 자연검색결과와 오프라인 광고에서 광고주들이 광고를 작성한다고 알고 있어 검색엔진들이 광고문안을 작성한다고 오인하지는 않을 것이다. 소비자들은 검색엔진들이 자연검색결과로 나타나는 광고의 내용과 무관하다는 점과 TV광고나 신문광고에서 방송사 또는 신문사가 광고문안을 작성하지 않는다는 점을 인식하고 있기 때문이다. 따라서 검색엔진의 책임을 평가함에 있어서 광고에 상표가 사용되었는지 여부는 중요하지 않다.

검색엔진의 상표책임 유무를 판단할 때 광고의 내용은 고려하지 않기 때문에, 검색엔진의 보이지 않는 내부적 상표사용과 관련 정황만으로 혼동가능성 유무를 결정해야 한다. 결론부터 말하자면, 내부적 상표사용과 관련 정황만으로는 상품품질과 브랜드 이미지에 관한 혼동을 일으킬 수 없다. 먼저 검색엔진서비스의 소비자들이 롤렉스사와 같은 상표권자가 검색엔진서비스의 품질과 브랜드 이미지를 통제한다고 오인할 수는 없을 것이다. 다음으로 광고주 상품의 소비자들이 검색엔진의 보이지 않는 사용으로 인해 상표권자가 광고주 상품의 품질과 브랜드 이미지를 통제한다고 오인하지도 않을 것이다. 검색엔진의 책임을 판단할 때 광고문안이 고려되어서는 안 된다는 것은 검색엔진의 내부적 상표사용은 상표인 키워드를 광고문안과 연계시키지 않는다는 것을 뜻한다. 검색엔진의 사용은 상표를 '광고의 표시(광고가 검색결과화면상에 나타나는 것)'에 연계시킬 따름이다. 이러한 연계는 광고주들의 상표사용과 광고주들의 광고 간의 연계보다 훨씬 약하다. 검색창에 남아 있는 상표, 유료키워드 검색결과의 제목, 논란의 여지는 있지만 유료키워드 검색결과와 자연검색결과 간의 불명료한 구분 등의 정황도 이러한 연계를 강력하게 만들지 못한다. 즉, 소비자들로 하여금 상표권자가 광고주 상품의 품질과 브랜드 이미지에 대해 궁극적인 책임을 부담한다고 오인하게 할 수 없다. 이러한 정황들은 단지 어느 정도 연계가 있다는 것을 보여줄 뿐이다. 그러므로 검색엔진은 혼동에 대한 직접적인 상표책임을 부담하지 않는다.

(3) 희석가능성

단계 I에서 검색엔진의 상표사용은 식별력 약화에 의한 희석 및 명성손상에 의한 희석을 발생시키지 않는다. 첫째, 검색엔진들이 유명상표를 키워드로 추천하고 판매하는 것은 자수된 로고를 판매하는 것과 다르다. 검색엔진들은 온라인 광고문안에 바로 사용될 수 있는 유명상표의 이미지 파일을 판매하지 않는다. 검색엔진들은 i) 광고여백, ii) 유료키워드 검색결과 목록상에서의 광고 순위, iii) 상표인 키워드와 광고 간의 연결을 판매한다. 따라서 설사 광고주가 검색결과화면상에 나타난 자신의 광고에서 일관성 없거나 열악한 품질의 상품 등에 유명상표를 사용하더라도, 이는 검색엔진들의 키워드 추천이나 판매의 직접적인 결과일 수 없고 검색엔진들이 당연히 예측할 수 있는 결과도 아니다. 둘째, 단계 I에서는 상표권자의 상품을 구매하는 소비자들의 눈에 보이는 방식으로 유명상표가 일관성 없거나 열악한 품질의 상품 등에 사용되지는 않기 때문에, 일관성이 없거나 부정적인 브랜드 이미지가 형성되지 않는다. 키워드 판매의 결과, 광고를 촉발시키기 위하여 상표가 검색엔진의 프로그램에 포함될 뿐이다. 광고주들이 프로그램에 포함시킨 광고문안에 희석을 초래할 만한 내용이 있다고 하더라도 이는 상표권자 상품의 소비자에게 보이지 않는다. 더구나 이러한 광고문안은 검색엔진들이 작성한 것이 아니다. 셋째, 상표인 키워드의 보이지 않는 사용이 광고를 촉발시키기 전에는 이러한 사용은 유명상표와 광고의 표시조차도 연계시킬 수 없다. 그러므로 검색엔진은 단계 I에서 희석책임을 부담하지 않는다.

앞에서 단계 II에서의 '광고주의 상표책임'을 논하면서 광고주들의 보이지 않는 상표사용은 희석을 초래할 수 있다고 주장하였다. 그러나 이와 대조적으로 검색엔진들의 보이지 않는 상표사용은 희석을 초래할 수 없다. 검색엔진결과화면상의 '광고문안'이 검색엔진들에게 귀속될 수 없기 때문이다. 광고를 촉발시킴으로써 검색엔진들의 보이지 않는 상표사용은 상표권자 상품의 소비자들로 하여금 유명상표와 광고를 연계하게 할 수 있다. 그러나 보이지 않는 상표사용의 광고촉발효과만으로는 소비자로 하여금 유명상표와 일관성 없거나 부정적인 품질이나 브랜드 이미지를 연상하게 할 수 없다. 광고촉발효과는 단지 광고가 유명상표와 어떻게든 관련된다는 것을 보여줄 뿐이다. 다른 정황들도 동일한 것을 보여줄 뿐이다. 그러므로 검색엔진들은 유료키워드 검색 마케팅에서 희석책임이 없다.

(4) 상표권의 제한

검색엔진들이 혼동책임 또는 희석책임을 부담하지 않기 때문에 상표책임의 예외에 대해 군이 논의할 필요는 없다고 느낄 수 있다. 그러나 검색엔진들이 기능적 사용을 주장할 수 있고, 학자들은 상표인 키워드를 검색엔진이 사용하는 것에 대하여 상표책임의 예외를 인정하는 세이프 하버를 도입하자고 주장할 수 있기 때문에 논의할 가치가 있다.[831]

우선 검색엔진들은 상표인 키워드의 사용을 방어하기 위해 기능적 사용을 주장할 수는 없다. 키워드로 사용된 상표는 검색엔진들이 상표권자들과 효과적으로 경쟁하는 데 필수적인 것은 아니다. 즉, 상표인 키워드는 검색엔진들의 데이터베이스에서 정보를 검색하는 것을 촉진시킬 수 있지만, 이러한 색인 기능은 상표권자의 상품시장에서 기업들 간에 경쟁하는 것과 아무 관련이 없다.

---

[831] Ashley Tan, Google Adwords: Trademark Infringer or Trade Liberalizer?, 16 Mich. Telecomm. & Tech. L. Rev. 473, 508-509 (2010) (국제적 수준에서의 세이프 하버를 제안).

또한 검색엔진들의 상표사용에만 적용되는 세이프 하버를 도입하는 것이 상표분쟁을 해결하는데 효율적일지라도, 신중한 접근이 필요하다. 이러한 종류의 세이프 하버가 상표법에 포함되면 혼동가능성이나 희석가능성에 대한 판단 없이 분쟁 초기 단계에서 검색엔진들이 쉽게 직접적인 상표책임을 면제받을 것이다. 검색엔진이 상표인 키워드를 사용한 것에 대해 직접적 상표책임이 없다고 주장하는 관점에서 보면, 이러한 기능을 하는 세이프 하버는 합리적인 것처럼 보인다. 그러나 이는 다음과 같은 이유 때문에 그렇지 않다.

첫째, 세이프 하버의 도입은 새로운 유형의 유료키워드 검색 마케팅 또는 변형된 유료키워드 검색 마케팅이 생기게 할 수 있다. 현재의 유료키워드 검색 마케팅에서는 검색엔진들이 검색엔진 결과창에 표시되는 광고문안 작성에 관여하지 않는 반면, 새로운 세이프 하버의 도입은 일부 검색엔진들로 하여금 광고주들로부터 높은 대가를 받고 광고문안 작성에 관여하게 할 수 있을 것이다. 이러한 가능성을 제외할 수 없음에도 불구하고 모든 가능한 형태의 유료키워드 검색 마케팅을 예측하여 세이브 하버를 설계할 수는 없다. 둘째, 이러한 세이프 하버는 검색엔진들이 왜 특별한지 설득력 있게 설명하지 못하고 다른 매체의 상표사용도 상표책임으로부터 면제되어야 하는지를 새로운 쟁점이 되게 할 것이다. 셋째, 세이프 하버는 상표보호의 목적을 능가하는 새로운 가치에 기초한 것이라고 보기 어렵다. 검색엔진들이 제공하는 신속하고 다양한 정보제공이라는 이익은 '공정하고 효율적인 경쟁'이라는 상표제도의 보호목적보다 우월한 이익이라 볼 수 없다. 따라서 검색엔진을 위한 새로운 세이프 하버를 도입하기보다는 현재의 규정들을 근거로 검색엔진의 상표사용 문제를 다루는 것이 더 바람직하다.

■■■ **제5장**

표현의 자유와 상표법

상표권자의 상표책임 주장에 대하여 광고주들과 검색엔진들은 자신들의 상표사용이 표현의 자유로 보호되는 표현에 해당하여 상표침해책임이 없다고 주장할 수 있다. 이와 관련하여 제5장과 제6장에서는 선순환 사이클의 일부로 상표보호와 표현의 자유 가치들 간의 균형을 찾고자 한다. 제5장에서는 표현의 자유와 상표법 간의 일반적 관계를 언급하고, 표현의 자유 관점에서의 유료키워드 검색 마케팅에서의 직접책임은 제6장에서 언급하고자 한다.

먼저 제5장에서는 상업적 표현의 정의와 보호가능성, 상업적 및 비상업적 표현의 제한원칙을 고찰한 후에 상표법을 표현의 자유에 기초하여 분석하고자 한다.

1. 표현의 자유의 범위와 표현의 자유 제한 원칙

1) 표현의 자유에 관한 헌법 규정 등

미국, 유럽연합, 우리나라는 표현의 자유에 관한 헌법 또는 조약 규정을 가지고 있지만, 이들의 용어와 구조는 상당히 다르다. '미국 수정 헌법 제1조와 우리나라 헌법에는 언론의 자유(freedom of speech)'[832]라는 용어가 사용된 반면, 인권 및 기본적 자유 보호를 위한 유럽협약(the European Convention for the Protection of Human Rights and Fundamental Freedoms, 이하 "유럽인권협약"이라 한다)에는 '표현의 자유(freedom of expression)'라고 언급되어 있다.[833]

미국에서는 표현의 자유에 관한 규정이 간단하여 표현의 자유에 관한 많은 이론들이 개발되어 왔다. 수정헌법 제1조는 "의회는 종교를 설립하거나, 자유로운 종교 활동을 방해하거나, 언론의 자유, 출판의 자유, 평화롭게 집회할 국민의 권리, 불만사항 구제를 위하여 정부에 대해 탄원할 국민

---

[832] 이 책에서, 언론(speech)은 표현(expression)과 동일한 의미로 사용한다.

[833] 인권 및 기본적 자유 보호를 위한 유럽협약은 유럽평의회(the Council of Europe)의 회원국가가 자신들의 시민들뿐 아니라 관할 내의 모든 사람에게 기본적인 시민의 권리와 정치적 권리를 보장할 것을 약속하는 국제 조약이다. 1953년에 발효하였다.

의 권리를 제한하는 어떠한 법도 제정할 수 없다"고 간단하게 규정하고 있다. 특히 수정헌법 제1조는 언론의 자유의 제한에 관한 원칙을 제시하고 있지 않다. 그렇지만 미국 법원은 판례를 통해 다양한 이론들을 발전시켜 왔다.[834] 미국 연방대법원은 수정헌법 제1조보다는 이러한 이론들에 기초하여 언론의 자유와 다른 권리 또는 이익과의 균형을 찾았는데, 이 이론들은 전부 언론의 자유에 대한 보호를 강화하기 위해 만들어졌다.[835]

유럽인권협약 제10조는 미국의 수정헌법 제1조보다 표현의 자유를 명확하게 규정하고 있다. 첫째, 동 조문은 표현의 자유의 범위를 정하고 있는데, i) 의견을 보유할 자유, ii) 정보와 아이디어를 전달할 자유, iii) 청중이 정보와 아이디어를 청취할 자유 등을 포함하고 있다. 반면에 동 조문은 "회원국들이 방송, 텔레비전 또는 영화 회사의 허가를 요구하는 것을 금지하지 않고 있다." 둘째, 제10조(2)는 표현의 자유의 제한에 관해 규정하고 있다. 즉, 표현의 자유의 제한은 '법률에 규정된 바에 따라', '적법한 목적에 기여하고', '민주주의 사회에서 필요'하여야 한다. 셋째, 제10조(2)는 법률에 의해 자유를 제한할 수 있는 사유인 다양한 이익을 수정헌법 제1조와 우리나라 헌법보다 광범하게 나열하고 있다.

우리나라의 경우 언론의 자유는 출판의 자유 및 집회결사의 자유와 함께 헌법 제21조 제1항에 규정되어 있다.[836] 언론의 자유의 제한에 관하여는 제21조 제2항, 제21조 제4항[837] 및 시민의 자유와 권리를 제한하는 일반 원칙에 관한 제37조 제2항에 규정되어 있다. 제21조 제2항은 사전 허가를 금지하고 있고 제21조 제4항은 언론의 자유가 침해할 수 없는 범위를 규정하고 있다. 언론의 자유는 제37조 제2항에 따라 '법률에 의해' '국가안전보장·질서유지 또는 공공복리를 위하여 필요한 경우'에 제한할 수 있으며, '자유와 권리의 본질적인 내용을 침해할 수 없다.'[838]

비교법적 관점에서 보면 수정헌법 제1조, 유럽인권협약, 우리나라 헌법은 공통점을 가지고 있다. 첫째, '상업적 및 비상업적 표현'을 포함한 '표현'에 대한 정의를 규정하고 있지 않다. 둘째, 상업적 표현과 비상업적 표현을 구분하고 있지 않다. 특히 유럽인권협약과 우리나라 헌법의 경우, 표현의 제한에 관한 규정이 있지만 상업적 표현을 비상업적 표현과 다르게 취급하여야 한다고 명확하게

---

834) Eric Barendt, *Freedom of Speech* (2nd edn. Oxford University Press 2005) 48

835) Id. at 50-51.

836) 권영성, 『헌법』, 제5판, 법문사, 2010. 495면 (표현의 자유는 개인의 표현의 자유인 언론출판의 자유와 집합적 표현의 자유인 집회결사의 자유를 포함하는 일반 개념이 표현의 자유라는 점에서 표현의 장유가 언론의 자유보다 넓은 개념이라고 주장).

837) 헌법 제21조
　① 모든 국민은 언론·출판의 자유와 집회·결사의 자유를 가진다.
　② 언론·출판에 대한 허가나 검열과 집회·결사에 대한 허가는 인정되지 아니한다.
　③ 통신·방송의 시설기준과 신문의 기능을 보장하기 위하여 필요한 사항은 법률로 정한다.
　④ 언론·출판은 타인의 명예나 권리 또는 공중도덕이나 사회윤리를 침해하여서는 아니 된다.
　언론·출판이 타인의 명예나 권리를 침해한 때에는 피해자는 이에 대한 피해의 배상을 청구할 수 있다.

838) 헌법 제37조제2항.

제시하고 있지 않다.

차이점을 보면 수정헌법 제1조는 언론의 자유를 제한하는 원칙을 포함하고 있지 않은 반면, 유럽인권협약과 우리나라 헌법은 제한 원칙 및 표현의 자유와 다른 사람의 명예나 권리 간의 관계에 대해 규정하고 있다. 즉, 유럽인권협약에 따르면 표현의 자유는 다른 사람의 명예 또는 권리를 위해 제한될 수 있다.[839] 우리나라 헌법은 언론이 타인의 명예나 권리를 침해하면, 피해자는 피해 배상을 청구할 수 있다고 규정하고 있다.[840] 수정헌법 제1조는 언론의 자유 제한에 관한 명확한 규정이 없는데, 이러한 규정의 부재 때문에 미국 연방대법원은 상업적 표현의 보호수준에 관하여 일관성 없는 판결을 내린 것으로 보인다.

2) 표현의 자유에 의한 상업적 표현의 보호

(1) 상업적 표현의 보호

법원들은 상업적 표현을 '광의의 표현의 범주'에 포함시키고 있지만, 표현의 자유하에서 상업적 표현을 보호하는 것이 적합한지에 관하여 논란이 있다. 표현의 자유에 의한 상업적 표현의 보호와 관련하여 지적받는 문제점 중 하나는 정보에 기초한 경제적 결정에 의해 개인의 자율성, 자기실현, 자기성취가 높아졌다고 증명하는 것이 쉽지 않기 때문에 상업적 표현이 개인의 자율성 등을 증진시킨다고 할 수 없다는 점이다.[841] 다른 문제점은 시장경제 가치가 표현의 자유에 의해 보호되는 것이 바람직하지 않다는 점이다.[842] 상업적 표현 이론이 통상 광고의 정보 기능에 의존하고 있지만, 상업광고가 항상 정보를 포함하고 있지는 않다는 문제점도 제기되었다.[843]

그럼에도 불구하고 미국 연방대법원, 유럽연합사법재판소, 우리나라 헌법재판소의 공통된 현재 입장은 상업적 표현이 보호할 만한 표현에 해당한다는 것이다.

미국 연방대법원은 1942년 첫 번째 상업적 표현 사건에서[844] 헌법은 순수한 상업광고에 대해서는 정부의 규제를 막지 않는다고 판시하였다. 이러한 대법원의 주요 입장은 1970년대까지 지속되었다.[845] 그러나 Virginia State Board of Pharmacy 사건에서 미국 연방대법원은 상업적 표현이 전적

---

839) ECHR, art. 10(2).

840) 헌법 제21조제4항.

841) Roger A. Shiner, *Freedom of Commercial Expression* (Oxford University Press 2003) 326-327.

842) Barendt, supra note 834, at 403.

843) Shiner, supra note 841, at 328.

844) Valentine v. Chrestensen, 316 U.S. 52, 54 (1942).

845) Tom Bennigson, Nike Revisited: Can Commercial Corporations Engage in Non-Commercial Speech?, 39 Conn. L. Rev. 379, 385 (2006).

으로 수정헌법 제1조 보호범위 밖에 있지는 않다고 명백하게 결정하였고,[846] 그때부터 대법원은 더 이상 상업적 표현이 헌법적으로 보호되어야 하는 이유를 정당화시키려고 하지 않았다.[847] 소위 '상업적 표현 이론(the commercial speech doctrine)'이 발전하기 시작하였다.[848]

유럽연합의 경우, 유럽인권법원은 Markt Intern and Beermann 사건에서 "상업적 성질을 가진 정보는 …… [유럽인권협약] 제10조(1)의 범위에서 제외될 수 없다"고 판단하였다.[849] 이 결정 이후, 상업적 표현이 표현의 자유에 포함되는지 여부 문제는 유럽인권법원에서 제기되지 않았다.[850]

Germany v. European Parliament and E. U. Council 사건에서 Advocate General Fennelly는 광고지침(the Advertising Directive)과[851] 표현의 자유라는 기본권과의 일관성을 분석하면서[852] 상업적 표현도 유럽법에 의해 보호되어야 한다고 주장하였다.[853] 반면 유럽연합사법재판소는 법적 근거가 결여되었다는 것을 근거로 광고지침을 무효화시키면서 이러한 쟁점사항을 다루지 않았다.[854] 그러나 Herbert Karner Industrie-Auktionen GmbH 사건에서 Advocate General Alber는 상업적 표현이 "유럽인권협약 제10조에 포함된 것처럼 법의 일반원칙으로서의 표현의 자유"에 포함된다고 주장하였다.[855] 또한 동 사건에서 유럽연합사법재판소는 상업적 표현에 대한 낮은 수준의 보호를 언급함으로써 표현의 자유에 의한 상업적 표현의 보호를 인정하였다.[856]

우리나라 헌법재판소도 상업적 표현이 헌법상 보호된다고 인정하였다. 헌법재판소는 한편으로 언론의 자유가 "현대 자유민주주의의 존립과 발전에 필수불가결한 기본권"[857]이라고 인정하면서, 다른 한편으로는 언론의 자유가 "개인이 언론 활동을 통하여 자기의 인격을 형성하는 개인적 가치인 자기실현의 수단임과 동시에 사회 구성원으로서 평등한 배려와 존중을 기본원리로 공생·공존 관계를 유지하고 정치적 의사결정에 참여하는 사회적 가치인 자기통치를 실현하는 수단"이라고 강조하였다.[858] 이와 동시에 헌법재판소는 "광고물도 사상·지식·정보 등을 불특정다수인에게

---

[846] Virginia State Board of Pharmacy v. Virginia Citizens Consumer Council, Inc., 425 U.S. 748, 762 (1976).

[847] Shiner, supra note 841, at 96.

[848] Id. ("의견의 초점은 상업적 표현 이론의 세부사항 특히 정확하게 무엇이 상업적 표현으로서 자격이 있는지에 대한 어느 정도의 관심과 더불어 보호수준 및 어떻게 표현이 이러한 보호수준 가치가 있는지 이다"라고 주장).

[849] Markt Intern and Beermann v. Germany (1990) 12 E.H.R.R. 161, 171.

[850] Shiner, supra note 841, at 113.

[851] European Parliament and Council Directive 98/43 relating to the advertising and sponsorship of tobacco products.

[852] Germany v. European Parliament and E.U. Council, [2000] 3 C.M.L.R. 1175, 1243-1251.

[853] Gourmet 사건에서 표현의 자유가 유럽연합사법재판소에서 주장되지는 않았기 때문에 Advocate General Jacobs는 유럽인권법원의 판례법을 언급만 하였고, 표현의 자유 쟁점사항을 검토하지는 않았다. See Konsumentombudsmannen (KO) v. Gourmet International Products (GIP) [2001] 2 C.M.L.R. 31, 690.

[854] Shiner, supra note 841, at 102.

[855] Herbert Karner Industrie-Auktionen GmbH v. Troostwijk GmbH [2004] 2 C.M.L.R. 5, 93-94.

[856] Id. at 106.

[857] 헌법재판소 1992. 6. 26. 결정 90헌가23.

전파하는 것으로서 언론·출판의 자유에 의한 보호를 받는 대상"이라고 결정하였다.859)

(2) 상업적 표현의 보호 근거

상업적 표현을 보호할 필요성에 대한 전반적 인식에도 불구하고 법원들은 각각 다른 근거를 채택하여 왔다. 많은 경우 미국 연방대법원은 '광고의 정보 기능'에 기초하여 소비자이익과 사회이익에 초점을 맞추었다.860) 즉, 소비자들과 사회는 일반적으로 '상업적 정보의 자유로운 흐름'에서 이익을 얻는다. 보다 구체적으로 언급하면 상업적 정보는 소비자를 위한 "육체적 고통의 완화 또는 기초 필수품의 향유"로 연결될 수 있다.861) 사회적 관점에서 볼 때는 광고는 세 가지 측면에서 '공익'에 기여한다. i) 개별광고의 경우 순수하게 상업적일지라도 일반적 공익을 보유할 수 있다. ii) 상업적 정보의 자유로운 흐름은 지적이고 정보에 기초한 많은 사적인 경제적 선택을 위해 절대적으로 필요하고, 이러한 사적인 선택을 통해 자유기업경제에서 자원 배분이 이루어진다. iii) 상업적 정보의 자유로운 흐름은 자유기업체제가 어떻게 규제되고 변화되어야 하는지에 관한 지적 의견 형성에 필수적이다.862)

그러나 미국 연방대법원이 언급하는 '상업적 표현 보호에서의 주요 이익'은 종종 이러한 내용보다 더 광범하다. 공인회계사의 직접 권유(in-person solicitation) 금지에 관한 사건인 Edenfield에서, 연방대법원은 상업시장이 "아이디어와 정보가 넘쳐나고" "정부가 아니라 말하는 사람과 듣는 사람이 정보의 가치를 평가하는" 토론의 장을 제공한다고 주장하였다.863) 연방대법원은 Lorillard Tobacco 사건에서는 규제조치가 '미성년자'의 흡연 금지로 인한 실질적인 사회적 이익 증진을 위해 필요한 범위 내인지를 평가하는 한편, '성인 소비자들'에게 자신의 상품에 관한 진실된 정보를 전달할 담배 소매상과 제조사의 이익을 강조하였다.864)

유럽인권법원은 상업적 표현을 보호하는 이유가 상업적 표현이 상업적 성격의 정보를 전달하고, 유럽인권협약 제10조(1)의 규정은 정보 또는 아이디어의 유형이나 표현 형태에 제한을 두고 있지 않기 때문이라고 설명하였다.865)

---

858) 헌법재판소 1999. 6. 24. 결정 97헌마265.

859) 헌법재판소 1998. 2. 27. 결정 96헌바2; 헌법재판소 2000. 3. 30. 결정 97헌마108; 헌법재판소 2000. 3. 30. 결정 99헌마143; 헌법재판소 2002. 12. 18. 결정 2000헌마764; 헌법재판소 2005. 10. 27. 결정 2003헌가3.

860) Central Hudson Gas & Elec. Corp. v. Public Serv. Comm'n of New York, 447 U.S. 557, 563 (1980).

861) Virginia State Board of Pharmacy v. Virginia Citizens Consumer Council, Inc., 425 U.S. 748, 764 (1976).

862) Id. at 763-765; Rubin v. Coors Brewing Co., 514 U.S. 476, 481 (1995); 44 Liquormart v. Rhode Island, 517 U.S. 484, 496 (1996).

863) Edenfield v. Fane, 507 U.S. 761, 767 (1993); Thompson v. W. States Med. Ctr., 535 U.S. 357, 367 (2002).

864) Lorillard Tobacco Co. v. Reilly, 533 U.S. 525, 564 (2001).

865) Markt Intern and Beermann v. Germany (1990) 12 E.H.R.R. 161, 171; Casado Coca v. Spain (1994) 18 E.H.R.R. 1, 20.

한편 Advocate General Fennelly는 상업적 표현은 "개인들이 판매하고 구매하는 상품 또는 서비스의 장점 등 *어떠한* 주제에 관하여도 인간으로서 자유롭게 의견을 표시하고 청취할 [개인의] 타고난 권한" 때문에 유럽법에 의해 보호받을 가치가 있다고 주장하였다.866) 그는 사회적 기능뿐 아니라 자율성, 존엄, 개개인의 자기발전에 대한 필요성 때문에 개인적인 권리가 기본권으로 간주될 수 있다고 판단하였다.867)

우리나라의 헌법재판소도 광고가 아이디어, 지식, 정보 등을 불특정 다수에게 전파한다는 점을 근거로 광고가 언론의 자유로 보호된다고 판시하였다.868) 또한 옥외광고물 등 관리법 사건에서 동 재판소는 "국민의 알권리는 국민 누구나가 일반적으로 접근할 수 있는 모든 정보원(情報源)으로부터 정보를 수집할 수 있는 권리로서 정보수집의 수단에는 제한이 없는 권리인 바, 알권리의 정보원으로서 광고를 배제시킬 합리적인 이유가 없다"는 점도 추가적인 근거로 하여 광고가 표현의 자유로 보호된다고 판단하였다.869)

3) 상업적 표현의 축소 보호

(1) 상업적·비상업적 표현의 보호

상업적 표현의 보호 수준에 대하여 학자들과 법원들의 의견은 나뉜다. 일부 학자들은 상업적 정보의 교환은 최소한 다른 유형의 표현만큼 중요하기 때문에 표현의 자유에 따른 헌법적 보호와 동일한 수준의 헌법적 보호를 상업적 표현에 부여하여야 한다고 주장한다.870) 반면 다른 학자들은 상업적 표현에 대한 낮은 수준의 보호를 주장하는데, 낮은 수준의 보호에는 강제공개(compelled disclosures), 광범한 규제(overbroad regulations), 사전억제(prior restraints),871) 허위 또는 오인 표현의 용인(the tolerance of false or misleading speech), 다른 정부이익을 위한 진실한 표현의 규제 허용 기준(standards for allowing truthful speech to be regulated to achieve other government interests) 등의 적용을 달리하는 것이 포함된다.872) 그러나 상업적 표현이 특혜를 덜 받는 지위에 있다는 것이 "불

---

866) Germany v. European Parliament and E.U. Council [2000] 3 C.M.L.R. 1175, 1243-1244.

867) Id.

868) 헌법재판소 1998.2.27. 결정 96헌바2; 헌법재판소 2005.10.27. 결정 2003헌가3.

869) 헌법재판소 2002.12.18. 결정 2000헌마764.

870) Alex Kozinski and Stuart Banner, Who's Afraid of Commercial Speech?, 76 Va. L. Rev. 627 (1990).

871) Robert Post, The Constitutional Status of Commercial Speech, 48 UCLA L. Rev. 1, 1 (2000) ("상업적 표현의 헌법적 기능과 공적 토론의 헌법적 기능 간의 차이는 왜 국가가 공적 토론의 영역이 아니라 상업적 표현의 영역에서 정보공개(disclosure)를 강요하고, 광범한 규제(overbroad regulations)를 부과하며, 사전억제(prior restraints)를 설정하는지 설명하여 준다"고 주장).

872) Bennigson, supra note 845, at 386.

법적 행위에 참여하자는 비상업적 제안"이 "불법적 행위에 참여하자는 상업적 제안"보다 더 큰 보호를 받는다는 것을 의미하지는 않는다.[873]

미국 연방대법원은 상업적 표현을 상대적으로 낮은 수준으로 보호한다. 즉, 동 법원의 지배적인 입장은 상업적 표현의 보호와 다른 표현의 보호를 구분하는 것이다.[874] Virginia State Board of Pharmacy 사건에서 연방대법원은 "단지 상거래를 제안하는 표현과 다른 것들"과는 상식적 차이가 존재한다고 주장하면서, 수정헌법 제1조의 보호를 누리는 상업적 표현은 다른 형태의 표현과 구분된다고 각주에서 판시하였다.[875] Central Hudson Gas 사건에서는 에너지 보존이라는 공익을 증진시키기 위해 위원회가 표현을 전적으로 억제하는 것은 "필요 이상으로 광범하고" 그 결과 수정헌법 제1조에 위반된다고 판단하면서, 가스회사의 홍보광고에 대한 금지를 무효라고 판결하였다.[876] 그러나 동 법원은 "전통적으로 정부통제 영역에서 발생하는 상업적 거래를 제안하는 표현과 다른 종류의 표현 간의 '상식적 구분'"을 언급하면서, "따라서 헌법은 상업적 표현에 헌법적으로 보장받는 다른 표현보다 낮은 수준의 보호를 부여한다"고 덧붙였다.[877] 2007년의 Deborah Morse 사건에서도 동일한 입장을 취하면서, "수정헌법 제1조 판례법은 다른 표현들보다 보호받을 가치가 적은 일부 범주의 표현(싸움언어, 외설, 상업적 표현 등)을 구분하여 왔다"고 판시하였다.[878]

그러나 모든 미국 연방대법원 판결이 모든 형태의 상업적 표현에 대해 상대적으로 낮은 보호를 부여하는 것은 아니다. 44 Liquormart 사건에서 동 법원은 "州 정부가 공정한 가격흥정 절차 유지(the preservation of a fair bargaining process)와 상관없는 이유로 진실되고 오인가능성 없는 상업적 메시지를 전적으로 금지하는 경우" 비상업적 표현에 적용되는 것과 동일한 엄격한 조사(strict scrutiny)가 요구된다고 강조하였다.[879] 또한 최근 사건인 Sorrell에서는 동 법원은 표현의 내용과 話者의 신분을 이유로 보호되는 표현에 부담을 주는 규제는 그 표현이 상업적인 경우에도 엄격한 조사에 따라야 한다고 결론지었다.[880]

반면에 유럽인권법원은 표현을 명확하게 범주화하지는 않지만, 상업적 표현으로 분류되는 경우

---

873) United States v. Williams 553 U.S. 285, n. 2 (2008).

874) Nat Stern, Commercial Speech, "Irrational" Clients, and the Persistence of Bans on Subjective Lawyer Advertising, 2009 B.Y.U. L. Rev. 1221, 1227 (2009) (미국 연방대법원은 다른 사건에서의 상업적 표현 쟁점사항에 대하여, Virginia State Board of Pharmacy 사건과 Central Hudson Gas 사건에서의 결정에 의해 "언제나 그런 것은 아니지만 대부분 이끌어진다"고 주장).

875) Virginia State Board of Pharmacy v. Virginia Citizens Consumer Council, Inc., 425 U.S. 748, n. 24 (1976).

876) Central Hudson Gas & Elec. Corp. v. Public Serv. Comm'n of New York, 447 U.S. 557, 572 (1980).

877) Id. at 562-563.

878) Deborah Morse v. Joseph Frederick, 551 U.S. 393, 446 (2007).

879) 44 Liquormart v. Rhode Island, 517 U.S. 484, 501 (1996). Robert Post는 "이 구절은 상업적 표현을 매우 다양한 이유로 규제될 수 있는 별도의 의사소통 범주로 생각하는 Central Hudson의 전체 개념 구조에 근본적으로 도전한다"고 주장한다. See Post, supra note 871, at 47. Liquormart 법원은 엄격한 테스트를 위한 상업적 표현과 덜 엄격한 테스트를 위한 상업적 표현을 구분한다고 주장할 수 있다.

880) Sorrell v. IMS Health Inc., 131 S.Ct. 2653, 2661-2667 (2011).

에는 표현에 대한 '적법한 개입 필요성(the necessity of a legitimate interference)'을 보다 용이하게 허용한다.881) 즉, 유럽인권법원은 일관되게 '판단여지(a margin of appreciation)'가 상업적 문제, 특히 불공정 경쟁 및 광고 영역에서 필수적이라고 결정하였다.882) 나아가 유럽인권법원은 전적으로 상업적인 표현을 다른 유형의 상업적 표현과 달리 취급한다. Hertel 사건에서 동 법원은 '특정 개인의 순수한 상업적 표현'이 아니라 '일반이익에 영향을 미치는 논의에의 참여'에 해당하는 표현에 대해서는 판단여지 정도가 감소될 필요가 있다고 주장하였다.883)

한편 Germany v. European Parliament and E. U. Council 사건에서 (유럽연합사법재판소는 상업적 표현의 자유를 이 사건의 법적 기초로 다루지 않았다.) Advocate General Fennelly는 상업적 표현에 대한 낮은 수준의 보호에 관하여 자신의 견해를 표명하였다. 그는 유럽인권법원의 접근방법과 유사한 "차별 대우(disparate treatment)" 접근방법이 유럽공동체법에서 받아들여져야 한다고 주장하였으며, 비상업적 표현의 제한을 위해서는 '긴급한 사회적 필요에 관한 설득력 있는 증거'가 요구되는 반면 상업적 표현의 제한을 위해서는 '합리적 근거에 따른 필요성'이 요구된다고 주장하였다.884) Advocate General Alber도 Herbert Karner Industrie-Auktionen GmbH 사건에 관한 의견에서 동일한 주장을 하였다.885) 또한 동 사건에서 유럽연합사법재판소는 상업적 표현과 비상업적 표현을 차별적으로 보호하여야 한다는 것을 명확히 하였고, 상업적 표현의 경우 "개입의 합리성과 비례성(the reasonableness and proportionality of the interference)에 관한 조사에 한정"하여 검토하여야 한다고 판단하였다.886)

우리나라의 경우에도 헌법재판소는 의료광고의 금지에 관한 의료법 사건 이후 명확하게 상업적 표현에 상대적으로 낮은 수준의 보호를 부여하여 왔다. 이 사건에서 헌법재판소는 상업광고를 사상이나 지식에 관한 정치적·시민적 표현행위와 구분하였고, 상업광고 규제에 비례성의 원칙을 적용함에 있어서 '피해 최소성 원칙 심사' 대신 '규제가 입법목적을 달성하기 위하여 필요한 범위 내의 것인지에 관한 심사'를 채택하였다.887) 건강기능식품에 관한 법률 사건에서도 헌법재판소는 건강기능식품에 관한 허위광고나 과대광고를 제한할 필요성이 높다고 판시하였다.888)

---

881) Colin R. Munro, The Value of Commercial Speech, CLJUK 134, 141 (2003).

882) Markt Intern and Beermann v. Germany (1990) 12 E.H.R.R. 161, 174; Casado Coca v. Spain (1994) 18 E.H.R.R. 1, 24; Jacubowski v. Germany (1995) 19 E.H.R.R. 64, 77; Hertel v. Switzerland (1999) 28 E.H.R.R. 534, 571; Vgt Verein gegen Tierfabriken v. Switzerland (2002) 34 E.H.R.R. 4, 176; Krone Verlag GmbH & Co KG v. Austria (2006) 42 E.H.R.R. 28, 583.

883) Hertel, (1999) 28 E.H.R.R. 534 at 571.

884) Germany v. European Parliament and E.U. Council [2000] 3 C.M.L.R. 1175, 1245.

885) Herbert Karner Industrie-Auktionen GmbH v. Troostwijk GmbH [2004] 2 C.M.L.R. 5, 94.

886) Id. at 106.

887) 헌법재판소 2005.10.27. 결정 2003헌가3.

888) 헌법재판소 2010.7.29. 결정 2006헌바75.

(2) 상대적으로 낮은 보호수준의 근거

차별적인 보호를 지지하는 법원들은 다양한 정당화 사유들을 내놓았다. Virginia State Board of Pharmacy 사건에서 미국 연방대법원은 상업적 표현의 '보다 높은 객관성(the greater objectivity)'과 '내구성(hardiness)'이라는 두 가지 근거를 제시하였다.[889] '보다 높은 객관성'은 광고주들이 자신들의 상품에 관한 정보를 누구보다도 잘 알아서 정보의 진실성을 더 용이하게 증명할 수 있다는 것을 말한다. '내구성'은 상업적 이익 때문에 상업적 표현은 "냉각(chilled)"되거나 "전적으로 무시(foregone entirely)"될 가능성이 높지 않다는 것을 의미한다.[890] 다른 사건에서 주장된 또 다른 근거는 상업적 표현을 제한하는 목적이 공정한 가격흥정 절차의 유지 내지 상업적 손해와 관련되어 있다는 점이다.[891] 즉, 일반적으로 오인을 초래하거나 기만적이거나 공격적인 판매 관행으로부터 소비자들을 보호하기 위하여 또는 소비자들을 위한 유익한 정보를 공개하도록 하기 위하여 정부가 상업적 표현을 규제한다는 것이다.[892]

유럽연합의 경우 유럽인권법원은 모든 관련 사실과 상황을 재심의할 수 없기 때문에, 불공정한 경쟁과 광고와 같은 복잡하고 기복이 심한 영역은 개입 필요성을 평가함에 있어서 판단여지가 필요하다고 판결하였다.[893] 그러나 유럽인권법원은 왜 복잡하고 기복이 심한 영역에서는 판단여지가 필요한지에 대해 구체적으로 근거를 제시하지는 않았다.

한편 Advocate General인 Fennelly와 Alber는 각각 Germany v. European Parliament and E. U. Council 사건과 Herbert Karner Industrie-Auktionen GmbH 사건에서 차별적인 헌법적 보호는 상업적 표현과 다른 유형의 표현이 일반 공익과 상호작용하는 방법에 차이가 있다는 것으로 정당화될 수 있다고 언급하였다. 즉, 정치적 표현은 중요한 사회적 이익에 기여하는 반면, 상업적 표현은 유사한 중요 역할을 하지 않는다는 것이다.[894] 유럽연합사법재판소도 Herbert Karner Industrie-Auktionen GmbH 사건에서 낮은 수준 보호의 근거로서 공익과의 거리를 제시하였으며, 상업적 표현의 자유를 "공익에 대한 논의(a discussion of public interest)"에 기여하지 않는 자유들 중의 하나로 묘사하

---

889) Virginia State Board of Pharmacy v. Virginia Citizens Consumer Council, Inc., 425 U.S. 748, n. 24 (1976); 44 Liquormart v. Rhode Island, 517 U.S. 484, 499 (1996).

890) *Virginia State Board of Pharmacy*, 425 U.S. at n. 24.

891) Ohralik v. Ohio State Bar Ass'n, 436 U.S. 447, 455-56 (1978); Bolger v. Youngs Drug Prods. Corp., 463 U.S. 60, 81 (1983) (Justice Stevens, 판결에는 동의); City of Cincinnati v. Discovery Network, 507 U.S. 410, 426 (1993); Rubin v. Coors Brewing Co., 514 U.S. 476, 494-496 (1995) (Justice Stevens, 판결에는 동의).

892) *44 Liquormart*, 517 U.S. at 501.

893) Markt Intern and Beermann v. Germany (1990) 12 E.H.R.R. 161, 174.

894) Germany v. European Parliament and E.U. Council [2000] 3 C.M.L.R. 1175, 1245; Herbert Karner Industrie-Auktionen GmbH v. Troostwijk GmbH [2004] 2 C.M.L.R. 5, 94.

였다.895)

우리나라 헌법재판소는 상업적 표현에 대한 낮은 수준 보호의 정당화 사유를 "사상이나 지식에 관한 정치적, 시민적 표현행위와는 차이가 있고, 인격발현과 개성신장에 미치는 효과가 중대한 것은 아니"라는 점에서 찾았다.896) 또한 헌법재판소는 상업적 표현은 영리 목적에 의한 것이고 "집권자의 입맛에 맞는 표현만 허용되는 결과가 될 위험도 작다"는 점 때문에 상업적 표현에 대한 규제는 중요한 효과가 없다고 주장하였다.897)

요약하면 상업적 표현이 표현의 자유에 의해 완전한 보호를 받을 가치가 없다는 점에 관한 법원 판결들은 4개의 범주에 속한다. 첫째, 상업적 표현이 다른 형태의 표현보다 '가치가 낮다'는 것이다. 즉, 상업적 표현을 보호할 공익이 덜 중요하고, 상업적 표현은 공적 논의와 개인 발전에 덜 기여한다. 둘째, 허위의 상업적 표현의 話者는 '보다 많은 비난'을 받을 만하다는 것이다. 즉, 다른 사람보다 진실을 더 잘 아는 話者가 상업적 표현을 전달한다. 셋째, 상업적 표현은 규제를 견딜 수 있는 내구성이 높다는 것이다. 즉, 상업적 이익 때문에 상업적 표현이 규제로 억제되지 않는다. 넷째, '정부이익의 성질(the nature of governmental interests)'상 낮은 수준의 보호가 정당화된다는 것이다. 즉, 상업적 표현을 규제할 이익은 소비자들을 상업적 손상으로부터 보호하는 것이다.

4) 상업적 표현의 정의

상업적 표현을 헌법적으로 보호되는 다른 유형의 표현과 구분하기 위해서는 이를 명확히 정의하여야 한다. 그러나 광고의 복잡성 때문에 실제로는 상업적 표현을 다른 유형의 표현과 구분하는 것이 쉽지 않다. Central Hudson Gas898) 사건에서 Stevens 판사가 주장하였던 바와 같이, 상업적 표현의 특성이 그 주제에 의해 결정되면 노동지도자의 파업권고와 경제학자의 통화공급에 관한 논문은 비상업적 표현보다 낮은 수준의 보호를 받을 수 있다. 경제적 동기(an economic motivation)를 기준으로 사용하면, 금전적 동기와 관련될 수 있는 셰익스피어의 작품은 상업적 표현일 수 있다.

話者나 상업적 표현의 공통된 특징 등에 기초하여 상업적 표현을 정의하는 것이 어렵다는 점 때문에,899) Post는 상업적 표현을 표현의 자유 보호를 위한 주요 근거와 연계하여 정의한다. 그는

---

895) *Herbert Karner*, [2004] 2 C.M.L.R. 5 at 106.

896) 헌법재판소 2005.10.27. 결정 2003헌가3.

897) 헌법재판소 2010.7.29. 결정 2006헌바75.

898) Central Hudson Gas & Elec. Corp. v. Public Serv. Comm'n of New York, 447 U.S. 557, 579-580 (1980).

899) Munro, supra note 881, 148-155 (카테고리 크로스오버, 넓은 관점, 국내 정의, 문헌 접근방법 등 관점에서 상업적 표현을 정의하는 어려움들을 설명).

상업적 표현을 "공공 의사소통 영역 내에서 민주적 결정과 관련된 정보를 전달하지만 공적 토론의 일부를 형성하지는 않는 상업적 주제에 관한 일련의 의사소통행위"라고 정의할 수 있다고 주장한다.900)

그러나 상업적 표현을 정의하는 것이 풀리지 않는 단단한 매듭으로 보인다고 포기하여서는 안 될 것이다.901) 상업적 표현이 헌법적으로 보호되는 근거 및 비상업적 표현보다 왜 상업적 표현에 낮은 수준의 보호가 부여되는지에 관한 이유에 초점을 맞추어 상업적 표현을 정의해볼 필요가 있다.902)

유럽인권법원이나 우리나라의 헌법재판소와 달리 미국 연방대법원은 상업적 표현을 정의하고자 노력해왔다. 처음 미국 연방대법원은 상업적 표현을 "단지 상거래를 제안하는" 표현으로 정의하였다.903) 그 후 Bolger 사건에서 동 법원은 이러한 정의를 정의라기보다는 '상업적 표현의 핵심 개념(the core notion of commercial speech)'이라고 간주하면서, 상업적·비상업적 표현 분류를 위한 다른 테스트를 채택하였다.904) 동 법원은 i) 광고로서의 특성, ii) 구체적 상품에 대한 언급, iii) 경제적 동기 등 3가지 요소를 고려하여, 문제가 된 팸플릿이 상업적 표현에 해당한다고 결론지었다. 그렇지만 표현이 상업적 표현이 되기 위해 3가지 요소 모두를 갖추어야 하는 것은 아니라고 각주에서 부언하였다.905)

미국 연방대법원은 Central Hudson Gas 사건에서는 상업적 표현을 "話者와 청중(audience)의 경제적 이익에만 관련된 표현"이라고 정의하였다.906) Stevens 판사는 동 사건에서 이러한 정의를 비난하면서, 연방대법원의 정의는 "지나치게 광범하고" 상업적 표현이 다른 유형의 표현보다 낮은 수준의 헌법적 보호를 받기 때문에 "보다 큰 헌법적 보호를 받을 가치가 있는 표현이 부주의로 억제되지 않도록 하기 위해 상업적 표현 개념이 너무 광범하게 정의되지 않는 것이 중요하다"고 주장하였다.907)

관할권을 근거로 미국 연방대법원에서 각하된 Nike 사건에서908) 캘리포니아 대법원은 더욱 세

---

900) Post, supra note 871, at 5-7, 25 ("the set of communicative acts about commercial subjects that within a public communicative sphere convey information of relevance to democratic decision making but that do not themselves form part of public discourse").

901) Barendt, supra note 834, at 398; Erwin Chemerinsky and Catherine Fisk, What Is Commercial Speech? The Issue Not Decided in Nike v. Kasky, 54 Case W. Res. L. Rev. 1143, 1160 (2004).

902) Chemerinsky and Fisk, supra note 901, at 1160.

903) Pittsburgh Press Co. v. Pittsburgh Comm'n on Human Relations, 413 U.S. 376, 385 (1973); see also Virginia State Board of Pharmacy v. Virginia Citizens Consumer Council, Inc., 425 U.S. 748, 762 (1976).

904) Bennigson, supra note 845, at 387 ("정의나 필요요건이라기보다는 전형적인 예(a paradigm example)"로 간주된다고 주장).

905) Bolger v. Youngs Drug Prods. Corp., 463 U.S. 60, 66-68, n. 14 (1983).

906) Central Hudson Gas & Elec. Corp. v. Public Serv. Comm'n of New York, 447 U.S. 557, 561 (1980) ("expression related solely to the economic interests of the speaker and its audience").

907) Id. at 579-580.

분화된 테스트를 제안하였다. 캘리포니아 대법원은 상업적 표현으로 특징짓는 요소들이 i) 話者가 상거래에 관여하는 사람 또는 상거래에 관여하는 사람을 대리하는 사람일 가능성이 높을 것, ii) 목표로 하는 청중이 話者의 상품 또는 서비스에 대한 실제의 또는 잠재적 구매자 또는 고객이거나, 실제의 또는 잠재적 구매자나 고객을 위해 대리하는 사람이거나 또는 리포터나 비평가와 같이 실제의 또는 잠재적 구매자나 고객에게 반복적으로 메시지를 보내거나 달리 영향을 미칠 수 있는 사람일 가능성이 높을 것, iii) 메시지의 사실 내용이 그 성질상 상업적이어야 할 것이라고 판단하였다.[909]

미국 연방대법원과 달리 유럽인권법원과 유럽연합사법재판소는 상업적 표현에 대한 일관성 있는 정의를 찾고자 노력하지 않았다.[910] 그러나 상업적 표현의 특성은 유럽인권법원의 판결에서 발견할 수 있다. 또한 유럽인권위원회도[911] 일부 사건에서 상업적 표현의 특성을 서술하였다. 유럽인권법원은 VgT Verein gegen Tierfabriken 사건에서 "광고가 대중으로 하여금 특정 상품을 구입하도록 한다는 의미에서의 통상의 상업적 맥락에 속하지 않는다"고 판결함으로써 상업적 표현의 특징을 '대중으로 하여금 특정 상품을 구입하도록 하는 상업적 맥락'으로 기술하고 있다.[912] 유럽인권위원회도 Church of Scientology 사건에서 상업광고를 "판매를 위해 물건을 제공하는 것"으로 보았으며, 종교적 물건에 관한 광고가 일단 "판매를 위해 물건을 제공하는 상업광고"에 해당하면, 종교적 내용의 진술은 유럽인권협약 제9조에 따른 "실제 믿음의 표시"라기보다는 "이익을 위해 상품을 판매촉진하기 위한 욕망의 표시"에 해당한다고 결정하였다.[913]

우리나라 헌법재판소도 상업적 표현에 대한 일반적 정의를 제시하지 않았다. 그보다는 사안별로 다른 유형의 표현 간에 존재하는 차이에 대해 판시하였다. 그러나 헌법재판소는 식품의 효능에 관한 광고는 식품판매를 위한 상업적 광고에 해당하고 상업적 표현은 표현의 자유의 보호대상이라고 결정함으로써 상업적 표현의 특성이 '상품의 판매의도'라고 시사하였다.[914] 또한 헌법재판소는 건강기능식품에 관한 법률 사건에서 상업광고는 상품을 홍보하고 판매를 증진시키는 것을 주목적으로 하는 영리활동이라고 판단하였다.[915]

---

908) Nike, Inc. v. Kasky, 539 U.S. 654, 657-658 (2003).

909) Kasky v. Nike, Inc., 45 P.3d 243, 256 (Cal. 2002).

910) Shiner, supra note 841, at 6.

911) Id. at 96 (유럽인원위원회는 1998년의 조직 정비 전까지 구제신청을 위한 사전 여과장치 역할을 수행하였고 상업적 표현과 비상업적 표현 간 보호수준에 차별을 두었었다).

912) Vgt Verein gegen Tierfabriken v. Switzerland (2002) 34 E.H.R.R. 4, 173 ("[T]he commercial indubitably fell outside the regular commercial context in the sense of inciting the public to purchase a particular product").

913) The Church of Scientology and Another v. Sweden (1979) E.C.C. 511, 525-526 ("단지 성격상 '정보를 제공'하거나 '서술적인' 광고와 판매물품을 제시하는 상업적 광고"를 구분).

914) 헌법재판소 2000.3.30. 결정 97헌마108; 헌법재판소 2000.3.30. 결정 99헌마143.

5) 표현의 자유 제한 기준

'상업적 표현에 대한 낮은 수준의 보호'를 기본으로 하여, 각국 법원들은 동일하지는 않지만 효과에 있어서 유사한 표현의 자유 제한 기준을 발전시켜 왔다. 즉, 상업적 표현에는 "낮은 지위에 상응하는 제한적 보호조치"가 부여되었다.[916]

Central Hudson Gas 사건에서 미국 대법원은 Central Hudson 테스트 또는 '중간수준 조사기준(intermediate scrutiny standard)'이라 칭하는 4단계 분석의 내용을 명확하게 밝혔다. 이 분석에 따르면 상업적 표현에 대한 규제가 표현의 자유와 충돌하지 않기 위해서는 4가지 단계를 충족하여야 한다. 즉, i) 상업적 표현이 합법적이고 오인을 초래하지 않아야 한다. ii) 실질적 정부이익이 있어야 한다. iii) 규제가 직접적으로 이러한 이익을 증진시켜야 한다. iv) 규제가 이익 증진에 필요한 이상으로 광범하지 않아야 한다.[917] 마지막 두 단계는 규제방식(a regulatory technique)이 실질적 정부이익에 비례하여야 한다는 요건과 관련된다.[918] 이러한 Central Hudson 테스트는 시간, 장소, 방법 규제를 위한 Ward 테스트[919] 및 상징적 표현을 위한 O'Brien 테스트[920]와는 구분된다. Central Hudson 테스트는 내용중립적 규제와 내용기반 규제 양자 모두에 적용되는 반면, Ward 테스트와 O'Brien 테스트는 내용중립적 규제에만 적용된다.[921] Central Hudson 테스트는 종종 판사들의 비판에 직면하기는 했지만 지배적인 기준으로서 역할을 하여 왔다.[922]

미국 연방대법원이 발전시킨 '비상업적 표현을 위한 테스트'는 Central Hudson 테스트보다 엄격하다. 이 테스트는 '실질적 이익'과 '이익 증진에 필요한 이상으로 광범하지 않을 것' 대신에 '강력한 이익(compelling interests)'과 '이익 증진을 위한 최소한의 규제수단일 것(the least restrictive means to further these interests)'을 요구한다.[923] 반면에 비상업적 표현을 위한 테스트는 표현이 합법적이고 오인을 초래하지 않을 것을 요구하지 않는다.[924]

---

[915] 헌법재판소 2010.7.29. 결정 2006헌바75.

[916] Ohralik v. Ohio State Bar Ass'n, 436 U.S. 447, 456 (1978) ("a limited measure of protection, commensurate with its subordinate position").

[917] Central Hudson Gas & Elec. Corp. v. Public Serv. Comm'n of New York, 447 U.S. 557, 564-566 (1980).

[918] Id. at 564.

[919] Ward v. Rock Against Racism, 491 U.S. 781, 791 (1989).

[920] O'Brien v. United States, 391 U.S. 367, 377 (1968).

[921] Ashutosh Bhagwat, The Test that Ate Everything: Intermediate Scrutiny in First Amendment Jurisprudence, 2007 U. Ill. L. Rev. 783, 794 (2007).

[922] Id.; Thompson v. W. States Med. Ctr., 535 U.S. 357, 367-368 (2002).

[923] Board of Trustees of the State University of New York v. Fox, 492 U.S. 469, 477 (1989); Sable Communications of Cal., Inc. v. FCC, 492 U.S. 115, 126 (1989); United States v. Playboy Entm't Group, 529 U.S. 803, 813 (2000).

[924] Id.

수정헌법 제1조와는 대조적으로 유럽인권협약은 제10조(2)의 규정에 제한에 관한 원칙을 규정하고 있다. 이와 관련하여, 유럽인권법원은 유럽인권협약 제10조의 범위에 속하기 위해서는 표현의 제한이 i) 법률에 규정되어 있고, ii) 무질서 또는 범죄의 방지, 건강 또는 공중도덕의 보호, 다른 사람의 명성 또는 권리의 보호, 비밀 정보의 공개 보호, 법관의 권위와 공정성 유지 등 제10조(2)의 규정에서 언급된 1 이상의 정당한 목적을 추진하여야 하며, iii) 그러한 목적을 달성하기 위해 민주주의 사회에서 필요하여야 한다고 판단하였다.925) 여기서 비상업적 표현의 경우 민주주의 사회에서의 필요성을 '긴급한 사회적 필요성(the existence of pressing social need)'으로 해석한다.926)

상업적 표현의 경우에는 민주주의 사회에서의 필요성을 다르게 해석한다. 즉, 상업적 표현의 규제가 '합리적 근거에서' 필요하다고 판단되면, 그 규제는 '민주주의 사회에서의 필요성'을 충족시킨다고 본다.927) 그러나 Central Hudson 테스트와 달리, 제한원칙을 적용함에 있어서 유럽인권법원은 허위 또는 오인초래 상업적 표현과 합법적이고 오인을 초래하지 않는 상업적 표현을 구분하지 않는다. 유럽연합사법재판소도 "자유의 실현이 공익에 대한 논의에 기여하지 않고, 또한 회원국이 어느 정도의 재량을 가지고 있는 맥락에서 발생하는 경우, 검토는 개입의 합리성과 비례성에 대한 심사에 한정"되고 "이는 표현의 자유를 상업적으로 사용하는 경우, 특히 광고처럼 복잡하고 기복이 심한 분야의 경우, 상업적 표현에 대한 개입요건에 딱 들어맞는다"고 언급하면서, 상업적 표현에 유사한 테스트를 채택하였다.928)

우리나라에서도 표현의 제한은 헌법 제21조의 규정에 따른 언론의 자유를 침해하지 않는다는 기본원칙을 충족하여야 한다. 즉, 표현의 제한은 명확성의 원칙과 검열금지원칙과 같이 표현의 자유 제한을 위해 특별히 요구되는 헌법상의 원칙에 위배되지 않아야 한다. 특히 제21조 제4항의 규정은 "언론·출판은 타인의 명예나 권리 또는 공중도덕이나 사회윤리를 침해하여서는 아니 된다"고 규정하고 있다. 또한 표현의 제한은 기본권 제한을 위한 헌법원칙을 위반하여서는 안 된다. 즉, 법률에 의한 제한의 원칙, 국가안전보장, 질서유지, 공공복리를 위한 필요성의 원칙, 자유와 권리의 본질적 내용을 침해하여서는 안 되는 원칙 등을 위배하여서는 안 된다.929) 필요성의 원칙(비례성의 원칙)은 4부분으로 구성된다. 첫째, 제한하는 법률의 목적이 정당하여야 한다. 둘째, 표현의

---

925) Krone Verlag GmbH & Co KG v. Austria (2006) 42 E.H.R.R. 28, 582("the prevention of disorder or crime, the protection of health or morals, the protection of the reputation or rights of others, the protection of the disclosure of information received in confidence, or the maintenance of the authority and impartiality of the judiciary").

926) Sunday Times v. United Kingdom (1992) 14 E.H.R.R. 229, 241.

927) Markt Intern and Beermann v. Germany (1990) 12 E.H.R.R. 161, 176.

928) Herbert Karner Industrie-Auktionen GmbH v. Troostwijk GmbH [2004] 2 C.M.L.R. 5, 106 ("When the exercise of the freedom does not contribute to a discussion of public interest and, in addition, arises in a context in which the Member States have a certain amount of discretion, review is limited to an examination of the reasonableness and proportionality of the interference").

929) 헌법재판소 2009.5.28. 결정 2006헌바109.

자유를 제한하는 수단이 그 목적을 위해 적정하여야 한다. 셋째, 피해가 최소이어야 한다. 마지막으로, 공공의 필요와 침해되는 기본권 사이의 균형이 이루어져야 한다.[930]

상업적 표현에 대해서는 헌법재판소는 낮은 수준으로 비례성의 원칙을 적용한다. 동 재판소는 의료법 사건에서 "상업광고 규제에 관한 비례의 원칙 심사에 있어서 '피해의 최소성' 원칙은 같은 목적을 달성하기 위하여 달리 덜 제약적인 수단이 없을 것인지 혹은 입법목적을 달성하기 위하여 필요한 최소한의 제한인지를 심사하기보다는 '입법목적을 달성하기 위하여 필요한 범위 내의 것인지'를 심사하는 정도로 완화되는 것이 상당하다"고 판단하였다.[931] 유럽연합에서처럼 우리나라 헌법재판소는 허위 또는 오인초래 상업적 표현에 대한 제한수준과 합법적이고 진실된 상업적 표현에 대한 제한수준을 구분하지 않는다.

6) 결론

(1) 상업적 표현의 보호

상업적 표현은 표현으로서의 특성, 비판적 사고를 위한 청중의 능력 개발, 공익과의 관련성, 話者의 이익 보호 등을 이유로 표현의 자유에 의해 보호되어야만 한다. 첫째, 유럽인권법원, Advocate General Fennelly, 우리나라의 헌법재판소가 주장한 바와 같이, 상업적 표현은 표현의 일종이고, 수정헌법 제1조, 유럽인권협약, 우리나라 헌법은 상업적 표현과 비상업적 표현을 구분하고 있지 않으므로, 상업적 표현이 이러한 법률들의 보호범위에서 제외되어야 할 이유가 없다.

둘째, 잠재적 구매자인 소비자들과 잠재적 구매자가 아닌 기타 청중들 모두 공적 토론에 적절히 참여하기 위해 필요한 비판적 사고능력을 상업적 표현을 통해서도 개발할 수 있다. 오늘날 대부분의 상업광고는 소비자들에게 상품에 관한 정보를 단순한 방법으로만 제공하지는 않기 때문에 상업적 표현의 보호는 소비자들의 비판적 사고능력을 연마하는 데 기여할 수 있을 것이다.[932] 즉, 상업광고는 브랜드 이미지나 의견과 같은 정보도 전달하고, 이 또한 다양한 방법으로 전달한다. 합리적으로 자신들의 선호를 결정하거나 상품을 구매하고자 하는 소비자들은 광고가 전달하는 이러한 종류의 정보에 기초하여 조심스럽게 상품의 장단점을 판단할 필요성이 있다. 또한 잠재적 구매자가 아닌 청중들에게 있어서도 상업적 표현은 그들의 비판적 사고능력과 관련될 수 있다. 이러한

---

[930] 헌법재판소 2000.3.30. 결정 99헌마143.

[931] 헌법재판소 2005.10.27. 결정 2003헌가3.

[932] Adam Winkler, Beyond Bellotti, 32 Loy. L.A. L. Rev. 133, 197 (1998).

청중들은 광고메시지를 이해하려고 노력하면서 비판적 사고능력을 증진시킬 수 있다. 그들에게 상업적 표현은 비상업적 표현과 거의 동일하다.

셋째, 상업광고가 전달하는 정보나 의견도 공익과 직간접적으로 관련된다. 순수하게 상업적인 표현도 공익과 연계될 수 있다. 예를 들면, 우리나라의 헌법재판소는 의료법 사건에서 상업적 의료광고가 객관적 사실에 기초하고 있으면 의료서비스에 관한 중요한 정보를 포함하고 있기 때문에, 소비자로 하여금 합리적 선택을 하도록 도와주고 의료인 간의 공정한 경쟁을 촉진시킴으로써 공익을 증진시킬 수 있다고 결정하였다.[933] 공익과의 연계성은 상업적 표현에 대한 규제의 합헌성 문제가 제기될 때 합헌성 테스트를 위한 중요 요인의 하나가 실질적인 사회적 이익이 있느냐 여부라는 사실에서도 볼 수 있다.

넷째, 상업적 표현 보호에 있어서 話者의 이익도 있다. 판매자가 자신의 상품에 관한 정보를 소비자에게 전달하는 효과적인 방법은 상품시장에서 다른 판매자들과의 경쟁을 위해 중요하다. 자신들의 상품과 다른 상품을 차별할 수 있는 매력적인 정보를 제공함으로써, 판매자들은 고도의 경쟁 시장에서 살아남을 수 있고, 그렇게 함으로써 판매자들은 다른 형태의 표현을 전달하는 데 필요한 의사소통기술을 갈고닦을 수도 있다. 상업적 표현의 규제는 이러한 話者의 이익을 방해하는 결과를 초래할 것이다. 그러나 話者는 이윤추구를 위해 상업적 표현에 오인을 초래할 수 있는 표현을 포함시킬 수 있어서 話者의 이익이 청중의 이익만큼 중요하지는 않다.

앞의 이유들 때문에 상업적 표현은 다른 유형의 표현과 마찬가지로 보호되어야 한다. 상업적 표현과 비상업적 표현의 기능 간의 차이는 차별적 보호수준의 이유가 될 수는 있지만, 상업적 표현을 보호하지 않는 사유가 될 수는 없다.

(2) 다른 수준의 보호

상업적 표현의 보호필요성에 대한 인식이 상업적 표현을 비상업적 표현과 동일한 수준으로 보호하여야 한다는 결론에 자동으로 연계되지는 않는다. 비상업적 표현과 달리 상업적 표현은 표현의 자유에 의해 최대로 보호되어야 할 가치가 있는 것은 아니다.

그러나 '보다 높은 객관성(Greater objectivity)'이라는 근거는 차별적 보호를 충분히 정당화시킬 수 없다. 광고주들이 자신들의 상품에 관한 정보를 누구보다도 잘 알아서 정보의 진실성을 더 용이하게 증명할 수 있다는 것을 의미하는 '보다 높은 객관성'은 정보가 허위 또는 오인을 초래하는

---

933) 헌법재판소 2005.10.27. 결정 2003헌가3.

경우에 적용될 수 있다. 따라서 허위 또는 오인을 초래하는 상업적 표현이 허위 또는 오인을 초래하는 비상업적 표현보다 낮은 수준으로 보호되는 이유만을 설명할 수 있을 뿐이다. 청중에게 전달되는 표현이 진실하고 합법적인 한, 상업적 표현의 話者를 차별할 이유가 없게 된다.

또한 상업적 표현에 부여되는 낮은 수준의 보호가 상업적 표현이 다른 유형의 표현보다 억압에 잘 견딜 수 있기 때문인 것도 아니다. 많은 경우에 있어서, 정치적 또는 종교적 믿음은 話者들로 하여금 억압을 견디게 할 수 있다. 더 중요한 것은 표현의 자유를 규제하는 근거는 표현의 긍정적인 면 때문이 아니라 부정적인 면 때문이어야 한다는 것이다. 긍정적인 면이 더 많기 때문에 더 많이 규제하여야 한다는 것은 그 자체가 모순이다. 따라서 내구성이 강하다는 상업적 표현의 긍정적인 면을 근거로 하여 상업적 표현의 자유를 더 많이 규제한다는 것은 모순이다.

소비자 보호라는 사회적 이익도 차별대우의 근거로서는 불충분하다. 비상업적 표현의 경우를 보면, 소비자를 보호하기 위하여 비상업적 표현을 제한한다고 하여 제한 기준이 완화되지 않는다. 또한 차별적 보호수준에 대한 설명은 상업적 표현의 자유를 제한하는 목적이 아니라 상업적 표현의 특성에 기초하여 설명되어야 한다.

정치적 표현과 같은 비상업적 표현의 보호근거 측면에서 보면, 상업적 표현은 정치적 표현만큼 민주사회에서의 공적 토론에 밀접하게 관련되어 있지는 않다. 그러나 이러한 사실은 양자 간의 차이를 보여줄 뿐이다. 이러한 사실이 상업적 표현의 가치가 낮다고 증명할 수는 없다. 예술적 표현의 경우 주요기능이 정치적 표현과 다르지만 낮은 수준으로 보호되지는 않는다는 것이 그 증거이다.

상업적 표현의 경우 표현의 자유 하에 왜 한정적으로만 보호받을 가치가 있는지는 상업적 표현이 '어느 정도 오인을 초래할 수 있는 정보를 포함할 가능성이 높다는 사실'로 설명할 수 있다. 상인들은 이익을 최대화하기 위해 필요하다고 판단하면 오인을 초래할 수 있는 표현을 기꺼이 사용한다. 흔히 '상인들이 밑진다는 말은 다 거짓말이다'라는 것과 일맥상통한다. 오인을 초래할 수 있는 정보를 포함할 가능성이 높다는 근거와 '보다 높은 객관성'이라는 근거와는 구분하여야 한다. 전자는 상업적 표현 자체의 특성에 관한 것이라면 후자는 話者인 상인에 관한 것이다. 물론 오인을 초래할 수 있는 표현에는 청중들이 참을 수 있는 표현과 그렇지 않은 표현이 있다. 상업적 표현의 이러한 성질로 인해 낮은 수준의 보호가 가능한 것이다.

(3) 상업적 표현의 정의와 혼합 표현

현실 세계에서 광고는 상업적 성질과 비상업적 성질 모두를 가지고 있다. 상업적 표현에는 상대적으로 낮은 수준의 보호가 주어진다는 것을 인식하고 있는 기업은 자신의 광고에 비상업적 메시지를 추가시킴으로써 그 광고를 비상업적인 것으로 만들려고 노력한다. 더구나 현대의 광고는 상품 또는 생산자의 독특함이나 우수성을 설명할 뿐 아니라 브랜드 이미지를 나타냄으로써 소비자들로 하여금 브랜드를 선택하도록 설득시키는 경향이 있다. 사설 형태의 광고인 에드버토리얼 (Advertorials)과 브랜드 상품에 관한 사설은 그러한 목적에 부합한다. 이러한 상황 속에서 상업적 표현의 정의는 '혼합 표현'의 보호범위를 정함에 있어서 매우 중요하다.

상업적 표현의 정의는 상업적 표현의 보호근거와 상업적 · 비상업적 표현의 차별근거를 포함하여야 한다. 상업적 표현을 정의하는 실익이, 상업적 표현을 표현의 자유에 의해 보호하되 비상업적 표현보다는 차별적으로 보호하고자 하는 데 있기 때문이다. 상업적 표현을 비상업적 표현과 동일하게 보호한다면, 굳이 상업적 표현을 정의할 이유가 없다. 상업적 표현에 대한 정의가 표현의 자유에 의해 보호되는 표현으로서의 특성과 비상업적 표현과 구분되는 특성을 포함하고 있을 때 상업적 표현의 위치가 제대로 결정될 것이다.

첫째로, 상업적 표현은 표현의 자유 범위에 속하는 '표현'의 특성을 보유하여야 한다. 사전적 정의에 따르면,[934] 표현은 "사람의 생각과 느낌을 알게 하는 과정"을 의미하고, 언론은 "생각과 느낌을 명확한 소리에 의해 표현하는 것 또는 표현하는 능력"을 의미한다. 통상적으로도 말이나 글로 자신의 생각이나 느낌을 알게 하는 것을 의미한다. 그러나 표현의 자유에 의해 보호될 수 있는 표현은 구두 또는 서면에 의한 언어의 사용만을 의미하는 것은 아니다. 표현은 언어의 사용 외에 상징과 행동을 통한 의사소통도 포함한다.[935] 미국 연방대법원은 Spence 사건에서 한 학생이 미국 국기를 거꾸로 걸고 평화의 상징을 국기에 추가한 행위는 표현의 자유에 의해 보호된다고 판결하였다.[936] 다만, 연방대법원은 행동이 수정헌법 제1조상의 언론에 해당하기 위해서는 그 행동에 "의사소통이라는 요소가 충분히 가득 담겨" 있어야 한다고 명확히 하였다. 추가적으로 연방대법원은 행동의 성질과 주변 정황이 결합되면 이러한 결과에 이를 수 있다고 언급하면서,[937] 話者(행동한 사람)의 의도도 함께 강조하였다.[938] 결국 상업적 표현은 표현이어야 하고 표현은 '의사소통 (communication)'이어야 한다.

둘째로, 상업적 표현 보호를 위한 주요 정당화 사유는 이 표현이 '청중(audience)'으로 하여금 공적 토론에 필요한 비판적 사고능력을 증진시킬 수 있게 한다는 것이다. 다른 유형의 표현이 話者

---

[934] Google dictionary; see also Oxford Dictionaries Online (표현을 "사람의 생각이나 감정을 알게 하는 행위"라고 정의); the Oxford Advanced Learner's Dictionary (표현은 "사람들이 자신들의 감정, 의견, 생각을 보여주기 위해 말하거나 쓰거나 행동한 것들"을 의미); 국립국어원에서 발간한 표준국어대사전에서는 표현을 "생각이나 느낌 따위를 언어나 몸짓 따위의 형상으로 드러내어 나타냄"이라고 정의한다.

[935] Rodney A. Smolla, 1 Smolla & Nimmer on Freedom of Speech § 11:2 (2010).

[936] Spence v. Washington, 418 U.S. 405, 405 (1974).

[937] Id. at 409-411.

[938] Id.

와 청중 모두의 자기발전, 자기실현, 자율을 촉진시킬 수 있는 반면, 상업적 표현의 헌법적 가치는 주로 소비자 등 청중에 귀속된다. 경쟁을 위해 자신의 상품과 다른 상품을 차별화하는 데 話者의 이익이 있지만, 이윤을 추구하는 話者들이 오인을 초래할 만한 정보를 사용할 가능성이 높다는 사실은 話者의 이익에 대한 가치를 떨어뜨린다. 이러한 점에서 표현이 상업적인지 아닌지는 話者가 아니라 청중의 관점에서 평가되어야 한다.

셋째, 무엇보다 중요한 것은 상업적 표현을 비상업적 표현보다 낮은 수준으로 보호하여야 하는 근거가 '오인을 초래할 수 있는 정보가 존재할 높은 가능성'에 있다는 점에서, 이러한 근거에 기초하여 상업적 표현을 정의하여야 한다는 것이다. 상업적 표현은 '話者의 상업적 이익 때문에 오인을 초래하는 정보가 포함되어 있을 것'이라고 청중들이 인지할 가능성이 높은 표현으로 한정되어야 한다. 구체적으로 살펴보면 독자들은 저자들이 보다 많은 책을 판매하기 위해 오인을 초래하는 정보를 사용할 것이라고 생각하지는 않을 것이다. 연구원들이 상업적 이익 때문에 자신들의 경제학 논문에 오인을 초래하는 정보를 포함시킬 것이라고 생각하지도 않을 것이다. 반면에 상품 판매자는 보다 많은 상품을 판매하여 수익을 높이기 위해, 상품의 상거래를 제안(상품 판매 제안)하는 것이 취지인 상품광고에서 명시적 또는 묵시적으로 오인을 초래하는 표현을 사용할 가능성이 높다. 뿐만 아니라 정치적 또는 예술적 표현 등을 포함하고 있는 광고도 그 주된 취지가 상품의 상거래를 제안하는 것인 경우 오인을 초래하는 표현을 포함하고 있을 가능성이 높다. 결국 '오인을 초래할 수 있는 정보가 존재할 높은 가능성'을 기초로 상업적 표현을 정의해 보면 '상품의 상거래를 제안하는 표현'이 상업적 표현이지만, 정치적 표현 등을 포함하고 있는 상업광고도 주된 취지가 상품의 상거래를 제안하는 것일 수 있다는 점을 감안하면, 상업적 표현은 '주로 상품의 상거래를 제안하는 표현'이라고 정의할 수 있다.

앞에서 언급한 내용을 종합하면, i) 상업적 표현은 의사소통이어야 하고, ii) 상업적 표현인지 여부는 청중의 관점에서 판단되어야 하며, iii) 상업적 표현은 '주로 상품의 상거래를 제안하는 표현'이어야 한다. 따라서 상업적 표현은 '청중의 관점에서 주로 상거래를 제안하는 의사소통(communication which primarily proposes a commercial transaction from the standpoint of the audience)'으로 정의되어야 한다.

이러한 정의에 따르면 상업적·비상업적 내용 모두를 포함하고 있는 혼합 표현은 주로 상품의 상거래 제안과 관련되는지 여부에 따라 상업적 또는 비상업적 표현으로 범주화될 수 있다. 다만 혼합 표현은 상업적 표현이라고 증명되기 전까지는 비상업적 표현으로 추정되어야 한다.[939] 표현

---

[939] Barendt, supra note 834, at 398 ("경계선상에 있는 사건들은 추정을 활용하여 해결하여야 한다"고 주장).

의 자유에 대한 제한은 예외적인 것인데도 상업적 표현에는 보다 넓은 제한이 허용되기 때문이다. 표현의 자유는 자기실현, 자기성취, 자율, 자유민주주의에 필요한 공적 토론의 필수요건이고 따라서 이에 대한 제한은 예외적이어야 한다. 만약 혼합 표현을 상업적 표현이라고 추정하여 낮은 수준으로 보호하는 것이 원칙이 되면,[940] 표현의 제한은 예외적일 수 없다. 상업적 표현으로 추정하는 경우, 話者가 자신의 표현이 비상업적이라는 것을 입증하여야 하기 때문에, 표현의 자유를 냉각시키는 효과(chilling effect)를 발생시킬 수 있을 것이다. 話者는 자신의 표현이 비상업적이라는 것을 입증하기 위해 시간과 노력을 사용하기보다는 자신의 표현을 철회할 것이다.

한편 혼합 표현이 항상 '전체로서(as a whole)' 상업적 또는 비상업적 표현이라고 말할 수는 없다. 상업적 표현 부분과 비상업적 표현 부분이 상호 '풀 수 없을 정도로 엮여 있는(inextricably interwoven)' 경우에는, 그 표현은 상업적 또는 비상업적인 표현으로 범주화될 것이고 그에 상응하는 하나의 테스트가 적용된다. 미국 연방대법원도 자선기금 기부요청에 관한 사건에서 하나의 표현의 구성 부분들이 풀 수 없을 정도로 엮인 경우에는 동일한 테스트가 사용되어야 한다고 판시하였다.[941] 동법원은 "어떤 조사방법을 어떤 표현에 적용하고 다른 조사방법을 다른 표현에 적용하면서" "표현을 구분(parcel out the speech)"하고자 하는 노력은 자연적이지도 않고 비현실적이라고 주장하였다.[942] 그러나 법률이나 사물의 성질 등으로 인해 상업적 표현을 비상업적 표현으로부터 분리해내는 것이 불가능한 경우가 아닌 한, 각각 다른 테스트가 각각 다른 유형의 표현에 적용되어야 한다.[943] 예를 들면, 광고 시간 동안의 상업광고는 TV 프로그램과 차별화될 수 있지만, TV 프로그램 내에서의 상품광고인 상품배치(product placements)는 프로그램 자체와 쉽게 분리될 수 없다.

(4) 표현의 자유 제한 기준

미국, 유럽연합, 우리나라에서의 표현의 자유에 대한 제한 기준은 정확하게 일치하지는 않는다. 첫째, 미국의 기준은 비상업적 표현의 제한에 강력한 국가 이익(compelling state interests)이 있을 것을 요구하지만, 유럽연합과 우리나라는 상업적 표현과 비상업적 표현 모두의 제한에 정당한 이익(legitimate interests)이 있을 것을 요구한다. 둘째, 상업적 표현의 제한에 관한 미국의 Central

---

[940] Margreth Barrett, Domain Names, Trademarks and the First Amendment: Searching for Meaningful Boundaries, 97 Trademark Rep. 848, 862 (2007) (상거래를 제안하는 동시에 사회적, 정치적 또는 기타 공익에 관한 쟁점사항을 다루는 혼합메시지는 "상업적 표현"으로 간주될 수 있고, 따라서 보다 낮은 수준으로 수정헌법 제1조상의 보호를 받는다고 언급).

[941] Schaumburg v. Citizens for a Better Environment, 444 U.S. 620, 632 (1980); Maryland v. Munson, 467 U.S. 947, 959-960 (1984); Riley v. Nat'l Fed'n of the Blind, Inc., 487 U.S. 781, 796 (1988).

[942] *Riley*, 487 U.S. at 796.

[943] Board of Trustees of the State University of New York v. Fox, 492 U.S. 469, 474-475 (1989).

Hudson 테스트는 허위 또는 오인을 초래하는 상업적 표현에는 적용되지 않지만, 유럽연합과 우리나라에서는 상업적 표현 제한 기준이 허위 또는 오인을 초래하는 상업적 표현에도 적용된다. 셋째, 표현 제한 수단이 필요 이상으로 광범하지 않거나(상업적 표현의 경우) 최소한의 제한수단(비상업적 표현의 경우)이어야 하는 것이 미국과 우리나라 테스트인 반면, 유럽연합은 이러한 것을 요구하지 않는다. 마지막으로, 우리나라의 헌법재판소는 이익의 균형을 요구하는 반면 미국이나 유럽연합의 경우에는 그렇지 않다.

그러나 표현의 자유 제한 기준에 있어서의 대부분의 차이점은 제한 기준 전체를 놓고 살펴보면 큰 차이가 없다. 미국 연방대법원의 국가 이익 강도(strength)상의 차이는 유럽인권법원에서의 "정당한 목적을 위한 민주주의 사회에서의 필요성"이라는 부분 및 우리나라 헌법재판소에서의 비례의 원칙 특히 이익의 균형에 상응한다. 또한 유럽인권법원에 의하면, 표현을 제한하는 수단이 최소제한 수단인지 여부는 "정당한 목적을 위한 민주주의 사회에서의 필요성"이라는 요건에 포함되는 것으로 보인다.

반면에 미국 연방대법원에서의 '상업적 표현이 합법적이고 오인을 초래하지 않는지 여부'는 유럽연합 및 우리나라의 테스트와 합치되지 않는다. Central Hudson 테스트에 의하면 허위 또는 오인초래 상업적 표현에 대한 제한은 진실되고 합법적인 상업적 표현에 대한 제한보다 덜 엄격하게 조사할 것이 요구된다. 그러나 유럽인권법원, 유럽연합사법재판소, 우리나라 헌법재판소는 허위 또는 오인초래 표현에 대해 그러한 조사를 요구하지 않는다. 물론 유럽과 우리나라의 기준이 진실되고 합법적인 상업적 표현과 허위 또는 오인을 초래하는 상업적 표현에 동일한 수준의 보호를 부여한다는 것을 의미하지는 않는다. 동일한 기준에 의해 분석될 뿐이다. 상표사건들을 감안해 보면, 불법, 허위 또는 오인을 초래하는 상업적 표현은 합법적이고 오인을 초래하지 않는 상업적 표현과 함께 동일한 테스트에 의해 제한되어야 한다.

첫째, 상업적 표현에 관한 미국의 Central Hudson 테스트하에서는 허위 또는 오인을 초래하는 상업적 표현이 Central Hudson 테스트의 대상이 되지 않는데, 오인을 초래한다는 것은 혼동가능성과 동일하게 이해될 수 있다. 그 결과 혼동가능성이 Central Hudson 테스트하에서 관문요건으로 기능하게 되는데, '혼동가능성'의 범위가 명확히 정의되어 있지 않다. 따라서 혼동가능성을 넓게 해석하는 경우 다수의 상업적 표현이 표현의 자유 범위 밖에 있게 된다.[944] 이는 상업적 표현이 표현의 자유에 의해 보호되어야 한다는 법원의 결정에 위배된다.

둘째, 미국의 Central Hudson 테스트하에서는 혼동가능성이 관문요건으로 기능함에 따라, 상업

---

[944] Lisa P. Ramsey, Increasing First Amendment Scrutiny of Trademark Law, 61 SMU L. Rev. 381, 420 (2008) (인터넷상에서의 최초관심혼동을 근거로 혼동을 초래하는 상업적 표현을 수정헌법 제1조상의 보호에서 제외하는 것은 문제가 있다고 주장).

적 표현을 제한하는 기준에 기초하여 혼동가능성의 범위를 검토하는 것이 불가능하다. 오히려 혼동가능성의 범위가 표현의 자유 제한 기준의 적용 여부를 결정한다. 이것은 법률 보다 우위에 있는 헌법상 또는 헌법적 원칙의 적용범위가 법률에 의해 결정되는 결과를 초래하여 '말 앞에 마차를 놓는 것(putting the cart before the horse)'이 된다.

셋째, 미국의 Central Hudson 분석은 오인을 초래하는 상표사용이 공정사용과 같은 상표책임 예외를 근거로 상표법상 허용되는 이유를 표현의 자유 관점에서 설명할 수 없다. Central Hudson 테스트에 따르면, 상업적 표현이 오인을 초래하면 더 이상 상업적 표현은 중간 수준의 조사를 받지 않는다. 따라서 동 테스트는 '표현의 자유 관점'에서 왜 공정사용이 필요한지 설명할 수 없다. 하나의 가능한 해석은 공정사용의 경우 제소 가능한 수준의 혼동가능성이 없고, 동 테스트에서의 '오인초래'는 제소 가능한 혼동가능성을 의미하는 것으로 제한하는 해석일 것이다. 그러나 이러한 해석은 상표책임 예외로서 공정사용이라는 요건을 불필요하게 만든다. 즉, 혼동가능성 테스트가 공정사용 여부에 대한 분석을 포함하게 된다.

마지막으로, 불법, 허위 또는 오인초래 사용과 합법적이고 오인을 초래하지 않는 사용 간의 차이는 '규제에 의한 국가 이익의 직접적 증진'과 '필요한 범위 내의 규제'라는 요건에 의해 조정될 수 있다. 즉, 불법, 허위 또는 오인을 초래하는 상표사용의 경우에는, 규제에 의해 국가 이익이 직접적으로 증진되고 그 규제도 필요한 범위 내의 규제라고 보다 쉽게 인정될 것이다.

그러므로 상업적 표현의 제한 기준은 세 부분으로 구성되어야만 한다. 즉, i) 주장된 국가 이익(규제에 의해 얻고자 하는 국가 이익)이 실질적이어야만 한다. ii) 규제는 주장된 국가 이익을 직접적으로 증진시켜야만 한다. iii) 규제는 이러한 이익에 기여하기 위해 필요한 범위보다 넓어서는 안 된다.

2. 상표법에 의한 표현의 제한

1) 표현의 자유와 상표법 간의 관계에 대한 접근방법

상표보호는 많은 경우 표현의 자유와 충돌한다. 상업적 표현이 표현의 자유하에서 다른 유형의 표현과 동일하게 취급되면 상표보호는 위축될 것이다. 반대로 상업적/비상업적 구분에 기초하여 법원들이 상업적 표현의 규제에 보다 관대하여 상표보호 범위를 넓히면 표현의 자유를 냉각시킬 수 있을 것이다. Kozinski 판사가 MCA Records 사건에서 "이것이 공상과학 멜로드라마라면 '스피치-질라(Speech-Zilla)가 상표-콩(Trademark Kong)을 만나다'라고 명명될 수 있을 것이다"라고 주장하였듯이,[945] 상표권과 표현의 자유 가치 간에 균형을 유지하는 것이 어렵다.

Central Hudson 테스트가 채택되고 모든 상표사용이 상업적 표현으로 간주되면, 언뜻 상표침해 사건에서 스피치-질라(Speech-Zilla)가 상표-콩(Trademark Kong)을 만날 가능성이 없는 것처럼 보일 수 있다.[946] 이러한 해석에 의하면 소비자들을 혼동시킬 가능성이 높은 상표사용은 Central Hudson 테스트의 첫 부분을 만족시킬 수 없기 때문이다.

그러나 법원이 Central Hudson 테스트를 채택하더라도 상표법은 여전히 표현의 자유와 충돌한다. 첫째, 모든 상표사용이 상업적 표현으로 범주화되는지가 확실하지 않다. 상품 판매자들은 자신들의 상업광고에서 상표를 사용하는 반면, 책의 저자나 작사가들은 자신들의 작품이나 음악에 상표를 포함시킨다. 시위자들은 자신들의 신념을 강조하기 위해 상표를 패러디한다. 이러한 모든 경우를 상업적 표현으로 분류할 수는 없다. 오히려 책의 저자, 작사가, 시위자들의 표현은 예술적 표현의 자유나 정치적 표현의 자유로 분류될 것이다.

둘째, '혼동가능성' 내지 '오인초래'의 범위는 매우 넓고 확정적이지 않다. 일부 유형의 혼동가능성은 소비자들이 참을 만하지만, 다른 유형의 혼동가능성은 소비자들이 용인할 수 없다. 또한 소비자 주의 정도도 동일하지 않다. 평균 소비자들의 혼동을 초래할 수 있는 정보라고 하여도, 세심한 소비자들(Sophisticated consumers)의 혼동을 초래하지 않을 수 있다. 나아가 '혼동가능성'이 '오인초래'에 합치되는지 여부도 불분명하다.

셋째, 희석책임과 같이 혼동책임을 넘어선 상표보호 범위의 확장은 상표권과 표현의 자유 간에 새로운 장의 충돌을 유발시킨다. 상표의 희석적 사용은 오인초래 표현에 해당하지 않을 수 있기 때문에, 이러한 상표사용의 규제는 Central Hudson 테스트하에서도 전적으로 상업적 표현의 자유 밖에 있지는 않다.

상표보호와 표현의 자유 간의 충돌을 완화하고 균형을 찾기 위해, 법원들은(대부분 미국에 있는 법원들) i) 혼동가능성 테스트(the 'likelihood of confusion' test), ii) 대체영역 테스트(the 'alternative avenues' test), iii) 로저스 테스트(the Rogers test)[947] 등 세 가지의 접근방법 중 하나를 채택하여 왔다. 미국 제9연방항소법원에 의해 고안된 '지명식 공정사용 이론'도 로저스 테스트가 작품의 제목

---

[945] Mattel, Inc. v. MCA Records, Inc., 296 F.3d 894, 898 (9th Cir. 2002) (영화 속에 등장하는 고질라와 킹콩에 비유한 설명).

[946] Taubman Co. v. Webfeats, 319 F.3d 770, 774-775 (6th Cir. 2003) (피고의 사용이 상업적이고 혼동(confusing)을 초래하면, "그 사용은 오인을 초래(misleading)하는 상업적 표현이고 수정헌법 제1조 범위 밖에 있다"고 지적).

[947] Parks v. LaFace Records, 329 F.3d 437, 447 (6th Cir. 2003).

에서의 상표사용에만 적용되기 때문에 만들어졌다는 주장이 있다.948)

혼동가능성 접근방법은 표현의 자유 방어수단(free speech defences)에는 "특별한 관심을 보이지" 않으면서,949) 법률에 규정된 틀에 의해 상표보호와 표현의 자유 간 균형이 이루어져 왔다고 주장한다.950) 혼동가능성 접근방법을 채택한 대표적인 법원은 Dr. Seuss Enterprises 사건에서의951) 미국 제9연방항소법원이다. Dr. Seuss Enterprises 사건은 어린이용 책 『The Cat in the Hat』952)에 대한 상표권과 저작권을 소유하고 있는 Dr. Seuss Enterprises가 O. J. Simson의 이중살인 사건을 패러디한 『The Cat NOT in the Hat! A Parody by Dr. Juice』953)라는 책을 발간하여 판매하고자 한 Penguin Books USA사와 Dove Audio사를 상대로 하여 상표권 및 저작권 침해 등을 주장한 사건이다.954) 미국 제9연방항소법원은 이 사건에서의 쟁점이 창의적 표현의 보호라기보다는 상품시장에서의 혼동가능성이라고 강조하였으며, Sleekcraft 혼동가능성 테스트에 초점을 맞추었다.955) 나아가 동 법원은 패러디 방어수단이 혼동가능성 테스트에 포함된 것으로 간주하였다. 패러디 방어수단은 다른 방법으로 혼동가능성이 없다는 것을 주장하는 것에 불과하고 특혜대우를 받아서는 안 된다는 것이다.956)

두 번째 접근방법인 대체영역 테스트는 상표보호에 더 많은 비중을 두면서, 상표가 재산권의 성질을 가진다는 점을 강조한다. 이러한 기준은 Lloyd v. Tanner 사건에서 비롯되었는데,957) 미국 제2연방항소법원이 Dallas Cowboys Cheerleaders 사건에서 대체영역 테스트를 채택하였다.958) Dallas Cowboys Cheerleaders 사건은 뉴욕 소재 영화사인 Pussycat Cinema사가 포르노 영화인 <Debbie Does Dallas>에서 Dallas Cowboys Cheerleaders의 유니폼을 입은 여인이 성행위를 하는 모습을 담은 사건이다.959) 동 사건에서 Dallas Cowboys Cheerleaders사의 상표권 침해 주장에 대해 Pussycat Cinema사는 표현의 자유를 주장하였는데, 이에 대해 제2연방항소법원은 상표권을 침해하지 않고도 '운동경기에서의 선정성'에 대한 의견을 표현할 수 있기 때문에 상표권 침해 금지에 기초한 사

948) Pratheepan Gulasekaram, Policing the Border Between Trademarks and Free Speech: Protecting Unauthorized Trademark Use in Expressive Works, 80 Wash. L. Rev. 887, 919-920 (2005).

949) *Parks*, 329 F.3d at 448.

950) Films of Distinction, Inc. v. Allegro Film Prods., Inc., 12 F.Supp.2d 1068, 1078 (C.D.Cal.1998).

951) Dr. Seuss Enterprises, L.P. v. Penguin Books USA, Inc., 109 F.3d 1394 (9th Cir. 1997).

952) 'The Cat in the Hat'은 Theodor S. Geisel 이 'Dr. Seuss'라는 필명으로 1957년 처음 출간하여 유명해진 어린이용 책이다.

953) Alan Katz와 Chris Wrinn이 각각 글을 쓰고 삽화를 그린 책으로 1995년에 발간되었으며, Penguin사가 출판하고 Dove사가 배급을 담당하였다.

954) Dr. Seuss Enterprises, L.P. v. Penguin Books USA, Inc., 109 F.3d 1394, 1396-1397 (9th Cir. 1997).

955) Dr. Seuss Enterprises, L.P. v. Penguin Books USA, Inc., 109 F.3d 1394, 1403-1405 (9th Cir. 1997).

956) Id. at 1405-1406.

957) Lloyd Corp. v. Tanner, 407 U.S. 551 (1972).

958) Dallas Cowboys Cheerleaders v. Pussycat Cinema, Ltd., 604 F.2d 200, 206 (2d Cir. 1979).

959) Id. at 202-203.

용금지가 표현의 자유를 침해하지 않는다고 판단하였다.[960]

미국 제8연방항소법원은 동일한 기준을 Mutual of Omaha 사건에 적용하였다.[961] Mutual of Omaha사는 보험 및 TV 프로그램에 관하여 '인디언 머리' 로고와 'Mutual of Omaha' 및 'Mutual of Omaha's Wild Kingdom'이라는 표시를 포함하고 있는 상표를 등록받았는데, Novak이 깃털로 덮인 모자를 쓴 야윈 인디언 머리와 'Mutant of Omaha'라는 글자를 포함하고 있는 디자인을 'Nuclear Holocaust Insurance'라는 표현과 함께 T셔츠에 사용하고 이를 TV 등에서 광고하였다.[962] Novak이 주장한 표현의 자유에 대해, 제8연방항소법원은 Novak이 책, 잡지, 영화에서 패러디 등을 활용하여 자신의 견해를 표현할 수 있는 등 다른 표현영역을 가지고 있기 때문에 연방지방법원의 사용금지명령이 표현의 자유를 침해하지 않는다고 판단하였다.[963]

이처럼 대체영역 테스트 접근방법하에서는, "적절한 대체 의사소통 영역"이 있으면 상표보호가 표현의 자유 이익을 능가한다.[964]

많은 미국 연방항소법원들은 예술적 표현이라는 맥락에서 상표가 사용된 경우 로저스 테스트(Rogers test)를 사용한다. 제2연방항소법원이 이러한 테스트를 로저스 사건에서 도입한 이후,[965] 제2연방항소법원뿐 아니라 제5연방항소법원,[966] 제6연방항소법원,[967] 제9연방항소법원[968] 등 다른 연방항소법원도 로저스 테스트를 채택하여 왔다.

앞의 두 가지 접근방법과 대조적으로, 이 접근방법은 상표법이 표현의 자유 이익과 충돌하지 않으려면 좁게 해석되어야 한다는 생각을 전제로 한다.[969] 처음에는 로저스 테스트가 예술적 작품 제목에서의 상표사용에만 적용되었지만, "예술적 표현인 작품에 대한 랜험법 주장에 일반적으로 적용될 수 있도록" 확장되었다.[970] 이 테스트는 예술적 관련성과 명백한 오인초래 사용이라는 두 부분으로 구성된다. 로저스 테스트에 따르면, 표현적 작품에서의 상표사용은 "기초가 되는 작품과

---

960) Id. at 206.

961) Mutual of Omaha Ins. Co. v. Novak, 836 F.2d 397, 402 (8th Cir. 1988).

962) Id. at 398.

963) Id. at 402.

964) Id.

965) Rogers v. Grimaldi, 875 F.2d 994 (2d Cir. 1989) (이탈리아 영화제작자 Federico Fellini가 유명 영화배우인 Ginger Rogers 및 Fred Astaire와 유사한 가상의 이탈리아 카바레 연기자 Pippo와 Amelia 에 관한 영화 <Ginger and Fred>를 제작하여 상영한 것에 대해 유명 여배우인 Ginger Rogers가 랜험법 위반 등을 주장한 사건).

966) Sugar Busters LLC v. Brennan, 177 F.3d 258 (5th Cir. 1999); Westchester Media v. PRL USA Holdings, Inc., 214 F.3d 658 (5th Cir. 2000).

967) Parks v. LaFace Records, 329 F.3d 437 (6th Cir. 2003).

968) Mattel, Inc. v. MCA Records, Inc., 296 F.3d 894 (9th Cir. 2002); Mattel, Inc. v. Walking Mountain Productions, 353. F.3d 792 (9th Cir. 2003); E.S.S. Entertainment 2000, Inc. v. Rock Star Videos, Inc., 547 F.3d 1095 (9th Cir. 2008).

969) Rogers, 875 F.2d at 998.

970) Cliffs Notes, Inc. v. Bantam Doubleday Dell Publishing Group, 886 F.2d 490, 495 (2d Cir. 1989).

어떻게든 예술적 관련성이 없는 것이 아닌 이상 또는 일부 예술적 관련성이 있으면 작품의 출처 또는 내용에 관해 명백하게 오인시키는 것이 아닌 한", 랜험법 상의 침해나 허위표시로 금지되지 않는다.971)

표현의 자유 '제한 기준' 관점에서 보면, 앞의 세 가지 접근방법들은 상표보호와 표현의 자유 가치 간의 균형을 충분히 정당화시키고 있다고 볼 수 없다.

표현의 자유 이익이 혼동 테스트에 이미 포함되어 있다고 해석하기 때문에 혼동가능성 접근방법은 표현의 자유와 상표보호범위의 한계를 명확하게 정해주지 못한다. 또한 동 접근방법은 혼동가능성 테스트가 미국 연방대법원이 만든 표현의 자유 제한에 관한 기준을 만족시키는지 여부를 설명할 수 없다. 나아가 미국 연방대법원이 상업적 표현과 비상업적 표현을 차별적으로 보호하는 것을 밝힐 수도 없다.

대체영역 접근방법도 동일한 문제점을 가지고 있다. 즉, 표현의 자유 제한 기준인 '엄격한 또는 중간 정도의 조사(strict or intermediate scrutiny)'가 이 접근방법에 근거를 제시하지 못한다. 또한 이 접근방법은 상표권과 실제 재산권을 동일시할 뿐 아니라972) 재산권이 다른 헌법적 가치에 의해 제한될 수 있다는 사실을 무시한다는 점에서 설득력이 부족하다.

로저스 접근방법은 표현의 자유와 상표의 보호 간에 적절한 균형을 찾고자 하는 노력을 하였다는 점에서 긍정적인 평가를 받을 수 있지만, 표현의 자유 제한 기준에 기초하고 있지 않다는 점에서 이 역시 한계가 있다. 로저스 접근방법을 채택한 법원은 "소비자 혼동을 피한다는 공익이 표현의 자유라는 공익을 능가하는 경우에만 랜험법이 예술적 작품에 적용되는 것으로 해석하여야 한다"고 판단하면서, 상표이익과 표현의 자유 이익 양자를 고려하고자 노력하였다.973) 이러한 분석은 비상업적 표현의 제한에 적용되는 엄격한 조사의 일부 요건인 '강력한 이익의 존재'와 관련되는 것으로 보인다. 그러나 동 법원은 엄격한 조사에 기초하여 논의를 지속시키지는 않았다.

결국 상업적・비상업적 표현의 제한 기준 측면에서, 상표법과 표현의 자유 간의 일반적 관계를 탐구하는 것이 필요하다. 이러한 목적을 위하여, '상표사용'의 표현으로서의 성질을 먼저 살펴보아야 한다.

---

971) *Rogers*, 875 F.2d at 999.

972) *Parks*, 329 F.3d at 450.

973) *Rogers*, 875 F.2d at 999.

2) 상표의 사용과 표현

생산자들과 소매업자들은 통상 자신들의 상품과 다른 상품들을 차별화하고 그 결과 자신들의 상품에 대한 강한 소비자 선호를 형성하기 위해, 상품품질과 브랜드 이미지에 관한 정보를 전달하고자 상표를 사용한다. 한편 상표 특히 유명상표는 우리의 일상 대화에서 다른 의미를 표현하는 표지로서도 사용된다. 예를 들면, 소비자들은 진통제를 가리키기 위해 타이레놀이라는 단어를 사용하고 동종상품 중 최고라는 것을 표현하기 위해 '동종상품에서의 롤스로이스'라는 표현을 사용하기도 한다.974) 상표로서의 사용에는 해당하지 않는 이러한 상표사용에 있어서, 상표는 의사소통으로서의 성질을 보유하고 있어서 표현의 자유에 포함되는 표현으로 간주된다. 여기서 표현의 자유 가치는 "상표권에 반대되는 것으로 관련된다(implicated in opposition to the trademark right)."975) 이 주장에 대하여는 이의가 없을 것이다.

그러나 상표로서의 사용(use as trade marks)이 표현의 자유로 보호되는 '표현'에 해당하는지에 대하여는 법원의 태도가 나뉘어져 있다. 일부 미국 연방법원들은 "다른 사람의 상표를 사용하는 것은 그 상표의 사용이 의사소통 메시지의 일부분일 때만 수정헌법 제1조의 보호를 받을 자격이 있고 상품의 출처를 식별하기 위해서만 상표가 사용된 때에는 그렇지 않다"고 언급하면서, '상표로서의 사용'이 수정헌법 제1조가 의미하는 '언론(speech)'에는 해당하지 않는 것으로 해석하였다.976) 이러한 해석은 "의사소통 메시지와 상품 레이블이나 식별표시 간의 구분"을 전제로 한다.977) 즉, 의사소통은 상품의 출처나 후원관계에 관한 정보를 포함하지 않는다는 것이다. 이에 따르면, 상품의 출처나 후원관계를 나타내기 위해서만 사용된 상표는 전적으로 표현의 자유 이익과 무관하다.978) 상표로서의 사용을 상업적 표현 또는 비상업적 표현으로 분류하는 것이 불필요하기까지 하다. 그 결과 상표권자는 표현의 자유를 주장하는 제3자에 대하여 자신들의 상표권을 자유롭게 주장할 수 있다.

그러나 '상표로서의 사용'을 '표현'의 범위에서 제외시킬 이유가 없다. 미국 연방대법원이 Sorrell 사건에서 주장하였듯이, "정보의 창출과 배포는 수정헌법 제1조상의 표현에 해당"하고, 사실적 정보(factual information)는 "인간의 지식을 증진시키고 인간사(human affairs)를 수행하기에 가장 필수

---

974) Mattel, Inc. v. MCA Records, Inc., 296 F.3d 894, 900 (9th Cir. 2002).

975) Yankee Publishing v. News America Publishing, 809 F.Supp. 267, 276 (S.D.N.Y. 1992).

976) Planned Parenthood Federation of America, Inc. v. Bucci, 1997 WL 133313, 10-11 (S.D.N.Y. 1997); OBH, Inc. v. Spotlight Magazine, Inc., 86 F.Supp.2d 176, 197-198 (W.D.N.Y. 2000).

977) Id.

978) *Yankee Publishing*, 809 F.Supp. at 276; Diller v. Barry Driller, Inc., 2012 WL 4044732, 10 (C.D.Cal.).

적인 중요한 표현을 위한 출발점"이다.979) 상표로서의 사용은 상품의 품질과 브랜드 이미지에 관한 정보의 전달이기 때문에 상표로서의 사용도 표현이라고 보아야 한다. 더 나아가 상표로서의 사용은 상표기능을 감안하면 판매자, 소비자, 기타 경쟁자 간 의사소통의 핵에 위치한다. 상표는 상품품질과 브랜드 이미지에 관한 정보를 전달하고 상표를 부착한 상품과 다른 상품을 차별하는 데 핵심적 역할을 한다. 이러한 정보는 합리적인 소비자 결정을 위해 없어서는 안 되며, 경쟁자가 자신의 마케팅 전략을 수립하는 것을 도와준다. 결국 상표의 주된 본질적 기능은 중요 정보를 자신의 주요 청중, 소비자, 경쟁자에게 알리는 것과 관련된다. 따라서 '상표로서의 사용'은 표현의 자유상의 '표현'에 해당한다.980)

상표로서의 사용을 포함하는 상표의 사용도 표현의 자유 의미상의 표현에 해당하지만, 모든 상표사용이 표현에 해당하는 것은 아니다. 의사소통 요소를 결여하여 '표현'으로 간주될 수 없는 일부 상표사용이 있다. 상표를 보이지 않게 사용하여 그 사용이 다른 사람에게 전달되지 않으면, 그 사용 자체는 '표현'에 해당할 수 없다. 보이지 않는 상표의 사용은 청중에게 도달할 수 없는 "상표에 관한 개인의 사적인 생각"과 유사할 뿐이다.981) 예를 들면, 키워드 검색결과를 촉발시키기 위해 소프트웨어 프로그램에 메타태그로 포함된 상표는 '표현'에 해당하지 않는다.

3) 상표의 사용과 상업적 표현

상표법에 표현의 자유 제한 기준을 적용하는 데 있어서의 또 다른 쟁점사항은 상표의 사용이 상업적 표현으로 분류되는가 비상업적 표현으로 분류되는가 하는 것이다. 이는 상업적 표현의 정의에만 관련되는 문제는 아니다. 분류가 상표사용의 성질에만 의존하는지 상표가 사용된 맥락에 의존하는지에 관한 문제에도 관련된다.

오늘날의 다양한 상표사용을 감안하면, 후자의 질문에 대한 대답이 매우 중요하다. 요즘에는 상표가 상업적 맥락과 비상업적 맥락 모두에 사용된다. 상표는 상업광고 중간, 상품에 관한 게시판 또는 상품의 포장에서 발견된다. 한편 상표는 영화 또는 책 제목의 일부로 사용된다. 다양한 대중매체에서의 사설과 기사도 상표를 포함하고 있다.

---

979) Sorrell v. IMS Health Inc., 131 S.Ct. 2653, 2667 (2011) ("처방자 신분 정보(prescriber-identifying information)는 수정헌법 제1조 목적상 표현"이라고 인정).

980) Ramsey, supra note 944, at 409 ("'코카콜라'와 같은 상표는 누가 이 상품을 제조하거나 판매하는지 또는 이러한 브랜드하에서 판매되는 상품의 품질에 관한 정보를 제공할 수 있다. 상표는 특정 웹사이트의 소유자나 운영자를 식별하기 위하여 또는 다른 정보를 제공하기 위하여 도메인이름에 사용될 수 있다. 상표보유자 또는 제3자가 이러한 방식으로 정보를 전달하기 위해 상표를 사용하는지 여부와 상관없이 이러한 모든 상표사용은 '표현'이다"라고 주장).

981) 1-800 Contacts, Inc. v. WhenU.com, Inc., 414 F.3d 400, 408-409 (2d Cir. 2005).

전통적으로 판매자들은 자신들의 상품과 다른 상품을 상표가 전달하는 정보에 기초하여 차별하면서 상거래를 제안하기 위해 상표를 사용하기 때문에, 상표로서의 사용 그 자체는 상업적 표현으로 해석될 수 있다. 이러한 맥락에서 일부 학자들은 상표사용의 목적이 소비자의 관심을 끄는 것이어서 '상거래 제안의 일부로 상표사용이 기능'하기 때문에 상표사용은 상업적 표현의 한 형태라고 주장한다.[982]

그러나 브랜드 마케팅 전략이 점점 더 다양화됨에 따라 상표는 종종 다른 맥락에 놓여진다. 일부 광고는 명시적이든 암시적이든 상거래를 제안하고자 하는 의도를 보여주지 않는다. 이러한 광고는 기업 자체를 식별시키기 위해 상표를 노출시키면서도 사회적 이슈를 다루거나 기업철학을 표현한다. 이러한 광고에서 사용된 상표는 상품의 출처를 표시하지만, 광고가 직간접적으로 상거래를 제안하지는 않기 때문에 표현의 자유상의 '상업적 표현'에 해당할 가능성은 낮다.[983] '상표로서의 사용'이 보여주는 상업적 성격은 광고 전체로서의 비상업적 특성과 서로 얽혀 있거나 비상업적 특성에 의해 압도된다. 이러한 의미에서 상표사용이 상업적인지 아닌지는 그 맥락에 따라 다르다.

마찬가지로 상표로서의 사용에 해당하지 않는 상표사용도 그 맥락에 의해 구분되어야 한다. 예를 들면, 한 회사가 '자동차에 있어서 롤렉스'라는 표현을 자신의 자동차를 홍보하기 위해 광고에서 사용하면 그 표현은 상업적이라고 분류되어야만 한다. 롤렉스 상표가 시계의 출처를 나타내지는 않고 '최고'라는 것만을 의미하지만, 이러한 맥락에서의 사용은 상거래 제안을 목적으로 하기 때문이다. 반면에 '자동차에 있어서의 롤렉스'와 같은 표현을 상거래 제안과 상관없는 사설 속에서 사용하면, 그 사용은 비상업적 표현의 범주에 속하여야만 한다.

맥락에 기초한 분류는 상업적 표현과 비상업적 표현을 구분하는 유용성, 즉 구체적 표현에 적용되는 표현의 자유 제한 기준 유형의 결정과 합치된다. 상표사용의 성질만이 어느 기준이 적용되는지 결정한다면, 상표로서의 사용을 포함하는 비상업적 사용은 상업적 표현 제한 기준에 따라 제한될 수 있을 것이다. 이 경우 비상업적 표현임에도 상업적 표현 제한 기준에 따라 상대적으로 제한이 용이하게 되어 비상업적 표현의 자유 보호와 충돌된다. 따라서 상표사용의 성질이 아니라 표현 전체로서의 성질, 즉 상표가 사용된 맥락에 따라 표현의 자유 제한 기준이 달리 적용되어야 한다. 상표사용에 대한 제한이 비상업적 표현을 제한하는 결과가 되는 경우, 비상업적 표현에 포함된 상표가 상업적인지 비상업적인지 여부와 상관없이 비상업적 표현 제한 기준이 적용되어야 한다.

---

[982] Robert C. Denicola, Trademarks as Speech: Constitutional Implications of the Emerging Rationales for the Protection of Trade Symbols, 1982 Wis. L. Rev. 158, 193 (1982).

[983] Ramsey, supra note 944, at 396-397 ("정치단체도 자신들 행동의 출처를 식별시키고 다른 조직과 자신들을 구분하게 하기 위해 'United We Stand America'나 'MoveOn.org'와 같은 상표를 사용한다"고 언급).

결국 상표가 사용된 맥락과 상업적 표현의 정의984) 양자를 감안하면, 청중(audience)의 관점에서 상품의 상거래를 주로 제안하는 의사소통에 해당하는 표현에 상표가 사용되면 그 사용은 상업적 표현이다. 상표가 상품의 출처를 표시하기 위해 사용되었는지 여부가 이러한 평가 결과에 영향을 미쳐서는 안 된다. 예를 들면, 소매업자들이 T셔츠를 통상의 상품시장에서 판매하면 그 앞면에 인쇄된 상표는 상업적 표현으로 분류될 것이다. 이러한 상업적 성질은 상표사용이 T셔츠의 출처를 식별하기 위한 것인지, T셔츠를 장식하기 위한 것인지, 상표권자를 조롱하기 위한 것인지와는 관련이 없다. 반면에 상표를 부착한 T셔츠가 미술관에서 예술적 작품으로 전시된 경우 또는 정치캠페인을 위해 팔리는 경우, 그 상표사용은 상표가 표면적으로는 상품품질과 브랜드 이미지에 대해 누가 책임을 부담하는지 나타내는 것으로 보일지라도 비상업적 표현으로 간주되어야 할 것이다. 청중(audience)이 상표사용의 주목적이 T셔츠의 판매라고 생각하지 않을 것이기 때문이다.

맥락이 애매모호한 경우도 있다. 예를 들어, 상품광고를 목적으로 하는 것처럼 보이는 사설에 상표가 사용된 경우, 사설의 진정한 주목적이 상품광고인지 단순 사설인지 쉽게 간파되지 않는다. 앞에서 언급한 바와 같이985) 상업적 표현의 제한이 비상업적 표현의 제한보다 비교적 넓게 허용되는 점을 감안하면, 상표사용과 사설은 상업적 표현으로 증명되기 전까지는 비상업적 표현으로 추정되어야만 한다.

또한 특정 상표사용은 그 맥락과 구분될 수 있다. 예를 들면, 시위자들이 정치적 이슈를 위해 상표로 장식된 T셔츠를 판매하지만 상표가 전달하는 정보는 이러한 이슈와 상관없을 때 상표사용은 정치적 맥락과 구분된다. 이러한 경우는 미국의 Fox 사건 사례986)와 유사하다. 뉴욕주립대학 (SUNY) 경비원(Campus Police)이 대학교 이사회 결정 66-156에 근거하여 기숙사에서 가정용품을 홍보한 American Future Systems사 판매원을 체포하고 고소하였는데 Fox를 비롯한 대학생들이 이사회 결정 66-156이 표현의 자유를 침해하였다고 소를 제기하였다.987) 이 사건에서 American Future Systems사 판매원이 기숙사에서 가사 경제(home economics)를 가르치면서 가정용품을 판매하였는데 이 점이 T셔츠 판매 경우와 유사하다.988) Fox 사건에서 미국 연방대법원이 가정용품의 판매는 가사 경제를 가르치는 것으로부터 분리될 수 있고 상업적 표현에 해당한다고 결론지었듯이,989) T셔츠에 상표를 사용하는 것도 정치적 시위와 구분될 수 있다.

---

984) 제5장 1. 6) 참조.

985) Id.

986) Board of Trustees of the State University of New York v. Fox, 492 U.S. 469 (1989).

987) Id. at 471-472.

988) Board of Trustees of the State University of New York v. Fox, 492 U.S. 469 (1989).

989) Id. at 474-475.

4) 상표법의 목적과 사회적 이익

상표사용은 그 맥락에 따라 상업적 표현 또는 비상업적 표현에 해당할 수 있기 때문에, 상업적 표현 제한 기준과 비상업적 표현 제한 기준 양자 모두가 상표법에 관련된다. 상업적 맥락에서의 상표사용 금지는 i) 상표법에 의한 금지 목적이 실질적이고, ii) 그 금지가 직접적으로 이 목적을 증진시키며, iii) 그 금지가 그 목적을 달성하는 필요한 범위 이상으로 넓지 않으면 표현의 자유 침해가 아니다. 반면에 비상업적 맥락에서의 상표사용 금지는 i) 사용을 금지할 강력한 이익이 있고, ii) 그 금지가 직접적으로 이러한 이익을 증진시키며, iii) 그 금지가 가장 덜 제한적인 수단이면 표현의 자유 침해가 아니다.

각 테스트의 첫 번째 부분인 제3자 사용을 금지할 실질적 또는 강력한 이익의 존재는 다름 아닌 상표법의 목적과 관련되어서, 목적에 대한 이해가 다르면 다른 결과를 초래할 수 있다. 본인은 상표보호의 목적이 '상표의 경쟁친화적 기능 보호라는 수단을 통한 공정하고 효율적인 경쟁'이라고 생각하기 때문에, 첫 번째 부분은 이 목적이 실질적인지, 강력한지, 중요하지 않은지 여부의 문제로 귀결된다.

결론부터 언급하자면 상표책임을 위한 핵심요건이 지나치게 넓게 해석되지 않는 한 상표보호 목적은 실질적이다. 첫째, Central Hudson 테스트를 채택한 미국 연방법원들은 상표법 사건에서 실질적인 사회적 이익의 존재를 의심하지 않았다. 둘째, 유럽인권법원, 유럽연합사법재판소, 우리나라 헌법재판소도 제3자 상표사용 금지의 합헌성을 부인하지 않았다는 점에서 상표법 목적의 실질성을 인정한 것으로 보인다.

셋째, 보다 중요한 점은 미국 연방대법원, 유럽인권법원, 우리나라 헌법재판소는 공정한 경쟁을 중요하거나 실질적인 이익으로 간주한다는 점이다. Turner Broadcasting System 사건에서 미국 연방대법원은 개인이나 법인이 표현의 자유 보호하에 표현적 행위에 참여할 때에도 공정경쟁에 대한 제한을 제거할 이익은 실질적이라고 판단하였다.[990] 유럽인권법원도 불공정 경쟁법에 관한 Hertel 사건에서 "신용, 신뢰, 전문가적 명성, 일반적인 영업적 또는 경제적 이익"을 손상시키는 "불공정 경쟁행위"를 금지시키는 명령의 목적은 그 목적이 유럽인권협약 제10조(2)에 규정된 "다른 사람 권리의 보호"이기 때문에 정당하다고 언급하였다.[991] 우리나라 헌법재판소도 상조업자와 관련된 중요한 표시·광고사항 IV의 9. 나. 나-2부분 위헌확인 소송에서 소비자의 구매 선택에 영

---

[990] Turner Broadcasting System, Inc. v. Federal Communications Commission, 512 U.S. 622, 664 (1994); *see also* Turner Broadcasting System, Inc. v. Federal Communications Commission, 520 U.S. 180, 189-190 (1997).

[991] Hertel v. Switzerland (1999) 28 E.H.R.R. 534, 569.

향을 미칠 수 있는 중요한 사항을 사업자에게 표시·광고하도록 강제하여 사업자의 표현의 자유를 제한하는 것은 "소비자가 합리적으로 선택하는 데 필요한 정보 제공을 확대하여 정보부족으로 인한 소비자 피해를 사전에 예방하고 더 나아가 사업자간 공정한 경쟁을 촉진함을 그 목적으로 하는 것이고, 이러한 목적의 정당성은 인정된다"고 판시하였다.[992] 따라서 최소한 '공정하고 효율적인 경쟁'이라는 상표보호의 목적은 실질적이라고 특징지울 수 있다.

넷째, 상표권자는 자신의 상표를 사용할 '표현의 자유'가 있다. 상표권자는 자신의 상업적 또는 비상업적 표현에서 자신의 상표를 사용함으로써 정보와 생각을 자유롭게 전달할 수 있어야 한다. 물론 롤렉스 상표권자가 '자동차에서의 롤렉스'라고 표현하는 것과 같은 상표의 표현적 사용이 상표법에 의해 제한되지는 않을 것이다. 제3자가 상표법에 근거해서 이러한 사용을 막을 수는 없기 때문이다. 그러나 상표권자가 주장한 상표침해를 부인하거나 제3자의 상표권 非침해 주장을 인정하는 판결에 의해, '상표로서의 사용'에 관한 표현의 자유가 부정적으로 영향받을 수 있다. 상표권자가 자신의 상표를 상표로서 사용함에 있어서 갖는 이러한 표현의 자유 이익은 최소한 미국 연방대법원이 실질적이라고 판단해온 다른 이익만큼은 실질적인 이익이라 할 것이다.

그러나 제3자 상표사용에 대한 금지는 경쟁친화적 상표기능이 손상될 가능성이 높은 경우로 한정되어야 한다. 추상적인 '공정하고 효율적인 경쟁의 증진' 그 자체가 실질적일 수는 없다. '공정하고 효율적인 경쟁의 증진'이라는 명분하에 상표기능에 대한 손상가능성이 있을 수도 있다는 정도를 근거로 제3자의 상표사용을 금지하는 것에 실질적 사회이익이 있다고 보기 어렵기 때문이다. 상업적 표현 제한 기준상의 중요한 또는 실질적인 이익은 '경쟁친화적인 상표기능을 보호함으로써 공정하고 효율적인 경쟁을 방해하는 실질적 장애물을 제거'하는 것이다. 이러한 맥락에서 상표책임의 핵심요건은 좁게 맞추어져야(narrowly tailored) 한다.

비상업적 표현의 제한 기준과 관련하여, 상표법에 의한 상표사용 금지가 강력한 이익을 가지는지 여부에 관하여는 법원들이 합의점에 도달하여 있지 않다. 로저스 균형 테스트를 채택하고 있는 미국 법원들은 명백하거나 강력한 혼동가능성을 강력한 이익으로 해석하는 것으로 보인다. 즉, 동 법원들은 로저스 테스트를 적용함에 있어서 강력한 이익을 직접적으로 논의하지는 않았지만, 비상업적 맥락에서 사용된 상표가 일으킨 명백하거나 강력한 혼동가능성이 표현의 자유를 압도하는 경우에만 강력한 이익을 인정하고 있는 것으로 보인다.[993] 반면에 제9연방항소법원의 Nissan 사건 판결은[994] 강력한 이익이 없다고 인정한 판결로 볼 수 있다. 동 법원은 "전통적인 상표법보다 더

---

992) 헌법재판소 2012.2.23 결정, 2009헌마318.

993) Twin Peaks Productions v. Publications International, Ltd., 996 F.2d 1366, 1379 (2d Cir. 1993); Sugar Busters LLC v. Brennan, 177 F.3d 258, n.7 (5th Cir. 1999); Westchester Media v. PRL USA Holdings, Inc., 214 F.3d 658, 665 (5th Cir. 2000).

넓은 공익"은 없고 따라서 Nissan 자동차에 대한 부정적 의견을 포함하고 있는 웹사이트에 대한 링크를 nissan.com에 두는 것은 표현의 자유 위반이라고 결론지었다.[995]

본인은 경쟁친화적 상표기능에 대한 손상가능성이 실질적 악의 또는 계산된 허위(actual malice or calculated falsehood)를 보여줄 수 있을 정도로 명백한 경우에는 제3자의 상표사용을 금지할 공익이 강력한 이익이 될 수 있다고 생각한다. 이러한 주장의 첫 번째 근거는 경쟁친화적 상표기능에 대한 명백한 손상가능성이 제거되지 않으면, 심각한 시장 무질서(serious market disorder)를 초래할 수 있다는 점이다. 소비자들은 특히 많은 경쟁자들이 존재하는 시장에서 다른 상품과 자신들이 구매하고자 하는 상품을 거의 차별할 수 없을 것이며, 여기서 레몬시장(markets for lemons)이 출현할 것이다. 소비자들의 식별능력 부재와 심각한 정보의 비대칭 때문에 상표권자들은 상품의 품질을 유지할 필요성을 느끼지 못할 것이다. 그 반대로 상표권자들은 보다 많은 이익을 얻기 위해 상품품질을 악화시킬 것이다. 경쟁자들은 자신들의 상표를 개발하기 위해 시간과 노력을 투자하기보다는 타인의 유명상표를 사용할 것이고, 자신의 브랜드 이미지를 자신의 상표에 연계시킬 수 없는 생산자들은 소비자들이 누리고자 원하는 브랜드 이미지를 생성하려고 더 이상 노력하지 않게 될 것이다. 이러한 시장 무질서는 제3자의 비상업적 표현을 보호할 표현의 자유를 압도한다. 이러한 의미에서 Hertel 사건의 한 당사자가 주장하였듯이,[996] 상표보호는 다른 사람들의 권리보호만을 그 목적으로 하는 것이 아니라 경제적 무질서 방지도 목적으로 한다.

둘째, 경쟁친화적 상표기능에 대한 명백한 위험의 제거는 상표권자의 표현의 자유를 촉진시킬 것이다. 명백한 위험에 기초해 상표권자가 상표침해를 주장하였는데도 이를 법원이 부인하면, 상표가 기능 장애를 일으켜 '즉시' 상표권자의 상표사용 권리(상업적 또는 비상업적 표현의 자유에 해당)를 방해하게 될 것이다. 상표가 전달하는 정보와 메시지가 혼동을 일으킬 정도로 유사하거나 동일한 상표의 존재로 인해 청중에게 올바르게 전달될 수 없기 때문에, 상표권자는 더 이상 자신의 상표를 통해 말하고자 하는 바를 말할 수 없게 된다. 반면에 이러한 위험이 제거되면 상표권자는 자유롭게 자신의 상표를 사용하고, 상표가 전달할 수 있는 정보와 브랜드 이미지는 풍요롭게 될 것이다. 명백한 위험을 발생시키는 상표사용만이 금지되기 때문에, 이러한 제거는 경쟁업자의 표현의 자유에 어떠한 불법적인 부담도 부과하지 않을 것이다. 따라서 상표법에 의한 제3자의 표현의 자유 제한은 상표권자의 표현의 자유 권리를 보호하는 것도 목적으로 한다고 주장할 수 있다.

---

[994] Nissan Motor Co. v. Nissan Computer Corp., 378 F.3d 1002 (9th Cir. 2004).

[995] Id. at 1017-1018.

[996] Hertel, (1999) 28 E.H.R.R. 534 at 569.

셋째, 미국 연방대법원은 일부 사안에서 허위의 비상업적 표현이 일정 조건하에 그 내용을 이유로 제한될 수 있다고 인정하였다.[997] 선동, 외설, 명예훼손, 범죄행위에 필수적인 표현, 싸움용어, 아동포르노, 사기, 진정한 위협, 정부가 금지권한을 가지고 있는 중요하고 임박한 위협을 가하는 표현과 같은 일부 범주의 표현만 내용에 기반하여 전통적으로 제한하여왔지만, 허위 그 자체는 이러한 범주에 속하지 않았다.[998] 그럼에도 불구하고 동 법원은 실질적 악의, 즉 "고의 또는 결과에 개의치 않는 허위(a knowing or reckless falsehood)"라는 조건하에, 내용에 기반하여 허위의 비상업적 표현을 제한하였다.[999] 법관의 재판행위에 대한 Orleans 구역 지방검사의 비난진술 사건인 Garrison에서 미국 연방대법원은 계산된 허위(calculated falsehood)는 "민주주의 정부 영역과 합치되지 않고 경제적·사회적·정치적 변화를 초래하는 질서정연함과도 합치되지 않는다"고 판단하였다.[1000] 마찬가지로 제3자의 상표사용이 혼동가능성에 대한 높은 인식하에 이루어지면, 이러한 계산된 혼동가능성은 "생각을 피력하는 데 필수요소가 아닌 類의 발언인 동시에, 진실에 대한 조치로서는 미약한 사회적 가치를 가지고 있어서 질서와 도덕이라는 사회적 이익이 발언에 따른 이익을 명백히 능가하는 類의 발언"에 해당할 것이다.[1001]

요약하면 상표법에 의한 상표사용의 제한은 경쟁친화적 상표기능에 대한 손상가능성 정도에 따라 실질적이거나 강력한 사회적 이익을 가질 수 있다. 손상가능성이 있으면, 상표사용 금지에 실질적인 이익이 있을 것이다. 손상가능성이 명백하면 상표사용 금지에 강력한 이익이 있을 것이다. 그러나 이러한 손상가능성이 없다면 상표사용 금지는 표현의 자유 가치를 침해할 것이다.

5) 상표보호와 사회적 이익의 직접적 증진

표현의 자유 제한 기준의 두 번째 부분은 표현의 자유에 대한 규제가 직접적으로 언급된 사회적 이익(규제에 의해 달성하고자 하는 사회적 이익)을 증진시키는지 여부이다. 두 번째 부분은 진정한 손상(real harm)이 있어야 하고 표현의 자유에 대한 규제가 그 손상을 직접적이고 본질적으로 감소시켜야만 한다는 것을 의미하는 것으로 이해할 수 있다.[1002] "단순한 예측이나 추측(mere

---

[997] New York Times v. Sullivan, 376 U.S. 254, 279-280 (1964).

[998] United States v. Xavier Alvarez, 132 S.Ct. 2537, 2544-2545 (2012).

[999] Id. at 2545; *see also New York Times*, 376 U.S. at 279-280.

[1000] Garrison v. Louisiana, 379 U.S. 64, 75 (1964) (Calculated falsehood is "at odds with the premises of democratic government and with the orderly manner in which economic, social, or political change is to be effected").

[1001] Id. (Calculated likelihood of confusion could "[fall] into that class of utterances which are no essential part of any exposition of ideas, and are of such slight social value as a step to truth that any benefit that may be derived from them is clearly outweighed by the social interest in order and morality").

speculation or conjecture)"은 이 단계를 만족시킬 수 없다.1003) "비효과적이고 관련성이 약한 (ineffective and remote)" 규제도 마찬가지이다.1004) 금지되어야 하는 손상과 이익 증진을 위한 규제 수단 간에 직접적 인과관계가 있어야 한다.1005)

상표사건에서 이러한 두 번째 부분은 i) 경쟁친화적 상표기능에 대한 직접적 손상과 ii) 상표사용 금지를 통한 이러한 손상의 직접적이고 본질적인 제거를 의미한다. 이와 관련하여 상표책임이 경 쟁친화적 상표기능이 손상될 가능성이 높은 때에만 발생하는 것으로 해석하는 한, 상표법에 의한 표현의 제한, 즉 상표책임은 두 번째 부분을 충족시킬 수 있다. 이러한 손상은 예측이나 추측에 의한 것이 아니기 때문이다. 다시 말하자면 손상가능성은 진정한 손상가능성을 말하고, '높은 가능 성(Likelihood)'은 '단순 가능성(mere possibility)'을 의미하지 않는다. 또한 경쟁친화적 상표기능에 대 한 손상가능성을 판단함에 있어서 당해 상표 간의 유사성과 같은 많은 요소들이 분석된다.

나아가 제3자의 상표사용 금지는 상표법의 목적을 증진시키는 직접적 수단에 해당한다. 일반적 인 정치적 표현과 달리 혼동 또는 희석을 초래하는 상표사용(confusing or dilutive use of trade marks)은 아이디어 시장(markets of ideas)에서 진실된 정보에 이를 수 있게 하는 토론을 촉진시킬 수 없다. 오히려 진실한 정보에 이르기 전에 시장 무질서(market disorder)를 발생시킬 것이다. 반면 에 제3자의 상표사용에 대한 금지는 경쟁친화적 상표기능에 대한 손상가능성을 효과적으로 제거 할 수 있다.

6) 상표보호를 위한 구제수단 및 상대적으로 덜 제한적인 표현제한수단

상표법과 표현의 자유 간의 관계를 평가하는 마지막 단계는 상업적 맥락에서의 상표사용이 초 래하는 상표침해에 대한 구제수단이 '필요 이상으로 광범하여서는 안 된다'는 것이다. 상표책임이 비상업적 맥락에서의 제3자 무단사용에서 비롯된 경우에는, 구제수단은 상표법이 보호하고자 하 는 강력한 이익을 얻기 위한 최소 제한 수단이어야 한다.

'필요 이상으로 광범하여서는 안 된다'는 것의 의미를 미국 연방대법원은 '좁게 맞춘(narrowly tailored)', '정부이익과 수단 간의 합리적 조화(a reasonable fit between governmental interests and means)' 및 '이익에 비례하는(proportional to the interest served)'으로 인식한다.1006) 이러한 차원에

1002) Greater New Orleans Broad. Ass'n v. United States, 527 U.S. 173, 188 (1999).

1003) Id.

1004) Id.

1005) United States v. Xavier Alvarez, 132 S.Ct. 2537, 2549 (2012).

서 보면, 상표법 목적을 위해 표현의 자유를 덜 제한하는 수단이나 표현의 자유와 무관한 수단이 많지 않다는 점에서, 손해배상금이나 무단사용 금지와 같은 구제수단은 상표법 목적에 비례하는 수단으로 간주될 수 있다.

그러나 후원관계 또는 비후원관계 공개(sponsorship or non-sponsorship disclosures)를 상표법에 도입하는 것에 대하여는 논란이 있다. 먼저 후원관계 또는 비후원관계 공개의 효과가 혼동가능성 금지에 미치는 효과에 대해서는 회의적인 의견들이 있다. 한 연구는 주요 광고메시지가 혼동을 초래하는 경우에는 후원관계 등의 공개가 비효과적이라고 보여준다. 즉, 이러한 공개가 공개되는 내용의 의미에 대해 소비자 혼동을 일으킬 수 있다는 것이다.[1007] 그러나 반대 주장도 있다. Zauderer 사건에서 미국 연방대법원은 "공개 요건(disclosure requirements)은 표현에 대한 엄격한 금지(flat prohibitions)보다 광고주의 이익을 좁게 침해한다(trench much more narrowly on an advertiser's interests)"고 주장하였다.[1008] 일부 미국 법원들은 공개를 "소비자 혼동이나 기만 가능성을 없어지게 하는" 구제수단으로 추천하였다.[1009] 예를 들면, "independent-lexus-broker.com", "we-are-definitely-not-lexus.com" 등과 같이 "표면상으로 후원관계 또는 지지에 관한 혼동을 쫓아버리는" 도메인이름에서 사용된 상표는 상표기능에 대한 손상을 제거할 수 있다.[1010]

본인은 연관성 등을 부인하는 면책표시(disclaimers)를 상표법에 도입하여야 한다고 생각한다. 비상업적 맥락에 상표가 사용된 경우, 제3사용자를 상표권자와 분리시키는 면책표시는 사용금지보다 덜 제한적인 수단일 것이다. 즉, 면책표시 때문에 상표사용금지는 최소 제한 수단일 수 없다. Westchester Media 사건에서 미국 제5연방항소법원도 면책표시를 표현의 자유 가치를 가지고 있는 구제수단으로 간주하였고, 특히 침해적인 상표사용으로 주장되는 사용이 다른 사람의 상표를 상업적으로 유용한 것만이 아니고 최소한 부분적으로 문학적 표현이거나 예술적 표현인 경우, 상표 구제수단으로서 면책표시를 도입하여야 한다고 주장하였다.[1011]

이는 전자상거래에 관한 EU 지침(the EU Directive on electronic commerce)[1012]의 입장과도 합치

1006) *Greater New Orleans Broad. Ass'n*, 527 U.S. at 188 (Board of Trustees of the State University of New York v. Fox, 492 U.S. 469, 480 (1989) 사건을 인용).

1007) Tushnet, supra note 129, at 742-743.

1008) Zauderer v. Office of Disciplinary Counsel, 471 U.S. 626, 651 (1985).

1009) In re R. M. J., 455 U.S. 191, 201 (1982); *see also* Bates v. State Bar of Arizona, 433 U.S. 350, 384 (1977).

1010) Toyota Motor Sales, U.S.A., Inc. v. Tabari, 610 F.3d 1171, 1176 (9th Cir. 2010).

1011) Westchester Media v. PRL USA Holdings, Inc., 214 F.3d 658, 672-673 (5th Cir. 2000) ("Where the allegedly infringing speech is at least partly literary or artistic, however, and not solely a commercial appropriation of another's mark, the preferred course is to accommodate trademark remedies with First Amendment interests. One obvious mode of accommodation is a disclaimer that will officially dissociate the junior user of the mark from the senior user's product").

1012) Directive 2000/31/EC of the European Parliament and of the Council of 8 June 2000 on certain legal aspects of information society services, in particular electronic commerce, in the Internal Market.

된다. 표현의 자유와의 조화를 찾고자 하는 전자상거래에 관한 EU 지침은[1013] 소비자 보호와 공정 거래를 고려하면서 투명성에 관한 원칙을 규정하고 있다. 동 지침은 서문 제29조에서 상업적 의사소통은 소비자 보호와 공정 거래를 위해 투명성 요건을 만족시켜야 한다고 규정하고 있다. 이러한 서문 내용을 감안하여, 동 지침 제6조(a)와 제6조(b)는 i) 정보 사회 서비스의 일부 또는 정보 사회 서비스에 해당하는 상업적 의사소통과 ii) 이러한 상업적 의사소통 대리행위의 본인에 해당하는 자연인 또는 법인은 명확하게 식별될 수 있어야 할 것을 요구하고 있다.

7) 결론

상표로서의 사용 및 기타 상표사용은 의사소통 요소를 가지고 있으면 표현의 자유로 보호되는 표현에 해당한다. 이는 제3자뿐 아니라 상표권자도 표현의 자유에 의한 보호를 받을 자격이 있다는 것을 의미한다. 또한 상표사용은 상표로서의 사용이든 아니든 상표가 사용된 맥락의 성질에 따라 상업적 또는 비상업적 표현으로 구분되어야 한다. 상품의 출처를 식별하기 위해 상표가 사용된 경우에도, 그 사용은 사용 맥락에 따라 비상업적 표현이 될 수 있다.

표현의 자유 제한 기준을 상표보호에 적용하는 방법을 통하여 상표법과 표현의 자유 간의 관계에 대해 분석한 결과는, 상표책임의 핵심요건을 좁게 해석하면 표현의 자유라는 가치에 손상을 입히지 않고도 상표법에 의해 상표의 무단사용을 금지할 수 있다는 것을 보여준다. 특히 비상업적 맥락에서 상표가 사용된 경우, 경쟁친화적 상표기능에 대한 손상가능성은 실제의 악의 또는 계산된 허위를 보여주기에 충분할 정도로 분명하고 명백하여야 한다.

마지막으로, 후원관계나 비후원관계의 공개(sponsorship or non-sponsorship disclosures)는 상표침해에 대한 구제수단으로서 상표법에 포함될 필요가 있다. 현재의 구제수단인 상표사용 금지는 비상업적 표현 제한 기준의 마지막 단계인 '최소 제한수단'이라는 요건을 극복하는 데 한계가 있다. 후원관계나 비후원관계의 공개가 표현의 자유를 덜 제한하기 때문이다. 이러한 공개(disclosures)의 효과성에 대해 의문이 있기는 하지만, 공개를 보다 효과 있게 만드는 것이 한계로 인해 이를 사용하지 않는 것보다 표현의 자유 보호에 더 부합한다.

[1013] 지침 서문 제9조는 "이 지침이 표현의 자유에 관한 국내의 기본 규칙과 원칙에 영향을 미치기 위한 것이 아니다"라고 언급하고 있다.

■■■ **제6장**

표현의 자유와 유료키워드 검색 마케팅에서의 직접책임

이 장에서는 먼저 제5장에서 논의된 상표보호와 표현의 자유 간의 관계를 기초로 상표책임의 요건과 예외를 구체적으로 분석하고자 한다. 그다음 표현의 자유 관점에서, 유료키워드 검색 마케팅에서의 상표사용으로 인한 광고주와 검색엔진제공자의 직접책임을 검토해보고자 한다.

1. 표현의 자유 제한과 상표책임

1) 상업적 사용(업으로의 사용)[1014]과 상업적 표현

상표보호와 표현의 자유 가치 간에 균형을 이루어야 한다는 데 찬성하는 학자들 사이에도, 상표책임 요건으로서의 '상업적 사용(use in commerce, 업으로의 사용)'을 어떻게 해석할 것인지에 관해서는 서로 다른 의견을 가지고 있다.[1015] 상표사용이론을 옹호하는 학자들은 그 의미를 '상표로서의 사용'으로 제한한다.[1016] 상표로서의 사용이 아닌 제3자의 상표사용에 대해서는 상표법에 의한 혼동책임 등을 인정하지 않음으로써 제3자의 표현의 자유를 보장할 수 있다는 것이다.[1017] 반면 다른 학자들은 상표사용이론 대신에 공정사용이론이 개발되어야 한다고 주장한다.[1018] 즉, 상업적

[1014] 우리나라 상표법은 '상표권의 침해가 있기 위해서는 제3자의 상표사용이 상업적 사용 내지 업으로의 사용이어야 한다'고 명시적으로 규정하고 있지는 않다. 그러나 상표법의 목적을 '공정하고 효율적인 경쟁'이라고 보는 이상 경쟁과 무관한 사적 사용이 상표권을 침해한다고 보기는 어렵다는 측면에서 '제3자의 업으로의 상표사용'이 상표권 침해 요건이라고 해석하여야 할 것이다.

[1015] 우리나라 대법원의 경우에도, 상표의 사용을 상표로서의 사용으로 이해하는 것이 대법원의 입장이고, 상표법 제2조 제1항 제1호에서 상표를 '상품을 생산·가공 또는 판매하는 것을 업으로 영위하는 자가 자기의 업무에 관련된 상품을 타인의 상품과 식별되도록 하기 위하여 사용하는 표장'이라고 정의하고 있기 때문에 '업으로서의 사용'을 상표권 침해 요건으로 보고 있다고 이해하여야 할 것이다. 다만, 대법원은 부정경쟁방지법 제2조 제1호 다목의 '사용'을 '상업적 사용'이라고 해석하고 있지만, '비상업적 사용을 그 적용대상에서 제외하고 있다'는 이유로 상업적 사용으로 해석하고 있기 때문에 대법원이 '상업적 사용'을 use in commerce 또는 use in the course of trade를 의미하는 것인지는 명확하지 않다. 대법원 2004.2.13. 선고 2001다57709 판결(rolls-royce.co.kr 사건) 참조.

[1016] Dogan and Lemley, supra note 548, at 1674; Dinwoodie and Janis, supra note 745, at 1714.

[1017] Dogan and Lemley, supra note 548, at 1689 ("[침해 문맥에서의 상표사용이론은] 표현의 냉각(a chill on the speech)과 상표침해에 간접적으로만 관계있는 당사자들의 상행위를 방지한다"고 주장).

[1018] Dinwoodie and Janis, supra note 745, at 1714; Dinwoodie and Janis, supra note 60, at 1613 ("표지가 '상표로서' 사용될 때 소비자 이해가 증진될 가능성이 높지만, 다양한 제3자 사용이 그 소비자 이해를 방해할 수 있다"고 언급).

사용을 상표로서의 사용으로 제한하지 않는 대신 공정사용을 근거로 상표책임의 예외를 인정하면 제3자의 표현의 자유가 보호된다는 것이다.

본인은 혼동가능성과 희석가능성과 같은 핵심 요건을 좁게 해석할 때 상표보호와 표현의 자유가 조화를 이룰 수 있다고 생각한다. 상표보호가 표현의 자유 이익과 충돌하지 않기 위해서는 혼동책임 및 희석책임의 요건이 좁게 해석되어야 한다. 그러나 모든 요건이 가능한 한 좁게 해석되어야 하는 것은 아니다. 혼동가능성이나 희석가능성과 같은 핵심 요건이 '공정하고 효율적인 경쟁을 증진시키기 위한 경쟁친화적 상표기능 보호'에 상응하게 해석되면 된다. 즉, 경쟁친화적 상표기능에 대한 손상가능성이 높을 때만 또는 비상업적 맥락에서의 제3자 상표사용인 경우에는 손상가능성이 명확한 경우에만 상표책임을 인정하면 된다.

동일한 맥락에서 '상표의 사용'은 '상표로서의 사용'을 의미하는 것으로만 해석되어서는 안 된다.

첫째, '상업적 사용'은 상표보호와 표현의 자유 간의 균형을 결정할 수 있는 유일한 요건이 아니다. 혼동가능성의 범위를 미세 조정함으로써 제3자의 표현이 억제되는 것을 막을 수도 있으며, 공정사용을 통하여도 표현의 자유라는 가치를 보호할 수 있다.

둘째, '상표의 사용' 개념에 대한 지나치게 좁은 해석은 혼동가능성이나 희석가능성을 발생시킬 수 있는 제3자의 상표사용을 허용함으로써 '상표권자'의 표현의 자유에 해를 끼칠 수 있다. 상표권자의 상표를 제3자가 사용하는 데 있어서 제3자가 가지고 있는 표현의 자유는 상품품질과 브랜드 이미지에 대한 정보를 전달하고 자신의 상품을 다른 상품과 차별하기 위해 상표를 사용하는 상표권자의 표현의 자유보다 더 중요할 수 없다. 즉, '자신의 상표로 상표를 사용하는 것'은 표현의 자유를 감안하더라도 상표권자에게만 허용되어야 한다. 이러한 의미에서 상표사건들은 표현의 자유와 상표보호 간의 관계에 관한 것만이라고 할 수 없다. 제3사용자의 표현의 자유와 상표권자의 표현의 자유 간의 관계에 관한 것이기도 하다.

미국의 저작권 보호기간 연장법(the Copyright Term Extension Act of 1998 (CTEA))에 관한 사건인 Eldred에서 미국 연방대법원이 언급하였듯이, 모든 표현이 동일한 가치를 가지는 것은 아니다. 즉, "수정헌법 제1조는 자신의 표현을 말하거나 이를 거부할 자유를 확실하게 보호한다. 그러나 話者들이 다른 사람의 표현을 말할 권리를 주장하는 때에는 수정헌법 제1조는 보다 덜한 강도로 이를 보호한다."[1019] 이러한 판례에 비추어보면 상표사용이론을 도입하여 제3사용자의 상표책임을 제외시키는 것은, 보다 덜 보호되어야 하는 제3자의 표현의 자유를 근거로 상표권자 자신의 표현의 자유를 보호해주지 못하는 결과가 된다.

[1019] Eldred v. Ashcroft, 537 U.S. 186, 221 (2002).

셋째, 상표사용이 상표로서의 사용에 해당하지 않을지라도 제3자의 상표사용에 대한 금지가 직접적이고 본질적으로 상표법의 목적을 증진시킬 수 있는 경우가 있다. 온라인 기술과 브랜드 마케팅 양자의 발전은 상표사용과 그 상표의 정보 기능 및 차별 기능을 분리시킴으로써 제3자가 상표로서 상표를 사용하지 않고도 소비자들로 하여금 상품품질과 브랜드 이미지에 대해 혼동하게 할 수 있다. 유료키워드 검색 마케팅이 대표적인 사례이다.

'상업적', '거래과정에서의' 또는 '업으로서의' 사용에 관하여 일부 학자들이나[1020] 법원들은[1021] 제3자 사용이 상업적 표현인 경우에만 상표권이 보호된다고 주장한다. 이들은 침해 소인(the infringement cause of action)을 상업적 표현으로 제한함으로써 '상업적 사용'이라는 요건이 표현의 자유를 보호한다고 주장한다.[1022] 상표책임을 묻기 위해서는 제3자가 '상품 또는 서비스와 관련하여(in relation to goods or services) 상표 또는 서비스를 사용하여야 한다'라는 요건 때문에 상표사용이 상업적 표현에 한하는 것으로 보일 수도 있다.

그러나 상표책임 요건인 제3자의 상표사용을 상업적 표현으로 제한하여 해석해서는 안 된다. 상업적 상표사용(업으로의 상표사용)이 상업적 표현과 동일하기 위해서는 상업적 상표사용의 개념을 좁게 해석하거나 상업적 표현의 의미를 넓게 보아야 한다. 그러나 어느 것도 인정하기가 곤란하다. 상표법상의 '상업적(업으로)'이라는 개념을 '청중의 입장에서 주로 상거래를 제안하는 의사소통'에 한하는 것으로 좁게 해석하면, 직접적으로 상거래를 제안하지 않는 형태의 상업광고에서 상표를 사용하는 행위는 '상업적 사용'에 해당하지 않는다. 그 결과 이러한 광고에서의 제3자 상표사용이 상표책임으로부터 전적으로 자유롭게 된다. 그러나 이러한 제3자 사용들도 경쟁친화적 상표기능에 손상을 입힐 수 있기 때문에 이러한 결과는 상표법의 목적과 양립하기 곤란하다. 반면에 상업적 표현은 넓게 정의되어서는 안 된다. 상업적 표현에 대한 낮은 보호수준 등을 감안할 때, 비상업적 표현의 자유 보호를 위해 상업적 표현이라는 개념은 좁게 설정되어야 하기 때문이다.

또한 상품에 대한 상표사용이 상거래 제안을 목적으로 하지 않고 상품의 출처나 후원관계 이외의 것에 관한 의견이나 정보를 전달하는 것을 목적으로 하는 많은 경우가 있다.[1023] 즉, 상표는 정치적 맥락에서 사용될 수도 있고 예술적 맥락에서 사용될 수도 있다. 상표책임 요건으로서의 제3자 상표사용을 상업적 표현으로 제한하면, 정치적 또는 예술적 맥락에서 사용된 상표사용은 절대

[1020] Barrett, supra note 940, at 858-859.

[1021] L.L. Bean, Inc. v. Drake Publishers, Inc., 811 F.2d 26, 32, n. 4 (1st Cir. 1987); Int'l Ass'n of Machinists & Aero. Workers v. Winship Green Nursing Ctr., 914 F.Supp. 651, 654, n. 2 (D.Me. 1996); Planned Parenthood Federation of America, Inc. v. Bucci, 1997 WL 133313, 7 (S.D.N.Y. 1997); Bihari v. Gross, 119 F.Supp.2d 309, 318 (S.D.N.Y. 2000).

[1022] Barrett, supra note 940, at 859.

[1023] L.L. Bean, 811 F.2d at 32, n. 4; Mutual of Omaha Ins. Co. v. Novak, 775 F.2d 247 (8th Cir. 1985).

로 상표권을 침해할 수 없다는 결론에 이르게 된다. 그러나 이러한 상표사용도 상표권자가 보유하고 있는 상표의 기능에 손상을 입힐 수 있다. 미국 연방법원도 예술적 맥락에서 사용되었다는 이유만으로 혼동가능성에 의한 상표책임을 무조건 부인하고 있지는 않다. 유럽연합사법재판소도 상업적 사용은 "개인적 문제가 아닌 경제적 우위를 목적으로 하는 상행위 맥락에서(in the context of commercial activity with a view to economic advantage and not as a private matter)" 발생하는 것이라고 결정하면서 '상업적 사용'이라는 개념을 상업적 표현보다 넓게 해석한다.[1024)

2) 혼동가능성

(1) 상업적 표현으로서의 상표사용

'상업적 사용' 요건과는 대조적으로 상표보호가 표현의 자유 이익과 충돌하지 않기 위해서는 상표침해의 핵심요건인 혼동가능성이 넓게 해석되어서는 안 된다. 혼동가능성이 경쟁친화적 상표기능에 대한 진정한 손상(real harm)에 해당되는 경우에만 상표침해가 인정되어야 한다. 이러한 의미에서 상품품질과 브랜드 이미지 통제권자에 관한 혼동가능성은 상표법이 보호하고자 하는 '공정하고 효율적인 경쟁'을 심각하게 위험에 빠뜨린다는 점에서 상표책임을 실질적으로 정당화시킬 수 있다. 즉, 상품품질과 브랜드 이미지 통제권자에 관한 혼동가능성이 있는 경우, 상표권자의 상표는 누가 상품품질과 브랜드 이미지에 대해 책임을 부담하는지에 관한 정보를 전달할 수 없다. 그 결과 상표는 상표권자의 상품과 다른 상품을 차별하는 데 기여할 수 없다. 이는 상품시장에서 상표권자와 제3사용자 간의 불공정과 상표기능의 심각한 비효율을 초래하고, 식별 가능한 상표를 감소시킴으로써 경쟁을 저해할 것이다. 무단사용에 대한 금지를 통해 이러한 혼동가능성을 제거하는 것은 공정하고 효율적인 경쟁을 회복시킬 수 있다.

반면에 낮은 수준의 출처혼동가능성과 상품과 상표 간의 일정 관계에 관한 혼동가능성과 같은 다른 유형의 혼동가능성은 '경쟁친화적 상표기능'을 위험에 빠뜨리지 않을 것이다. 예를 들면, 상표권자의 상품과 '매우 다른 상품'이지만 이 상품에 상표가 사용되어 상표권자가 사용자 상품의 품질과 브랜드 이미지에 대한 통제권자일 수 있다는 '단순' 가능성이 있는 경우, 경쟁친화적 상표기능에 실질적 위험은 없을 것이다.[1025) 통상의 합리적인 소비자들은 이러한 불충분한 정보에 기초

[1024) Arsenal Football Club Plc v. Reed (C-206/01) [2003] E.T.M.R. 19, 236; Celine Sarl v. Celine SA (C-17/06) [2007] E.M.T.R. 80, 1337; UDV North America Inc. v. Brandtraders NV (C-62/08) [2010] E.T.M.R. 25, 460.

[1025) Barrett, supra note 940, at 859-860 ("최근 혼동가능성 요건이 심각하게 낭비되고 있다"고 주장).

해서 자신들의 선호상품을 결정하지 않을 것이다. 또한 상표권자가 사용권을 설정하였을 가능성이 있다는 것만으로는 제소 가능한 혼동가능성으로 간주될 수는 없을 것이다.

최초관심혼동도 동일한 맥락에서 이해하여야 한다. 무단사용이 상표권자의 상품시장에서 경쟁 친화적 상표기능에 유의미한 위험을 발생시키면, 최초관심혼동을 제거하는 것에 실질적인 사회적 이익이 있는 것으로 인식하여야 한다. 따라서 그 사용이 상품품질이나 상품의 브랜드 이미지 통제권자에 대한 혼동가능성을 발생시키는 한, 상품구매 이전에 위험이 발생하는지 상품구매시점에 이러한 위험이 사라지는지 상관없이 그 사용을 금지할 중요한 사회적 이익이 있다. 위험의 소멸이 위험이 발생되지 않았다는 것을 의미하지는 않는다. 반면에 제3자의 상표사용이 혼동가능성을 발생시키지 않는 한, 제3자의 상표사용이 소비자의 관심을 딴 데로 돌렸다는 사실만으로는 무단사용에 대한 금지를 정당화시킬 수 없다. 이러한 금지는 話者인 제3자가 상표를 사용할 수 없게 할 뿐이다.

(2) 비상업적 표현으로서 상표의 사용

비상업적 맥락에서 상표가 사용되어 그 사용이 비상업적 표현에 해당하는 경우, 혼동가능성은 상표가 상업적 표현으로 사용된 경우보다 엄격하게 해석되어야 한다. 이는 비상업적 표현 제한 기준의 첫 번째 단계가 표현을 제한하는 사회적 이익이 강력하여야 한다는 것이기 때문이다. 비상업적 표현에서의 허위에 실제의 악의 또는 계산된 허위(actual malice or calculated falsehood)가 있는 경우에만 제한될 수 있듯이, 비상업적 맥락에서의 상표사용이 발생시키는 혼동가능성은 계산된 것으로 인식될 정도로 명백한 경우로 제한될 수 있다. 이러한 명백하거나 강력한 혼동가능성은 경쟁 친화적 상표기능 나아가 공정하고 효율적인 경쟁에 즉각적으로 부정적 영향을 미칠 수 있을 것이다. 혼동을 초래하는 사용은 상표권자가 상표사용을 통해 자신이 말하고자 하는 것을 말하지 못하도록 심각한 수준으로 막을 수 있다는 점에서 상표권자의 표현의 자유 보호 관점에서도 매우 중요하다.

이러한 기준은 Rogers 사건에서 작품의 제명으로 사용된 상표에 관하여 미국 연방법원이 채택하고[1026] 예술적 표현에서의 사용으로 확대된 로저스 테스트의[1027] 두 번째 요건과 유사하다. Rogers

---

[1026] Rogers v. Grimaldi, 875 F.2d 994, 999 (2d Cir. 1989); *see also* Gulasekaram, supra note 948, at 922 ("최소 수준의 혼동은 표현의 자유라는 이상을 극복하기에 불충분할 것이기 때문에, 추정에 의하면 균형은 피고인 예술가를 선호할 것이고 이들이 혼동에 기초한 침해 주장에서 이기도록 허용할 것"이며, 이는 "작품의 제명 또는 내용에 상표가 사용되는지 상관없이, 스티커든, T셔츠든, 잡지든, 포스터든, 영화든 표시된 상표를 포함하고 있는 표현수단의 제목 또는 내용에 상표가 사용되든지 상관없이 적용될 것"이라고 주장).

[1027] J. Thomas McCarthy, 2 Rights of Publicity and Privacy § 8:71 (2d ed.).

사건에서의 미국 제2연방항소법원 판결에 따르면, 문학적 제명에서의 상표사용은 "그 제명이 기초가 되는 작품과 예술적 관련성이 전혀 없지 않는 한, 또는 그 제명이 일부 예술적 관련성이 있으면 그 제명이 작품의 출처나 내용에 대해 명백하게 오인시키지 않는 한" 상표법에 의해 금지되지 않는다.[1028] 로저스 테스트를 채택하고 있는 다른 사건들에서, 미국 법원들은 '명백한(explicit)'이라는 표현 대신에 '특히 강력한(particularly compelling)'이라는 표현을 사용하였다. 예를 들면, Twin Peaks Productions 사건에서의 제2연방항소법원과 Westchester Media 사건에서의 제5연방항소법원은 표현의 자유 가치보다 뛰어나기 위해서는 혼동가능성이 "특히 강력하여야(particularly compelling)" 한다고 언급하였다.[1029]

그러나 로저스 균형 테스트는 비상업적 표현 제한 기준에 정확하게 상응하지는 않는다. 동 테스트는 상업적 표현과 비상업적 표현 간의 명확한 구분에 기초하고 있지 않다. 제2연방항소법원은 제명이 예술적 요소와 상업적 요소를 모두 가지고 있고 상호 얽혀 있다고 간주하였지만,[1030] 제명이 상업적 또는 비상업적으로 구분되는지 여부는 판단하지 않았다. 동 법원은 제명이 비상업적 표현이어서가 아니라 제명이 표현적 요소를 가지고 있기 때문에 표현으로서 더 보호되어야 한다고 주장하였다.[1031] 심지어 제9연방항소법원은 로저스 테스트의 의미를 '제명이 예술적 작품과 0 이상의 관련성만 있으면 명백한 혼동가능성'을 요구하는 것으로 해석하였다.[1032] 이러한 해석은 하나의 표현이 분리될 수 없는 소량의 비상업적 표현을 포함하고 있다는 것을 근거로 비상업적 표현으로 범주화되는 것과 거의 동일한 결과를 낳는다.

3) 희석가능성

(1) 상업적 표현으로서의 상표사용

상표희석책임은 표현의 자유와 충돌할 가능성이 더욱 높다. 혼동가능성은 경쟁시장이나 비경쟁 관련상품시장에서의 무단 상표사용으로 발생되는 반면, 희석은 전적으로 무관한 상품시장에서의 상표사용에 의해서도 발생될 수 있다. 따라서 혼동에 기초한 상표보호는 통상 관련상품시장에서

[1028] *Rogers*, 875 F.2d at 999.

[1029] Twin Peaks Productions v. Publications International, Ltd., 996 F.2d 1366, 1379 (2d Cir. 1993); Westchester Media v. PRL USA Holdings, Inc., 214 F.3d 658, 664-665 (5th Cir. 2000).

[1030] *Rogers*, 875 F.2d at 998.

[1031] Id.

[1032] E.S.S. Entertainment 2000, Inc. v. Rock Star Videos, Inc., 547 F.3d 1095, 1100 (9th Cir. 2008).

표현의 자유와 긴장관계에 있지만, 희석에 기초한 보호는 무관한 상품시장에서도 표현의 자유 이익과 충돌할 가능성이 있다.[1033]

허위 또는 오인을 초래하는 표현을 표현의 자유 보호에서 제외시키는 상업적 표현에 관한 Central Hudson 테스트하에서는 희석책임이 혼동책임보다 표현의 자유 가치를 위험에 처하게 할 가능성이 높다. 혼동초래 상표사용(confusing use of trade marks)은 많은 경우 '오인초래 표현'에 해당할 수 있어서 이러한 사용에 대한 금지는 표현의 자유와 충돌하지 않을 수 있다. 반면 희석초래 상표사용(diluting use of trade marks)에 대한 금지는 이러한 사용(혼동에 대한 입증이 불필요한)이 오인초래 표현에 해당하지 않을 가능성이 높기 때문에 사용자의 표현의 자유 권리를 침해하지 않기 위해서는 Central Hudson 테스트의 다른 요건들도 충족하여야만 한다.[1034]

특히 혼동가능성을 이유로 한 상표보호의 목적을 상표권자의 신용보호와 소비자의 혼동방지로 해석할 때, 희석행위의 금지가 발생시킬 수 있는 표현의 자유 가치에 대한 위험은 더욱 높아진다. 상표권자의 신용보호만이 목적인 것으로 간주되는 反희석 보호는 Central Hudson 테스트의 2번째 요건(사회적 이익이 실질적인가 여부)을 통과하지 못할 것이기 때문이다. 제2연방항소법원도 MCA Records 사건에서 "[희석화방지법]이 상표권자의 보호와 모든 상표 주장의 핵에 있는 소비자에 대한 손상 방지라는 이원적 이익보다 본질적으로 덜 중요한 상표의 식별력만을 보호한다"고 언급하면서 이점을 강조하였다.[1035]

그러나 높은 충돌 가능성에도 불구하고, 反희석 보호가 표현의 자유와 본질적으로 합치되지 않는 것은 아니다. 反희석 보호의 목적이 혼동기초 보호의 목적과 동일하게 '상품시장에서의 경쟁친화적 상표기능 보호를 통한 공정하고 효율적인 경쟁의 증진'이라는 본인의 주장에 기반을 두면, 反희석 규제는 표현의 자유 제한 기준을 극복할 수 있다. 달리 말하자면 상표권자 상표의 경쟁친화적 상표기능이 손상될 가능성이 높은 경우에만 희석가능성이 발생하는 것으로 해석하는 한 反희석 규제의 목적은 실질적이다. 이러한 규제가 표현의 자유 제한 기준을 통과하지 못하는 이유는 反희석 보호의 목적이 절대 실질적일 수 없기 때문이 아니라, 反희석 보호의 목적이 상표권자의 보호로만 해석되어서 그 결과 희석가능성이 넓게 인정되기 때문이다.

따라서 희석가능성은 경쟁친화적 상표기능이 손상될 가능성이 높은 경우로만 한정되어야 한다. 제5장에서 주장하였듯이 이러한 손상은 제3자의 유명상표사용이 상표권자 상품의 소비자로 하여

[1033] Mattel, Inc. v. MCA Records, Inc., 296 F.3d 894, 904-905 (9th Cir. 2002) ("상표침해금지명령과 대조적으로 희석침해금지명령은 일반적으로 광범한 분야의 경제를 휩쓸 것(sweep across broad vistas of the economy)"이라고 주장).

[1034] Id. at 905 ("그러므로 희석침해금지명령은 상표침해금지명령에는 있는 내장된 수정헌법 제1조의 나침반이 없다"고 언급).

[1035] Id.

금 유명상표와 일관되지 않거나 부정적인 상품품질 또는 브랜드 이미지를 연상하게 할 때 발생될 가능성이 높다. 식별력 약화에 의한 희석은 유명상표와 일관성 없는 상품품질 또는 브랜드 이미지의 연상과 관련되고, 명성손상에 의한 희석은 유명상표와 부정적인 상품품질 또는 브랜드 이미지의 연상과 관련된다.

그러나 제3자의 상표사용이 소비자로 하여금 유명상표와 다른 상품을 연상하게 한다는 단순 사실은 '상표권자의 상표기능에 손상을 입힐 높은 가능성'으로 이어지지 않는 한 식별력 약화에 의한 희석으로 간주될 수 없다. 이러한 연상이 유명상표 소유자가 제3사용자의 상품시장에 진입하는 것을 어렵게 할 수는 있어도, 많은 경우 유명상표의 기능에 부정적으로 영향을 미치지는 않을 것이다. 상품이 소비자들로 하여금 유명상표를 생각나게 한다는 이유로 특정 상품시장에서 소비자들이 유명상표와 상표권자의 상품을 연계시키는 데 어려움을 느끼지는 않을 것이기 때문이다.[1036] 유명상표는 여전히 상품품질과 브랜드 이미지의 강한 지위에 관한 정보를 전달할 수 있을 것이고, 유명상표를 부착한 상품과 다른 상품을 차별시키는 데 기여할 수 있을 것이다. 관련성이 먼 상품시장에서의 제3자 상표사용으로 발생되는, 소비자들이 유명상표를 상표권자의 상품과 연결지어 생각하는 데 있어서의 단순 지연은 상표권자 상품시장에서의 소비자 선호에 영향을 미치지 않을 것이다. 오히려 관련성이 먼 상품시장에서 유명상표를 패러디로 사용하는 것은 유명상표와 상표권자 상품 간의 연상을 촉진시킴으로써 유명상표의 기능을 강화시킬 수도 있다.[1037]

식별력 약화나 명성손상에 의한 희석과 달리, 유럽상표법상 제3유형의 희석인 '불공정 이익'은 표현의 자유 가치와 양립할 수 없다. 유럽연합사법재판소의 해석에 따르면 유명상표의 사용은 유명상표 상표권자에게 "어떠한 금전적 보상도 지불하지 않고" 이루어진 경우 불공정 이익에 해당할 수 있다.[1038] 즉, 불공정 이익을 판단함에 있어서 유명상표가 상표권자 상품시장에서 수행하고 있는 기능에 대한 영향은 고려하지 않는다. 그러나 보상은 표현의 자유에 대한 억제를 정당화시키는 실질적인 사회적 이익이 될 수 없다. 또한 용어 자체가 보여주듯이 '불공정한 이익'은 제3사용자의 상품시장과 관련되기 때문에 상표권자 상품시장에서 유명상표의 기능이 손상을 입을 가능성이 높은지 여부에 기초하여 불공정한 이익의 존재를 인정할 수 없다. 그러므로 불공정한 이익은 反희석 보호에서 제외되어야 한다.

1036) Klerman, supra note 126, at 1765; Tushnet, supra note 129, at 529-532.

1037) Louis Vuitton Malletier S.A. v. Haute Diggity Dog, LLC, 507 F.3d 252, 267 (4th Cir. 2007).

1038) L'Oréal SA v. Bellure NV (C-487/07) [2009] E.T.M.R. 55, 1032.

(2) 비상업적 표현으로서의 상표사용

비상업적 맥락에서 상표가 사용된 경우, 反희석 규제가 강력한 이익을 가지기 위해 '희석가능성'은 보다 엄격하게 해석되어야 한다. 실제의 악의 또는 계산된 허위가 비상업적 표현에서의 허위 규제를 정당화시킬 수 있고, 명백하거나 강력한 혼동가능성이 비상업적 표현으로서의 상표사용으로 인한 상표책임을 인정하는 데 요구되듯이, 비상업적 맥락에서의 상표사용으로 발생되는 희석가능성도 실제의 악의나 계산된 허위를 보여줄 수 있을 정도로 명백하거나 강력한 경우에 상표법에 의해 규제될 수 있다. 예를 들면, 영화에서 명백히 유명상표를 보통명칭으로 사용한 경우 또는 호화(luxury), 고급(prestige)과 같은 브랜드 이미지를 가지고 있는 고품질 상품에 관한 유명상표를 명백히 '저품질'을 나타내기 위해 예술작품에서 사용한 경우, 이러한 사용들은 '희석가능성'을 초래할 수 있을 것이다. 반면에 상표권자가 생산 또는 판매하는 상품의 품질이나 브랜드 이미지의 강한 위치에 손상을 입힐 수 있는 '진실'을 폭로하기 위해서만 유명상표를 사용한 경우, 이러한 유명상표사용에 있어서 실제의 악의나 계산된 허위를 인정하기는 쉽지 않을 것이다.

그러나 이와 같이 엄격한 해석은 미국이나 우리나라에서 현행법상 가능하지 않다. 랜험법과 우리나라의 부정경쟁방지법은 표현의 자유 가치와 제한을 反희석 규제에 포함시키기 위해 비상업적 사용, 즉 비상업적 표현으로서의 사용을 희석책임의 예외로 규정하고 있기 때문이다.[1039] 랜험법은 제43조(c)(3)(C)에서 "어떠한 비상업적 상표사용"도 "식별력 약화나 명성손상에 의한 희석으로 제소할 수 없다"고 규정하고 있다. 우리나라의 부정경쟁방지법 제2조 제1호 다목도 제소 가능한 희석은 '비상업적 사용 등 대통령령으로 정하는 정당한 사유가 없어야' 한다고 규정하고 있다.

양 법률은 희석을 초래하는 상표사용이 비상업적 표현에 해당하는 경우 이러한 사용에 대한 모든 금지는 강력한 사회적 이익을 가질 수 없다는 가정을 전제로 하고 있는 것처럼 보인다. 이러한 가정하에서는 제3자는 사용이 혼동가능성을 초래하지 않는 한 상표기능을 높은 위험에 처하게 하는지 여부와 상관없이 비상업적 맥락에서 유명상표를 자유롭게 사용할 수 있다.

또한 양 법률은 희석가능성에 대한 보다 느슨한 해석을 기초로 하고 있는 것처럼 보인다. 즉, 미국 연방법원들은 유명상표의 식별력이나 명성에 대한 손상가능성에 관하여 별도의 증거가 없는 경우에도 희석가능성이 있다고 판결하고 있다. 우리나라의 경우 부정경쟁방지법 제2조 제1호 다목에서 규정하고 있는 부정경쟁행위를 주장하기 위해서는 표지의 사용으로 인하여 실제로 자신의 표지의 식별력이나 명성이 손상되었다는 결과 또는 손상가능성에 관하여 별도의 주장과 입증을

[1039] 랜험법 제43조(c)(3)(C)에서 사용하고 있는 '비상업적 상표사용'이라는 용어는 희석행위 금지와 표현의 자유 보호 간의 조화를 위해 '비상업적 표현으로서의 상표사용'을 희석행위 금지의 예외로 한다는 것을 규정하기 위해 사용한 용어이다. 랜험법과 유사한 규정형태를 취하고 있는 우리나라 부정경쟁방지법상의 '비상업적 사용'도 '비상업적 표현으로서의 상표사용'을 의미하는 것으로 해석하여야 한다.

하여야 한다는 지방법원의 판례가 있다.[1040] 그러나 하이티파니(HiTIFFANY) 사건에서 서울지방법원이 '저명상표의 독특하고 단일한 출처표시로서의 힘 또는 그러한 독특성이나 단일성에서부터 발현되는 고객흡인력이나 판매력의 감소를 초래할 가능성이 있음을 충분히 짐작할 수 있으므로' 식별력을 손상하게 하는 행위에 해당한다고 판단한 바와 같이,[1041] 구체적인 손상가능성에 대한 짐작만으로도 희석책임을 인정하고 있다. 또한 비록 상표법 제7조 제1항 제12호에 관한 판례이기는 하지만, 대법원의 판례 중에도 타인의 상표와 유사한 상표를 출원·등록하여 사용한 경우 타인의 상표가 저명하면 그 상표의 식별력을 약화시키는 결과를 초래한다고 판단한 예가 있다.[1042] 비상업적 표현이라는 예외가 없으면 이러한 광범한 해석은 필연적으로 강력히 보호되는 비상업적 표현에 대한 자유와 충돌할 것이다. 따라서 표현의 자유와의 충돌을 피하기 위해 비상업적 표현에 대한 세이프 하버를 도입하는 것이 필연적인 것처럼 보인다.

그러나 '비상업적 표현 예외'는 제3사용자의 표현의 자유에 너무 많은 비중을 둔다. 영화에서 제3자가 유명상표를 보통명칭으로 의도적으로 반복 사용함으로써 또는 예술적 작품에서 최고급 브랜드 상품의 '저품질'을 악의적으로 강조함으로써, 제3자는 유명상표의 기능에 장애를 일으킬 수 있다. 소비자들은 보통명칭으로 사용된 유명상표를 상품명으로 간주하기 시작할 것이고, 유명상표가 종전과 동일한 이미지를 전달할 수 없다고 오인하여 유명브랜드 상품에 대한 자신들의 선호를 변경시킬 것이다. 그럼에도 불구하고 비상업적 맥락에서의 이러한 사용들이 얼마나 공적 토론에 기여할 수 있을지는 의문이다. 제3사용자들은 실제의 악의 또는 계산된 허위 없이도 진실을 폭로할 수 있기 때문이다. 반대로 상표권자는 자신의 상표를 사용하여 전달하고자 하는 바를 말할 수 없다는 점에서 상표권자의 표현의 자유는 보호되지 못하게 될 것이다.

제3사용자가 비상업적 표현으로 상표를 사용한 경우, 제3자의 희석책임을 인정함에 있어서 희석가능성을 보다 엄격하게 해석하는 한, 비상업적 표현이라는 이유만으로 희석책임의 예외를 인정할 필요는 없다. 즉, 희석가능성이 명백한 경우에는 제3자의 유명상표사용을 금지하여야 하고, 랜험법과 우리나라의 부정경쟁방지법에서는 '비상업적 표현 예외'를 삭제하여야 한다.

[1040] 대전지법 2009.12.18. 선고 2009가합9489 판결('버버리 노래' 노래방 사건).

[1041] 서울지방법원 2003.8.7. 선고 2003카합1488 판결.

[1042] 대법원 2005.6.9.선고 2003후649 판결('STARCRAFT' 사건).

4) 공정사용

(1) 공정사용의 범위

'공정사용 규정'은 표현의 자유를 보호하기 위한 붙박이 제한(the built-in limitations) 중의 하나[1043] 또는 표현의 자유의 상표법으로의 내재화(the internalisation of free speech into trade mark law)라고 불린다. 상표권자의 혼동가능성 또는 희석가능성 주장에 대해, 제3사용자는 공정사용을 주장함으로써 표현의 자유라는 가치를 방어한다. 상표권자가 혼동가능성 또는 희석가능성을 입증한 때에도, 제3사용자는 공정사용을 주장함으로써 상표책임으로부터 자유로울 수 있다. 나아가 제3사용자는 혼동가능성이나 희석가능성을 부인하기보다는 공정사용을 주장함으로써 표현의 자유를 더욱 효과적으로 보호할 수 있다. 표현의 자유와 관련된 사실은 혼동가능성 또는 희석가능성이 없다는 판단보다 공정사용이었다는 판단에 보다 크게 영향을 미칠 수 있기 때문이다. 공정사용을 입증하기에 충분한 사실도 혼동가능성 또는 희석가능성 판단테스트에서는 몇몇의 요소에만 관련되고, 다른 요소들에 의해 압도될 수 있다.

공정사용에 대한 지나치게 엄격한 해석은 제3사용자가 가지는 표현의 자유를 불충분하게 보호하는 결과를 초래할 수 있다. Adam Opel AG 사건에서 Autec은 Opel의 로고를 자신의 원거리 조종 Opel Astra V8 Coupé 축소모형 자동차 라디에이터 그릴에 부착하였고 자신의 상표인 'Cartronic'이 사용자 설명서 앞면과 원격조종 송신기의 앞면에 보이게 하였다.[1044] 유럽연합사법재판소는 이 사건에 공정사용에 관한 유럽상표지침 제6조(1)(b) 규정[1045]의 적용을 인정하지 않았는데, 그 근거는 축소모형에 대한 Opel 상표의 사용은 "원래의 자동차의 충실한 복제에 있어서 한 요소에 불과(merely an element in the faithful reproduction of the original vehicles)"하고 축소모형의 특성 표시가 아니라는 것(not an indication of a characteristic of the models)이었다.[1046] 유럽상표지침에는 미국 랜험법과 같은 광의의 공정사용 규정이 없는데, 이는 유럽연합사법재판소가 상표권의 침해가 없다고 인정할 때도 상표기능에 대한 손상에 초점을 맞추도록 한다.[1047] 그러나 i) 축소모형에 사용된

[1043] Barrett, supra note 940, at 859.

[1044] Adam Opel AG v. Autec AG (C-48/05) [2007] E.T.M.R. 33, 515.

[1045] 유럽상표지침 제6조(1)

1. The trade mark shall not entitle the proprietor to prohibit a third party from using, in the course of trade:

(a) his own name or address;

(b) indications concerning the kind, quality, quantity, intended purpose, value, geographical origin, the time of production of goods or of rendering of the service, or other characteristics of goods or services;

(c) the trade mark where it is necessary to indicate the intended purpose of a product or service, in particular as accessories or spare parts; provided he uses them in accordance with honest practices in industrial or commercial matters.

[1046] Adam Opel AG v. Autec AG (C-48/05) [2007] E.T.M.R. 33, 521.

Opel로고는 축소모형이 Opel 자동차의 모형이라는 정보를 전달한다는 점과 ii) Autec이 자신의 상표를 사용했다는 점을 감안하면, 유럽상표지침 제6조(1)(b) 규정상의 '상품 또는 서비스의 기타특성(other characteristics of goods or services)'은 보다 넓게 해석되었어야 했다. 비록 유럽연합사법재판소의 해석상 상표기능에 대한 손상가능성이 없으면 상표권 침해에 해당하지 않을 수 있는 여지가 있기는 하지만, 공정사용에 대한 유럽연합사법재판소의 좁은 해석은 Autec으로 하여금 'Opel 자동차의 축소모형'이라는 정보를 쉽게 전달할 수 없게 하였다. Autec의 표현의 자유를 충분히 보호하지 못하는 결과를 초래한 것이다.

공정사용의 범위는 '표현의 자유 제한 기준'에 상응하여야 한다. 특히 그 범위는 사회적 이익, 즉 경쟁친화적 상표기능에 대한 손상가능성과 관련되어야 한다. 그러나 혼동가능성이나 희석가능성이 가지는 '경쟁친화적 상표기능에 대한 손상가능성과의 관련성'과는 구별된다. 혼동가능성이나 희석가능성은 '경쟁친화적 상표기능에 대한 손상가능성이 있다'는 것을 보여주지만, 공정사용은 i) 상표를 보호하면 반경쟁적 결과를 초래할 수 있다는 점과 ii) 제3자의 상표사용으로 영향받은 상표의 기능이 경쟁친화적 상표기능의 범위에 속하지 않는 기능이라는 점을 보여준다. 예를 들어, 자동차 중개인이 자신이 렉서스 자동차를 중개한다는 것을 혼동가능성이나 희석가능성을 초래하지 않는 방식으로 보여주기 위해, 자신의 도메인이름 'buyorleaselexus.com'과 'buy-a-lexus.com'에[1048] 렉서스(Lexus)라는 상표를 사용한 경우, 렉서스 상표의 사용을 금지하는 것은 반경쟁적 결과를 초래할 수 있을 것이다. 다른 자동차 중개인과 경쟁할 때, 소비자들에게 자신이 렉서스 자동차를 구입하거나 임대한다는 것을 간단하고 쉽게 알릴 수 없기 때문이다. 동시에 그러한 금지는 중개인의 표현의 자유를 얼어붙게 할 것이다. 자신의 서비스업을 설명하기 위해 렉서스라는 표현을 사용할 수 없기 때문이다. 또한 Toyota가 보유한 렉서스 상표의 정보 기능과 차별 기능에는 전혀 영향을 주지 않는다. 따라서 렉서스 사용을 금지할 실질적인 사회적 이익이 없다. 이 사건에서 중개인들은 Toyota의 상표침해 주장에 대해 공정사용을 제기할 수 있다.

반면에 제3자가 온라인 광고문언에서 도메인이름 'buyorleaselexus.com'과 'buy-a-lexus.com' 앞에 '공식딜러'라는 표현을 사용한 경우, 이 광고에서 'Lexus'라는 상표사용을 금지시키는 것은 반경쟁적 결과를 발생시키지 않는다. 자동차 중개인이 동일한 표장을 다른 맥락에서는 도메인이름에 사용할 수 있기 때문이다. 따라서 이러한 사용은 공정사용일 수 없다. 오히려 이러한 사용은 자동차 중개서비스의 품질과 브랜드 이미지 통제권자에 관한 소비자 혼동을 초래함으로써 'Lexus'라는 상

1047) Id. at 518.

1048) Toyota Motor Sales, U.S.A., Inc. v. Tabari, 610 F.3d 1171, 1180-1182 (9th Cir. 2010).

표의 경쟁친화적 상표기능을 손상시킬 수 있을 것이다. 그러므로 상표를 보호할 실질적인 사회적 이익이 존재한다. Lexus 상표를 도메인이름에 사용하는 것이 공정사용에 해당한다고 하여도 이 사실은 이러한 맥락에서의 중개인의 사용을 정당화시킬 수 없다. 제3자가 온라인 광고와 링크되어 있는 자신의 웹사이트에서 Toyota와의 관련성을 부인하는 내용의 면책표시를 하였다고 하여도 마찬가지이다. 이러한 상황에서는 자동차 중개인은 결코 자신들의 공정사용 주장에 성공하지 못할 것이다.

(2) 공정사용과 책임요건

공정사용은 '상표로서의 사용'과 구분되어야 한다. 상표사용이론과 달리 공정사용은 표현의 자유하에서 보호할 가치가 있는 표현과 그렇지 않은 표현을 선별할 수 있다. 상표로서의 사용에 해당하지 않는 상표의 무단사용도 경쟁친화적 상표기능에 손상을 입힐 수 있어서 이러한 사용을 금지할 실질적 또는 강력한 이익이 있을 수 있다. 그러나 상표사용이론은 무단사용도 상표로서의 사용에 해당하지 않으면 침해로 인정하지 않고 항상 보호한다. 이러한 의미에서 상표사용이론은 표현의 자유의 '적절한 보호'라는 이유로 상표법에 도입되어서는 안 되며, 공정사용에 관한 어떤 규정도 상표사용이론의 법적 근거로 사용되어서는 안 된다.

그러나 많은 법원들은 표현의 자유를 보호하기 위해 공정사용보다는 상표사용이라는 요건에 쉽게 의존한다. Hölterhoff 사건에서 유럽연합사법재판소는 "상업적 협상 과정에서 제3자가 자신이 생산한 상품의 출처를 밝히고 당해 상표를 판매청약 상품의 특별한 성질을 나타내기 위해서만 사용하여, 사용된 상표가 출처기업을 나타내기 위한 상표로 인지되는지에 대한 의문이 없는 경우"에는 상표지침 제5조(1)의 규정이 적용되지 않는다고 결론지으면서, 공정사용에 관한 상표지침 제6조(1)(b)보다 제5조(1)의 규정에 근거해서 무단사용에 대한 책임을 부인하였다.[1049] Advocate General Jacobs가 제5조(1)과 제6조(1) 규정을 모두 언급하였지만,[1050] 동 재판소는 제6조(1)(b)의 규정에는 근거하지 않았다.[1051] 상표사용이론과 거의 동일한 이러한 접근방법을 일반적으로 따르면, 불공정한 많은 표현들도 표현의 자유라는 이름하에 상표책임에서 면제받을 수 있을 것이다.

또한 공정사용은 혼동가능성이나 희석가능성 테스트와 구분될 때 표현의 자유를 보호하는 데 보다 더 적절한 일역을 담당할 수 있다. 공정사용이 혼동가능성이나 희석가능성 테스트와 혼합되

[1049] Hölterhoff v. Freiesleben (C-2/00) [2002] E.T.M.R. 79, 922.

[1050] *Hölterhoff*, [2002] E.T.M.R. 79 at 85.

[1051] 구글 병합사건에서 Advocate General Maduro는 유럽연합사법재판소가 제6조(1)(b)의 규정을 이 사건에서 적용할 수 있을 것이라는 견해를 자신의 의견서 각주에서 밝혔다. *See* Google France v. Louis Vuitton Malletier (C-236/08) [2010] E.T.M.R. 30, n. 52.

면 혼동가능성이나 희석가능성에 대한 입증책임이 상표권자에서 제3사용자로 사실상 전환된다. 나아가 입증책임의 전환은 추가적인 금전과 노력 때문에 소송을 감당할 수 없는 사용자들의 표현의 자유를 얼어붙게 할 것이다. 입증책임의 중요성은 지명식 공정사용 테스트의 3번째 요건으로 '혼동가능성이 없을 것'을 포함하고 있는 미국 제9연방항소법원의 결정에서 발견할 수 있다. 즉, Toyota 사건에서 미국 제9연방항소법원은 지명식 공정사용을 주장하는 피고가 상표가 부착된 상품을 언급하기 위해 상표를 사용하였다는 것을 입증하면, 혼동가능성을 입증할 책임은 원고로 전환된다고 판시하였다.[1052]

5) 결론

상표보호가 표현의 자유와 조화롭게 공존하기 위해서는 '혼동가능성이나 희석가능성'에 관한 엄격한 해석이 필요하다. 상업적 맥락에서 상표가 사용되어 무단사용을 금지할 사회적 이익이 실질적일 필요가 있는 경우, 혼동가능성이나 희석가능성은 경쟁친화적 상표기능이 손상 입을 가능성이 높은 때에만 발생하는 것으로 해석되어야만 한다. 상표사용이 강력한 사회적 이익이 있어야 제한되는 비상업적 표현에 해당하는 경우, 혼동가능성이나 희석가능성은 실제적 악의나 계산된 허위를 보여줄 정도로 충분히 명백하여야 한다. 또한 공정사용을 주장함으로써 표현의 자유를 보호할 수 있기 때문에, 공정사용에 대한 지나치게 엄격한 해석은 피하여야 한다.

그러나 조화에 대한 필요성이 혼동 또는 희석을 초래하는 상표사용이 '상표로서의 사용'에 한정되어야 한다거나 '상업적 표현'으로서의 상표사용에만 상표법이 적용되어야 한다는 것을 의미하지는 않는다. 또한 상표가 사용되는 직접적 맥락에서의 위험이 간접적으로 관련된 맥락에서의 표현의 자유 이익 때문에 무시되어서는 안 된다. 이와 달리 해석하는 것은 상표법이 목적하는 바를 희생시키고 제3사용자의 표현의 자유를 옹호하는 방향으로 균형을 기울일 것이다. 무단사용이 상표가 제공하는 정보를 왜곡할 수 있을 것이라는 점에서 상표권자의 말할 권리와 소비자들의 들을 권리도 손상시킬 수 있을 것이다. 가장 확실한 것은 랜험법과 우리나라의 부정경쟁방지법에 규정된 바와 같이 비상업적 표현을 희석책임에서 제외시키는 것은 제3사용자의 표현의 자유 보호에 너무 많은 가치를 부여하는 것이라는 점이다.

[1052] *Toyota Motor Sales*, 610 F.3d at 1183.

2. 유료키워드 검색 마케팅상에서의 직접책임

1) 인터넷상에서의 표현의 자유

표현의 자유 관점에서 광고주들과 검색엔진들의 직접적 상표책임을 분석함에 있어서, 기본 쟁점 사항은 온라인 세상에서의 표현의 자유가 오프라인 세상에서의 표현의 자유와 동일한지 여부이다. 인터넷이 표현의 자유에 기여하는 바 때문에 인터넷상에서의 정보와 생각은 오프라인 업무에서의 정보와 생각보다 표현의 자유에 의해 강하게 보호되어야 한다는 주장이 있을 수 있다. 반대로 인터넷이 우리 사회에 제기하는 위험 때문에 온라인상에서의 표현이 더 제한되어야 한다는 주장도 있을 수 있다. 본인은 어느 주장도 지지하지 않는다. 표현의 자유 이익은 온라인 세상이든 오프라인 세상이든 동일하여야 한다.

인터넷은 표현의 자유를 촉진시키기도 하고 방해하기도 한다. 가장 효율적이고 중요한 의사소통 방식의 하나인 인터넷의 출현과 발전은 정보화 시대를 보다 민주적으로 만들었다.[1053] 즉시 이용 가능한 풍부한 정보, 지식, 생각을 제공하고, 話者와 청중(audience) 모두로 하여금 상대적으로 낮은 비용으로 통신경로에 접근하게 하며, 누구나 청중(audience)인 동시에 話者가 될 수 있는 기회를 열어줌으로써 인터넷은 어느 매체보다 평등한 의사소통 기회를 제공한다.[1054]

인터넷의 장점은 우리 사회에 위협으로도 작용한다. 넘쳐 나는 정보를 통제하는 것은 결코 가능하지 않은 일이다. 광범한 인터넷의 사용과 인터넷의 익명성은 의견을 함께 나누고 쟁점사항을 논의할 수 있는 신중한 話者들을 발견하기 어렵게 한다.[1055] 더 빨라진 정보 소통은 신중한 생각을 발전시키기에 필요한 시간을 축소시키는 결과를 초래한다.[1056] 낮은 인터넷 접속비용 덕분에 사람들이 자신들 표현의 수익성을 고려할 필요가 없어서, 다른 전통적인 대중매체를 사용할 때만큼 자신들의 표현에 관심을 기울이지 않는다.[1057] 인터넷상의 표현은 다른 매체에 비해 전문적인 편집자의 통제를 받지 않는다.[1058] 동일한 맥락에서 학자들은 "인터넷이 일반적인 정치적 논쟁을 위한 공공의 토론장을 제공하지는 않을 것이고, 오히려 표현의 분열 또는 분할(fragmentation or

---

[1053] Barendt, supra note 834, at 451.

[1054] Id.

[1055] Scott Hammack, The Internet Loophole: Why Threatening Speech On-line Requires a Modification of the Courts' Approach to True Threats and Incitement, 36 Colum. J.L. & Soc. Probs. 65, 81(2002).

[1056] Id. at 83.

[1057] Id. at 85.

[1058] Barendt, supra note 834, at 453.

balkanization of speech)을 조장할 것"이라고 주장한다.1059) 표현의 자유에 대한 인터넷의 부정적 및 긍정적 기여를 감안하면 인터넷을 사용한다는 점 그 자체가 표현의 자유를 더 보호하거나 덜 보호하기 위한 근거가 될 수 없다.

더구나 인터넷 자체가 더 약하거나 강한 보호가 필요한 새로운 유형의 표현을 만들지는 않는다. 표현은 낮은 수준의 보호가 부여되는 상업적 표현이나 완전히 보호되는 비상업적 표현으로 범주화될 수 있다. 인터넷상의 상업적 표현은 상업적 표현으로 분류될 것이고, 온라인 세상에서 이루어졌다고 해서 상업적 표현이 비상업적 표현으로 변경될 수는 없다. 인터넷은 사람들이 상호 의사소통을 할 수 있는 새로운 종류의 매체에 불과하다. 우리나라 헌법재판소가 최근 게시판 이용자에 대한 본인확인제가 위헌이라고 판시하였듯이,1060) 온라인상의 표현이 오프라인상에서의 표현과 달리 취급될 이유가 없다. 이 사건에서 동 재판소는 정보통신서비스 제공자로서 제공하는 정보통신서비스의 유형별 일일 평균 이용자 수가 10만 명 이상인 자에게 인터넷 게시판 사용자의 실명을 확인하는 조치를 취하도록 강제하는 '정보통신망 이용촉진 및 정보보호 등에 관한 법률'은 헌법상 보호되는 표현의 자유를 침해하였다고 판단하였다.1061) 본인확인제는 본 제도가 지향하는 건전한 인터넷 문화 등을 위한 최소침해수단이 아니라고 동 재판소는 판단하였으며, 본인확인제가 표현의 자유에 대한 사전 제한을 정당화할 정도로 의미 있게 건전한 인터넷 문화 등에 대한 손상을 감소시켰다는 증거가 없는 반면 인터넷 이용자와 정보통신서비스 제공자의 표현의 자유를 심각하게 제한한다고 언급하였다.1062)

표현의 자유 관점에서 보면 온라인 세상에서의 표현은 규제로부터 절대적으로 자유롭지도 않고 오프라인에서의 표현보다 더 제한될 수도 없다. 따라서 온라인상에서의 광고주들과 검색엔진들의 표현은 오프라인 세상에서의 그러한 표현만큼 표현의 자유에 의해 보호되어야 한다. 즉, 동일한 표현 제한 기준이 온라인·오프라인 세상에서의 표현에 적용되어야 한다.

2) 유료키워드 검색 마케팅상에서의 표현과 話者

광고주와 검색엔진이 유료키워드 검색 마케팅에서 상표의 무단사용을 방어하고자 표현의 자유 보호를 주장하기 위해서는, 상표의 사용금지가 표현의 자유상의 '표현'을 제한하여야 한다. 상표의

1059) Id. at 454.

1060) 헌법재판소 2012.8.23 결정 2010헌마47, 2010헌마252.

1061) Id.

1062) Id.

사용금지, 즉 상표보호가 '표현'을 제한하지 않으면, 그 사용을 정당화하기 위해 표현의 자유에 호소할 수 없게 된다. 그러므로 광고주와 검색엔진의 표현이 표현의 자유상의 '표현'에 해당하는지 여부를 따져 볼 필요가 있다.

유료키워드 검색 마케팅은 다양한 표현으로 구성된다. 검색엔진은 광고주에게 키워드를 추천하고 판매하며, 광고주는 키워드를 선택하고 구매한다. 그 결과 키워드는 검색엔진의 소프트웨어 프로그램 속으로 편입된다. 광고주의 광고는 소프트웨어 프로그램에 저장되어 있다가 인터넷 이용자들의 키워드 입력에 상응하여 촉발되는데, 이러한 광고는 광고주가 만든다.[1063] 검색엔진은 자신의 웹사이트에 '자신의 형식으로(in its format)' 검색결과를 보여준다.

키워드의 추천, 판매, 구매와 검색엔진결과화면상에 표시되는 광고는 소비자 등 청중(audience)에게 정보와 생각을 전달하기 때문에 명확하게 표현의 자유상의 표현에 해당한다. 반면에 소프트웨어 프로그램에 저장되어 있는 키워드나 광고와 같이 보이지 않는 사용이 '표현'에 해당하는지 여부는 불분명하다.

일부 학자들은 상표인 키워드의 보이지 않는 사용이 키워드와 광고 간의 관계에 관한 정보를 전달하기 때문에 '표현'에 해당한다고 주장한다.[1064] 그러나 소프트웨어 프로그램에 포함된 키워드와 광고는 청중(audience)에게 보이기 전까지는 어떠한 정보와 생각도 이들에게 전달될 수 없다. 온라인 이용자들이 키워드를 검색창에 입력한 후에만, 검색엔진결과화면에 나타나지 않는 프로그램 속의 키워드가 광고를 촉발시키고, 그 결과 광고는 소비자들에게 정보와 사상을 전달한다. 이러한 의미에서 온라인 이용자들에게 키워드와 광고 간의 관계에 관한 정보를 전달하는 것은 보이지 않게 사용된 키워드 자체가 아니다. 이러한 정보는 인터넷 이용자들의 키워드 입력에 상응하여 광고가 나타난다는 사실에 의해 전달된다. 의사소통 요소가 없는 내부적 사용은 표현일 수 없다. 단지 검색엔진결과화면상에 보이는 광고 및 전체로서의 검색엔진결과화면과 분리될 수 없을 정도로 얽혀 있을 뿐이다. 이는 상표가 키워드로 사용된 경우에도 마찬가지이다. 그러므로 모든 상표의 사용이 '표현'에 해당하는 것은 아니다.

검색엔진결과화면의 구조, 디자인, 용어뿐 아니라 전체로서의 검색엔진결과화면도 정보, 지식, 사상을 청중에게 전달한다는 점에서 검색엔진결과화면은 '표현'으로 분류될 수 있다. 특히 '스폰서 링크(sponsored links)'나 '광고(ads)'와 같은 제목, 유료키워드 검색결과의 위치, 검색창에 남아 있는 키워드, 검색엔진의 상표 또는 로고는 '검색엔진결과의 순서가 이용자가 입력한 키워드와의 관련

[1063] 광고주가 직접 만들지 않고 광고회사 등에 의뢰해서 만들기도 하지만, 이 또한 광고주가 만드는 것이라 할 것이다.

[1064] Ramsey, supra note 944, at 411-412.

성 정도와 일치한다'는 명확한 메시지를 전달한다.

다만 다른 話者의 표현을 근거로 자신의 표현의 자유를 주장할 수 없듯이, 광고주 또는 검색엔진은 사용금지가 다른 광고주나 검색엔진의 표현을 부당하게 제한한다는 점을 이유로 내세워 상표의 무단사용에 대해 책임이 없다고 주장할 수 없다. 따라서 한 명 이상의 話者가 자신의 정보, 지식, 사상을 전달하는 유료키워드 검색 마케팅에서 '각각의 표현이 누구에게 귀속되는지'를 분석하는 것이 필요하다.

추천도구(suggestion tool)를 통한 광고주에 대한 키워드 추천과 광고주에 대한 키워드 판매는 검색엔진의 표현인 반면, 검색엔진으로부터의 키워드 구매는 광고주의 표현이다. 한편 키워드의 내부적 사용은 '표현'에 해당하지 않기 때문에 그 話者는 중요하지 않다. 이는 검색엔진과 광고주 간의 매매계약의 효과에 불과하다.

검색엔진결과화면도 많은 話者들의 다양한 표현들로 구성된다. 각각의 광고주는 자신의 정보, 지식, 사상을 자신의 광고에서 전달한다. 광고주들이 무단으로 상표를 사용하는 때에도, 그 사용은 상표권자의 표현이 아니라 광고주들의 표현이다. 반면에 전체로서의 검색엔진결과화면은 검색엔진의 표현으로 구분될 수 있다. 검색엔진결과화면의 형식을 규제하는 것이나 검색엔진으로 하여금 검색엔진결과화면상에 면책표시를 보여주도록 요구하는 것은 검색엔진의 표현의 자유에 대한 제한에 해당한다. 각 검색엔진의 순위정책에 따른 검색결과 표시순위도 검색엔진의 표현에 해당한다.

요약하면 광고주 또는 검색엔진은 자신의 상표사용을 정당화하기 위해 자신의 표현의 자유를 권리로 주장할 수 있다. 그러나 보이지 않는 사용은 '표현'에 해당하지 않기 때문에 자신들의 보이지 않는 상표사용에 관한 표현의 자유 이익을 주장할 수 없다. 그들은 검색엔진결과화면상의 광고 또는 전체로서의 검색엔진결과화면과 같은 자신의 표현을 보호할 표현의 자유 이익이 보이지 않는 사용을 금지할 사회적 이익보다 더 중요하다고 주장할 수 있을 뿐이다. 또한 전체로서의 검색엔진결과화면이 검색엔진에 속하기 때문에 광고주들은 광고주들의 키워드로서의 상표사용을 방어하기 위해 검색엔진결과화면을 디자인할 표현의 자유 이익을 주장할 수는 없다. 또한 검색엔진은 광고 생성에 참여하지 않는 한, 자신들의 키워드로서의 상표사용을 정당화하기 위해 검색엔진결과화면상에 표시된 광고에서의 표현의 자유 가치를 주장할 수 없다.

3) 상업적 또는 비상업적 표현

상표사용은 그 사용맥락에 따라 상업적 또는 비상업적 표현으로 분류되어야 하고, 상표책임요건은 상표사용이 상업적 표현인지 비상업적 표현인지에 따라 달리 해석되어야 한다. 따라서 유료키워드 검색 마케팅상에서의 다양한 표현을 상업적 또는 비상업적 표현으로 분류하는 것은 실질적으로 유용할 뿐 아니라 매우 중요하다.

키워드의 판매, 선택, 구매는 상업적 표현으로 분류될 수 있는 것이 명확하다. 이들은 상거래의 청약과 승낙에 해당한다. 한 미국 지방법원도 Buying for the Home 사건에서 상표인 키워드의 구매는 "원고 상표의 가치를 거래하는 상업상 발생하는 상거래"라고 언급하였다.[1065] 키워드 추천도 키워드 판매청약 목적으로 이루어지기 때문에 상업적 표현으로 분류될 수 있다.

반면에 소프트웨어 프로그램에 키워드를 포함시키는 것이 상업적 표현인지 비상업적 표현인지에 대해서는 논란이 있을 수 있다. 일부 학자들은 보이지 않는 키워드 사용이 상업적 표현이라고 주장한다.[1066] 그러나 보이지 않는 사용은 의사소통이 아니기 때문에 '표현'으로 간주될 수 없다. 검색엔진결과화면상의 광고 또는 전체로서의 검색엔진결과화면과 서로 맞물려 있을 뿐이다.

스폰서 링크 또는 광고라는 제목하의 검색결과는 상업적 표현에 해당할 수도 비상업적 표현에 해당할 수도 있다. 검색엔진이 유료키워드 검색 마케팅에 대하여 광고주들에게 대금을 청구한다는 사실을 감안하면, 대부분의 유료키워드 검색결과는 상거래 제안에 관한 것일 것이고 따라서 상업적 표현이다. 그럼에도 불구하고 여전히 검색결과가 정치적 의견이나 예술적 작품에 관련될 가능성이 남아 있다. 정치적 조직은 자신들의 강령을 공표하기 위해 유료키워드 검색 마케팅을 사용할 수 있을 것이다. 작가들은 자신의 작품을 소개하기 위해 키워드를 구매할 수 있을 것이다. 불평사이트나 패러디 사이트 운영자들이 유료키워드 검색 마케팅을 이용할 수도 있을 것이다.

'전체로서의 검색엔진결과화면'의 분류에 관하여 자연검색결과와 달리 검색엔진이 키워드의 대가로 광고주로부터 금전을 받기 때문에 전체로서의 유료검색결과는 상업적 표현에 해당한다고 주장할지도 모른다.[1067] 그럼에도 불구하고 인터넷 이용자들은 광고주들이 키워드 대가를 검색엔진들에게 대가를 지불한다는 사실을 쉽게 알지 못한다. '광고'라는 제목은 광고주들이 검색엔진에게 돈을 지불한다는 것을 충분히 보여주지 않는다. 가장 중요한 점은 미국 연방대법원이 New York

---

[1065] Buying for the Home, LLC v. Humble Abode, LLC, 459 F.Supp.2d 310, 323 (D.N.J. 2006).

[1066] Ramsey, supra note 944, at 396.

[1067] Frank Pasquale, Asterisk Revisited: Debating a Right of Reply on Search Results, 3 J. Bus. & Tech. L. 61, 73 (2008) (구글의 "스폰서 결과"는 "상업적 표현의 전형적인 예"인 광고의 유형이라고 주장).

Times 사건에서[1068] 언급하였듯이, 광고를 위해 검색엔진에게 돈을 지불한다는 사실은 중요하지 않다는 것이다. 청중(audience)들은 전체로서의 유료키워드 검색결과를 검색엔진의 상거래 제안으로 인지하지 않을 것이다. 또한 모든 상품의 평균 소비자가 인터넷에 정통한 사람이라고 가정하지 않는 한, 청중(audience)들은 자연검색결과와 유료키워드 검색결과의 차이를 쉽게 구분할 수 없을 것이다.[1069] 이러한 이유 때문에 검색엔진의 표현인 전체로서의 검색엔진결과화면은 비상업적 표현으로 분류되어야 한다.

요약하면 광고주의 키워드 선택과 구매 및 검색엔진의 키워드 추천과 판매는 상업적 표현으로 분류될 수 있는 반면, 검색엔진의 전체로서의 검색엔진결과화면은 비상업적 표현으로 분류될 수 있다. 검색엔진결과화면상에 나타나는 광고는 그 성질에 따라 상업적 또는 비상업적 표현이 될 수 있다.

따라서 상표사용이 그 맥락에 따라 상업적 또는 비상업적 표현으로 범주화될 수 있듯이, 유료키워드 검색 마케팅에서의 상표사용이 상업적 표현 또는 비상업적 표현에 해당하는지 여부는 그 직접적 맥락에 달려 있다. 광고주의 키워드로서의 상표 선택과 구매, 광고주의 상업광고에서의 상표사용, 검색엔진의 키워드로서의 상표 추천과 판매는 상업적 표현에 해당한다. 광고주의 비상업광고에서의 상표사용과 검색엔진의 광고 외 검색엔진결과화면상의 상표사용은 비상업적 표현에 해당한다. '표현'에 해당하지 않는, 보이지 않는 키워드로서의 상표사용은 상업적 표현으로도 비상업적 표현으로도 분류될 수 없다. 그러나 광고주의 광고 또는 검색엔진의 전체로서의 검색엔진결과화면에 대한 보이지 않는 사용의 밀접한 연관성으로 인해, 보이지 않는 사용에 대한 제한은 이들을 억제하는 결과를 초래할 수 있다. 따라서 표현의 자유 제한 기준은 보이지 않는 사용에도 적용될 수 있다.

결국 상표권자가 광고주의 비상업적 광고에서의 상표사용을 금지하기 위해서는 '비상업적 표현으로서의 상표의 무단사용'을 금지하는 데 요구되는 명백하거나 강력한 혼동가능성 또는 희석가능성이 필요하다. 또한 비상업적 광고를 촉발시키는 광고주의 키워드로서의 보이지 않는 상표사용을 금지하고, 전체로서의 검색엔진결과화면 표시를 발생시키는 검색엔진의 보이지 않는 사용을 금지하기 위해서도, 명백하거나 강력한 혼동가능성 또는 희석가능성이 요청된다.

[1068] New York Times Co. v. Sullivan, 376 U.S. 254, 266 (1964) ("타임지가 광고를 게재한 대가를 받았다는 것은 신문과 책이 팔린다는 사실만큼 이와 관련하여 중요하지 않고", "다른 결론은 신문이 이러한 유형의 '사설형식 광고(editorial advertisements)'를 싣지 못하도록 막을 것"이라고 주장).

[1069] Deborah Fallows, Search Engine Users, Pew Internet & American Life Project, 17 (2005) <http://www.pewinternet.org/Reports/2005/Search-Engine-Users.aspx> accessed 23 February 2011 (검색엔진 이용자의 62퍼센트는 자연검색결과와 유료키워드 검색결과가 있다는 것을 인지하지 못하고, 이러한 관행을 인식하고 있는 인터넷 이용자의 38퍼센트 중 45퍼센트는 어느 검색결과가 유료키워드 검색결과 또는 스폰서 검색결과이고 어느 것이 아닌지를 항상 구분할 수 있지는 않다는 것을 보여줌).

4) 표현의 자유와 직접적인 상표책임

(1) 광고주의 책임

a) 혼동가능성

상업적 맥락에서 상표가 사용된 경우, 광고주의 혼동책임은 경쟁친화적 상표기능이 손상될 가능성이 높은 경우에만 발생한다. 상품품질과 브랜드 이미지 통제권자에 관하여 소비자가 혼동을 일으킨 경우 이러한 손상가능성이 있다.

키워드로서의 상표 매매단계(이하 "단계 I"이라 한다)에서는 선택, 구매, 보이지 않는 사용이 이 단계에서 소비자인 광고주로 하여금 상품품질과 브랜드 이미지에 대해 혼동을 일으키게 하지 않는다. 광고주들은 상표권자가 키워드의 품질에 책임이 있다고 결코 믿지 않을 것이다. 광고주들은 검색엔진의 가이드라인과 상표정책을 키워드 구매 전 또는 구매 시에 읽기 때문에, 유료키워드 검색 마케팅의 작동원리와 상표인 키워드의 구매가 의미하는 바를 잘 인식하고 있을 것이다. 그러나 상표권자 또는 광고주 상품의 소비자들은 단계 I에서 선택, 구매, 보이지 않는 사용을 알지도 못할 것이다. 표현의 자유 관점에서 보면, 이 단계에서는 키워드인 상표의 선택, 구매, 보이지 않는 사용을 금지할 실질적인 사회적 이익이 없다.

그러나 검색엔진이 상표인 키워드를 검색엔진창에 입력하는 단계(이하 "단계 II"라 한다)에는, 상업광고에서의 무단 상표사용이 누가 상품품질과 브랜드 이미지를 통제하는지에 관한 혼동가능성을 발생시킬 수 있어서 무단사용을 금지할 실질적 이익이 있을 수 있다. 소비자가 광고주의 웹사이트를 방문한 후에 소비자 혼동이 사라진다는 사실은 이러한 실질적 이익을 상쇄시킬 수 없다. 광고는 여전히 상업적 표현의 억제를 정당화시킬 위험을 지니고 있다. 예를 들어, 광고주의 상표사용이 자신의 웹사이트 첫 화면에 기재된 면책표시를 근거로 허용되면, 이러한 허용은 광고주들로 하여금 소비자들을 혼동시킬 수 있는 모든 가능한 표현을 온라인 키워드 광고에서 사용할 수 있게 할 것이다.

검색엔진결과화면상에 표시된 상업광고가 상표를 포함하고 있지 않은 경우에도, 광고문구는 상표인 키워드의 광고촉발효과 및 다른 상황과 결합하여 소비자 혼동을 일으킬 수 있다. 또한 이 경우 상업적 표현의 제한 기준이 키워드로서의 보이지 않는 상표사용에 대한 금지에 적용되어야 한다. 보이지 않는 사용의 금지는 광고주의 상업적 표현의 자유를 제한할 것이기 때문이다. 즉, 그 사용이 금지되면 키워드로 사용된 상표는 직접적으로 관련된 광고를 촉발시킬 수 없을 것이다. 다만 보이지 않는 사용에 대한 금지에 요구되는 소비자 혼동은 상품품질과 브랜드 이미지에 대한 통제권자에 관한 것이어야만 한다. 소비자 관심을 광고주의 웹사이트로 단순히 전화시키는 것은 보이지 않는 사용을 금지할 실질적 이익에 해당할 수 없다.

반면에 정치적 캠페인 광고와 불평 또는 패러디 웹사이트와 같은 비상업적 광고에 상표를 사용하는 경우, 광고주가 상표침해책임을 부담하기 위해서는 명백하거나 강력한 혼동가능성이 있어야 한다. 비상업적 광고가 상표를 포함하고 있지만 명백하게 상품품질이나 브랜드 이미지 통제권자에 관한 소비자 혼동을 초래할 수 있는 표현은 가지고 있지 않은 경우, 광고주는 책임을 부담하지 않는다고 결론지어야 한다.

이는 비상업적 광고에 상표를 사용하지 않은 경우에도 마찬가지이다. 비상업적 광고의 문안이 보이지 않는 사용과 더불어 명백하게 소비자들로 하여금 상표권자가 사용자 상품의 품질과 브랜드 이미지를 통제한다고 오인하게 할 수 있을 때, 상표침해는 발생할 수 있을 것이다. 명백한 혼동가능성이 없다면 내부적 상표사용을 금지할 사회적 이익이 광고주의 유료키워드 검색 마케팅의 근저에 있는 표현의 자유 가치를 압도할 수 없다.

b) 희석가능성

희석을 초래하는 상표사용이 상표권자의 상품시장에서 유명상표의 경쟁친화적 상표기능을 손상시킬 가능성이 높을 때, 상업적 표현 제한 기준에 따라 이러한 상표사용에 대한 금지를 정당화시킬 수 있다.

단계 I에서 키워드인 상표에 대한 광고주의 선택, 구매, 보이지 않는 사용은 경쟁친화적 상표기능에 부정적으로 영향을 미칠 정도로 유명상표의 식별력을 약화시키거나 명성을 손상시킬 가능성이 높지 않다. 그 이유는 상표인 키워드가 광고를 촉발시키기 전까지는 상표권자 상품의 소비자가 유명상표와 일관성 없거나 부정적인 상품품질 또는 브랜드 이미지를 연결 지을 수 없기 때문이다. 예를 들어 향수 판매자가 'perfumebay'라는 키워드를 선택하고 구매하며 보이지 않게 사용한 것만으로는 'eBay' 상표의 경쟁친화적 기능을 손상시킬 수 없는데, 그 이유는 판매자의 광고가 검색엔진결과화면에 나타나기 전까지는 eBay 서비스의 소비자가 그 키워드를 판매자의 광고에 연결시킬 수 없기 때문이다. 유사하게 소프트웨어 프로그램에 저장된 광고가 'perfumebay'라는 표장과 명성을 손상시키는 표현을 포함하고 있는 경우에도, 광고는 'perfumebay'라는 키워드가 광고를 촉발시키기 전까지는 'eBay' 상표의 경쟁친화적 기능을 손상시킬 수 없다.

반면에 단계 II에서 광고주들이 검색엔진결과화면상의 자신들의 상업광고에 상표를 무단으로 사용하는 것은 광고문안에 따라 식별력 약화나 명성손상에 의한 희석가능성을 초래할 수 있다. 광고에 유명상표가 사용되지 않은 경우에도 광고문안, 키워드의 연계 효과, 기타 상황의 결합이 희석가능성을 발생시킬 수 있다. 그러나 불공정한 이익의 존재만을 근거로 한 상표사용 금지는 인정되어서는 안 된다. 이러한 금지는 실질적인 사회적 이익 없이 표현의 자유를 억제하기만 하는 결과를 초래할 수 있을 것이다.

광고주들이 비상업적 광고의 문안에 유명상표를 포함시킨 경우에는, 희석가능성이 명백한 경우에만 희석책임을 부담하여야 한다. 광고주들이 문안에 상표를 사용하지 않은 경우에도 상표인 키워드가 촉발시킨 광고는 강력한 희석가능성을 발생시킬 수 있다. 랜험법과 우리나라의 부정경쟁방지법에 따르면, 광고주들은 상표사용이 비상업적 표현에 해당한다는 이유만으로 희석책임에서 면제된다. 그러나 이러한 규정들은 비상업적 표현 제한 기준과 합치하지 않는다. 이들 규정은 상표사용을 금지한 강력한 이익을 희생시키고 광고주의 표현의 자유를 옹호하는 방향으로 균형을 기울인다. 따라서 양 법률은 개정이 필요하다.

c) 공정사용

광고주들은 공정사용을 주장함으로써 자신들의 표현의 자유를 보호할 수 있다. 예를 들어, 광고주들은 자신들의 보이는 또는 보이지 않는 상표사용이 자신들의 상품을 설명하기 위한 것(전통적 공정사용)이거나 상표권자 상품의 출처를 나타내기 위한 것(지명식 공정사용)이라고 주장할 수 있다.

그러나 광고주들은 검색엔진이 사용자들에게 관련 정보를 제공하기 위해 자신들의 상표사용이 필요하다고 주장함으로써 자신들의 표현의 자유 가치를 방어할 수는 없다. 즉, 검색엔진의 표현의 자유는 광고주의 표현의 자유에 대한 근거가 될 수 없다. 키워드로서의 보이지 않는 상표사용이 광고주들의 웹사이트 내용을 설명하기 위한 것이라고 주장할 수도 없다. 그 웹사이트의 내용을 설명할 광고주들의 표현의 자유 이익은 내부적 사용의 금지로 영향을 받지 않기 때문이다.

(2) 검색엔진의 책임

a) 혼동가능성

단계 I에서 검색엔진이 키워드로 상표를 추천하고 판매하는 것은 상업적 표현에 해당하는데, 이들은 상표권자의 상품시장에서 경쟁친화적 상표기능에 손상을 입힐 가능성이 높은 소비자 혼동을 발생시키지 않을 것이기 때문에 금지될 수 없다. 상표인 키워드의 소비자에 해당하는 광고주들은 상표권자를 키워드의 품질과 브랜드 이미지 통제권자라고 오인하지 않을 것이며, 상표권자 또는 광고주 상품시장의 평균 소비자들도 추천과 판매를 이유로 상표권자가 광고주 상품의 품질과 브랜드 이미지를 통제한다고 오인할 수 없을 것이기 때문이다. 키워드를 검색창에 입력한 평균 소비자들은 상표인 키워드가 추천되거나 판매된다는 것을 인지할 수 없으므로, 상표인 키워드의 추천과 판매를 억제할 실질적인 사회적 이익이 없다.

단계 II에서 상표인 키워드의 내부적 사용에 대한 제한은 비상업적 표현으로 분류하였던 전체로서의 검색엔진결과화면에 부정적으로 영향을 미칠 것이다. 거의 모든 단어가 상표로 사용되고 있고, 많은 비침해적 상표사용이 존재한다는 사실을 감안하면, 내부적 사용에 대한 제한은 키워드와 유료키워드 검색결과 간의 연계를 제한함으로써 유료키워드 검색결과 서비스의 적절한 기능을 방해할 수 있을 것이다. 따라서 강력한 혼동가능성을 요구하는 비상업적 표현의 제한 기준이 이러한 금지에 적용되어야 한다. 키워드로서의 상표의 내부적 사용과 연결되어 있는 전체로서의 검색엔진결과화면은 내부적으로 사용된 상표가 광고주의 광고와 연계되어 있다는 점을 강하게 보여준다. 첫째, 상표인 키워드는 광고를 촉발시킨다. 둘째, 인터넷 이용자들이 검색엔진에 입력한 상표인 키워드는 검색창에 여전히 남아 있다. 셋째, 일부 검색엔진결과화면은 검색결과가 그 키워드와 '관련된 광고'라고 나타낸다. 넷째, 엷은 색조의 사각형 배경 등을 제외하면 자연검색결과와 유사한 색, 글자체, 글자크기로 광고가 나타난다. 다섯째, 광고주들이 키워드 구매의 대가로 검색엔진에게 금전을 지불한다는 사실과 유료키워드 검색결과의 순서가 키워드에 대한 중요성이나 관련성에 상응하지 않는다는 사실에 대한 언급이 없다. 키워드와 광고 간에 밀접한 연관성이 있다는 것을 보여줌에도 불구하고, 전체로서의 검색엔진결과화면과 보이지 않는 사용이 명백한 소비자 혼동을 발생시키지는 않는다. 검색엔진은 '명확하게' 상품품질이나 브랜드 이미지 통제권자에 대해 소비자를 혼동시킬 수 있는 표현을 검색엔진결과화면에서 사용하지 않는다. 특히 검색엔진은 소비자의 오인을 초래할 약한 가능성만이 있는 '스폰서 결과(Sponsored Results)'와 '스폰서 링크(Sponsored Links)'라는 표현을 사용하지만 유료키워드 검색결과의 제목으로 '상표권자에 의해 후원된다(sponsored by trade mark owners)'는 표현을 사용하지는 않는다. 이러한 정도의 혼동은 '표현을 금지할 강력한 사회적 이익이 있어야 할 것'이라는 비상업적 표현 제한 기준의 첫 번째 요건을 통과할 수 없다.

또한 '광고주가 작성한' 광고문안은 검색엔진의 상표사용이 혼동가능성을 초래하는지 여부를 판단함에 있어서 고려되어서는 안 된다. 검색엔진의 표현은 광고주들의 표현이 발생시키는 손상 때문에 제한될 수 없다. 검색엔진이 광고문안 작성에 참여한다면, 그 문안은 평가의 요소가 될 수 있을 것이다. 그러나 현재의 관행하에서는 검색엔진은 광고주의 표현을 작성하는 데 관여하지 않는다. 검색엔진은 상표인 키워드를 광고주의 표현에 연계시킬 뿐이다.

b) 희석가능성

단계 I에서는 검색엔진이 유명상표를 키워드로 추천하고 판매하는 행위가 '유명상표의 경쟁친화적 기능에 대한 손상'에 해당하는 식별력 약화 또는 명성손상에 의한 희석을 초래하지 않을 것이다. 검색엔진은 '키워드로서의' 상표에 관한 것만 추천, 판매한다. 실제로 검색엔진은 상표인 키워드와 광고 간의 링크, 광고지면, 광고의 순위를 추천하고 판매하는 것이지 광고에서 사용될 수 있는 유명상표의 이미지 파일을 추천하거나 판매하는 것은 아니다. 하키팀 심벌이 수놓여 있는 헝겊을 스포츠용품점을 통하여 판매하는 것과 대조적으로 검색엔진들은 자신들의 추천과 판매가 있으면 광고주들이 광고에서 유명상표나 오인을 초래하는 표현을 당연히 사용할 것이라고 예측할 수는 없다. 또한 상표권자 상품의 소비자들은 광고가 촉발되기 전까지는 유명상표가 저품질의 상품에 사용될 것인지 또는 유명상표의 사용이 일관성 없거나 부정적인 브랜드 이미지를 생성할 것인지 알 수 없다.

단계 II에서는 검색엔진의 전체로서의 검색엔진결과화면은 심지어 내부적으로 사용된 상표의 촉발효과를 함께 고려하더라도 경쟁친화적 상표기능에 강력한 위험을 일으킬 수 있는 '명백한 희석가능성'을 거의 일으킬 수 없다. 혼동가능성의 평가에서와 마찬가지로 검색엔진은 명백하게 유명상표의 식별력을 약화시키거나 명성을 손상시키는 어떠한 표현도 자신의 검색엔진결과화면에 포함시키지 않고, 명백한 희석가능성을 초래할 수 있는 방식으로 검색엔진결과화면을 디자인하지도 않는다. 비상업적 표현 제한 테스트 관점에서 보면 검색엔진의 보이지 않는 사용을 허용하는 이유는 이러한 사용이 비상업적 표현에 해당하여서가 아니며, 검색엔진결과화면이 비상업적 표현에 해당하여서도 아니다. 그 이유는 보이지 않는 사용에 대한 금지가 비상업적 표현에 해당하는 검색엔진결과화면에 대한 제한을 초래할 수 있지만, 이러한 금지에 따른 강력한 사회적 이익이 없기 때문이다. 즉, 경쟁친화적 상표기능에 대한 강력한 손상가능성이 없다는 점이 이유이다. 이러한 의미에서 희석책임에 대한 비상업적 사용 예외는 없어져야 한다.

검색엔진결과화면상의 광고가 강력한 희석가능성을 발생시킨다는 사실이 검색엔진의 희석책임 판단에 영향을 미쳐서는 안 된다. 광고주의 표현에서 발생되는 위험을 이유로 검색엔진의 표현의 자유를 제한할 수는 없기 때문이다. 보이지 않게 사용된 상표가 자동적으로 광고에 나타나게 하는 방식을 사용하는 등 검색엔진의 상표사용이 직접적으로 이러한 위험에 연결되면, 검색엔진도 이러한 위험에 대해 책임을 부담할 수 있을지도 모른다. 그러나 유료키워드 검색 마케팅에서의 현재 관행은 그렇지 않다.

c) 공정사용

검색엔진의 상표사용이 명백한 혼동가능성이나 희석가능성을 일으키는 것으로 인정되는 경우에 검색엔진은 광고주의 표현의 자유를 근거로 공정사용을 주장할 수는 없다. 검색엔진이 광고주의 표현으로 발생된 상표기능에 대한 위험에 책임을 부담하지 않듯이, 광고주의 공정사용을 이유로 직접책임에서 제외될 수도 없다. 검색엔진은 자신의 보이지 않는 상표사용이 '광고주의 웹사이트 내용'을 설명하기 위해 필요하다고 주장할 수도 없으며, 광고나 웹사이트상에서 사용된 광고주의 면책표시(disclaimers)도 검색엔진을 면책시킬 수 없다.

(3) **구제수단**

상표사용이 비상업적 표현으로 분류되는 경우 상표사용을 억제할 수단은 최소제한수단이어야 한다. 상표사용에 대한 금지보다 면책표시가 덜 제한적이기 때문에 면책표시는 최소제한수단이 될 수 있다. 광고에 포함된 면책표시가 명확하게 광고주의 상품과 상표권자의 관계를 분리시키는 방식으로 사용된다면, 그러한 면책표시는 광고주의 상표사용에서 발생되는 혼동가능성과 희석가능성을 막을 수 있다. 유료키워드 검색결과 상단에서의 면책표시도 전체로서의 검색엔진결과화면이 발생시킬 수 있는 혼동가능성이나 희석가능성을 제거할 수 있다. 따라서 면책표시는 상표법과 부정경쟁방지법에 하나의 구제수단으로서 도입되어야 한다.

■■■ 제7장

맺음말

유료키워드 검색 마케팅에서의 상표사용은 메타태그에서의 상표사용 등과는 그 특성이 다르기 때문에 메타태그, 팝업광고, 배너광고 사건들에 대한 판결에만 기초하여 유료키워드 검색 마케팅 맥락에서의 상표책임 유무(상표침해 여부)를 결정할 수 없다. 동일한 이유로 상품배치(product placement), 자수 로고의 판매(sale of embroidered logos), 신문광고 등에 대한 비유도 광고주들과 검색엔진들의 책임 유무를 결정함에 있어서 참고사항일 뿐이다. 이러한 판결과 비유는 유료키워드 검색 마케팅의 발전에 충분히 대응할 수 없는 단편적 접근방법에 불과하다. '공정하고 효율적인 경쟁(상표법의 목적) – 경쟁친화적 상표기능(보호받을 수 있는 상표기능) – 표현의 자유 제한(표현의 자유와의 조화) – 구체적인 사례 분석 – 공정하고 효율적인 경쟁(상표보호의 효과)'으로 연결되는 '상표법 적용상의 선순환 사이클'을 통하여 유료키워드 검색 마케팅에서의 상표책임 유무를 판단해야 상표권자, 경쟁업자, 소비자 등 이해관계자들 간의 균형을 유지하는 동시에 상표보호와 표현의 자유 간의 균형을 이룰 수 있게 된다.

상표법의 궁극적 목적은 '공정하고 효율적인 경쟁'이어야 한다. '공정하고 효율적인 경쟁'이라는 개념은 상표권자, 경쟁자, 제3사용자, 소비자 및 시장을 고려한다. 즉, '경쟁'에 근간을 둔 '효율성'과 '공정성'은 관련 당사자들의 이해관계가 균형 또는 견제균형을 이루도록 한다(balance and counterbalance). 또한 공정하고 효율적인 경쟁이라는 개념은 소비자 혼동 방지 및 신용 보호라는 상표법 원칙 간의 내재적 모순을 방지함으로써 두 원칙을 모두 포용한다. 이 개념은 시카고학파에서 주장하는 검색비용이론에도 의존하지 않는다. 나아가 상표의 보호범위를 획정함에 있어서 경쟁과 브랜드 이미지 보호에 초점을 맞춤으로써 상표기능에 관한 논란으로부터 상표법을 자유롭게한다. '경쟁과 브랜드 이미지 보호라는 관점(a competition and image protection perspective)'은 보호받을 만한 상표기능을 명확하고 정확하게 식별할 수 있게 하기 때문이다. 참고로 통상 법원들은 보호받을 만한 상표기능과 그렇지 않은 상표기능을 구분하지 않고 있다.

경쟁이라는 개념에 대해서는 부정적인 입장도 있다. 아들러의 철학에 관한 『미움받을 용기』라는 책에서는 인간관계를 경쟁으로 바라보고 타인의 행복을 자신의 패배라고 생각하기 때문에 행복해보이는 사람을 축복해줄 수 없다고 말한다.[1070] 페이팔의 공동 창업자인 피터 틸(Peter Thiel)도 그의 저서 『제로 투 원』에서 경쟁이라는 이데올로기가 우리의 사고를 왜곡하고 있으며, 경쟁이 요구하는 것들을 실천한 결과 우리는 경쟁 속에 갇히고 경쟁을 더 많이 할수록 우리가 얻는 것은 오히려 줄어든다고 강조하였다.[1071]

그러나 아들러의 철학이나 피터 틸(Peter Thiel)이 얘기하는 경쟁의 부정적 측면은 경쟁 그 자체가 갖는 문제점이라기보다는 타인을 이겨야 한다는 개인이나 기업의 경쟁의식이 만들어내는 부정적 효과라 할 것이다. 타인을 이겨야 한다는 의미의 경쟁과 자신과 타인을 차별화시킨다는 의미에서의 경쟁은 구분되어야 할 것이다. 경영전략의 최고 권위자라고 불리는 마이클 E. 포터(Michael E. Porter)도 경쟁에 관한 그의 저서에서 '최고가 되기 위한 경쟁(competition to be the best)'보다 '독특하고자 하는 경쟁(competition to be unique)'을 할 것을 강조한다.[1072] 존 메이너드 케인스(John Maynard Keynes)와 더불어 20세기의 대표적 경제사상가인 프리드리히 아우구스트 폰 하이에크(Friedrich August von Hayek)도 그의 대표적 저서 『노예의 길』에서 "유효한 경쟁이 창출될 수 있는 곳에서는 다른 그 어떤 방법보다도 경쟁이 개별적 노력의 좋은 길잡이가 되어준다"고 언급하였다.[1073] 상표법은 바로 이러한 경쟁이 공정하고 효율적으로 이루어질 수 있도록 도와주는 역할을 담당하여야 한다.[1074]

상표법이 '공정하고 효율적인 경쟁'을 증진시키는 것을 목적으로 하여야 한다는 관점에서 보면 모든 상표기능이 보호받을 가치가 있는 것은 아니다. 즉, 공정하고 효율적인 경쟁은 '경쟁친화적 상표기능(상표 내적인 정보 기능과 상표 간의 차별 기능)을 보호'함으로써 확보될 수 있다. 여기서 정보 기능은 상품품질과 브랜드 이미지에 관한 정보를 소비자들에게 간결하게 전달하는 기능을 의미하고, 차별 기능은 생산자들이 자신들의 상품과 다른 사람들의 상품을 차별할 수 있게 하는 동시에 소비자들로 하여금 상표가 전달하는 정보에 기초하여 상품을 식별하고 특정 상표를 부착한 상품에 대한 선호를 형성하며 구매결정을 할 수 있도록 하는 기능을 말한다. 상표의 이러한 기능들은 상표권자의 상품시장과 경쟁 상품시장에서 작동하고 있다. 그러나 상표권자의 상품과 무관한 비경쟁 상품시장에서까지 작동하고 있다고 볼 수는 없다.

상표법의 목적과 보호받을 만한 상표기능이라는 관점에서 볼 때, 상표책임 요건과 예외에 관한

[1070] 기시미 이치로·고가 후미타케, 『미움받을 용기』, 전경아 옮김, 인플루엔셜, 2014, 113면.

[1071] 피터 틸·블레이크 매스터스, 『제로 투 원』, 이지연 옮김, 한국경제신문, 2014, 50-51면.

[1072] Michael E. Porter, *On Competition* (Harvard Business Review Book 2008) xiv-xv, 37-54.

[1073] 프리드리히 A. 하이에크, 『노예의 길』, 김이석 옮김, 자유기업원·나남출판, 2012, 78면.

[1074] 정부의 개입, 계획경제 내지 집단주의에 부정적인 하이에크도 '경쟁을 위한 계획(planning for competition)'이라는 형태로는 계획과 경쟁이 결합될 수 있다고 주장하였다. 위의 책 85면.

법률해석은 경쟁친화적 상표기능에 기초하여야 한다. 즉, 제3자는 자신의 상표사용이 상표권자의 상품시장에서 상표권자가 보유하고 있는 상표의 정보 기능 및 차별 기능에 손상을 입힐 가능성이 높은 경우에만 상표권 침해로 인한 책임을 부담한다. 또한 상표권자와 제3사용자의 상표와 상품이 모두 동일한 이중 동일성 사건에서의 상표책임도 상표권자가 보유하고 있는 상표의 정보 기능 및 차별 기능이 손상을 입을 가능성이 높은 경우에만 발생할 수 있다.

보다 구체적으로 살펴보면 첫째, '상표의 사용'은 소비자들이 인지할 수 있는 방식으로의 상표사용을 의미한다고 해석하여야 한다. '상표로서의 사용'이라고 좁게 해석하면, 제3사용자 쪽으로 보호의 균형이 기울어질 수 있기 때문이다. 또한 상표사용 요건은 혼동가능성이나 희석가능성 유무가 명확해지기 전까지는 공정한 상표사용과 불공정한 상표사용을 구분할 수 없고 경쟁친화적 상표기능에 대한 손상가능성 여부도 결정할 수 없기 때문이다.

둘째, '혼동가능성'은 제3사용자가 생산 또는 판매하는 상품의 품질과 브랜드 이미지를 상표권자가 통제한다고 소비자들이 오인할 가능성이 높은 경우에 발생하는 것으로 해석하여야 한다. 이와 관련하여 소비자들은 상표권자가 이미 제3사용자의 상품시장에 진출하였다고 믿지 않는 한 제3사용자가 생산 또는 판매하는 상품의 품질과 브랜드 이미지를 상표권자가 통제한다고 오인하지 않을 것이므로, 상표권자가 향후에 시장을 확장할 가능성(likelihood of expansion)이 있다는 점을 이유로 혼동가능성을 인정하여서는 안 된다. 혼동가능성은 제3자가 상표권자의 상표와 동일 또는 유사한 상표를 사용한 시점에서의 상황을 감안할 때, 상당수의 소비자가 혼동할 가능성이 있는가를 의미하는 것이지 그 시점에는 혼동가능성이 없지만 그 시점 이후의 상황을 감안할 때 향후에 혼동가능성이 있는지를 의미하는 것이 아니기 때문이다.

소비자가 상품을 구매하는 시점에 혼동가능성이 존재하는지 여부도 중요하지 않다. 상품을 구매하기 전이라도 소비자가 혼동을 일으키면 소비자는 상표권자의 상품에서 다른 상품으로 자신의 선호를 바꿀 수 있고, 그 결과 상표권자 상표의 정보 기능 및 차별 기능에 손상을 입힐 수 있기 때문이다.

셋째, '희석가능성'은 제3자가 유명상표를 사용함으로써 유명상표가 상품시장에서 차지하는 상품품질과 브랜드 이미지의 강한 위치가 손상을 입을 가능성이 높을 때 발생한다고 해석하여야 한다. 유명상표를 제3자가 사용한 결과 유명상품의 소비자로 하여금 유명상표와 동시에 일관성은 없지만 부정적이지는 않은 상품품질 또는 이미지를 연상(inconsistent but not negative product quality or images)하도록 할 수 있을 때 식별력 약화에 의한 희석가능성(Likelihood of dilution by blurring)은 발생한다. 명성손상에 의한 희석가능성(Likelihood of dilution by tarnishment)은 유명상표의 제3

자 사용이 유명상품 소비자로 하여금 유명상표와 동시에 부정적 품질이나 이미지(negative product quality or images)를 연상하도록 할 수 있을 때 발생한다.

반면에 유명상표와 상표권자의 상품을 연계시키는 데 소요되는 추가적인 시간이나 인지 노력 그 자체만으로는 식별력 약화나 명성손상에 의한 희석가능성을 인정할 수 없다. 이러한 사실만으로는 유명상표가 상품시장에서 차지하는 상품품질과 브랜드 이미지의 강한 위치, 즉 유명상표의 정보 기능 및 차별 기능에 손상을 입힐 가능성이 높은지 알 수 없기 때문이다. 동일한 맥락에서 불공정한 이익의 취득이라는 희석은 유명상표의 정보 기능 및 차별 기능에 대한 손상 여부에 의존하지 않기 때문에 유럽 상표법상 침해적 사용에 해당하는 제3유형의 희석행위인 불공정한 이익의 취득은 희석행위로 인정되어서는 안 된다. 그리고 상표권자의 상품시장에서 발생되는 식별력 약화 및 명성손상에 의한 희석가능성을 판단함에 있어서 소비자 주의 정도는 상표권자 상품의 가격과 성질 및 상표권자 상품 소비자의 유형에 기초하여야 한다.

넷째, 공정사용(fair use), 기능적 사용(functional use)과 같은 방어방법은 제3자의 상표사용에 대한 금지가 反경쟁적 결과를 초래할 가능성이 높지 않다면 인정되어서는 안 된다. 반면에 이러한 방어방법이 와해되어 혼동가능성 또는 희석가능성에 대한 분석에 포함되거나, 혼동가능성 또는 희석가능성의 존재가 이러한 방어방법의 요건이 되어서는 안 된다. 혼동가능성 테스트와 희석가능성 테스트는 경쟁친화적 상표기능에 대한 손상가능성을 증명하고자 하는 것이 그 취지임에 반하여 공정사용, 기능적 사용 등의 방어방법은 제3자의 상표사용이 상표권자가 보유하고 있는 상표의 기능에 영향을 미치기는 하지만 그 사용이 상품시장에서 공정하고 효율적인 경쟁을 위하여 필요하다는 것(제3자 사용은 경쟁친화적 상표기능을 넘어선 상표기능에만 부정적으로 영향을 미친다)을 증명하는 것이 그 취지이다.

위에서 언급한 해석은 '상표보호와 표현의 자유 간의 균형'을 추가적으로 고려한 해석에 의해 보완되어야 한다. 먼저 의사소통이라는 특성(a communicative nature)을 가지고 있어서 표현의 자유상의 '표현'에 해당하는 상표의 사용은 그 사용이 상업적 맥락에서 이루어졌는지 비상업적 맥락에서 이루어졌는지 여부에 따라 상업적 표현 또는 비상업적 표현으로 분류될 수 있다. 표현의 자유를 제한하는 기준도 사용맥락에 따라 상업적 표현인지 비상업적 표현인지 구분하여 그에 따른 기준을 적용해야 한다. 다만 의사소통이라는 특성이 없어서 그 자체로는 표현으로 볼 수 없는 내부적 사용(예, 소프트웨어 프로그램 속에서의 사용)의 경우에는 표현의 자유 제한 기준의 적용은 그 내부적 사용에 대한 '제한이 영향을 미칠 수 있는 표현'의 유형에 따른다.

또한 상표법의 목적이 '경쟁친화적인 상표기능을 보호함으로써 공정하고 효율적인 경쟁을 촉진시키는 것'이라는 점과 '상표권자도 제3자의 상표사용을 금지시킴으로써 상표권자의 표현의 자유가 보호되는 이익이 있다'는 점을 감안하면, 상표법에 따른 무단 사용의 금지는 상표책임(상표권침해)의 '핵심'요건을 좁게 해석하는 한 표현의 자유 제한 기준에 부합한다고 보아야 한다.

보다 구체적으로 살펴보면, 상표가 상업적 맥락에서 사용된 경우 혼동가능성과 희석가능성에 대한 해석은 보호받을 수 있는 상표기능을 기초로 한 앞의 해석과 동일하여야 한다. 상품품질과 브랜드 이미지 통제권자에 대한 혼동가능성은 제3자에게 상표책임을 부담시키는 것에 실질적 정당성을 제공한다. 제3자가 유명상표를 사용한 것이 소비자로 하여금 유명상표와 일관되지 않거나 부정적인 품질 또는 이미지를 연상하게 할 때 희석가능성이 있는 것으로 해석하는 한, 희석행위 금지에도 실질적인 사회적 이익(substantial societal interests)이 있다.

반면에 제3자가 비상업적 맥락에서 상표를 사용한 경우, 혼동가능성 또는 희석가능성은 실질적 악의(actual malice) 또는 계산된 거짓(calculated falsehood)을 보여주기에 충분할 정도로 명확하여야 한다. 이러한 엄격한 해석하에서는 미국의 랜험법과 우리나라의 부정경쟁방지법 등에 규정되어 있는 '비상업적 사용이라는 예외'가 불필요하다. 오히려 이러한 법률들은 상표의 보호와 표현의 자유 간의 보다 바람직한 균형을 위하여 개정될 필요가 있다. 구제수단에 있어서도 후원 또는 非후원 공개(sponsorship or non-sponsorship disclosures)는 비상업적 표현 제한 기준의 마지막 기준인 '최소 제한 수단(the least restrictive means)' 기준을 충족시키기 위하여 필요하다.

혼동가능성 및 희석가능성과 달리 상표책임(상표권 침해)의 핵심요건으로 보기는 어려운 '상표사용 요건(use of trade marks requirement)'은 표현의 자유를 이유로 너무 엄격히 해석되어서는 안 된다. 특히 '상업적(in commerce)', '거래과정에서의(in the course of trade)', 또는 '업으로의' 상표사용이 침해적 상표사용에 해당하기 위해서는 상업적 표현(commercial expression)이어야 한다고 해석하지 말아야 한다. '상거래 제안과 주로 관련되지는 않은 맥락에서의 상표사용'도 경쟁친화적 상표기능에 손상을 입힐 수 있기 때문이다. 대조적으로 상업적 표현을 상대적으로 낮은 수준으로 보호하는 근거가 상업적 표현에 청중을 오인시키는 정보가 존재할 가능성이 높다는 것이므로, 상업적 표현은 좁게 정의되어야 한다.

앞의 해석을 유료키워드 검색 마케팅에서의 상표사용에 적용하기 위해서는 우선 상표책임(상표권 침해) 유무를 판단하기 위해 법원이 고려해야 하는 '유료키워드 검색 마케팅에서의 사실관계' 범위를 확정시켜야 한다. 원칙적으로 소비자들이 관련되었다고 인지할 수 없는 맥락과 상황은 소비자 인식이나 소비자 연상에 영향을 미칠 수 없어서 경쟁친화적 상표기능에도 영향을 미칠 수 없기 때문에 법원은 키워드로서의 상표사용에 직접적으로 관련된 실제의 맥락과 상황만을 고려해야 한다.

구체적으로는 첫째, '광고주의 웹사이트의 내용'은 광고주 상품의 잠재적 소비자인 인터넷 이용자들이 웹사이트를 방문하기 전까지 인지할 수 없기 때문에 이를 고려하여서는 안 된다. 둘째, 광고주의 웹사이트 내용과는 달리 검색엔진과 광고주 간에 이루어지는 '상표와 동일 또는 유사한 키워드 매매'는 인터넷 이용자들은 이를 인식할 수 없지만 키워드의 구매자(소비자)에 해당하는 광고주는 이를 인식할 수 있다. 셋째, 소프트웨어 프로그램에 상표를 포함시키는 '상표의 내부적 사용'은 광고주와 인터넷 이용자 양자 모두에 의해 탐지될 수 있다.

이러한 사항을 감안하면 유료키워드 검색 마케팅에서의 상표책임 유무를 판단함에 있어서 법원이 고려하여야 하는 실제의 직접적 맥락과 상황(actual and direct context and circumstances)은 크게 2단계, 즉 상표인 키워드 매매 단계(이하 '단계 I'이라 한다)와 소비자가 검색어로 상표를 입력하는 단계(이하 '단계 II'라 한다)로 나눌 수 있다.

이러한 맥락과 상황에 경쟁친화적 상표기능 보호와 표현의 자유 제한 기준 양자에 기초한 해석을 적용하면, 광고주들은 상표를 광고에 포함시키지 않은 경우에도 자신들의 상표사용에 대해 책임을 부담할 수 있다.

단계 I에서 키워드 구매자(소비자)에 해당하는 광고주는 상표와 동일 또는 유사한 키워드에 대한 광고주 자신의 선택, 구매, 내부적 사용을 인지할 수 있기 때문에 이들 사용은 '상표의 사용'에 해당한다. 그러나 이러한 사용들이 키워드, 상표권자의 상품 또는 광고주의 상품의 소비자로 하여금 상품품질과 브랜드 이미지 통제권자에 대한 혼동에 이르게 할 수는 없다. 또한 이러한 사용들이 유명상품 소비자로 하여금 유명상표와 일관성 없거나 부정적인 품질 또는 이미지를 연상하게 할 수 없기 때문에 식별력 약화 또는 명성손상에 의한 희석가능성을 발생시킬 수 없다. 표현의 자유 제한 기준 측면에서 보면 단계 I에서의 이러한 사용들을 금지할 실질적인 사회적 이익이 없는 것이다.

단계 II에서 광고문안에 광고주가 상표를 사용하는 것과 광고주가 키워드로서 상표를 선택하고 내부적으로 사용하는 것은 '상표의 사용'에 해당한다. 그러나 상표와 동일 또는 유사한 키워드의 구매는 상표권자 상품의 소비자 또는 광고주 상품의 소비자가 인지할 수 없기 때문에 이 단계에서 이를 '상표의 사용'으로 간주하여서는 안 된다. 상업광고에 상표가 포함된 경우 광고주 상품의 소비자가 상품품질과 브랜드 이미지 통제권자에 대하여 혼동할 가능성이 높거나 상표권자 상품의 소비자가 유명상표와 일관성 없거나 부정적인 상품품질 또는 브랜드 이미지를 연상할 가능성이 높으면, 인터넷 이용자들의 키워드 입력으로 인해 소프트웨어 프로그램에 포함된 키워드가 광고를 나타나게 하는 효과(상표인 키워드의 광고촉발효과)를 고려하지 않아도 혼동가능성 또는 희석가능성이 있다. 상업광고에 상표가 포함되지 않은 경우에도 광고촉발효과, 주변 맥락과 상황, 광고문안의 내용이 결합하여 혼동가능성이나 희석가능성을 초래할 수 있다. 표현의 자유를 감안하면 광고가 비상업적 표현인 경우 책임을 부담하기 위해서는 명백한 또는 강력한(evident or compelling) 혼동가능성 또는 희석가능성이 있어야 한다. 혼동가능성 또는 희석가능성의 존재에도 불구하고 광고주들은 공정사용 또는 표현의 자유를 방어방법으로 주장할 수 있다. 그러나 광고주들은 웹사이트 내용을 기술하기 위해 키워드로 상표를 사용한다는 점을 근거로 공정사용을 방어방법으로 사용할 수 없다. 더구나 광고주들은 비상업적 표현으로 상표를 사용하였다는 점 때문에 희석행위로 인한 책임(희석책임)으로부터 제외되어서는 안 된다.

광고주들과는 대조적으로 검색엔진들은 상표가 광고문안에 포함되었는지 여부와 상관없이 '현재의 관행하에서는' 자신들의 상표사용에 대해 책임을 부담하지 않는다.

단계 I에서 검색엔진들의 키워드 추천, 키워드 판매와 내부적 사용은 '상표책임' 요건으로서의 '상표의 사용'에 해당한다. 이 단계에서 광고주들의 사용과 마찬가지로 검색엔진들의 사용은 혼동가능성이나 희석가능성을 초래하지 않는다. 또한 이러한 사용들을 금지할 사회적 이익이 없다.

단계 II의 경우 대부분의 사건에서 검색엔진들의 내부적 사용만이 상표사용에 해당할 수 있다. 검색엔진들이 광고문안을 작성하지 않는 현재의 관행하에서는 검색엔진들의 책임을 판단함에 있어서 상표사용을 포함하고 있는 광고문안이 고려되어서는 안 된다. 이 때문에 보이지 않는 내부적 상표사용의 광고촉발효과와 기타 다른 맥락 및 상황은 상품품질과 브랜드 이미지 통제권자에 대한 소비자 혼동을 발생시킬 수 없다. 또한 내부적 사용은 유명상표를 일관성 없거나 부정적인 상품품질 또는 브랜드 이미지와 함께 연상시킬 수도 없다.

표현의 자유 가치를 감안하면 검색엔진들이 자신들의 내부적 사용에 대해 책임을 부담하지 않는다는 것이 보다 명확하다. 검색엔진들의 내부적 사용을 제한하는 것은 비상업적 표현에 해당하는 전체로서의 검색엔진결과화면 표시에 부정적으로 영향을 미칠 수 있기 때문에 비상업적 표현의 제한 기준이 적용되어야 한다. 따라서 명확하거나 강력한 혼동가능성 또는 희석가능성이 있어야 한다. 그러나 그러한 혼동가능성이나 희석가능성이 유료키워드 검색 마케팅상에서는 발견되지 않는다.

이러한 경쟁친화적 상표기능 보호와 표현의 자유 제한 기준에 기초한 유료키워드 검색 마케팅상에서의 상표보호는 상품시장에서의 공정하고 효율적인 경쟁을 촉진시킬 수 있다. 동시에 이러한 상표보호는 상표권자, 광고주, 검색엔진, 소비자 간의 균형과 상표보호와 표현의 자유 가치 간의 균형을 이룰 수 있다.

상표법은 '공정하고 효율적인 경쟁'을 목적으로 하는 법률[1075]로서 시장경제질서에 직접적으로 영향을 미치기 때문에 상표법의 해석과 운용에 있어서 신중하여야 한다. 상표법을 소비자만을 보호하거나 상표권자만을 보호하는 법률로 인식하여 해석하면 '공정하고 효율적인 경쟁'을 저해하거나 제3자의 표현의 자유를 해칠 수 있다. 따라서 '공정하고 효율적인 경쟁'이라는 상표법의 목적이 상표사용과 관련된 이해관계자들 간의 균형과 상표보호와 표현의 자유 가치 간의 균형을 찾는 데 있어서 핵심적 역할을 수행하여야 한다.

이 책에서는 이러한 균형이 '상표법 적용상의 선순환 사이클'이라는 수단을 통해 도달할 수 있다고 언급하였다. 즉, 광고주들과 검색엔진들의 직접책임이 경쟁친화적 상표기능의 보호와 표현의 자유 제한 기준으로부터 도출된 법률해석에 기초하여 결정되기 때문에 이러한 직접책임은 공정하고 효율적인 경쟁을 촉진하고 유료키워드 검색 마케팅 맥락에서의 균형을 유지할 수 있게 해준다. 그리고 또다시 다른 상표사용맥락에서의 균형을 찾고자 노력함으로써 선순환 사이클은 선순환 나선(a virtuous spiral)의 형태로 변형되기 시작한다. 선순환 나선형의 반복 결과, 결국 모든 상품시장에서 공정하고 효율적인 경쟁이 촉진될 수 있다.

[1075] 이러한 점에서 상표법은 특허법, 디자인보호법, 저작권법 등과는 확연히 구분된다.

참고문헌

1. 서적 및 논문

1) 국내 서적 및 번역서

권영성, 『헌법』, 제5판, 법문사, 2010.

정상조・박준석, 『지적재산권법』, 홍문사, 제2판, 홍문사, 2011.

기시미 이치로・고가 후미타케, 『미움받을 용기』, 전경아 옮김, 인플루엔셜, 2014.

프리드리히 A. 하이에크, 『노예의 길』, 김이석 옮김, 자유기업원・나남출판.

피터 틸・블레이크 매스터스, 『제로 투 원』, 이지연 옮김, 한국경제신문, 2014.

2) 해외 서적 및 논문

Akerlof G, The Market for 'Lemons': Quality, Certainty and the Market Mechanism, 84 Q.J. Econ (1970).

Bailey A, Trade Mark Functions and Protection for Marks with a Reputation, Journal of Intellectual Property Law & Practice, 2013 Vol.8 No.11 (2013).

Barendt E, *Freedom of Speech* (2nd edn, Oxford University Press 2005).

Barrett M, Internet Trademark Suits and the Demise of "Trademark Use", 39 U.S.Davis L. Rev. 371 (2006).

————, Domain Names, Trademarks and the First Amendment: Searching for Meaningful Boundaries, 97 Trademark Rep. 848 (2007).

————, Finding Trademark Use: The Historical Foundation for Limiting Infringement Liability to Use "in the Manner of a Mark", 43 Wake Forest L. Rev. 893 (2008).

————, Trademarks and Digital Technologies: "Use" on the Net, 13 No. 11 J. Internet L. 1 (2010).

Beebe B, The Continuing Debacle of U.S. Antidilution Law: Evidence from the First Year of Trademark. Dilution Revision Act Case Law, 24 Santa Clara Computer & High Tech. L.J. 449 (2007-2008).

Bennigson T, Nike Revisited: Can Commercial Corporations Engage in Non-Commercial Speech?, 39 Conn. L. Rev. 379 (2006).

Bhagwat A, The Test that Ate Everything: Intermediate Scrutiny in First Amendment Jurisprudence, 2007 U. Ill. L. Rev. 783 (2007).

Bone RG, Hunting Goodwill: A History of the Concept of Goodwill in Trademark Law, 86 B.U. L.

Rev. 547 (2006).

Bradford LR, Emotion, Dilution, and the Trademark Consumer, 23 Berkely Tech. L.J. 1227 (2008).

Brown, Jr. RS, Advertising and the Public Interest: Legal Protection of Trade Symbols, 57 Yale L. J. 1165 (1948).

Chaffey D and others, *Internet marketing: strategy, implementation and practice* (Dave Chaffey ed, 4th edn, Pearson Education 2009).

Chemerinsky E and Fisk C, What Is Commercial Speech? The Issue Not Decided in Nike v. Kasky, 54 Case W. Res. L. Rev. 1143 (2004).

Denicola RC, Trademarks as Speech: Constitutional Implications of the Emerging Rationales for the Protection of Trade Symbols, 1982 Wis. L. Rev. 158 (1982).

Dillbary JS, Getting the Word Out: The Informational Function of Trademarks, 41 Ariz. St. L.J. 991 (2009).

Dinwoodie GB, Trademarks and Territory: Detaching Trademark Law from the Nation-State, 41 Hous. L.Rev. 885 (2004).

_____, Trademark Law and Social Norms (2007) available at http://www.oiprc.ox.ac.uk/papers/EJWP0207.pdf.

_____, Lewis & Clark Law School Ninth Distinguished IP Lecture: Developing Defenses in Trademark Law, 13 Lewis & Clark L. Rev. 99 (2009).

_____, and Janis M, Confusion over Use: Contextualism in Trademark Law, 92 Iowa L. Rev. 1597 (2007).

_____, and Janis M, Lessons from the Trademark Use Debate, 92 Iowa L. Rev. 1703 (2007).

Doellinger CJ, A New Theory of Trademarks, 111 Penn St. L. Rev. 823 (2007).

Dogan SL, Trademark Remedies and Online Intermediaries, 14 Lewis & Clark L. Rev. 467 (2010).

_____, and Lemley MA, Trademarks and Consumer Search Costs on the Internet, 41 Hous. L. Rev. 777 (2004).

_____, and Lemley MA, The Merchandising Right: Fragile Theory or Fait Accompli?, 54 Emory L.J. 461 (2005).

_____, and Lemley MA, Grounding Trademark Law through Trademark Use, 92 Iowa L. Rev. 1669 (2007).

Ealy JA, Utilitarianism and Trademark Protection, 19 J. Contemp. Legal Issues 14 (2010).

Economides NS, The Economics of Trademarks, 78 Trademark Rep. 523 (1988).

Enge E and others, *The Art of SEO* (O'reilly 2009).

Fhima IS, *Trade Mark Dilution in Europe and the United States* (Oxford University Press 2011).

Geddes B, *Advanced Google AdWords* (Wiley 2010).

Goldman E, Deregulating Relevancy in Internet Trademark Law, 54 Emory L.J. 507 (2005).

Gulasekaram P, Policing the Border Between Trademarks and Free Speech: Protecting Unauthorized Trademark Use in Expressive Works, 80 Wash. L. Rev. 887 (2005).

Hammack S, The Internet Loophole: Why Threatening Speech On-line Requires a Modification of the

Courts' Approach to True Threats and Incitement, 36 Colum. J.L. & Soc. Probs. 65 (2002).

Hanson MB, Protecting Trademark Good Will: The case for a Federal Standard of Misappropriation, 81 Trademark Rep. 480 (1991).

Issacs, Traffic in Trade Symbols, 44 Harv. L. Rev. 1210 (1931).

Jacoby J, The Psychological Foundations of Trademark Law: Secondary Meaning, Genericism, Fame, Confusion and Dilution, 91 Trademark Rep. 1013 (2001).

Jong SJ and Park JS, *Intellectual Property* (2nd edn, Hongmun Sa 2011) (Korean).

Katz A, Making Sense of Nonsense: Intellectual Property, Antitrust, and Market Power, 49 Ariz. L. Rev. 837 (2007).

Klerman D, Trademark Dilution, Search Costs, and Naked Licensing, 74 Fordham L. Rev. 1759 (2006).

Kozinski A and Banner S, Who's Afraid of Commercial Speech?, 76 Va. L. Rev. 627 (1990).

Kratzke WP, Normative Economic Analysis of Trademark Law, 21 Mem. St. U. L. Rev. 199 (1991).

Kwon YS, *Constitutional Law: A Textbook* (5th edn, Bobmun Sa 2010) (Korean).

Ladas SP, Trademark Licensing and the Antitrust Law, 63 TMR 245 (1973).

Landes WM and Posner RA, *The Economic Structure of Intellectual Property Law* (Harvard University Press 2003).

Lemley MA and McKenna MP, Irrelevant Confusion, 62 Stan. L. Rev. 413 (2010).

_____and McKenna MP, Owning Mark(et)s, 109 Mich. L. Rev. 137 (2010).

Liakatou V and Maniatis S, Lego ‑ building a European concept of functionality, E.I.P.R. 653 (2010).

Litman J, Breakfast with Batman: The Public Interest in the Advertising Age, 108 Yale L.J. 1717 (1999).

Lunney, Jr. GS, Trademark Monopolies, 48 Emory L.J. 367 (1999).

_____, Trademarks and the Internet: The United States' Experience, 97 Trademark Rep. 931 (2007).

Macaw MG, Google, Inc. v. American Blind & Wallpaper Factory, Inc.: A Justification for the Use of Trademarks as Keywords to Trigger Paid Advertising Placements in Internet Search Engine Results, 32 Rutgers Computer & Tech. L.J. 1 (2005).

Maniatis S, A Consumer Trade Mark: Protection Based on Origin and Quality, E.I.P.R. 406 (1993).

_____, Trade Mark Law and Domain Names: Back to Basics?, E.I.P.R. 397 (2002).

_____, and Botis D, *Trade Marks in Europe: A Practical Jurisprudence* (2nd edn, Sweet & Maxwell 2010).

Mankiw NG and Taylor MP, *Economics* (2nd edn, Cengage Learning 2011).

McCarthy JT, 1 McCarthy on Trademarks and Unfair Competition (4th ed.).

_____, 2 Rights of Publicity and Privacy (2d ed.).

_____, 4 McCarthy on Trademarks and Unfair Competition (4th ed.).

McGeveran W, Rethinking Trademark Fair Use, 94 Iowa L. Rev. 49 (2008).

McKenna MP, The Normative Foundations of Trademark Law, 82 Notre Dame L. Rev. 1839 (2007).

_____, Trademark Use and the Problem of Source, 2009 U. Ill. L. Rev. 773 (2009).

_____, A Consumer Decision-making Theory of Trademark Law, 98 Va. L. Rev. 67 (2012).

Mireles, Jr. MS, Towards Recognizing and Reconciling the Multiplicity of Values and Interests in Trademark Law, 44 Ind. L. Rev. 427 (2011).

Munro CR, The Value of Commercial Speech, CLJUK 134 (2003).

Pasquale F, Asterisk Revisited: Debating a Right of Reply on Search Results, 3 J. Bus. & Tech. L. 61 (2008).

Porter ME, *On Competition* (Harvard Business Review Book 2008).

Post R, The Constitutional Status of Commercial Speech, 48 UCLA L. Rev. 1 (2000).

Ramsey LP, Increasing First Amendment Scrutiny of Trademark Law, 61 SMU L. Rev. 381 (2008).

Rosler H, The Rationale for European Trade Mark Protection, E.I.P.R. 100 (2007).

Rothman JE, Initial Interest Confusion: Standing at the Crossroads of Trademark Law, 27 Cardozo L. Rev. 105 (2005).

Saunders KM, Confusion is the Key: A Trademark Law Analysis of Keyword Banner Advertising, 71 Fordham L. Rev. 543 (2002).

Schechter F, The Rational Basis of Trademark Protection, 40 Harv. L. Rev. 813 (1927).

Sharrock LM, Realigning the Initial Interest Confusion Doctrine with the Lanham Act, 25 Whittier L. Rev. 53 (2003).

Sheff JN, Biasing Brands, 32 Cardozo L. Rev. 1245 (2011).

Shiner RA, *Freedom of Commercial Expression* (Oxford University Press 2003).

Smolla RA, 1 Smolla & Nimmer on Freedom of Speech (2010).

Stern N, Commercial Speech, "Irrational" Clients, and the Persistence of Bans on Subjective Lawyer Advertising, 2009 B.Y.U. L. Rev. 1221 (2009).

Stigler GJ, The Economics of Information, 69 J. Pol. Econ. 213 (1961).

Tan A, Google Adwords: Trademark Infringer or Trade Liberalizer?, 16 Mich. Telecomm. & Tech. L. Rev. 473 (2010).

Tushnet R, Trademark Law as Commercial Speech Regulation, 58 S.C. L. Rev. 737 (2007).

_____, Gone in Sixty MilliSeconds: Trademark Law and Cognitive Science, 86 Tex. L. Rev. 507 (2008).

Widmaier U, Use, Liability, and the Structure of Trademark Law, 33 Hofstra L. Rev. 603 (2004).

Winkler A, Beyond Bellotti, 32 Loy. L.A. L. Rev. 133 (1998).

2. 법령 및 조약 등

1) 국내 법령

부정경쟁방지 및 영업비밀보호에 관한 법률

상표법

헌법

2) 해외 법령 등

Convention for the Protection of Human Rights and Fundamental Freedoms

Council Regulation (EC) No 40/94 of 20 December 1993 on the Community trade mark

Council Regulation (EC) No 207/2009 of 26 February 2009 on the Community trade mark

Directive 2000/31/EC of the European Parliament and of the Council of 8 June 2000 on certain legal aspects of information society services, in particular electronic commerce, in the Internal Market

Directive 2008/95/EC of the European Parliament and of the Council of 22 October 2008 to approximate the laws of the Member States relating to trade marks

European Parliament and Council Directive 98/43 relating to the advertising and sponsorship of tobacco products

First Amendment to the United States Constitution

First Council Directive 89/104/EEC of 21 December 1988 to approximate the laws of the Member States relating to trade marks

Lanham Act

Senate Report No. 1333, 1946 U.S.Code Cong. Serv

Testimony of Anne Gundelfinger before House Subcommittee on Courts, the Internet, and Intellectual Property, Committee on House Judiciary, U.S. House of Representatives, HR 683 (Feb. 17, 2005)

3. 판례

1) 국내 판례

헌법재판소 1998.2.27. 결정 96헌바2

헌법재판소 2000.3.30. 결정 97헌마108

헌법재판소 2000.3.30. 결정 99헌마143

헌법재판소 2002.12.18. 결정 2000헌마764

헌법재판소 2005.10.27. 결정 2003헌가3

헌법재판소 2009.5.28. 결정 2006헌바109

헌법재판소 2010.7.29. 결정 2006헌바75

헌법재판소 2012.2.23. 결정 2009헌마318

헌법재판소 2012.8.23. 결정 2010헌마47, 2010헌마252

대법원 1960.11.17. 선고 4292특상4 판결

대법원 1970.9.17. 선고 70후16 판결

대법원 1984.9.25. 선고 83후65 판결

대법원 1984.10.10. 선고 82후51 판결(Foamglas 사건)

대법원 1991.2.12. 선고 90후1376 판결

대법원 1992.11.10. 선고 92후414 판결 (지프 JEEP 사건)

대법원 1992.11.27. 선고 92후384 판결(주간만화 사건)

대법원 1994.10.14. 선고 94후1138 판결(스파클 사건)

대법원 1994.12.2. 선고 94도1947 판결(완구 형태 사건)

대법원 1995.9.26. 선고 94도2196 판결(상표권 승계인의 피해인 지위 승계 사건)

대법원 1996.7.30. 선고 95후1821 판결(Rolens 사건)

대법원 1997.2.14. 선고 96도1424 판결(가필드 사건)

대법원 1997.7.11. 선고 96후2173 판결

대법원 1998.2.13. 선고 97후938 판결

대법원 1999. 8.20. 선고 99후567 사건 (UOMO 사건)

대법원 1999.11.23. 선고 97후2842 판결

대법원 2000.4.21. 선고 97후860 판결

대법원 2000.12.26. 선고 98도2743 판결

대법원 2001.4.10. 선고 98도2250 판결(크린랩 사건)

대법원 2001.4.24. 선고 2000후2149 판결(관족법 사건)

대법원 2002.9.24. 선고 99다42322 판결(병행수입 버버리 사건)

대법원 2003.4.11. 선고 2002도3445 판결(후지필름 사건)

대법원 2003.5.30. 선고 2003다16269 판결(무세미 사건)

대법원 2003.6.13. 선고 2001다79068 판결(방독마스크 사건)

대법원 2004.2.13. 선고 2001다57709 판결(rolls-royce.co.kr 사건)

대법원 2004.10.28. 선고 2003후2027 판결

대법원 2005.6.9. 선고 2003후649 판결('STARCRAFT' 사건)

대법원 2005.6.10. 선고 2005도1637 판결(SONY 사건)

대법원 2005.8.25. 선고 2003후2614 판결(PROVITA 사건)

대법원 2005.10.7. 선고 2004후1458 판결(척주동해비 사건)

대법원 2005.10.14. 선고 2005도5358 판결

대법원 2005.11.25. 선고 2005후810 판결(장미도형 사건)

대법원 2006.4.14. 선고 2004후2246 판결 (SANDUNIT 사건)

대법원 2006.6.16. 선고 2004후3225 판결

대법원 2007.1.25. 선고 2005다67223 판결(Black Coffee 사건)

대법원 2007.2.22. 선고 2005다39099

대법원 2007.10.12. 선고 2007다31174 판결(파출박사 사건)

대법원 2008.7.10. 선고 2006후2295 판결(반사원단제품 상표 사건)

대법원 2008.7.24. 선고 2006다40461, 40478 판결

대법원 2008.9.25. 선고 2006다51577 판결(장수온돌 사건)

대법원 2008.10.9. 선고 2008후1470 판결(Circle 사건)

대법원 2009.5.14. 선고 2009후665 판결(받침접시 디자인 사건)

대법원 2009.07.23. 선고 2009도310 판결(ice coolup 사건)

대법원 2009.10.15. 선고 2009도3929 판결(트럼프 재판매 사건)

대법원 2010.8.25. 선고 2008마1541 결정(NHN 사건)

대법원 2010.9.30. 선고 2009도12238 판결

대법원 2011.8.25. 선고 2010도7088 판결(마하몰 사건)

대법원 2012.1.27. 선고 2010도2535 판결

대법원 2012.1.27. 선고 2011후3025 판결(VICTORIA'S SECRET 사건)

대법원 2012.3.29. 선고 2010다20044 판결(HELLO KITTY 대장금 사건)

대법원 2012.4.26. 선고 2011도17524 판결(그림물감 재판매 사건)

대법원 2012.5.24. 선고 2010후3073 판결(VSP 사건)

대법원 2012.12.20. 선고 2010후2339 전원합의체 판결(위치상표 사건)

대법원 2013.2.14. 선고 2011도13441 판결(버버리 사건)

대법원 2013.3.14. 선고 2010도15512 판결

대법원 2013.3.28. 선고 2010다58261 판결(포트메리온 사건)

대법원 2014.10.15. 선고 2012후3800 판결

대법원 2015.6.11. 선고 2013다15029 판결(몬테소리 사건)

서울고등법원 2008.09.23. 선고 2008라618 결정

서울고등법원 2009.10.22. 선고 2009노300 판결

특허법원 2003.7.25. 선고 2003허1109 판결

특허법원 2007.04.13. 선고 2006허9555 판결

특허법원 2010.9.15. 선고 2010허3271 판결

서울지방법원 2002.10.18. 선고 2001가합35469 판결

서울지방법원 2003.8.7. 선고 2003카합1488 판결

대전지법 2009.12.18. 선고 2009가합9489 판결('버버리 노래' 노래방 사건)

2) 미국 판례

AMF, Inc. v. Sleekcraft Boats, 599 F.2d 341 (9th Cir. 1979)

Anheuser-Busch, Inc. v. L & L Wings, Inc., 962 F.2d 316 (4th Cir.1992)

Aunt Jemima Mills Co. v. Rigney & Co., 247 F. 407 (2d Cir. 1917)

Australian Gold, Inc. v. Hatfield, 436 F.3d 1228 (10th Cir.2006)

Avery Dennison Corp. v. Sumpton, 189 F.3d 868 (9th Cir. 1999)

Banff v. Federated Department Stores, 841 F.2d 486 (2d Cir. 1988)

Bates v. State Bar of Arizona, 433 U.S. 350 (1977)

Bd. of Supervisors for La. State Univ. Agric. & Mech. Coll. v. Smack Apparel Co., 550 F.3d 465 (5th

Cir. 2008)

Bihari v. Gross, 119 F.Supp.2d 309 (S.D.N.Y. 2000)

Board of Trustees of the State University of New York v. Fox, 492 U.S. 469 (1989)

Bolger v. Youngs Drug Prods. Corp., 463 U.S. 60 (1983)

Boston Duck Tours v. Super Duck Tours, 531 F.3d 1 (1st Cir. 2008)

Boston Professional Hockey Assoc., Inc. v. Dallas Cap & Emblem Mfg., Inc., 510 F.2d 1004 (5th Cir. 1975)

Brookfield Commc'ns, Inc. v. West Coast Entm't Corp., 174 F.3d 1036 (9th Cir. 1999)

Burberry v. Designers Imports, 2010 WL 199906 (S.D.N.Y. 2010)

Buying for the Home, LLC v. Humble Abode, LLC, 459 F.Supp.2d 310 (D.N.J. 2006)

Calvin Klein Cosmetics Corporation v. Lenox Laboratories, Inc., 815 F.2d 500 (8th Cir. 1987)

Central Hudson Gas & Elec. Corp. v. Public Serv. Comm'n of New York, 447 U.S. 557 (1980)

Century 21 Real Estate Corp. v. Lendingtree, Inc., 425 F.3d 211 (3d Cir. 2005)

City of Cincinnati v. Discovery Network, 507 U.S. 410 (1993)

Cliffs Notes, Inc. v. Bantam Doubleday Dell Publishing Group, 886 F.2d 490 (2d Cir. 1989)

College Network, Inc. v. Moore Educational Publishers, Inc., 378 Fed.Appx. 403 (5th Cir. 2010)

Colt Def. LLC v. Bushmaster Firearms, Inc., 486 F.3d 701 (1st Cir. 2007)

Dallas Cowboys Cheerleaders v. Pussycat Cinema, Ltd., 604 F.2d 200 (2d Cir. 1979)

Dastar Corporation v. Twentieth Century Fox Film Corporation, et al., 539 U.S. 23 (2003)

Deborah Morse v. Joseph Frederick, 551 U.S. 393 (2007)

Deere & Co. v. MTD Products, Inc., 41 F.3d 39 (2d Cir. 1994)

Designer Skin, LLC v. S&L Vitamins, Inc., 560 F.Supp.2d 811 (D.Ariz. 2008)

Diller v. Barry Driller, Inc., 2012 WL 4044732 (C.D.Cal.)

Dr. Seuss Enterprises, L.P. v. Penguin Books USA, Inc., 109 F.3d 1394 (9th Cir. 1997)

Dreamwerks Prod. Group v. SKG Studio, 142 F.3d 1127 (9th Cir. 1998)

E.S.S. Entertainment 2000, Inc. v. Rock Star Videos, Inc., 547 F.3d 1095 (9th Cir. 2008)

Edenfield v. Fane, 507 U.S. 761, 767 (1993)

Edina Realty, Inc. v. The MLSonline.com, 80 U.S.P.Q.2d 1039 (D. Minn. 2006)

El Greco Leather Products Co. v. Shoe World, Inc., 806 F.2d 392 (2d Cir. 1986)

Eldred v. Ashcroft, 537 U.S. 186 (2002)

Elvis Presley Enterprises, Inc. v. Capece, 141 F.3d 188 (5th Cir. 1998)

Eva's Bridal Ltd. and Said Ghusein v. Halanick Enterprised, Inc., and Nayef Ghusein, 639 F. 3d 788 (7th Cir. 2011)

Everett Laboratories, Inc. v. Vertical Pharmaceuticals, Inc., 227 Fed.Appx. 124 (3d Cir. 2007)

Films of Distinction, Inc. v. Allegro Film Prods., Inc., 12 F.Supp.2d 1068 (C.D.Cal.1998)

Fortune Dynamic, Inc. v. Victoria's Secret Stores Brand Management, Inc., 618 F.3d 1025 (9th Cir. 2010)

FragranceNet.com, Inc. v. FragranceX.com, Inc., 493 F.Supp.2d 545 (E.D.N.Y. 2007)

Freecycle Network, Inc. v. Oey, 505 F.3d 898 (9th Cir. 2007)

Garrison v. Louisiana, 379 U.S. 64 (1964)

General Motors Corp. v. Keystone Automotive Industries, Inc., 453 F.3d 351 (6th Cir. 2006)

Gibson Guitar Corp. v. Paul Reed Smith Guitars, LP, 423 F.3d 539 (6th Cir. 2005)

Google Inc. v. American Blind & Wallpaper, 2007 WL 1159950 (N.D. Cal. 2007)

Gorenstein Enterprises, Inc. v. Quality Care-USA, Inc., 874 F.2d 431 (7th Cir.1989)

GoTo.com, Inc. v. Walt Disney Co., 202 F.3d 1199 (9th Cir. 2000)

Government Employees Ins. Co. v. Google, Inc., 2005 WL 1903128 (E.D. Va. 2005)

Government Employees Ins. Co. v. Google, Inc., 330 F.Supp.2d 700 (E.D. Va. 2004)

Greater New Orleans Broad. Ass'n v. United States, 527 U.S. 173 (1999)

Hamzik v. Zale Corp., 2007 WL 1174863 (N.D.N.Y. 2007)

Hanover Star Milling Co. v. Metcalf, 240 U.S. 403 (1916)

Hearts on Fire Company LLC. v. Blue Nile, Inc., 603 F. Supp. 2d 274 (D. Mass. 2009)

Hensley Mfg. v. ProPride, Inc., 579 F.3d 603 (6th Cir. 2009)

Herman Miller, Inc. v. Palazzetti Imports and Exports, Inc., 270 F.3d 298 (6th Cir. 2001)

HMH Pub. Co., Inc. v. Brincat, 504 F.2d 713 (9th Cir. 1974)

Hormel Foods Corp. v. Jim Henson Productions, Inc., 73 F.3d 497 (2d Cir. 1996)

Horphag Research, Ltd. v. Garcia, 475 F.3d 1036 (9th Cir. 2007)

Horphag Research, Ltd. v. Pelligrini, 337 F.3d 1036 (9th Cir. 2003)

Hysitron Inc. v. MTS Systems Corp., 2008 WL 3161969 (D. Minn. 2008)

iCall, Inc. v. Tribair, Inc., 2012 WL 5878389 (N.D.Cal.)

In re R. M. J., 455 U.S. 191 (1982)

In re XMH Corp., 647 F.3d 690 (7th Cir. 2011)

Int'l Ass'n of Machinists & Aero. Workers v. Winship Green Nursing Ctr., 103 F.3d 196 (1st Cir. 1996)

Int'l Ass'n of Machinists & Aero. Workers v. Winship Green Nursing Ctr., 914 F.Supp. 651 (D.Me. 1996)

International Stamp Art, Inc. v. U.S. Postal Service, 456 F.3d 1270 (11th Cir. 2006)

Interpace Corp. v. Lapp, Inc., 721 F.2d 460 (3d Cir. 1983)

Interstellar Starship Servs., Ltd. v. Epix, Inc., 304 F.3d 936 (9th Cir. 2002)

Inwood Laboratories, Inc. v. Ives Laboratories, Inc., 456 U.S. 844 (1982)

J.G. Wentworth, S.S.C. Ltd. P'ship v. Settlement Funding LLC, 2007 WL 30115 (E.D.Pa. 2007)

Kasky v. Nike, Inc., 45 P.3d 243 (Cal. 2002)

KP Permanent Make-Up, Inc. v. Lasting Impression I, Inc., 408 F.3d 596 (9th Cir. 2005)

KP Permanent Make-Up, Inc. v. Lasting Impression I, Inc., 543 U.S. 111 (2004)

L.L. Bean, Inc. v. Drake Publishers, Inc., 811 F.2d 26 (1st Cir. 1987)

Lloyd Corp. v. Tanner, 407 U.S. 551 (1972)

Lorillard Tobacco Co. v. Reilly, 533 U.S. 525 (2001)

Louis Vuitton Malletier S.A. v. Haute Diggity Dog, LLC, 507 F.3d 252 (4th Cir.2007)

MacMahan Pharmacal Co. v. Denver Chemical Mfg. Co., 113 F. 468 (8th Cir. 1901)

Mary Kay, Inc. v. Weber, 601 F. Supp. 2d 839 (N.D. Tex. 2009)

Maryland v. Munson, 467 U.S. 947 (1984)

Mattel, Inc. v. MCA Records, Inc., 296 F.3d 894 (9th Cir. 2002)

Mattel, Inc. v. Walking Mountain Productions, 353 F.3d 792 (9th Cir. 2003)

Merck & Co., Inc. v. Mediplan Health Consulting, Inc., 425 F. Supp. 2d 402 (S.D.N.Y. 2006)

Mishawaka Rubber & Woolen Mfg. Co. v. S. S. Kresge Co., 316 U.S. 203 (1942)

Miss Universe, L.P., LLLP v. Villegas, 672 F. Supp. 2d 575 (S.D. N.Y. 2009)

Moseley v. V Secret Catalogue, Inc., 537 U.S. 418 (2003)

Mutual of Omaha Ins. Co. v. Novak, 836 F.2d 397 (8th Cir. 1988)

Nabisco, Inc. v. PF Brands, Inc., 191 F.3d 208 (2d Cir.1999)

Network Automation, Inc. v. Advanced Systems Concepts, Inc., 2011 WL 815806 (C.A.9(Cal.))

New Kids on the Block v. News Am. Publ'g, Inc., 971 F.2d 302 (9th Cir. 1992)

New York Times v. Sullivan, 376 U.S. 254 (1964)

Nike, Inc. v. Kasky, 539 U.S. 654 (2003)

Nissan Motor Co. v. Nissan Computer Corp., 378 F.3d 1002 (9th Cir. 2004)

Nitro Leisure Products, L.L.C. v. Acushnet Co., 341 F.3d 1356 (Fed. Cir. 2003)

North American Medical Corp. v. Axiom Worldwide, Inc., 522 F.3d 1211 (11th Cir. 2008)

O'Brien v. United States, 391 U.S. 367 (1968)

OBH, Inc. v. Spotlight Magazine, Inc., 86 F.Supp.2d 176 (W.D.N.Y. 2000)

Ohralik v. Ohio State Bar Ass'n, 436 U.S. 447 (1978)

Park 'N Fly, Inc. v. Dollar Park & Fly, 469 U.S. 189 (1985)

Parks v. LaFace Records, 329 F.3d 437 (6th Cir. 2003)

Perfumebay.com Inc. v. eBay, Inc., 506 F.3d 1165 (9th Cir. 2007)

Pignons S.A. de Mecanique de Precision v. Polaroid Corp., 657 F.2d 482 (1st Cir. 1981)

Pittsburgh Press Co. v. Pittsburgh Comm'n on Human Relations, 413 U.S. 376 (1973)

Planned Parenthood Federation of America, Inc. v. Bucci, 1997 WL 133313 (S.D.N.Y. 1997)

Playboy Enterprises, Inc. v. Netscape Communications, Inc., 354 F.3d 1020 (9th Cir. 2004)

Playboy Enterprises, Inc. v. Welles, 279 F.3d 796 (9th Cir. 2002)

Polaroid Corp. v. Polarad Elecs. Corp., 287 F.2d 492 (2d Cir. 1961)

Promatek Industries, Ltd. v. Equitrac Corp., 300 F.3d 808 (7th Cir. 2002)

Qualitex Co. v. Jacobson Prods. Co., 514 U.S. 159 (1995)

Rescuecom Corp. v. Google, Inc., 456 F.Supp.2d 393 (N.D.N.Y. 2006)

Rescuecom Corp. v. Google, Inc., 562 F. 3d 123 (2d Cir. 2009)

Retail Services, Inc. v. Freebies Publishing, 364 F.3d 535 (4th Cir. 2004)

Riley v. Nat'l Fed'n of the Blind, Inc., 487 U.S. 781 (1988)

Rogers v. Grimaldi, 875 F.2d 994 (2d Cir. 1989)

Rosenberg Bros. & Co. v. Elliott, 7 F.2d 962 (3d Cir. 1925)

Rosetta Stone Ltd. v. Google, Inc., 730 F.Supp.2d 531 (E.D. Va. 2010)

Rosetta Stone Ltd. v. Google Inc., 2010 WL 4306013 (C.A.4)

Rosetta Stone Ltd. v. Google, Inc., 2012 WL 1155143 (C.A.4(Va.))

Rotoworks Intern. Ltd. v. Grassworks USA, LLC, 504 F.Supp.2d 453 (W.D. Arkansas 2007)

Rubin v. Coors Brewing Co., 514 U.S. 476 (1995)

S&L Vitamins Inc. v. Australian Gold Inc., 521 F.Supp.2d 188 (E.D.N.Y. 2007)

Sable Communications of Cal., Inc. v. FCC, 492 U.S. 115 (1989)

San Francisco Arts & Athletics, Inc. v. United States Olympic Committee and International Olympic Committee, 483 U.S. 522 (1987)

Savin Corp. v. The Savin Group, 391 F.3d 439 (2d Cir. 2004)

Schaumburg v. Citizens for a Better Environment, 444 U.S. 620 (1980)

Sebastian Intern., Inc. v. Longs Drug Stores Corp., 53 F.3d 1073 (9th Cir. 1995)

Shredded Wheat Co. v. Humphrey Cornell Co., 250 F. 960 (2d Cir. 1918)

Site Pro-1, Inc v. Better Metal, LLC, 506 F.Supp.2d 123 (E.D.N.Y. 2007)

Smith v. Chanel, Inc., 402 F.2d 562 (9th Cir. 1968)

Sorrell v. IMS Health Inc., 131 S.Ct. 2653 (2011)

Spence v. Washington, 418 U.S. 405 (1974)

Sport Supply Group, Inc. v. Columbia Cas. Co., 335 F.3d 453 (5th Cir. 2003)

Standard Process, Inc. v. Banks, 554 F. Supp. 2d 866 (E.D. Wis. 2008)

Starbucks Corp. v. Wolfe's Borough Coffee, Inc., 588 F.3d 97 (2d Cir. 2009)

Storus Corp. v. Aroa Marketing, Inc., 2008 WL 449835 (N.D.Ca. 2008)

Sugar Busters LLC v. Brennan, 177 F.3d 258 (5th Cir. 1999)

Taubman Co. v. Webfeats, 319 F.3d 770 (6th Cir. 2003)

Thane International, Inc. v. Trek Bicycle Corp., 305 F.3d 894 (9th Cir. 2002)

Thompson v. W. States Med. Ctr., 535 U.S. 357 (2002)

Tiffany (NJ), Inc. v. eBay Inc., 600 F.3d 93 (2d Cir. 2010)

Times Mirror Magazines, Inc. v. Las Vegas Sports News, L.L.C., 212 F.3d 157 (3d Cir. 2000)

TMT North America, Inc. v. Magic Touch GmbH, 124 F.3d 876 (7th Cir. 1997)

Top Tobacco, L.P. v. North Atlantic Operating Co., Inc., 509 F.3d 380 (7th Cir. 2007)

Toyota Motor Sales, U.S.A., Inc. v. Tabari, 610 F.3d 1171 (9th Cir. 2010)

Traffix Devices, Inc. v. Marketing Displays, Inc., 532 U.S. 23 (2001)

Truck Equipment Service Co. v. Fruehauf Corp., 536 F.2d 1210 (8th Cir. 1976)

Turner Broadcasting System, Inc. v. Federal Communications Commission, 512 U.S. 622 (1994)

Turner Broadcasting System, Inc. v. Federal Communications Commission, 520 U.S. 180 (1997)

Twin Peaks Productions v. Publications International, Ltd., 996 F.2d 1366 (2d Cir. 1993)

Two Pesos, Inc. v. Taco Cabana, Inc., 505 U.S. 763 (1992)

Ty Inc. v. Perryman, 306 F.3d 509 (7th Cir. 2002)

U-Haul Int'l, Inc., v. WhenU.com, Inc., 279 F. Supp.2d 723 (E.D. Va. 2003)

United States v. Michael Williams 553 U.S. 285 (2008)

United States v. Playboy Entm't Group, 529 U.S. 803 (2000)

United States v. Xavier Alvarez, 132 S.Ct. 2537 (2012)

Univ. of Ga. Athletic Ass'n v. Laite, 756 F.2d 1535 (11th Cir.1985)

Universal City Studios, Inc. v. Montgomery Ward & Co., 1980 WL 30333 (N.D. Ill. 1980)

Utah Lighthouse Ministry v. Foundation for Apologetic Information and Research, 527 F.3d 1045 (10th Cir. 2008)

V Secret Catalogue v. Victoria's Secret Stores, 605 F.3d 382 (6th Cir. 2010)

Valentine v. Chrestensen, 316 U.S. 52 (1942)

Venture Tape Corp. v. McGills Glass Warehouse, 540 F.3d 56 (1st Cir. 2008)

Virginia State Board of Pharmacy v. Virginia Citizens Consumer Council, Inc., 425 U.S. 748 (1976)

Vogue Co. v. Thompson-Hudson Co., 300 F. 509 (6th Cir. 1924)

Vuitton Et Fils S.A. v. J. Young Enterprises, Inc., 644 F.2d 769 (9th Cir. 1981)

Wal-Mart Stores, Inc. v. Samara Brothers, Inc., 529 U.S. 205 (2000)

Ward v. Rock Against Racism, 491 U.S. 781 (1989)

Wells Fargo & Co. v. WhenU.com, Inc., 293 F. Supp.2d 734 (E.D.Mich. 2003)

Westchester Media v. PRL USA Holdings, Inc., 214 F.3d 658 (5th Cir. 2000)

Yankee Publishing v. News America Publishing, 809 F.Supp. 267 (S.D.N.Y. 1992)

Zauderer v. Office of Disciplinary Counsel, 471 U.S. 626 (1985)

1-800 Contacts, Inc. v. WhenU.com, 309 F.Supp.2d 467 (S.D.N.Y. 2003)

1-800 Contacts, Inc. v. WhenU.com, Inc., 414 F.3d 400 (2d Cir. 2005)

44 Liquormart v. Rhode Island, 517 U.S. 484 (1996)

800-JR Cigar, Inc. v. GoTo.com, Inc., 437 F.Supp.2d 273 (D.N.J. 2006)

3) 유럽연합 판례

Adam Opel AG v. Autec AG (C-48/05) [2007] E.T.M.R. 33

Adidas-Salomon AG and Another v. Fitnessworld Trading Ltd (C-408/01) [2004] Ch. 120

Adidas AG and another v. Marca Mode CV and others (C-102/07) [2008] Bus. L.R. 1791

Alcon Inc v. Office for Harmonisation in the Internal Market (C-412/05 P) [2007] E.T.M.R. 68

Arsenal Football Club Plc v. Reed (C-206/01) [2003] E.T.M.R. 19

Canon Kabushiki Kaisha v. Metro-Goldwyn-Mayer Inc. (C-39/97) [1999] 1 C.M.L.R. 77

Casado Coca v. Spain (1994) 18 E.H.R.R. 1

Celine Sarl v. Celine SA (C-17/06) [2007] E.T.M.R. 80

Centrafarm BV v. American Home Products Corporation (Case 3/78) [1979] 1 C.M.L.R. 326

Cnl-Sucal NV SA v. Hag GF AG (C-10/89) [1990] 3 C.M.L.R. 571

Copad SA v. Christian Dior Couture SA and others (C-59/08) [2009] Bus. L.R. 1571

Die BergSpechte Outdoor Reisen und Alpinschule Edi Koblmüller GmbH v. Günter Guni, trekking.at Reisen GmbH (C-278/08) [2010] E.T.M.R. 33

Dyson Ltd v. Registrar of Trade Marks (C-321/03) [2007] Bus. L.R. 787

Elizabeth Florence Emanuel v. Continental Shelf 128 Ltd (C-259/04) [2006] E.T.M.R. 56

Environmental Manufacturing LLP v. OHIM (T-570/10) [2012] E.T.M.R. 54

Environmental Manufacturing LLP v OHIM (C-383/12 P) [2013] All ER (D) 196 (Nov)

Farmeco AE Dermokallyntika v. OHIM (T-131/09) [2010]

Germany v. European Parliament and E.U. Council, [2000] 3 C.M.L.R. 1175

Gerolsteiner Brunnen GmbH & Co v. Putsch GmbH (C-100/02) [2004] E.T.M.R. 40

Google France v. Louis Vuitton Malletier (Joined Cases C-236/08, C-237/08 and C-238/08) [2010] E.T.M.R. 30

Heidelberger Bauchemie GmbH (C-49/02) [2004] E.T.M.R. 99

Herbert Karner Industrie-Auktionen GmbH v. Troostwijk GmbH [2004] 2 C.M.L.R. 5

Hertel v. Switzerland (1999) 28 E.H.R.R. 534

Hoffmann-la Roche v. Centrafarm Vertriebsgesellschaft Pharmazeutischer Erzeugnisse mbH (C-102/77) [1978] 3 C.M.L.R. 217

Hölterhoff v. Freiesleben (C-2/00) [2002] E.T.M.R. 79

IG Communications Ltd v. OHIM (T-301/09) [2013] E.T.M.R. 17

Inland Revenue Comrs v. Muller & Co's Margarine Ltd [1901] AC 217

Intel Corp'n Inc v. CPM United Kingdom Ltd (C-252/07) [2009] Bus. L.R. 1079

Interflora Inc v. Marks & Spencer Plc (C-323/09) [2012] E.T.M.R. 1

Interflora Inc and Interflora British Unit v. Marks and Spencer Plc and Flowers Direct Online Limited [2013] E.T.M.R. 35

Jacubowski v. Germany (1995) 19 E.H.R.R. 64

Konsumentombudsmannen (KO) v. Gourmet International Products (GIP) [2001] 2 C.M.L.R. 31

Krone Verlag GmbH & Co KG v. Austria (2006) 42 E.H.R.R. 28

KWS Saat AG v. Office for Harmonisation in the Internal Market (C-447/02 P) [2007] IP & T 314

L'Oréal SA v. Bellure NV (C-487/07) [2009] E.T.M.R. 55

L'Oréal SA v. eBay International AG (C-324/09) [2011] E.T.M.R. 52

Lego Juris A/S v. Office for Harmonisation in the Internal Market, Mega Brands, Inc. (C-48/09 P) [2010] E.T.M.R. 63

Libertel Groep BV v. Benelux-Merkenbureau (C-104/01) [2005] 2 C.M.L.R. 45

Lidl Stiftung & Co KG v. OHIM (T-237/11) [2013] E.T.M.R. 21

Lloyd Schuhfabrik Meyer & Co. GmbH v. Klijsen Handel BV (C-342/97) [1999] 2 C.M.L.R. 1343

Marks & Spencer Plc v Interflora Inc and Interflora British Unit [2013] E.T.M.R. 11

Markt Intern and Beermann v. Germany (1990) 12 E.H.R.R. 161

O2 Holdings Ltd v. Hutchison 3G UK Ltd (C-533/06) [2009] Bus LR 339

Och-Ziff Management Europe Ltd v. Och Capital LLP [2011] E.T.M.R. 1

Parfums Christian Dior SA and Another v. Evora BV (C-337/95) [1998] E.T.M.R. 26

Philips Electronics NV v. Remington Consumer Products Ltd (C-299/99) [2002] E.T.M.R. 81

Portakabin Ltd and Portakabin BV v. Primakabin BV (C-558/08) [2010] E.T.M.R. 52

Sunday Times v. United Kingdom (1992) 14 E.H.R.R. 229

The Church of Scientology and Another v. Sweden (1979) E.C.C. 511

UDV North America Inc. v. Brandtraders NV (C-62/08) [2010] E.T.M.R. 25

Van Zuylen Freres v. Hag A.G. (C-192/73) [1974] 2 C.M.L.R. 127

Vgt Verein gegen Tierfabriken v. Switzerland (2002) 34 E.H.R.R. 4

Viking Gas A/S v. Kosan Gas A/S (C 46/10) [2011] E.T.M.R. 58

목성호

서울대학교 법과대학 사법학과 졸업
영국 퀸메리 런던대학교(Queen Mary University of London) 법학박사
제40회 행정고시 합격
특허청 산업재산인력과장
특허청장 비서관
특허청 상표심사2과장
특허심판원 심판관
현) 특허청 창조행정담당관

다시 보는
상표법

초판인쇄 2016년 4월 22일
초판발행 2016년 4월 22일

지은이 목성호
펴낸이 채종준
펴낸곳 한국학술정보㈜
주소 경기도 파주시 회동길 230(문발동)
전화 031) 908-3181(대표)
팩스 031) 908-3189
홈페이지 http://ebook.kstudy.com
전자우편 출판사업부 publish@kstudy.com
등록 제일산-115호(2000. 6. 19)

ISBN 978-89-268-7420-2 93360